U0906954

中国北车年鉴

2009

中国北车年鉴编纂委员会

中国铁道出版社

北京

《中国北车年鉴》
（2009）
编 纂 委 员 会

CNR 中国北车

使　　命　接轨世界　牵引未来

愿　　景　成为轨道交通装备行业世界级企业

核心价值观　诚信为本　创新为魂　崇尚行动　勇于进取

团队精神　实力　活力　凝聚力

司 旗

中国北车总部新址

中国北车之歌
1=bE 4/4 坚强有力自豪地
作词：高波 玉大
作曲：高波
（齐）北车北车 中国北车，
实力活力 凝聚力的组 合。 北车北车
中国 北车， 轨道交通装 备 现代化的领军 者，
诚 信 为 本， 创 新 为 魂
（女齐）
崇 尚 行 为， 勇 于 开 拓
（男齐）
打造中国品牌， 时代列车 向 世界级的企业目标奋力拼搏，啊
（齐） （女）
啊 北 车， 中 国 北 车。 啊
（男）
啊 北 车， 中 国 北 车。
接轨世界 牵引未来， 与时俱进 不负 重 托。
（齐）
向 前向前， 中国北车， 让 全球响彻和谐之 歌。
（齐）
向 前向前， 中国北车， 让 全球响彻和谐之 歌。
（齐）
全球响彻和谐 之 歌。

2008年1月16日，中国北车集团公司2008年工作会议暨一届七次党委(扩大)会议在北京举行。

2008年12月8日，中国共产党中国北方机车车辆工业集团公司第二次代表大会在北京召开。会议选举产生集团公司第二届党的委员会和纪律检查委员会。

2008年4月14～15日，中国北车集团公司经营管理工作会议在永济召开。

2008年7月17日，中国北车股份有限公司经营管理座谈会在北京召开。

2008年8月19日，中国北车企业文化建设工作会议在大连召开。

2008年9月17～18日，中国北车集团公司存续企业工作会议在齐齐哈尔召开。

2008年4月11日，首列时速350公里CRH3型高速列车下线。

2008年8月1日，在北京南站举行"和谐号"CRH3型高速列车承担京津城际铁路商业运行的首发仪式，张德江、刘淇、张高丽、刘志军为首发高速列车剪彩。

2008年4月11日，首列具有自主知识产权的"和谐号"CRH3型高速列车在中国北车唐山轨道客车有限责任公司下线。6月24日，该列车在京津城际铁路运行试验中创造中国铁路第一速，最高试验时速达到394.3公里。8月1日10点45分，两列CRH3型高速列车分别从北京南站和天津站开出，承担京津城际铁路首发任务，正式运营时速达到350公里。自此，CRH3型高速列车成为目前世界铁路仅有的两种最高正式商业运用时速达到350公里的高速列车之一。

牢记使命 不负重托 攻坚克难 勇攀高峰

HX_N3型大功率交流传动内燃机车

HX_D3B型大功率交流传动电力机车

时速200公里交流传动客运电力机车

GKD_{0A}型调车内燃机车

时速250公里检测车

投入2008年春运的重联CRH_5型高速动车组

“中国北车”奥运展风采

2008年8月北京奥运会期间，中国北车精心研制的多种产品，作为奥运配套交通设施，向全世界精彩亮相，大展风彩。3列CRH3型高速列车自8月1日投入京津城际铁路正式运营后的20多天里，累计运行13万多公里，输送旅客近50万人次，列车正点率始终保持在97%以上；606辆五款创新城轨车分别投入2号、5号、10号、13号线以及新奥运支线和机场线运用，加上以前提供的车辆，中国北车制造的北京城轨车合计数量达到1000多辆，占北京奥运城轨车运用总数的90%以上；99台HXD2型电力机车正式担当大秦线万吨和两万吨重载组合列车牵引任务，为奥运期间的电力供应提供可靠保证。

奔驰在京津城际铁路上的CRH3型高速列车

停靠在北京南

奥运会期间，运行在北京机场线的直线电机城轨列车

北京10号线新型城轨列车

HXD2型电力机车担当大秦线两万吨运煤重载组合列车牵引，确保奥运会电力供应。

发的CRH3型高速列车

列车在天津站迎候旅客上车。

出口缅甸的CKD7B型内燃机车

出口刚果(金)的CKD7C型内燃机车

出口古巴内燃机车装船启运。

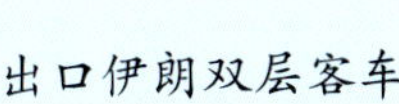

出口伊朗双层客车

出口安哥拉内燃机车开始发运。

出口澳大利亚的矿石车在大连港装船。

出口澳大利亚的MK2型集装箱平车在大连港装船。

23吨轴重低压液化气体罐车

70吨级食用油罐车

KM70A型底开门运煤专用车

E3XG型轨枕集装箱共用车

出口坦赞铁路轻油罐车

160吨全液压伸缩臂式铁路起重机

XK40－9－540型交流蓄电池式电机车

风电机组许可协议签字仪式

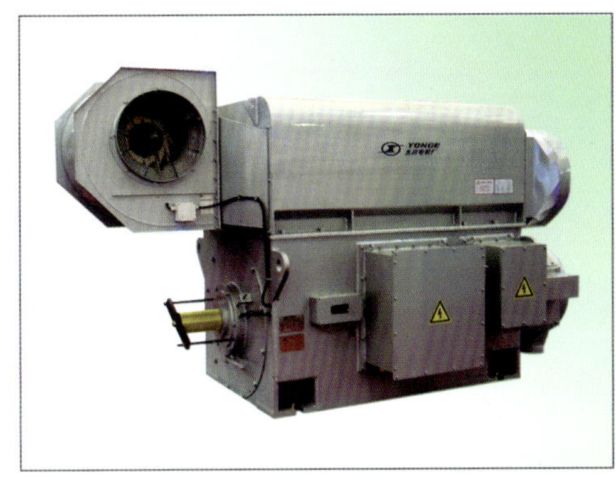

2MW双馈风力异步发电机

风电塔筒生产现场

2008年2月18日，中国北车大连机辆公司与铁道部签订大功率交流传动7200kW六轴货运电力机车采购合同。

2008年12月10日，中国北车长客股份公司与香港铁路有限公司车辆采购合同在北京人民大会堂签约。

中国北车总部及所属企业积极捐款，踊跃交纳特殊党费，支援汶川地震受灾群众。

CNR 中国北车
CNR 中国北车
日月天地
日月天地
和谐号
CRH

CNR 中国北车

齐齐哈尔轨道交通装备有限责任公司

国务院国资委副主任王瑞祥到公司检查工作。

公司出口澳大利亚力拓公司1680辆矿石车签约仪式在大连齐车轨道装备公司举行。

股份公司董事长崔殿国，副总裁、财务总监高志到公司检查指导工作。

公司与大连交通大学举行共建铁路货车重载快捷工程技术研究院签字仪式。

股份公司党委副书记、纪委书记林万里到公司检查企业文化建设工作。

澳大利亚力拓公司全球采购总裁斯科特·辛格到公司进行商务考察。

出口澳大利亚的MK2型集装箱平车在大连港装船。

出口澳大利亚的力拓矿石车在大连港整装待发。

360吨落下孔车

新型吊臂平车

D22A型120吨平车

X6K型集装箱平车

哈尔滨轨道交通装备有限责任公司

中国北车集团公司党委书记王立刚到公司检查指导工作。

铁道部运输局领导到公司考察工作。

铁道学会特种货车技术发展与需求研讨会在公司召开。

公司召开第一届三次职工代表大会。

公司隆重召开110年华诞庆祝大会。

450吨重型平板运输车

获中国北车科技成果一等奖的DA$_{25}$型凹底平车

KF20型20吨气动自翻车

E3XG型轨枕集装箱共用车

CNR 中国北车

长春轨道客车装备有限责任公司

股份公司董事长崔殿国到公司检查指导工作。

公司召开“对照标规，查找陋习，促进精细，提升质量”专题活动动员会。

党委召开“四好”班子创建活动总结表彰暨2008—2009创建工作动员大会。

测量管理体系AAA认证会议

党员踊跃缴纳特殊党费。

培训中心举行揭牌仪式。

检修的25T型客车奔驰在祖国铁路客运线上

检修一新的25T型客车

检修中的25B型双层硬卧车

AAR车轴技术体系认证

检修中的25K型硬卧车

206G和209T转向架检修研讨会

整装待发的25DT双层硬座车

2008年1月29日，国家发改委副主任张茅到公司考察。

长客股份公司高速列车制造基地暨工程试验中心开工典礼在长春市长春轨道交通装备制造产业园区举行。

出口伊朗双层客车

时速250公里检测车

深圳地铁列车

沈阳地铁列车

沈阳地铁一号线车辆下线仪式

沈阳机车车辆有限责任公司

沈阳北车西屋轨道制动技术有限公司成立揭牌。

新厂正门

沈车公司与美国西屋制动公司举行《合资经营合同》签约仪式。

C70型敞车

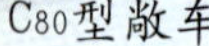

C80型敞车

X6K型集装箱专用平车

GHA70A型对二甲苯罐车

长钢轨列车组

KM70型煤炭漏斗车

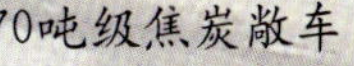

70吨级焦炭敞车

大连机车车辆有限公司

中国北车集团公司与大连市人民政府签订新建轨道装备基地战略合作框架协议。

2008年2月18日，公司与铁道部签订400台HXD3型电力机车采购合同。

出口缅甸的CKD7B型内燃机车

出口刚果(金)的CKD7C型内燃机车

2008年7月2日，公司研制的首台HXN3型大功率交流传动内燃机车下线。

2008年12月29日，公司研制的首台HXD3B型9600千瓦大功率交流传动电力机车下线。

新型不锈钢城轨车辆

新型GKDOA型调车内燃机车

唐山轨道交通装备有限责任公司

10月10日，中国北车股份有限公司独立董事张忠、邵瑛等一行5人到公司检查工作。

3月27日至28日，2008年铁道部厂修客车第一次招标合同签订会在唐山召开。

公司与曹妃甸管委会签订投资协议书。

曹妃甸基地项目

京沪高铁墩身钢结构模板

公司生产的京沪高铁墩身钢结构投入使用。

为集通铁路改造的“草原号”旅游专列

多功能车视听系统

餐车内景

“草原号”旅游专列

吧台

2008年，公司开始韶山3B型电力机车批量检修。

天津机辆轨道交通装备有限责任公司

国务院国资委派驻中国北车集团国有企业监事会主席季晓南在中国北车股份有限公司副总裁、财务总监高志的陪同下到公司检查工作。

F8型客车分配阀

JZ—7G型机车制动

公司举行供热并网向地方政府移交签字仪式。

公司获天津市人民政府颁发的“节水型企业”称号奖牌。

ZN250型增压器

制动机性能试验台

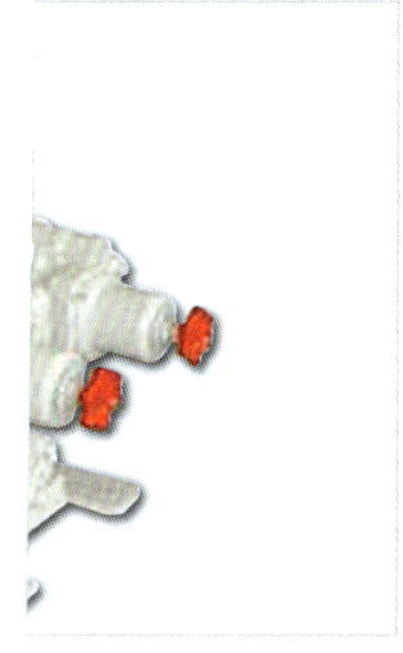

HM—1型缓冲器

精密配件加工线

缓冲器产品组装线

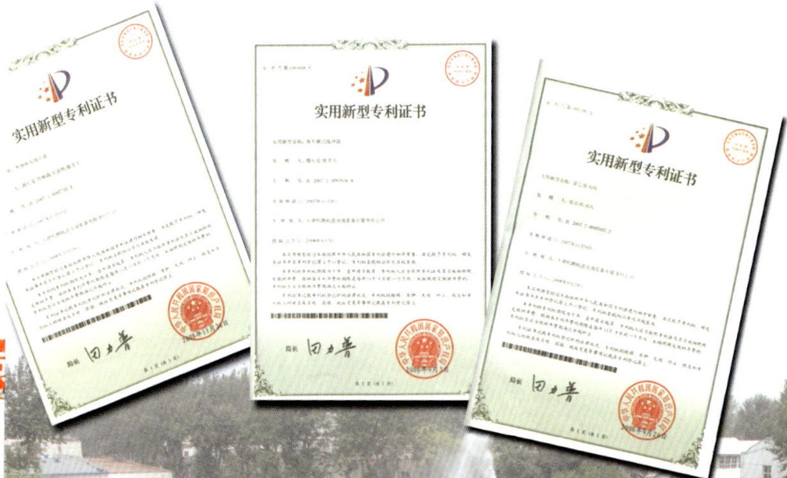

实用新型专利证书

实用新型专利证书

实用新型专利证书

大同电力机车有限责任公司

中共山西省委书记张宝顺到公司考察。

山西省省长王君到公司考察。

国务院国资委派驻中国北车集团国有企业监事会主席季晓南到公司检查工作。

铁道部副总工程师张曙光在集团公司领导陪同下到公司考察工作。

整洁有序的电器生产现场

HXD2型电力机车受电弓生产现场

路用配件轮对生产现场

公司生产的第180台HXD2型电力机车成功落车。

时速200公里交流传动客运电力机车落成下线。

ABB

大同ABB牵引变压器有限公司第300台产品下线庆

THE THREE HUNDREDTH PRODUCT ROLL-OUT CEREMONY OF ABB DATONG TRACTION TRANSFORMERS CO.

2008年5月23日·大同

大同ABB牵引变压器公司举行第300台产品下线庆典仪式。

HXD2型电力机车交付用户。

北京同车研发中心成立暨北京赛德高科铁道电气公司总部竣工剪彩。

太原轨道交通装备有限责任公司

铁道部运输局副局长陈伯施在股份公司副总裁孙铭等陪同下到公司考察工作。

古巴铁道部及镍矿公司代表到公司参观考察。

中国北车集团公司与太原市政府签署合作建设铁路装备制造基地框架协议。

党委召开“降耗提效，从我做起”主题活动动员大会。

C80B型不锈钢运煤敞车通过铁道部生产质量认证。

TY4B型恒张力放线车

TY360型内燃机车

TY290型重型轨道车

永济新时速电机电器有限责任公司

山西省省长王君到公司考察。

国务院国资委派驻中国北车集团国有企业监事会主席季晓南到公司检查工作。

公司物流配送中心建成并投入使用。

45T蓄电池式工矿电机车

地铁地面供电系统用24脉波整流柜

YJ108A型挖掘机电机

1.5MW直驱永磁风力发电机定子

CRH3型高速列车YJ105A型牵引电动机

100%低地板城轨车YJ128A型牵引电动机

西安轨道交通装备有限责任公司

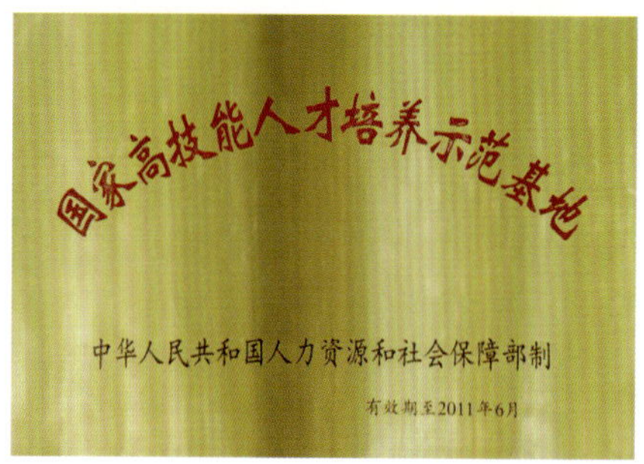

公司召开70吨级罐车科技成果鉴定会。

70吨级煤焦油罐车

70吨级石油液化气罐车

70吨级食用油罐车

23吨轴重低压液化气体罐车

23吨轴重液氨罐车

出口坦赞铁路的轻油罐车在上海港启运。

兰州金牛轨道交通装备有限责任公司

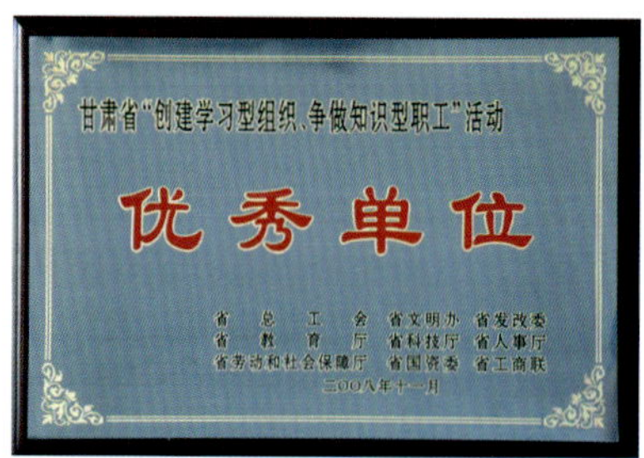

首台中修电力机车落成。

公司研制的多种系列工矿车产品

检修的东风4型内燃机车　维修的东风4B型(客运)内燃机车　检修一新的东

国内首台ZK40－7(9)－750型窄轨矿用电机车

新产品计算机辅助设计

出口坦赞铁路的100吨全液压伸缩臂式铁路起重机

出口巴基斯坦的BT8.3型8吨铁路起重机

型内燃机车

完成检修技术准备工作的韶山4型电力机车

检修一新的韶山3型电力机车

CNR 中国北车

大连机车研究所有限公司

集团公司党委书记王立刚到公司机械产品制造基地检查指导工作。

新技术新产品发布会会场。

公司举行机械产品制造基地落成典礼。

组建洛阳泽隆机械有限公司合同签字仪式

HXD3B型电力机车用冷却塔

SMT生产车间

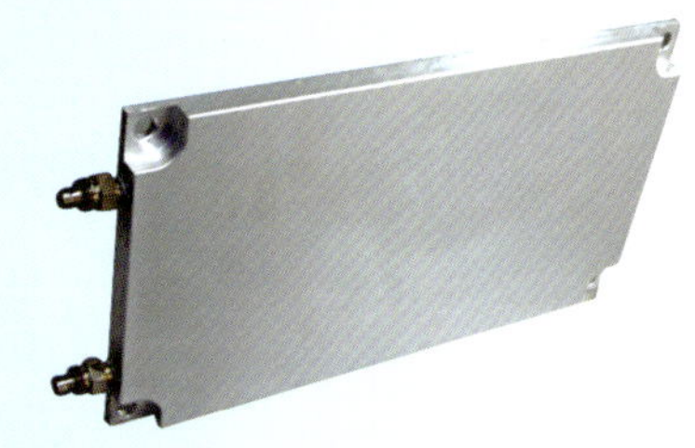

HXD3型电力机车功率模块水冷基板

DH20型液力传动箱

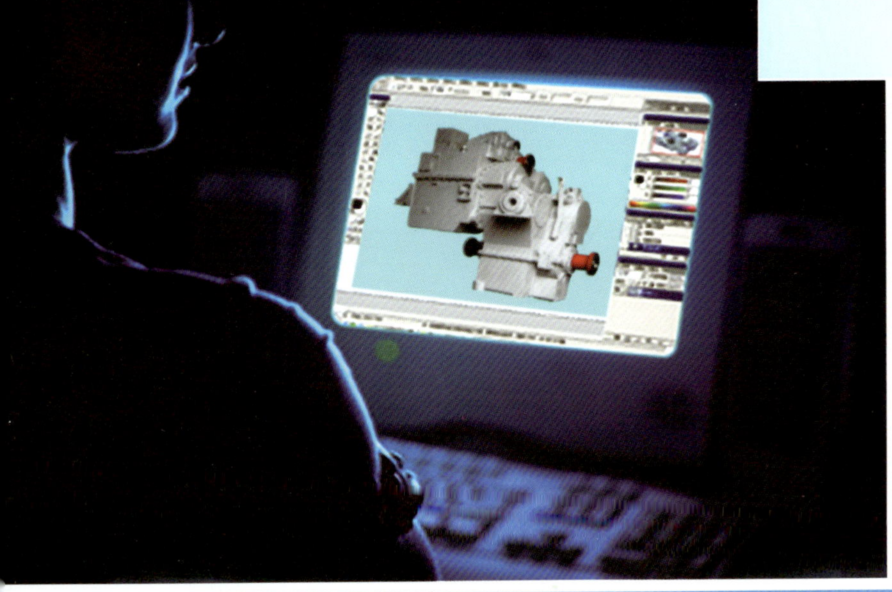

青岛四方车辆研究所有限公司

铁道部副总工程师、运输局局长张曙光到公司考察。

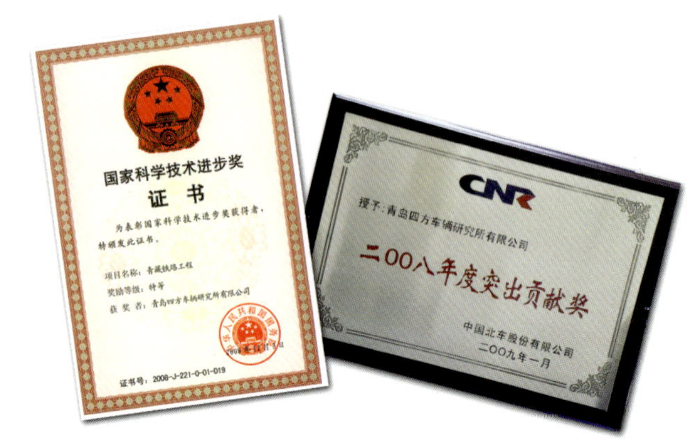

中国北车集团公司党委书记王立刚到公司检查指导工作。

四方所公司举行产业园二期奠基仪式，青岛市委常委、副市长张惠出席。

中国北车股份有限公司总裁奚国华在电气研发中心检查指导工作。

大功率电力机车制动控制系统

电气综合控制柜

动车组用旅客信息显示系统(PIS)

动车组热工性能试验

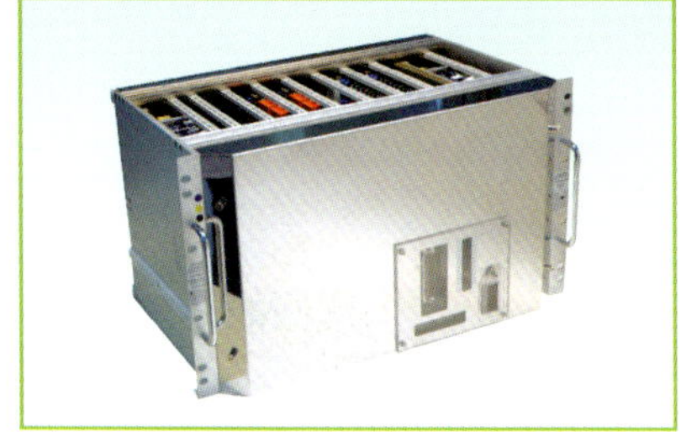

时速200公里动车组用牵引辅助变流控制装置(TCU/ACU)

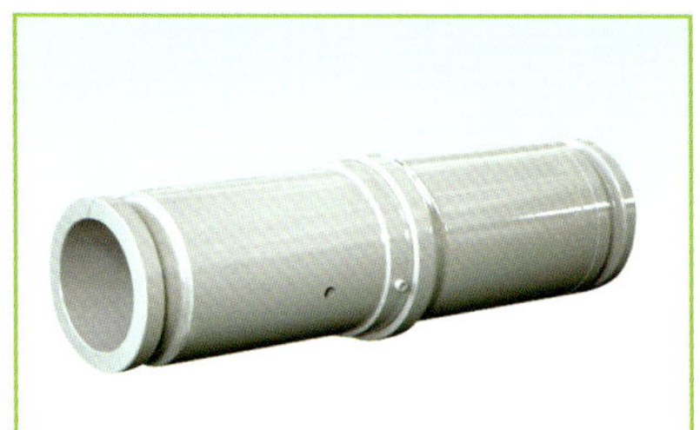

压溃管

时速200公里动车组用列车网络控制系统(TCMS)

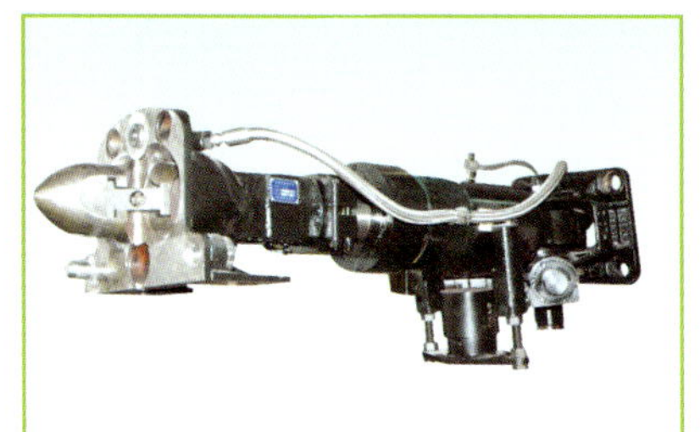

地铁车辆锻造车钩

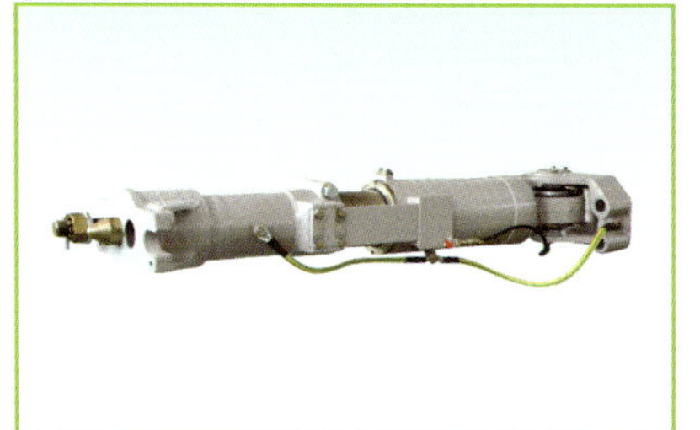

时速200公里动车组中间车钩

机械加工车间生产线

产业园远眺

CNR 中国北车

企业通讯录

单位名称	通讯地址	邮编	值班电话	传　真	网　址
中国北方机车车辆工业集团公司 中国北车股份有限公司	北京市丰台区芳城园一区15号楼	100078	010-51897000	010-52608000	www.chinacnr.com
齐齐哈尔轨道交通装备有限责任公司	黑龙江省齐齐哈尔市中华东路10号	161002	0452-2938334	0452-2514464	www.qrrs.chinacnr.com
哈尔滨轨道交通装备有限责任公司	黑龙江省哈尔滨市道外区先锋路10号	150056	0451-86467100	0451-86467060	www.hrte.chinacnr.com
中国北车集团牡丹江机车车辆厂	黑龙江省牡丹江市阳明区机车路55号	157013	0453-8968230	0453-6331008	
长春轨道客车装备有限责任公司	吉林省长春市宽城区凯旋路2155号	130052	0431-87954257	0431-87903149	www.ccczb.chinacnr.com
长春轨道客车股份有限公司	吉林省长春市青荫路435号	160062	0431-87902301	0431-82938740	www.crc.chinacnr.com
中国北车集团沈阳机车车辆有限责任公司	辽宁省沈阳市皇姑区昆山西路75号	110035	024-86413257	024-86408730	www.sy.chinacnr.com
中国北车集团大连机车车辆有限公司	辽宁省大连市沙河口区中长街51号	116022	0411-84198254	0411-84654245	www.dloco.chinacnr.com
唐山轨道客车有限责任公司	河北省唐山市丰润区厂前路3号	063035	0315-3089023	0315-3089025	www.tangche.chinacnr.com
天津机辆轨道交通装备有限责任公司	天津市河北区南口路22号	300232	022-26270268	022-26271234	www.tlr.chinacnr.com
北京二七轨道交通装备有限责任公司	北京市丰台区长辛店杨公庄1号	100072	010-83306001	010-83303736	www.27rail.chinacnr.com
北京南口轨道交通机械有限责任公司	北京市昌平区南口镇道北	102202	010-51013361	010-69771809	www.njgs.chinacnr.com
中国北车集团大同电力机车有限责任公司	山西大同城区前进街1号	037038	0352-5090878	0352-5090984	www.dt.chinacnr.com
太原轨道交通装备有限责任公司	山西省太原市解放北路10号	030009	0351-2649450	0351-3049563	www.tyloro.chinacnr.com
永济新时速电机电器有限责任公司	山西省永济市电机大街18号	044502	0359-8075162	0359-8075290	www.yonge.chinacnr.com
济南轨道交通装备有限责任公司	山东省济南市槐荫区槐村街73号	250022	0531-88305123	0531-88305138	www.jnjcc.chinacnr.com
西安轨道交通装备有限责任公司	陕西省西安市三桥建章路	710086	029-82369126	029-82368888	www.railtank.chinacnr.com
兰州金牛轨道交通装备有限责任公司	甘肃省兰州市七里河区武威路63号	730050	0931-2946321	0931-2867279	www.lzloco.chinacnr.com
中国北车集团大连机车研究所有限公司	辽宁省大连市沙河口区中长街49号	116021	0411-84601010	0411-84601617	www.dlri.chinacnr.com
青岛四方车辆研究所有限公司	山东省青岛市四方区瑞昌路231号	266031	0532-86083188	0532-84992961	www.srsri.chinacnr.com

编　辑　说　明

一、《中国北车年鉴》（2009）是中国北车年鉴编纂委员会编辑出版的第八部年鉴，主要记述中国北车总部及所属企业2008年1月1日至12月31日生产经营、技术创新等各项工作活动情况，是本年度内中国北车行政和党群各项工作活动情况的史册，是具有权威性和实用性的资料工具书。

二、本年鉴设特载、专文、大事记、概况、市场营销与运营管理、技术创新与管理、信息化建设、经营管理、人力资源开发与管理、党群工作、事业部管理、下属企业、合资合作企业、人物·荣誉、统计资料和附录16个栏目。栏目下设类目、条目。条目为本年鉴的基本单元和记述信息数据资料的主要形式，是全书的主体。为强化本年鉴检索手段，除目录外，书后设立索引。

三、本年鉴关于中国北车总部和所属企业领导干部名单，仅登载中国北车任命的所属企业和总部行政、党群领导干部。

四、本年鉴主要由中国北车总部各部门及所属企业撰稿，经部门和单位领导审核。各企业的特约编委成员，以各企业上报名单为准。"人物·荣誉"栏目内的先进人物和先进集体，均以2008年度获得的荣誉称号为准；逝世人物以各下属企业提供的资料为准。鉴于全国和省级的党代会代表、人大代表、政协委员每届任期多年，原则上每届任期内只收录一次。

五、为了叙述简便，"中国北方机车车辆工业集团公司"简称"中国北车集团公司"或"集团公司"，"中国北车股份有限公司"简称"股份公司"，集团公司与股份公司统称"中国北车"。股份公司所属企业名称前统一加"中国北车"，存续企业名称前仍保留"中国北车集团"字样；所属企业的名称除类目标题使用全称以外，一般使用本行业内部简称。

六、本年鉴除按条目注明作者之外，为简便起见，凡多个条目构成的一个类目由一人或多人共同撰稿的，仅在此类目末尾注明"××供稿"。

七、本年鉴编辑过程中，得到中国北车各级领导、各部门的大力支持和帮助；各特约编辑人员在文稿的修改编辑方面做了大量细致的工作；在出版过程中，得到中国铁道出版社和中国北车大连机车研究所公司的大力支持，谨致谢意。

八、由于编辑水平所限，本年鉴难免存在疏漏笔误之处，诚请读者指正。

目　　录

特　　载

专　　文

大 事 记

概 况

市场营销与运营管理

技术创新与管理

信 息 化 建 设

经　营　管　理

人力资源开发与管理

党　群　工　作

事 业 部 管 理

下 属 企 业

合资合作企业

人物·荣誉

统计资料

附录

特载

责任编辑　尹宝雨

挺直脊梁向前走　调整优化上水平

——国务院国有资产监督管理委员会主任李荣融在中央企业负责人会议上的讲话(摘录)(2008 年 12 月 15 日)

抓住难得历史机遇　加快铁路改革发展　进一步开创和谐铁路建设新局面

——铁道部部长刘志军在全国铁路工作会议上的报告(摘录)(2008 年 12 月 31 日)

关于中国北方机车车辆工业集团公司整体重组改制并境内上市的批复

关于设立中国北方股份有限公司的批复

挺直脊梁向前走　调整优化上水平

——国务院国有资产监督管理委员会主任李荣融在中央企业负责人会议上的讲话（摘录）

（2008年12月15日）

同志们：

这次会议的主要任务是，全面贯彻落实十七大、十七届三中全会和中央经济工作会议精神，深入贯彻落实科学发展观，总结今年工作，分析当前形势，研究部署明年工作。国务院领导对这次会议非常重视，张德江副总理百忙中亲临会议，还要作重要讲话，我们要认真学习，深刻领会，扎实贯彻落实。

一、2008年中央企业改革发展情况

2008年是很不寻常、很不平凡的一年。我国接连经历了严重低温雨雪冰冻和汶川特大地震等自然灾害，遭遇了国际金融危机的严重冲击。面对这些难以预料、历史罕见的重大挑战和考验，中央企业在党中央、国务院的坚强领导下，深入贯彻落实科学发展观，同心同德，不畏艰难，顽强拼搏，取得了新的成绩。

——*沉着应对金融危机，生产经营保持稳步较快发展。*1～11月，中央企业累计实现营业收入10.76万亿元，同比增长20.2%。累计实现营业收入同比增长的企业有119家，占83.2%。虽然由于政策性亏损和国际金融危机的影响，使中央企业整体效益出现较大幅度的下降，仍有半数企业累计实现利润同比提高。1～11月，中央企业累计实现利润6830.4亿元，同比减少2393.7亿元，下降26%。剔除受政策性影响较大的石油和电力企业后，其他中央企业实现利润同比下降3%。累计实现利润同比增长的企业有75家，占52.4%。

——*充分发挥骨干作用，为战胜重大自然灾害和成功举办北京奥运会作出重要贡献。*面对历史罕见的低温雨雪冰冻和汶川特大地震灾害，中央企业始终把国家利益和人民利益放在首位，积极组织抗灾救灾，不畏艰险抢修电网、通讯、铁路和公路设施，不惜代价抢救受困职工、家属和灾区群众的生命，不遗余力保障灾区所需物资的生产和供应，为抢险抗灾和灾后重建作出突出贡献。在北京奥运会筹备和举办过程中，中央企业圆满完成了奥运场馆建设任务，提供了高科技的奥运安保系统、气象监测服务，提供了安全高效可靠的通讯电力保障，提供了大量优质的装备，提供了高质量、高水平、零缺陷的金牌服务。

——*积极履行社会责任，为我国社会稳定和国民经济平稳较快发展作出了新的贡献。*在落实国家宏观调控政策、增加财政收入、保证市场供应、维护国家经济安全、促进国防现代化建设等方面，中央企业发挥了重要作用。1～11月，中央企业上缴税金9221.4亿元，同比增长20.6%。石油石化企业、电力企业在价格严重倒挂的情况下，坚持生产，保障供应。商贸企业在上半年市场供应紧缺的情况下，积极组织供应，为稳定市场作出了贡献。军工企业积极推动军民品快速协调发展，按时保质保量完成了军品研发生产任务。航天科技等企业为神舟七号载人航天飞行，实现我国首次太空行走作出了重要贡献。中央企业认真贯彻落实国资委《关于中央企业履行社会责任的指导意见》，积极推进企业社会责任工作，发布社会责任报告或可持续发展报告，获得了各方面的高度评价，树立了中央企业良好的社会形象。

在历史罕见的挑战和风险面前，中央企业作为“共和国长子”，勇敢地挑起了重担，付出了极大的努力，作出了重要的贡献。中央企业用自己的行动再次证明，中央企业是党和国家靠得住、信得过、拉得动、打得赢的队伍，是共和国的支柱和脊梁。中央企业广大干部职工不畏艰难，不怕牺牲，团结奋斗，无私奉献，用热血和汗水铸就了新的时代精神和央企风采。

一年来，中央企业认真贯彻落实党的十七大精神和党中央、国务院的一系列重大战略部署，继续深化改革，加快结构调整，切实加强管理，推进技术创新，加强和改进企业党的建设，各项工作都取得了积极进展。

（一）公司制股份制改革和董事会试点工作稳步推进

中央企业加大了公司制股份制改革力度，许多企业为改制上市做了大量准备工作。中国铁建、中国南车先后成功实现股份公司A+H股上市，中国中煤能源股份有限公司、中国通信服务股份有限公司分别成功完成A股增发和H股配售。中央企业董事会试点工作进一步深化，17家试点企业董事会中的外部董事都已超过半数，其中3家由外部董事担任董事长。试点企业董事会运作更加规范有效，战略管理、风险管理、财务与预算管理等方面收效显著。试点工作推进了企业公司制股份制改革，3家试点企业已实现整体上市。试点制度建设取得重大突破，中组部和我委共同制定印发了董事会选聘高级管理人员工作的指导意见和董事会、董事评价办法，第一次把中央企业高管的选聘权交给了董事会，建立了出资人选派和管理董事会、董事会选聘和管理经理层的国有企业领导人员分层分类管理新体制。神华集团、新兴铸管等试点企业还把外部董事制度引入子企业，公司治理结构进一步完善。市场化选聘高级经营管理者取得新进展，今年分两批面向海内外公开招聘22名中央企业高级管理者，其中企业正职3名。中组部和国资委第一次共同招聘两名中央管理的企业正职，突破了国有重要骨干企业主要领导人员选拔任用的传统模式，引起社会积极反响。

（二）企业重组和结构调整取得重大进展

今年以来，共有8组17家中央企业进行了联合重组，企业户数从去年底的151家调整到143家。按照国务院深化电信体制改革的部署，对电信企业和网络资源实施重组调整，将原有六大基础电信运营企业重组调整为三家，目前重组工作已取得重大进展，原中国网通和中国联通两个红筹公司按市场化原则和境内外监管要求成功合并。经国务院批准，新组建中国商用飞机公司，中航一集团、中航二集团重组组建中国航空工业集团公司，航空工业结构进一步优化。诚通集团、国投资产经营公司试点进一步深化，组建新的资产经营公司相关工作已经起步。中央企业政策性关闭破产工作平稳推进，60%以上的破产项目将进入司法程序，华诚、中艺、中包等一批重大重组脱困个案已进入收尾阶段。电网主辅分离改革正在研究推动之中。

（三）企业管理和风险管控能力进一步提高

面对国内外复杂多变的经济环境，中央企业强化资金管理，加强成本控制，清理投资项目，严格控制风险，收到比较明显的成效。中远集团、中国外运、中国五矿、中国海油、中核集团、航天科技、中国二重、中材集团等企业强化资金集中管控，多方式多渠道筹措发展资金，抵御风险的能力进一步增强。国家电网、南方电网、中国石化、中化集团、中国通用、中船重工、上海贝尔等企业加强成本控制，压缩三项费用，增收节支取得良好效果。国家电网通过加强集中采购招标前三季度节约资金96.6亿元，中国石化通过大力压缩可控费用实现挖潜增效139亿元，武钢集团领导班子带头减薪50%。中国石油、中国铝业、中电投、钢研科技、中国化工、中国建筑等企业根据国内外宏观经济形势变化，对建设项目进行清理排队和调减，集中发展核心业务，有效降低了投资风险。大多数中央企业风险管控得到进一步加强。中国五矿、国投集团、中国南车、中广核集团等35家企业试行编制《企业风险管理报告》，一批中央企业启动了全面风险管理工作。中粮集团、中化集团等企业利用国内外期货市场，严格套期保值制度，有效化解经营风险。中央企业法制建设三年目标顺利实现，企业法律风险防范机制逐步健全，依法决策、依法经营管理的能力和水平明显提高。

（四）技术进步和节能减排取得新的成绩

中央企业普遍加强了自主创新工作，34家企业被授予“创新型企业”称号，23家科研院所被批准建设国家重点实验室，占全年获得批准建设国家重点实验室的64%。宝钢集团、一汽集团、神华集团、华能集团、中国建材等一批企业开始着手进行中央研究院的建设，构建分工合理的科研开发体系。“和谐号”动车组、京津高速铁路、ARJ21-700支线大飞机、神华集团煤制油主体工程、中船集团14.7万立方米LNG船、国家电网特高压交流直流试验基地等一批自主创新成果取得重要进展。TD-SCDMA在八个城市网络试商用获得成功。神舟七号飞船更是中央企业自主创新的典范。中央企业知识产权工作普遍得到加强，截至2007年底，累计拥有有效专利45547项，增长26.6%，其中有效发明专利15681项，占34.4%。

中央企业普遍加强了节能减排工作，一批企业能耗和污染物排放达到国内同行业领先水平或接近国际先进水平。2008年上半年与2005年同期相比，节能减排重点类和关注类中央企业万元增加值综合能耗（现价）下降12.15%，节能3943万吨标准煤，化学需氧排放量减少21.4%，二氧化硫排放量减少35.2%。其中化工、机械、军工、建筑、电子、煤炭、钢铁七个行业万元增加值可比能耗呈明显下降趋势。鞍钢集团建成国内首套具备脱硫制酸能力的煤气净化系统，华能集团所属13家燃煤发电企业达到节能环保型企业标准。

（五）企业党建工作进一步加强和改进

中央企业积极探索新形势下党建工作的新思路和新途径，切实加强企业领导班子和干部队伍建设，切实加强企业基层党组织和党员队伍建设，党员队伍进一步扩大，党组织战斗堡垒作用和党员先锋模范作用进一步显现。在低温雨雪冰冻和汶川特大地震等严重自然灾害的考验面前，中央企业各级党组织坚强有力，党员突击队冲锋在前，共产党员发挥了先锋模范作用。汶川特大地震发生后，中央企业组织开展了“共产党员和中央企业在抗震救灾中的责任和义务专题组织生活”，党组织的政治核心作用和党员的先锋模范意识进一步增强，这种形式受到中央领导同志的充分肯定和高度赞扬。宝钢集团、中国海油开展深入学习实践科学发展观活动试点工作，取得显著成效。中央企业反腐倡廉建设和企业惩防体系建设取得积极进展。积极探索职工民主管理和现代企业制度的有效衔接，职代会制度建设得到加强。中央企业班组长已有 80% 以上进行了培训，班组建设进一步加强。

在肯定成绩的同时，我们必须清醒地看到，中央企业经济运行中的困难和问题还很多，特别是今年下半年以来，受国际金融危机的影响，中央企业出现了多年未有的严峻形势。一是生产经营增速明显回落，部分企业产品销售不畅，库存急剧增加，一些企业甚至处于停产半停产状态；二是经济效益急剧下滑，减利和亏损企业增多，亏损企业亏损额增加；三是部分企业资产负债率上升，资产流动性下降，少数企业盲目扩张导致营运资金不足，短期债务增长过快，债务风险加大。这些困难和问题暴露出我们工作上的差距和不足，必须引起高度重视，在明年的工作中加以克服和改进。

二、2009 年面临的形势和任务

关于明年的经济形势，中央经济工作会议已经作了全面深入的分析。总的判断，明年可能是新世纪以来我国经济发展最为困难的一年，也是蕴含重大机遇的一年。从国际看，金融危机不仅本身尚未见底，而且对实体经济的影响正进一步加深，其严重后果还会进一步显现，明年我国发展的外部经济环境将更加严峻。从国内看，今年前三季度 GDP 增速呈加速放缓趋势，全国财政收入增速逐月下降，出口增速明显回落，电力、煤炭、石化、钢铁、有色金属、轻工、纺织、建材、房地产等一些行业生产经营面临较大困难，有的行业已经出现整体亏损。总之，明年面临的形势相当严峻，我们要把困难估计得更充分一些，把应对措施考虑得更周密一些，做好全球经济低迷持续较长时间的充分准备。

中央企业大多处于关系国家安全和国民经济命脉的重要行业和关键领域，在国民经济和社会发展中具有举足轻重的作用，在维护国家安全、支撑国民经济健康发展方面负有重大责任。中央企业保持好的发展态势，对于稳定国民经济全局，促进经济平稳较快发展，意义十分重大。党中央、国务院对中央企业寄予厚望，我们必须牢记责任，勇挑重担，积极应对金融危机冲击，防止出现大的起落，为我国经济平稳较快发展作出应有的贡献。在明年工作中要注意把握好以下几点。

一是既要充分认识金融危机的严峻性，更要坚定战胜困难的信心。二是既要积极应对金融危机的冲击，更要善于发现和把握其中蕴含的机遇。三是既要做好当前应对工作，更要立足长远切实练好“内功”。

根据中央经济工作会议对 2009 年工作的总体部署，明年国资监管和中央企业改革发展的总体思路是：高举中国特色社会主义伟大旗帜，以邓小平理论和“三个代表”重要思想为指导，认真贯彻落实党的十七大和中央经济工作会议精神，深入贯彻落实科学发展观，遵循企业发展规律，完善国有资产监管体制和制度，沉着应对金融危机的挑战，挺直脊梁向前走，调整优化上水平，推动中央企业科学发展，增强国有经济的活力、控制力、影响力，为国民经济平稳较快发展作出新贡献。

明年工作的着力点是调整优化上水平。经过 5 年的快速发展，中央企业综合实力和整体素质都有了较大提高，但是随着规模的扩大，也暴露出许多方面的差距和不足，在金融危机的冲击下，这种差距和不足可能会进一步放大，制约我们进一步发展。这次国际金融危机有强烈的时代特征，我们要在深刻认识的同时，从企业发展战略到管理构架、管理流程、资源配置等都要进行调整优化，推动中央企业各项工作再上一个新水平，以适应现代竞争。决策上水平。要加快规范董事会建设和重大决策制度建设，完善决策程序，提高决策科学性、前瞻性和敏锐性，使决策更符合形势发展，更符合企业实际。管理上水平。要进一步提高集团控制力，突出主业，压缩管理链条，减少管理层级，强化基础管理，提高管理灵敏度和执行力。技术上水平。要加大研发投入，引进先进技术和装备，引进高层次科技人才，不断提高自主创新能力。队伍上水平。要积极吸引各类人才，充实队伍，加强培训，提高队伍整体素质。要通过各项工作上水平，进一步提高中央企业核心竞争力。

三、2009 年国资委主要工作

按照明年工作总体要求和思路，国资委要重点抓好以下工作。

一是深化中央企业公司制股份制改革。

二是积极推进中央企业建立完善规范的董事会。

三是加快推进中央企业结构优化和产业升级。

四是稳步推进中央企业收入分配制度改革。

五是进一步加强国有资产监管。

六是推进中央企业自主创新和节能减排。

七是加强和改进中央企业党建工作。

四、2009 年中央企业要做好的主要工作

对于中央企业来说，明年形势严峻，困难很多，挑战和机遇并存。能否克服困难，应对挑战，抓住机遇，调整优化上水平，是对中央企业的一次重大考验。要把思想和行动统一到中央的决策部署上来，扎扎实实做好各项工作。

（一）研究市场，在抵御金融危机冲击方面拿出新举措。

要研究国际市场的变化，特别是要密切跟踪石油、矿产、有色金属、粮食等初级产品价格的变化，密切关注欧美资本市场的变化以及国际游资的动向，密切跟踪美元、欧元和其它主要货币对人民币汇率的变化，建立健全动态监测预警体系，及时分析研判对本企业的影响，及早调整经营策略。要研究国内市场的变化，特别是要密切跟踪国家宏观调控措施对市场的影响，密切跟踪利率、税率的变化，努力用好用足政策。要研究行业市场的变化，特别是要密切跟踪上下游行业和企业的变化情况，密切关注外资拓展中国市场的动向，更加准确地把握行业的变化趋势。要加强市场营销，巩固传统市场，开拓新兴市场，根据市场需求及时调整产品结构，提高产品质量，不断提升服务水平。企业主要负责人要深入基层了解真实情况，亲自走访市场，发现机遇，把握机遇，科学决策，赢得发展。

（二）深化改革，在完善公司治理方面取得新进展。

要按照建立现代企业制度的要求，规范股东会、董事会、监事会、经营管理层之间的权责，形成协调运转、有效制衡的机制。依法规范母子公司关系，加强对重要子公司重大事项的管控，提高集团控制力。抓住境内外资本市场调整机遇，加快控股上市公司的资源整合，已经实现部分资产上市的企业，加快把优良主业资产注入上市公司，实现主业板块或集团整体上市。董事会试点企业要进一步完善规章制度，规范运作，探索选聘、考核和奖惩经理人员的有效方法。各中央企业要提高对完善公司治理、建设规范董事会重要性、必要性的认识，积极参加试点，并参照董事会试点的各项规章制度，指导子企业建立规范的董事会，完善公司治理结构。

（三）调整结构，在优化资源配置方面取得新突破。

要深刻认识世界经济发展最新动向和长期趋势，从全球产业结构调整和产业链分布的大局，认真审视和调整企业战略定位，把转变发展方式、提升企业核心竞争力作为结构调整的主攻方向，抓住机遇，看准方向，投资能够带动企业发展上台阶的关键技术和重点项目，形成新的增长点。围绕做强做大主业、增强核心竞争力，加快推进强强联合、上下游整合等多种形式的联合重组。进一步突出和精干主业，主动剥离与主业无关的业务板块，加大对子企业的清理整合力度，坚决把管理层级压缩到3级以内。已经实施联合重组的企业，要加快做好资产、业务、机构、人员等整合和企业文化融合，形成合力，充分发挥整合优势。中央企业之间要加强战略合作，协同开展企业并购、境外投标、结汇用汇、非主业调整等工作，加强重大问题沟通，集中资金资源，提高配置效率。加快主辅分离辅业改制，剥离低效资产，提高资产质量和运行效率。还没有最终完成政策性破产项目的企业，要抓紧组织实施，规范操作，切实保障职工合法权益。

（四）加强管理，在夯实发展基础方面取得新成效。

要加强投资管理，针对产权收购、长期股权投资增多的情况，建立健全内部投资管理制度，严格履行投资决策程序，严肃投资决策责任。强化总部财务功能，完善财务战略，加强集团化管理体系建设。加强预算管理，建立健全财务预算管理工作体系，完善预算工作流程和方法，提高预算目标的合理性和准确性。加强现金流量管理，完善集团资金集中管理系统，调整债务结构，合理安排生产经营活动的资金需求，审慎安排资金投放，有效巩固资金链。加强高风险业务管理，审慎运用金融及其衍生品工具。加强对境外分支机构的经营管控，强化境外资金与财务的监督管理。加强内部控制机制建设，开展专项监督检查，深化效能监察，强化重大事项和关键环节的管控，严格执行内控程序，合理控制负债规模，严格控制对外担保。加强对子企业的内部审计，完善内部监督机制。要加大信息化建设力度，不断提高集团管控能力和管理水平。

（五）突出技术创新，在核心竞争力方面取得新提升。

要建立和完善企业自主创新体系和长效机制，持续加大研究开发投入，推进技术研发机构建设，优化科技资源配置。要以产业升级推动技术升级、装备升级和队伍升级。要围绕企业发展目标、发展战略和主营业务发展需求，将科研开发融入企业发展规划，超前储备，技术攻关，集成推广，努力在关键技术和重要产品方面形成自主知识产权和知名品牌。切实加强企业创新人才和高技能人才队伍建设，形成鼓励创新的激励机制与环境氛围。要强化知识产权意识，努力实现技术创新创造知识产权、知识产权促进技术创新的良性互动。加快企业知识产权成果应用和产业化，健全企业知识产权管理机构和制度，加强企业自主创新成果的知识产权保护。

（六）带好队伍，在提高企业整体素质方面取得新成果。

要以深入学习实践科学发展观活动为契机，加强理论、能力、作风和制度建设，切实提高各级领导的素质与能力。要加强各级领导班子思想政治建设，教育督促企业领导人员带头讲党性、重品行、作表率，增强企业领导班子的凝聚力、战斗力、创新力。严格执行党风廉政建设责任制，切实承担领导责任。要按照《中央企业“十一五”人才队伍建设规划纲要》的要求，加强企业人才队伍建设，特别是注意引进企业发展急需的海外高层次科技人才和经营管理人才。继续认真做好班组长轮训，切实加强职工培训，结合企业实际组织开展职工技能大赛，引导职工在竞争中提高技能，增长才干。

（七）凝聚人心，在保持企业稳定发展方面开创新局面。

在企业面临困难的时候，做好思想政治工作至关重要。要把企业面临的困难和将要采取的措施告诉职工，让职工认清形势，统一思想，积极为企业战胜困难出谋划策，上下协力，共度时艰。各级领导要以身作则，带头艰苦奋斗，节约各项开支，业绩降薪酬降，为职工群众作出表率。要保持职工队伍的相对稳定，尽力不裁员，做到减薪不裁员，歇岗不失业。要利用企业减产、停产的时机，加强职工培训，特别要突出新知识、新技术和新工艺的培训，提高职工技能和素养。要做好困难职工的帮扶工作，努力帮助他们解决一些实际困难。要高度重视和切实做好维稳和信访工作，畅通职工群众表达意愿和反映问题的渠道，防止发生大规模群体性事件。

今年以来，中央企业不断完善安全生产管理体系，进一步健全安全生产责任制，积极开展安全隐患排查治理，安全生产形势总体保持稳定。明年，中央企业要认真贯彻实施《中央企业安全生产监督管理暂行办法》，落实安全生产责任制，加强安全生产投入，落实"一岗双责"制度，强化安全隐患治理，建立完善应急管理体系和应急预案体系，不断提高应急管理水平和应对突发事件能力，努力构建安全生产管理的长效机制，全面提升中央企业安全生产管理整体水平。要加强境外中央企业的安全防范，进一步提高境外突发事件的应急处理能力。各企业要组织有效的安全生产大检查，特别是石油石化、危险化学品、煤炭、建筑施工等重点行业的企业，要强化重特大危险源控制，消除隐患和安全死角，遏制重特大安全事故发生。

明年将要在中央企业开展的深入学习实践科学发展观活动，为我们统一思想应对挑战解决矛盾提供了重大契机，为中央企业在新的历史起点上实现更长时间、更高水平、更好质量的发展提供了强大动力。各企业党委班子要高度重视，及早谋划，先学一步，做好思想、组织等各方面的准备。要按照中央统一部署，切实把学习实践活动抓出实效，推动中央企业把握发展规律，创新发展理念，转变发展方式，破解发展难题，沿着科学发展的轨道，调整优化上水平，实现又好又快发展。

同志们，2009 年改革发展稳定各项工作十分艰巨。我们要在以胡锦涛同志为总书记的党中央领导下，以邓小平理论和"三个代表"重要思想为指导，深入贯彻落实科学发展观，冷静观察，积极准备，精心组织，扎实工作，努力推进中央企业科学发展，为国民经济平稳较快发展作出新的更大贡献！

抓住难得历史机遇　加快铁路改革发展
进一步开创和谐铁路建设新局面

——铁道部部长刘志军在全国铁路工作会议上的报告(摘录)
(2008年12月31日)

这次全国铁路工作会议的主要任务是：认真贯彻党的十七大、十七届三中全会、中央经济工作会议和胡锦涛总书记在纪念党的十一届三中全会召开30周年大会上的重要讲话精神，深入学习实践科学发展观，落实张德江副总理在这次会议上作出的重要部署，总结2008年铁路工作，分析面临的形势，部署2009年重点任务，动员全国铁路干部职工进一步解放思想，开拓创新，扎实工作，抓住并用好难得的历史机遇，加快铁路改革发展，全面推进和谐铁路建设，为国民经济又好又快发展提供可靠的运输保障。

一、2008年铁路工作成绩显著，和谐铁路建设取得重大进展

我们成功应对了年初南方部分地区的低温雨雪冰冻灾害、“3·14”拉萨打砸抢烧严重暴力犯罪事件、“5·12”汶川特大地震灾害。在抗击低温雨雪冰冻灾害斗争中，集中全路资源以最快速度恢复运输秩序，夺取了疏运旅客、抢运电煤、抢运救灾物资的全面胜利，为全国的抗灾救灾提供了可靠的运输保障；“3·14”拉萨打砸抢烧严重暴力犯罪事件发生后，确保了青藏铁路大动脉的安全畅通，为拉萨等地区经济社会秩序的迅速恢复作出了积极贡献；“5·12”汶川特大地震发生后，全路奋起抗震救灾，在最短时间内抢通受损线路，圆满完成了抢险人员和救灾物资运输及伤员转运任务，为全国的抗震救灾作出了重要贡献。

我们围绕北京奥运会和残奥会，落实“平安奥运”目标，加强安全生产工作，建立站车反恐防爆“五道防线”，整治站车环境，提高服务质量，不仅确保了奥运期间铁路运输安全和职工队伍稳定，而且圆满完成了涉奥运输任务，为成功举办一届有特色、高水平的奥运会发挥了不可替代的重要作用。

在战胜上述重大挑战和考验的同时，我们始终坚持加快改革发展不动摇，大力推进和谐铁路建设重点任务的实施，取得新的显著成绩，铁路现代化建设迈出了坚实步伐。

*——大规模铁路建设有序高效推进。*2008年，是新一轮大规模铁路建设进入高峰的一年，形势喜人，成效显著。铁路网规划更加完善。根据经济社会发展需求，经国家批准，以扩大快速客运网、构建区际大能力通道、完善路网布局、增加西部开发性新线、提高既有线能力为重点，对中长期铁路网规划进行了调整，把原定2020年铁路营业里程达到10万公里增加到12万公里以上。一大批重点工程相继开工。全年新开工项目80多个，投资规模超过1万亿元。举世瞩目的京沪高速铁路于4月18日全线开工，迅速形成会战态势，到年底已完成投资530多亿元。上海—南京、北京—石家庄、石家庄—武汉、天津—秦皇岛等客运专线和兰州—重庆、贵阳—广州、南宁—广州等跨区域通道项目先后开工，并实现良好开局。

在建项目加快推进，部分项目建成投产。具有完全自主知识产权和世界一流水平的我国第一条时速350公里高速铁路——京津城际铁路，8月1日胜利通车并实现了安全平稳运营，在国内外产生巨大影响，成为我国铁路建设史上的又一座里程碑。合肥—南京、合肥—武汉、青岛—济南、石家庄—太原等客运专线相继建成投产；北京南站、天津站、武昌站、青岛站等一批现代化客站投入使用，加上近几年相继建成的一批新客站，到2008年底已有51座现代化客站建成投产。2008年，全国铁路完成基本建设投资3300亿元以上，同比增加1500亿元以上，增长86%，是"十五"完成基建投资总额的108%。完成新线铺轨3369公里、复线铺轨2856公里，投产新线1600公里、复线1790公里、电气化铁路2630公里。

——*技术创新实现新的突破*。机车车辆装备方面，在时速200公里动车组技术平台上进行再创新，成功搭建了世界铁路最先进的时速350公里动车组技术平台。国产时速350公里动车组批量生产，投入京津城际铁路运营；自主研发的长编组卧铺动车组投入京沪铁路运营。这些动车组表现出了安全可靠、平稳舒适、节能环保等优良性能。760台国产6轴7200千瓦和8轴9600千瓦大功率和谐型电力机车投入使用，在大秦、京广、京沪等铁路货运中充分显示出良好的动力性能和性价比。自主研制的6轴9600千瓦大功率电力机车成功下线。客运专线方面，通过京津城际铁路建设与运营实践，在高速铁路线路基础、通信信号、牵引供电、调度指挥、旅客服务等方面，取得一系列重大技术创新成果，初步形成了我国时速350公里高速铁路技术标准体系，并已成功运用到其他客运专线建设。货运重载方面，在大秦铁路成功开展了和谐型机车牵引2万吨重载组合列车验证和提速综合试验研究，2008年大秦铁路年运量达到3.4亿吨。通信信号和信息化方面，在京津城际铁路集成创新了我国高速铁路列车运行控制系统，自主研发了站车数字化旅客服务系统；在新建客运专线和部分重要干线广泛采用了铁路数字移动通信系统（GSM-R）、新一代调度集中系统（CTC）；全路列车调度指挥系统（TDCS）覆盖率达到95.7%，客票发售与预订系统和货票信息管理系统实现升级，铁路信息化在运输组织、客货营销、经营管理方面的作用更加突出。"青藏铁路工程"、"大秦铁路重载运输成套技术应用"分别通过2008年度国家科技进步特等奖和一等奖评审。

——*客货运量继续保持较大幅度增长*。全路坚持内涵扩大再生产，进一步扩大运输能力，提高运输效率，保持了几年来客货运量持续较大幅度增长的形势。在客运上，充分发挥第六次大面积提速的效应，利用好新增能力，优化客运组织，客运量的增长幅度创历史新高。在货运上，深入实施"一主两翼两线三区域"战略，推进战略装车点建设和路企直通运输，在高起点上实现了货运量较大幅度增长。进入第四季度后，受国际国内经济环境变化的影响，出现了运输需求不足的情况，全路积极采取应对措施，加强客货营销工作，努力增加客货运量。2008年，预计全国铁路旅客发送量完成14.6亿人，同比增加1.4亿人，增长10.9%；货物发送量完成33亿吨，同比增加1.5亿吨，增长4.9%；总换算周转量完成32860亿吨公里，同比增加1428亿吨公里，增长4.5%。坚持把国家利益和社会效益放在第一位，除了确保抗灾救灾物资运输之外，还圆满完成了东北地区粮食、迎峰度夏电煤突击抢运及军事运输任务。

——*经营管理工作力度进一步加大*。在困难面前，全路积极转变发展方式，推进集约经营，以落实全面预算管理为重点，加强经营管理，强化审计工作，把不利影响降到最低程度。2008年，预计国铁及国铁控股企业完成运输总收入3585亿元，同比增加287亿元，增长8.7%。节能减排取得显著成效，单位运输工作量综合能耗、化学需氧量、二氧化硫排放量同比分别下降了1.4%、2.8%、1.2%。多元经营继续保持良好的发展势头。到2008年底，多元经营企业职工总数达到31.4万人，同比增加3.4万人，增长12.1%；预计全年完成营业收入1680亿元，同比增长20.4%，实现利润24亿元。坚持依法行政、依法治路，规范行政许可和法律事务管理，开展铁路核心商标保护工作，铁路法制工作进一步加强。

——*铁路改革开放取得新的进展*。继续深化铁路投融资体制改革，与各省区市进一步加大铁路建设的合作力度，扩大了合资建路规模。全年新开工的项目中有60多个是合资、合作项目；截至2008年底，新建的合资铁路里程达3万公里，投资规模达2万亿元。积极利用金融工具和创新债券发行方式，全年发行铁路建设债券、短期融资券和中期票据1100亿元，实现了低成本融资。深化运输生产力布局调整的后续工作，在站段管理结构优化、车间和班组整合、劳动组织调整、客运专线委托运输管理等方面取得新的成果。贯彻国家有关房改政策，全路基本完成了住房公积金管理机构移交工作。主动服务国家外交大局，适应铁路现代化建设需要，扩大对外开放，广泛参与多边、双边及区域铁路合作，推进泛亚铁路建设，开拓境外铁路工程承包和产品出口市场，拓宽国际铁路联运合作领域，强化口岸运输组织，进一步提升了铁路对外开放水平，增强了我国铁路的国际影响力。

——*安全生产大反思大检查活动取得较好成效*。4月28日在胶济线发生了惨痛的旅客列车特大事故，教训极为深刻。事故发生后，全路广泛深入开展安全生产大反思大检查活动，深入查摆整改安全生产中的突出问题，稳定了运输安全局面。安全生产大反思大检查活动，推动了全年的安全生产工作。深入探索高速铁路的安全管理，全面制定京津城际铁路安全管理制度，确保了京津城际铁路运营安全，积累了高速铁路安全管理经验。认真总结提速安全规律，以实现提速线路动态达标为重点，推进提速安全保障体系建设，保证了提速持续安全稳定。深入开展安全专项整治，围绕施工安全、危险品运输安全、设备质量、路外安全等重点，开展攻关活动，消除了一批安全隐患。路外安全专项整治成效显著，路外死亡人数同比下降30.3%。

——*和谐稳定局面进一步发展*。全路各级组织坚持以人为本、关注民生，努力解决职工群众最关心、最现实、最直接的利益问题。基层民主政治建设不断加强。充分发挥职工代表大会作用，推进政务公开、厂务公开，拓宽职工民主管理、民主监督渠道，维护职工合法权益。职工收入水平有了新的提高。在运输经营比较困难的情况下，按照“限高托低”、向运输生产一线倾斜的原则，继续为职工增加工资，2008年全路职工工资收入比上年增长15%。职工生产生活条件进一步改善。生活线、文化线、卫生保障线建设不断加强，青藏铁路卫生保障进一步完善；积极争取地方政府支持，推进保障性住房建设，职工住房条件有了新的改善。困难职工救助工作深入发展。“三不让”工作不断深化，全年帮扶困难家庭38.5万户次，救助患病职工12.4万人次，救助困难职工子女入学2.8万人，共支付救助资金7.32亿元。汶川特大地震发生后，全路投入救助费用1.6亿元，安置受灾职工家庭1.4万户，救助受灾职工及家属近1.6万人，受灾职工生活得到了可靠保障。离退休干部工作不断加强。落实离退休干部的政治、生活待遇，发挥了广大老同志在和谐铁路建设中的重要作用。信访稳定工作取得较好成效。深入开展矛盾纠纷排查化解工作，解决了一大批信访突出问题，群体性上访、重信重访数量大幅度减少，铁路和谐稳定环境得到了巩固发展。

——党的建设和思想政治工作进一步加强。认真学习党的十七大精神，用科学发展观指导和谐铁路建设，对广大干部职工进行加快发展、创新发展、集约发展、安全发展、全面发展的教育，增强了落实科学发展观的自觉性和坚定性。按照中央统一部署，在铁道部和铁路局等部属单位机关开展了深入学习实践科学发展观活动，广大党员干部对铁路科学发展、和谐发展的认识进一步深化，思想进一步解放，认真查找和解决不适应、不符合的突出问题，发展思路和发展措施更加完善，在"建设和谐铁路，服务人民群众"上取得了新成效。深入开展"四好"班子创建活动，深化干部人事制度改革，加强铁路人才队伍建设，各级领导班子和干部的整体素质有了新提高。基层党组织作用不断增强，落实《铁路企业党支部建设纲要》，健全保持党员先进性长效机制，在完成急难险重任务中，充分发挥了铁路基层党组织的战斗堡垒作用和广大共产党员的先锋模范作用。宣传思想工作取得重要成效，围绕加快铁路发展、深化铁路改革，深入开展思想教育，进一步激发了广大干部职工推进和谐铁路建设的积极性和创造性。正确引导舆论，形成了有利于铁路改革发展的良好舆论环境。铁路反腐倡廉建设深入开展，积极推进铁路惩治和预防腐败体系建设，狠抓领导干部廉洁自律，严肃查办违法违纪案件，强化路风监察和执法监察，深化重点领域源头治理，落实党风廉政建设责任制，党风廉政建设取得新的成效。

在总结成绩的同时，我们要清醒地看到存在的不足。主要是：运输安全基础比较薄弱，发生了"4·28"特大事故，教训深刻；建设管理工作有一定差距，需进一步加强；客货服务质量不够高，群众还不够满意；粗放经营的状况尚未从根本上改变，发展质量亟待提高；人才短缺状况十分突出，提高职工队伍素质的任务非常艰巨；党的建设、思想政治工作和党风廉政建设需要进一步加强。对这些问题，我们要高度重视，切实加以解决。

二、我国铁路发展已进入新的阶段，面临难得的历史机遇和严峻挑战

党的十六大以来，在科学发展观的指导下，经过6年的艰苦努力，我国铁路现代化建设取得了重大进展，跨入了新的发展阶段。按照中长期铁路网规划和目前铁路建设、技术装备现代化的速度，到2012年，我国铁路将发生历史性变化，届时将实现这样一个总体目标：发达完善铁路网初具规模，铁路"瓶颈"制约状况基本消除。

——路网规模和质量实现重大跨越。到2012年，全国铁路营业里程达到11万公里，复线率和电气化率分别达到50%以上。其中，时速200公里以上客运专线及城际铁路里程达到1.3万公里，繁忙干线实现客货分线；区际干线网基本形成，新增规模达到1.5万公里，区域间货物运输实现大出大入；长三角、珠三角、环渤海地区及其他城市密集地区的城际铁路系统基本建成，实现公交化运输；以西部地区为重点的国土开发性铁路达到4万公里以上，为城乡和区域协调发展提供可靠运输保障；建成800多座铁路新客站，一大批现代化综合交通枢纽投入运营。

——技术装备基本实现现代化。到2012年，投入运营的动车组达到800组以上，覆盖整个快速客运网；空调客车占客车保有量的66%以上，普通客车装备水平大幅度提升；货车车辆实现更新换代，全部达到时速120公里技术标准；投入运营的大功率机车达到7900多台，占机车保有量的40%；新一代调度集中系统（CTC）覆盖2万公里以上铁路干线；铁路信息化取得重大进展。

——运输能力紧张状况基本消除。到2012年，我国铁路客运专线网覆盖区域的客运需求基本得到满足，其他地区客运紧张状况大大缓解；客货分线后，繁忙干线货运能力紧张问题基本解决，依托区际干线和煤运通道，跨区域的货物运输基本得到保证。“一车难求、一票难求”的现象基本消除，服务质量大幅度提升，铁路对经济社会发展的保障能力明显增强。

——职工生活水平显著提高。职工收入实现持续稳定增长，生产生活条件进一步改善，职工精神文化生活更加丰富，困难职工基本生活得到充分保障。

可以肯定地讲，到2012年完成上述建设任务，是完全有把握的，因为我们有国家批准的规划，有可靠的建设资金保障，而且在几年的建设实践中，聚集了足够的建设力量，掌握了先进可靠的技术，积累了丰富的建设管理经验，只要有序高效地推进这些项目的建设，就一定会实现既定目标。

在技术创新方面。几年来，我们走出了一条具有中国特色的铁路自主创新之路，实现了铁路技术创新的跨越，成功搭建了时速250~350公里高速铁路技术平台、时速200~250公里既有线提速技术平台、高原铁路技术平台、重载运输技术平台、大功率机车技术平台。更为重要的是，培养了一批高素质的铁路技术创新人才，提高了自主创新能力。这些都是铁路技术创新的重要基础，充分利用这一基础，加快实现铁路现代化的目标就一定能够实现。

在体制机制保障方面。几年来的铁路改革，为铁路的加快发展提供了体制机制优势。铁路局直接管理站段的改革和运输生产力布局的大范围调整，为提高管理效率、优化资源配置创造了有利条件；主辅分离和社会职能移交，精干了运输主业，增强了铁路运输企业的发展后劲；铁路投融资体制改革，既为铁路市场融资搭建了平台，又促进了现代企业制度的建立。这些改革，为运输生产力的加快发展提供了体制机制保证。

在运输经营方面。几年来，为千方百计缓解“瓶颈”制约，全路深入实施内涵扩大再生产，实现运量持续大幅度增长，2008年与2002年相比，旅客发送量增长38.2%，货物发送量增长61.6%，总换算周转量增长59.3%，运输收入增长80.4%，我国铁路运输效率世界第一。经过实践，我们在科学配置运力资源、优化运输组织、提高运输效率等方面创造了宝贵经验，在加强运输经营管理、发展多元经营等方面也积累了有益经验，为今后进一步创新内涵扩大再生产，实现铁路运输的持续快速发展奠定了坚实基础。

在思想基础方面。党的十六大以来，铁路系统对实现科学发展、和谐发展进行了深入探索和实践，从以“快速扩充铁路运输能力，快速提升铁路技术装备水平”为主线的加快发展，到以“运能充足、装备先进、安全可靠、管理科学、节能环保、服务优质、内部和谐”为主要内容的和谐铁路建设，再到实现铁路的加快发展、创新发展、集约发展、安全发展、全面发展，铁路发展思路越来越清晰，目标越来越明确，步伐越来越坚实。广大干部职工对实现铁路又好又快发展形成了广泛共识，为我们不断夺取新的胜利奠定了可靠的思想基础。

实现到2012年的铁路发展目标，不仅有坚实基础，更重要的是，我们面临着极为难得的历史机遇。

当前的政策环境对加快铁路发展极为有利。以胡锦涛同志为总书记的党中央、国务院高度重视铁路发展，党的十六大以来，胡锦涛总书记、吴邦国委员长、温家宝总理等中央领导同志多次考察铁路，对做好铁路工作作出了一系列重要指示，要求我们抓住黄金机遇期加快发展，为铁路工作指明了方向。国家对《中长期铁路网规划》作出调整，增加了规划的路网规模，加快了项目审批进度。最近，为应对国际金融危机，遏制我国经济下滑，中央作出了扩大内需保持经济增长的重大决策，把加强铁路建设摆在了更加突出的位置，并投入部分预算内资金用于铁路建设，国家相继批准一大批铁路重点工程开工。党中央、国务院对铁路发展这样关怀、重视和支持，既给我们以极大的鼓舞和鞭策，也为铁路加快发展创造了最为有利的条件。

地方党委政府和社会各界大力支持铁路加快发展。随着资源节约型、环境友好型社会建设不断深化，人们对铁路节约资源、有利环保的比较优势认识更加充分；第六次大面积提速的实施、青藏铁路建成通车、京津城际铁路开通运营等铁路现代化建设成果，受到社会的普遍好评，产生了巨大示范带动作用，人们要求加快铁路发展的呼声越来越强烈。各省区市党委政府加快铁路建设的积极性越来越高，纷纷提出多建铁路、快建铁路，对合资建路模式进一步认同，积极投资铁路建设，并主动承担征地拆迁的主体责任。地方党委政府和广大人民群众对加快铁路建设如此支持，这是前所未有的。

当前铁路正处在低成本发展的有利时机。在经济社会快速发展的情况下，资源紧缺的问题将越来越突出，工程建设中的征地拆迁费用、原材料价格、人工成本将越来越高，这是不可逆转的趋势。因此，大规模铁路建设进行得越早、推进得越快，我们付出的成本越低。抓住时机，多建铁路、快建铁路，对于我们以有限的资金取得更大的发展成果是极为重要的。当前和今后一段时间，受经济形势波动的影响，钢材、水泥等原材料价格相对较低，这对降低铁路建设成本极为有利，我们应抓住这一时机，在科学组织的前提下，尽可能多地完成建设任务，节约铁路建设资金。

确保实现到2012年铁路发展目标，不仅要看到已经具备的坚实基础和面临的难得机遇，还必须清醒地看到在前进的道路上会遇到一些严峻挑战和考验。目前，我国铁路现代化建设已经进入由量的积累到质的飞跃的关键阶段，在新的发展阶段，我们会遇到大量新情况、新问题和新挑战。

铁路建设方面。从现在起到2012年，是铁路建设任务最繁重的时期。投资规模大。2009年计划完成基建投资6000亿元，2010～2012年平均每年将完成基建投资6000亿元以上，铁路建设项目遍及31个省区市。建设标准高。时速200公里以上的客运专线建设里程达到1.2万公里，占新建铁路里程的37.5%，18个铁路局都有客运专线建设任务。组织如此大规模、高标准的铁路建设，对于我们来说是一个全新的实践，有大量新情况需要深入研究，有许多新课题需要探索解决，尤其是确保施工安全，杜绝重特大事故；严把工程质量，建设百年不朽工程；节约建设资金，提高投资效益；提高施工效率，确保如期完成任务；加强反腐倡廉建设，防止腐败问题发生，等等，都是必须认真回答的重要课题。

技术创新方面。在京沪高速铁路和其他客运专线建设全面推进的情况下，充分运用京津城际铁路经验，根据不同的地质条件和环境，解决设计、施工和系统集成等方面的问题，保证工程的顺利实施，是需要认真解决的重要课题；在机车车辆装备现代化加快推进的情况下，坚持进行再创新，实现关键技术的优化提升，开发我国高速动车组和大功率机车的系列产品，以及在大批量生产制造中，加强产品质量控制，确保所有产品都达到技术标准，是必须解决的重要课题；在新技术装备广泛采用的情况下，运营单位管好用好这些设备，也是必须解决的重要课题。

运输安全方面。在加快铁路改革发展中，安全生产具有决定性影响，能否早日实现铁路现代化建设目标，成败的关键因素在安全。随着铁路快速发展，运输安全面临的考验越来越多。在大规模建设中，施工安全问题越来越突出；客运专线陆续投产，高速安全问题越来越重要；既有线提速的持续安全，仍然面临着一些新情况；大批新技术装备的应用，在管理、运用、维修上有大量工作要做；速、密、重并举的运输模式将在相当长的时期内存在，这种运输环境下的安全管理面临许多难题。准确把握运输安全面临的新要求，实现对运输安全的规范管理，这是必须认真解决的紧迫而重大的问题。

运输经营方面。保持客货运量的大幅度增长，提高经济效益，既是铁路加快发展的重要标志，又是保证铁路可持续发展的经济基础。铁路的快速发展对经济实力的要求越来越高，而目前铁路运输经营管理比较薄弱，生产资源浪费、成本管理粗放等问题比较突出，严重不适应铁路加快发展的要求。尤其是当前和今后一段时间，经济增长减速对铁路运输的影响有加深的趋势，运量和运输收入增长难度加大，而成本刚性支出因素比较多，我们遇到的经营困难是前所未有的。在这种形势下，统筹利用好新增和既有能力，强化市场营销，扩大客货运量，最大限度地增加运输收入，这是我们面临的严峻考验；改变粗放经营状况，实施严格的成本控制，最大限度地节约节支，这也是我们面临的严峻考验。

队伍素质方面。我国铁路现有的干部职工队伍，是在普速铁路和传统技术装备条件下成长起来的，面对铁路现代化水平的快速提升，干部职工总体技术素质不适应的问题比较突出。尤其是高速铁路、先进技术装备所要求的高技能和高技术人才数量严重不足，这是我国铁路快速发展的一个制约性因素。提高干部职工队伍的整体技术素质，在既有人力资源中选拔培养高技能和高技术人才，这是我们必须抓紧解决的战略性问题。

总之，当前和今后一个时期，加快铁路发展，环境十分有利，机遇极为难得，挑战极其严峻。全路党政工团各级组织和广大干部职工一定要认清面临的形势，继续解放思想，与时俱进，在新的起点上开拓创新，把铁路现代化建设事业推向前进。

三、全面完成 2009 年重点任务，进一步开创和谐铁路建设新局面

2009 年，是我们完成大规模铁路建设任务、推进技术装备现代化的关键一年。做好 2009 年的工作，意义十分重大。根据党中央、国务院的部署，结合铁路工作实际，2009 年铁路工作的总体要求是：**认真贯彻落实党的十七大、十七届三中全会和中央经济工作会议精神，深入学习实践科学发展观，努力实现加快发展、创新发展、集约发展、安全发展和全面发展，有序高效地推进大规模铁路建设，加快技术装备现代化步伐，深化内涵扩大再生产，加强和改进经营管理，继续推进铁路改革，确保运输安全稳定，进一步改善职工生产生活条件，提高政治工作水平，实现铁路又好又快发展，为国民经济平稳较快发展作出更大贡献，以优异成绩迎接建国 60 周年。**

重点做好以下八个方面的工作：

（一）全面强化安全基础，确保运输安

全稳定。确保安全稳定，是一切工作的前提，是铁路改革发展环境的决定性因素，是对我们学习实践科学发展观成果的重大检验。要适应新形势的要求，认真贯彻落实全国铁路运输安全工作会议精神，以高速和提速安全为重点，强化运输安全关键环节，创新安全基础建设，确保运输安全稳定。

1. 突出抓好高速和提速安全。认真总结京津城际铁路安全运营实践，探索安全规律，完善规章制度，实现调度指挥、设备维修、治安防范、应急处置的规范化。认真总结第六次大面积提速一年半来的安全管理经验，以提速线路质量稳定为重点，进一步加强设备养护维修，保持动态达标；加强提速区段安全防护、绿色屏障、货车安全、治安防范等工作，优化提速区段安全环境；狠抓动车运用所管理的规范化，提高检修质量，指导协调有关厂家搞好动车组三、四级修，确保动车组质量良好，确保提速安全。

2. 强化运输安全关键环节。狠抓安全专项整治，突出整治效果，提高整治质量。狠抓主要行车设备质量达标，对路基病害、牵引供电倒杆断线、机车车辆大部件折损脱落、轨道电路分路不良等突出隐患进行集中整治，提高设备养护维修质量。

3. 创新安全基础建设。根据新形势下运输安全面临的新情况，赋予安全基础建设新的内容和形式，实现安全基础建设深化发展。在前不久召开的全国铁路运输安全工作会议上，部党组决定用三年时间，实施优化站段管理结构、自控型班组建设、主要行车工种队伍建设三大工程，全路对此要高度重视，加强领导，细化措施，狠抓落实，确保取得实效。

（二）加大建设管理力度，坚决完成繁重的建设任务。全年计划完成基本建设投资6000亿元，新线铺轨5148公里，复线铺轨3462公里，新线投产5849公里，复线投产4662公里，电气化投产5606公里，建设任务极其繁重。全路必须切实加强组织领导，统筹各种建设资源，坚持质量、安全、工期、投资效益、环境保护和技术创新“六位一体”，以标准化管理为抓手，强化建设管理，确保各项建设任务圆满完成。

1. 加快项目前期工作。

2. 狠抓在建工程管理。

3. 加强对建设工作的领导。

（三）进一步提高自主创新能力，加快推进技术装备现代化。

1. 推进高速铁路技术创新。充分利用京津城际铁路技术创新成果，依托京沪高速铁路等重大工程，在工务工程、牵引供电、列车控制、调度指挥等方面实施重点技术攻关。推进高速铁路站前工程、运营仿真、运营安全监测及监控、联调联试等关键技术深化研究工作，解决客运专线基础沉降、结构耐久、节能环保等技术难题，尽快形成技术创新成果。围绕高速铁路系统试验、列车控制、建造技术、高速列车设计制造及动力学等领域，加快国家级研究实验平台建设，为高速铁路和客运专线建设运营提供技术支持。

2. 深化机车车辆技术创新。充分利用现有的技术平台，加快研制新一代高速动车组，开发动车组卧铺车、餐车等系列产品；抓紧9600千瓦大功率交流传动电力机车上线试验等工作，尽早形成批量生产能力。开展高速检测车的研发工作。加快大型养路机械关键技术的引进消化吸收，提高国产大型养路机械的设计制造水平。

3. 完善铁路技术标准体系。组织力量对近年来的铁路技术创新成果进行系统总结，建立动车组和大功率机车设计、制造和运营维护标准体系，推动部分标准成为国际标准，为我国机车车辆产业走向世界创造条件。组织制定时速200～250公里、300～

350公里客运专线技术管理办法，建立完善客运专线、高速铁路建设和运营管理成套技术体系。继续深入开展重载列车技术研究，完善我国重载运输技术标准体系。加强知识产权管理和保护工作。

4. 提高铁路信息化水平。加快客运专线运营调度、客运服务系统和动车组管理信息系统建设；实现列车调度指挥系统（TDCS）全覆盖，扩大调度集中系统（CTC）建设范围，完成调度计划管理系统（OPMS）升级改造，提高运输组织信息化水平。建设铁路客户服务中心、客运营销决策支持系统、客运站车信息无线交互系统，推广车站补票系统，开发应用货物运单信息管理系统和电子货票信息管理系统，提高客货营销信息化水平。推进铁路安全监督管理、专业管理、建设项目管理等信息系统建设，深化电子政务工作，提高铁路经营管理信息化水平。加强信息资源整合和共享，强化铁路网络与信息安全管理，提高信息综合利用和安全保障能力。

（四）加强客货营销工作，千方百计增运增收。2009年全国铁路运输经营的主要预期值为：旅客发送量16.1亿人，同比增加1.5亿人；货物发送量33亿吨，同比持平；国铁及国铁控股企业完成运输总收入3885亿元，同比增加300亿元。在宏观经济环境发生变化的形势下，完成这些指标，难度是很大的，但从简单再生产的正常进行和加快铁路发展的需要出发，这些指标又是必须完成的。全路要积极应对运输工作面临的困难，迎难而上，坚决完成全年运输任务。

1. 实施以客补货战略。

2. 加大货运营销力度。

3. 提高机车车辆运用效率。

4. 确保重点物资运输。

（五）切实强化经营管理，提高发展质量。

1. 严格运营成本管理。

2. 加强资产和资金管理。

3. 大力发展多元经营。

4. 积极推进依法经营。

（六）大力提高服务质量，树立铁路良好形象。

1. 切实改进客运服务质量。

2. 努力提高货运服务水平。

3. 坚持不懈地加强路风建设。

（七）继续推进改革，扩大对外开放。

1. 深化铁路投融资体制改革。认真落实部省关于加快铁路建设的合作协议，发展合资建路模式，充分发挥地方政府加快铁路建设的积极性。支持和鼓励保险、信托、大型企业等机构投资者以及民间资本和外资出资修建铁路，吸引更多社会资本投资铁路建设。充分发挥大秦、广深及铁龙公司等既有上市公司的融资平台作用，通过增资扩股等方式持续融资；实施新一批股改试点项目，做好各方面准备，择机上市融资。争取扩大铁路建设债券发行规模，加强与商业银行的战略合作，千方百计降低债务性融资成本。争取国债及其他财政性资金支持，更好地发挥财政性资金对社会投资的引导和带动作用。

2. 推进劳动组织改革。在铁路运输生产力快速发展的情况下，我们必须把劳动组织改革摆上重要议程。对新投产的客运专线和其他新建铁路实行新的生产组织和劳动组织模式，原则上委托铁路局进行运输管理，探索部分设备的委外管理，实现辅助业务和后勤服务市场化。根据新技术装备的广泛应用、动车组和大功率机车检修基地及客运专线综合维修基地的建设、站段管理结构的优化、设备修程修制的改革、机车交路的调整等新情况，对机务、车辆、车务、工务、电务、供电等系统的劳动组织进行科学调整，适应铁路运输生产力快速发展的要求。

3. 完善企业经营业绩考核机制。优化经营业绩考核体系，强化对经营管理的考核，激励企业增运增收、节支降耗，提高运输效率和效益，保证国有资产安全。对考核目标值实行刚性约束，维护考核办法的严肃性。加强运输经营的过程考核，掌握各单位的经营业绩动态情况，及时发现和解决经营过程中存在的突出问题。增强经营业绩考核的时效性，及时公布考核结果，及时兑现奖惩，发挥考核效力。全面落实《铁路运输企业经营管理问责暂行办法》，对企业改进经营管理形成倒逼机制。

4. 进一步提高铁路对外开放水平。拓宽国际铁路联运合作领域，发展国际集装箱货物运输，提高口岸运输水平。继续开展铁路人才委外培训，促进铁路人才队伍建设。发挥铁道部的政府主导作用，组织和支持国内铁路施工和装备制造企业开拓国际市场，打造“中国铁路”品牌。积极参与国际铁路通道建设，在路网通道规划和研究方面加强与周边国家合作。开展铁路对外经济技术交流与合作，做好2009年第九届国际重载运输大会、2010年世界高速铁路大会和上海世博会中国铁路馆的筹办工作。

（八）认真解决职工切身利益问题，进一步发展和谐稳定环境。

1. 加强基层民主政治建设。

2. 不断改善职工的生产生活条件。

3. 认真做好信访稳定工作。

四、进一步提升政治工作水平，为和谐铁路建设提供坚强的政治保证

（一）大力加强领导班子和干部人才队伍建设。加快铁路发展、深化铁路改革，关键在人，在各级领导班子和干部人才队伍的作用。加强各级领导班子建设。结合学习实践活动，突出抓好领导班子的思想政治建设，加强党委中心组学习，制定下发加强铁路领导班子思想政治建设的意见，形成长效工作机制。深入开展创建“四好”班子活动，完善考核办法，坚持民主评议领导干部制度，健全激励约束机制。进一步完善“三重一大”问题集体决策制度，强化决策过程的监督检查，促进科学、民主、依法决策。切实加强领导干部能力建设，增强各级领导干部领导科学发展、和谐发展的能力。加强干部队伍建设。深化对广大干部进行“五个发展”的教育，树立科学发展理念，增强事业心和责任感；培养各级干部矢志不渝、永远进取、苦干实干拼命干的精神和作风，充分发挥表率作用；组织各级干部认真学习政治、科技、经济、法律知识，学习铁路新技术，完善知识结构。加强后备干部队伍建设，深化干部制度改革，加大激励约束力度，营造有利于优秀干部脱颖而出的良好环境。加强人才队伍建设。根据客运专线陆续投产的实际，把高速铁路所需人才的选拔培养作为重中之重，选拔培养能够熟练应用、维修高速铁路技术装备的高技能人才，能够熟悉掌握高速铁路技术的专业技术人才，能够对高速铁路建设运营实施有效管理的高级管理人才。依托建设项目，进一步做好铁路建设管理人才的选拔培养工作。把人才培养的立足点放在既有职工队伍上，主要在现有人力资源中选拔培养所需人才。有计划、有目的地选拔一批人员到已经开通运营的客运专线上进行强化培训，把有发展潜力的人员放到建设和运输一线、艰苦岗位上锤炼，丰富经历，提高能力，使其尽快成才。

（二）切实加强基层党组织和党员队伍建设。坚持着眼基层，强化基础，以改革创新精神加强基层党建工作，进一步提高基层党组织的创造力、凝聚力和战斗力，在促进发展、构建和谐、确保安全、维护稳定中充分发挥作用。加强基层党组织建设。落实党建工作责任制，强化党委书记第一责任人的责任，推进“双向进入、交叉任职”，坚持“一岗双责”和党员领导干部联系基层党支部制度，形成“大政工”格局。认真落实《铁路企业党支部建设纲要》，优化党支部设置，完善工作制度。深化党支部“安全屏障”工程，把生产一线党支部建成确保运输安全的坚固屏障。加强党员教育管理。落实党员先进性建设长效机制，深化“创岗建区”活动，不断提高党员队伍素质。把严格教育管理与尊重服务党员结合起来，发展党内民主，保障党员权利，推进党务公开，落实服务党员、帮扶困难党员制度，增强党组织的凝聚力。

（三）切实加强和改进宣传思想工作。以学习实践科学发展观为主题，加强理论武装、思想教育和舆论引导工作，增强思想政治工作的针对性和有效性，为加快铁路发展、深化铁路改革提供精神动力和舆论支持。加强职工思想政治教育。深入开展党的理论创新成果和社会主义核心价值体系宣传教育，大力弘扬新时期火车头精神，引导广大干部职工牢固树立中国特色社会主义的共同理想。注重运用心理疏导和人文关怀等方法，有针对性地开展思想政治工作。积极探索新时期职工思想政治工作的规律，创新内容、方式、手段和机制，增强吸引力、渗透力和感染力。加强舆论引导。结合庆祝建国60周年，深入开展铁路改革发展成就的宣传教育，用和谐铁路建设取得的辉煌成就和美好前景激励职工，进一步形成万众一心、共谋发展的生动局面。切实搞好对外舆论宣传，借助主流媒体和互联网等新兴媒体宣传部党组的决策，宣传铁路改革发展的成就，扩大铁路的社会影响力，形成有利于和谐铁路建设的良好舆论环境。加强铁路文化建设。进一步推进铁路企业文化建设，提炼和培育企业精神，开展丰富多彩的文化活动，积极构建具有铁路行业特色的先进企业文化，更好地凝聚人、鼓舞人、激励人、塑造人。大力选树、培养和宣传各类先进典型，发挥典型的示范作用。繁荣铁路文学艺术创作，讴歌铁路职工昂扬向上的精神风貌，塑造中国铁路崭新形象。

（四）深入推进铁路反腐倡廉建设。以健全完善铁路惩治和预防腐败体系为重点，狠抓党风廉政建设责任制的落实，推进反腐倡廉建设，为铁路改革发展提供纪律保证。强化领导干部廉洁自律。以领导干部和关键岗位人员为重点，认真开展理想信念、权力观和法纪教育，增强廉洁自律意识。加强监督检查，对违反廉洁自律规定的领导干部，严格执行纪律，加大组织处理力度。深入推进惩防体系建设。认真落实中央《建立健全惩治和预防腐败体系2008～2012年工作规划》和部党组《实施办法》，以工程建设、物资设备采购、运输经营等领域为重点，深化源头治理工作。加强对查办案件工作的组织领导，严肃查办违法违纪案件，维护党纪国法的严肃性。按照中央的要求，对各种违反中央扩大内需促进经济增长政策的违纪违法行为，要快查严办重处。认真落实党风廉政建设责任制。党政主要领导要切实担负起抓党风廉政建设第一位的责任，分管领导要抓好职责范围内的反腐倡廉建设，业务部门要把党风廉政要求融入到业务管理之中，做到党风廉政建设与业务工作同部署、同落实、同检查、同考核。各级纪检监察组织要提高履职能力，加强组织协调和监督检查。对在执行党风廉政建设责任制方面严重失职渎职的领导干部，要严格责任追究。

国务院国有资产监督管理委员会

国资改革〔2008〕294号

关于中国北方机车车辆工业集团公司整体重组改制并境内上市的批复

中国北方机车车辆工业集团公司：

我委《关于中国北方机车车辆工业集团公司整体重组改制并境内上市的请示》（国资发改革〔2008〕45号）已报经国务院同意，现将有关事项批复如下：

一、原则同意你公司整体重组改制并境内发行股票及上市的方案。

二、同意你公司为国家授权投资的机构。

三、同意设立的股份有限公司名称中冠以“中国”字样，具体名称由工商部门按有关规定核准后确定。

四、同意股份公司设立未满3年即可申请在境内发行股票并上市。

五、对因重组改制并境内上市发生的税负问题，国务院同意按照不因改制增加企业税负的原则办理。请报财政、税务部门办理具体税收优惠事项。

六、重组改制并境内上市涉及的产权划转、产权转让及国有股权管理等事项,应根据有关规定严格履行相应的报批程序,并按规定做好资产评估、核准及产权登记等工作。

七、请你公司按照有关法律法规的要求,精心组织,积极推进各项工作,切实做好企业稳定工作,确保企业重组改制及股票发行上市成功。

二〇〇八年三月二十四日

国务院国有资产监督管理委员会

国资改革〔2008〕570号

关于设立中国北车股份有限公司的批复

中国北方机车车辆工业集团公司：

你公司《关于设立中国北车股份有限公司的请示》（北车企管〔2008〕133号）收悉。经研究，现批复如下：

一、同意你公司联合大同前进投资有限责任公司、中国诚通控股集团有限公司、中国华融资产管理公司共同作为发起人，以发起方式设立中国北车股份有限公司（以下简称股份公司）。

二、股份公司总股本580,000万股（每股面值1元）。上述发起人分别出资529,122.81万元、45,111.11万元、3,391.81万元和2,374.27万元，分别占股份公司总股本的91.23%、7.78%、0.58%和0.41%。

三、原则同意《中国北车股份有限公司章程》，请及时召开股份公司创立大会,办理工商登记手续,并将董事会成员名单及创立大会决议报我委备案。

二〇〇八年六月二十六日

专 文

责任编辑　尹宝雨

推动科学发展　提升经济效益　努力开创集团公司又好又快发展新局面——总经理崔殿国在中国北车集团公司工作会议暨一届七次党委（扩大）会议上的报告（摘录）（2008 年 1 月 16 日）

推进改制上市　快速做强做大　努力打造具有国际竞争力的现代企业——总经理崔殿国在中国北车集团公司经营管理工作会议上的报告（摘录）（2008 年 4 月 14 日）

深入贯彻十七大精神　加强和改进党的工作　为北车集团又好又快发展而努力奋斗——党委书记王立刚在中国北车集团公司工作会议暨一届七次党委（扩大）会议上的报告（摘录）（2008 年 1 月 16 日）

贯彻落实科学发展观　加强党的先进性建设　为把中国北车打造成为轨道交通装备行业世界级企业而奋斗——党委书记王立刚在中国共产党中国北方机车车辆工业集团公司第二次代表大会上的报告（摘录）（2008 年 12 月 8 日）

消化吸收引进技术　提升自主创新能力　为快速提升集团公司核心竞争力作出积极贡献——副总经理兼总工程师奚国华在 2008 年中国北车集团公司技术工作会暨技术创新高层论坛的报告（摘录）（2008 年 3 月 6 日）

适应新体制　追求新目标　努力打造具有国际竞争力的新北车——总裁奚国华在中国北车股份有限公司经营管理座谈会上的讲话（摘录）（2008 年 7 月 17 日）

全面履行党章赋予职责　整体推进反腐倡廉建设　为中国北车又好又快发展提供有力保证——党委副书记、纪委书记林万里在中共中国北方机车车辆工业集团公司第二次党代表大会上作的纪律检查委员会工作报告（摘录）（2008 年 12 月 8 日）

适应新体制　开创新局面　为打造具有国际竞争力的新北车作出更大贡献——副总裁赵光兴在中国北车股份公司劳资培训工作会议上的讲话（摘录）（2008 年 8 月 4 日）

贯彻落实科学发展观　创建本质安全企业　为集团的改革发展开创安全稳定局面——副总经理孙锴在中国北车集团公司 2008 年安全生产工作会议上的工作报告（摘录）（2008 年 3 月 6 日）

开拓创新　适应发展　开创集团公司财务管理工作新局面——总会计师高志在中国北车集团公司 2008 年度财务工作会议上的报告（摘录）（2008 年 3 月 11 日）

深入贯彻十七大精神　充分发挥工会组织优势　为推进集团公司实现又好又快发展而努力奋斗——工会主席董宇在中国北车集团公司工会二届三次全委（扩大）会议上的工作报告（摘录）（2008 年 3 月 20 日）

推动科学发展 提升经济效益
努力开创集团公司又好又快发展新局面

——总经理崔殿国在中国北车集团公司工作会议暨一届七次党委(扩大)会议上的报告(摘录)

(2008 年 1 月 16 日)

一、2007 年工作回顾

(一) 销售收入持续增长，经济效益大幅提高

(二) 整体改制全面实施，各项工作扎实推进

(三) 市场开拓成效明显，竞争能力不断增强

(四) 技术引进纵深发展，自主创新全面推进

(五) 管控方式不断完善，管理绩效逐步显现

(六) 主辅分离继续推进，三项制度改革不断深化

(七) 企业党建扎实开展，群团作用有效发挥

二、面临的形势和 2008 年工作主要目标

2008 年，是全面贯彻落实党的十七大精神的第一年，是实施“十一五”规划承上启下的一年，也是集团公司整体改制上市工作即将取得实质性突破的关键一年。转变发展方式，加快发展速度，提升发展质量，集团公司既面临难得机遇，也面临更大挑战。

(一) 改革开放激发活力，行业竞争全面升级

(二) 需求总量持续增长，经营形势依然严峻

(三) 效益增长要求加速，发展方式急需转变

根据形势变化、国家要求和集团公司快速发展的需要，2008 年集团公司工作的总体思路是：**深入学习党的十七大精神，贯彻落实科学发展观，转变发展方式，推进整体上市，增强创新能力，大力开拓市场，夯实管理基础，提升经济效益，加强和改进党建思想政治工作，不断开创集团公司又好又快发展新局面。**

2008 年主要目标是：

经营业绩实现快速增长

改革改制取得重大突破

资源整合功能不断加强

技术创新能力继续提升

向管理要效益取得新成效

党组织政治核心作用有效发挥

三、2008 年集团公司的重点工作

(一) 推进整体上市，创新体制机制。实施集团公司整体改制上市，是集团公司担当行业领军企业，推动中国轨道交通运输装备现代化的需要，也是集团公司和所属各企业持续和谐快速发展的需要。通过整体改制上市及相关工作，推进集团公司体制创新，转换经营机制；推进集团公司调整重组，增强专业竞争优势；拓宽融资渠道，实现资本的积聚和集中，增强集团公司在国内外轨道交通运输装备市场上的影响力。这是我们改制上市的既定目标，也是我们新的实践和探索。2008 年要重点抓好以下工作：一是尽

快争取整体改制上市方案获得国务院批复，成立股份公司。二是加快建立适应市场经济和国际化竞争的现代公司治理机制，转变经营理念，改进管控方式，逐步建立分、子公司管理和基于业务线条的事业部管理相结合的管理架构，提升治理水平，提高竞争优势。三是以整体改制上市为契机，以与市场接轨为目标，继续推进企业内部三项制度改革。适应劳动合同法带来的新要求，引导企业不断完善和改进用工机制；推进公开招聘、竞争上岗、岗位交流等干部人事制度改革；加强人工成本调控和动态监控，探索建立工资正常增长机制和适应现代企业制度的薪酬体系。四是扎实推进存续企业改革与管理。摸清家底，明确政策，确定工作目标和主要任务，采取有力措施，确保各项改革管理规范到位，确保企业和谐稳定，确保整体上市目标顺利实现。

（二）深化效绩管理，确保效益目标。一是坚持战略管理与效绩管理相结合。以战略管理引导效绩管理，以效绩管理作为支撑战略管理的基本载体。战略管理要立足于“国内领先、国际知名”这个基本参照目标，引入对标理念，实施动态管理。要研究分析基于上市公司层面的企业发展战略，做好“十一五”规划的修订工作，并将主要指标分解到各个业务单元、各个企业、各个时段，滚动实施。在继续将国际市场开拓纳入考核的基础上，从2008年开始，逐步将相关多元化和城轨业务等指标也纳入效绩考核范围，以引导企业加快相关多元化市场的开拓步伐。二是坚持目标管理与过程控制相结合。要结合集团公司整体改制上市带来的新要求，持续抓好重点效绩指标的动态监控与考核。继续对企业拟上市部分资产、业务和非上市部分资产、业务实施分别核算、合并考核政策。对效绩指标实施动态考核、监控，按月考核通报。在此基础上，结合股份公司设立情况适时修订考核体系、考核办法和考核流程，保持体系完整性和有效性。三是坚持效绩考核与持续改进相结合。在按月考核通报的基础上，更加重视和加强经济活动的分析。拓展对标范围，不仅和预算比，和自己纵向比，更要和国内外同行企业进行横比。通过对标和分析及时发现经营中存在的机遇和风险，促进企业改善经营，提高效益。特别是对影响集团公司经营目标权重较大、波动较大的企业要及时组织专人进行跟踪分析。另外，还要从打造企业核心竞争力的角度，着力做好《技术引进目标责任书》和《固定资产投资项目责任书》的签订、实施、考核和评价工作，确保投入产出，增强发展后劲，提升竞争优势。

（三）加快技术创新，提升竞争能力。集团公司整体技术创新工作要努力围绕技术政策的研究与运用、技术创新体系的建设、产品技术平台的建设、引进消化吸收再创新和重点项目的研发等展开。通过加强国家技术政策的研究和运用，为企业技术创新创造更加良好的政策支持环境；通过行业发展政策的研究，把握技术发展方向，适应和引导市场需求；通过完善集团公司技术创新管理制度体系，为企业技术创新提供方向引导、政策激励与约束。技术创新体系建设，要有利于提高效率，整合资源，提高技术创新资源和成果共享程度。要进一步做好国家级创新型试点企业各项工作，建立股份公司技术中心，积极申报国家科技计划、国家研究中心和重点实验室，积极参与国家科技支撑计划项目，在快速提升整体技术创新能力的同时，使集团公司在国家创新体系中占据重要位置。加快集团公司三级产品技术平台的构建步伐。在整体规划框架下，结合引进消化吸收，加强产品系列化、模块化、标准化、信息化等基础工作，选择试点进行具体产品技术平台的构建工作。建立和完善以专利和技术秘密为主体的知识产权防御体系。制定并实施企业知识产权战略，加强知识产权的创造、应用、管理与保护，有重点有步骤地构筑知识产权优势。要以实现集团公司《“十一五”科技发展规划和2020年发展纲要》中所列出的九大标志性产品研制为目标，以市场需求为导向，抓好引进消化吸收再创新和自主研发项目的落实，力争在轨道交通运输装备系统集成能力以及关键部件研发上不断实现突破和跨越，打造具有国际先进水平的核心技术优势，掌握国内外市场竞争的主动权。

（四）加强资源整合，打造集成优势。加强资源整合，打造产业链集成优势，当前要重点抓好整合营销、结构调整和供应商管理体系三个环节建设。整合营销，就是要发挥集团公司整体调控管理职能，加强营销管理，做好产品招议标的组织协调工作，加强与用户的沟通协商，不断巩固和扩大市场份额，不断增强产品的获利能力。结构调整，重点是推进客车、动车组、机车新造业务整合工作不断完善、取得实质效果，抓紧启动货车业务整合工作，总体规划、分步实施，以不断巩固和壮大集团公司在货车领域的领跑优势。重要零部件等业务整合项目适时推进。随着技术引进消化吸收再创新工作的推进，集团公司各主机企业将成为系统集成供应商，对合同的实施负总责。供应商管理体系建设的重要性更加凸显。集团公司必须从战略高度加强对供应商管理体系建设的统一领导、组织协调。要通过消化吸收再创新，建立多个战略合作伙伴等方式，力争在制约集团公司发展的关键技术或领域寻找突破口。要按照“以关键零部件产品国产化促进整机整车产品国产化”的原则，努力培育国内供应商体系。一方面着眼于确保产品质量和交货进度，一方面着眼于产品综合成本的降低，以努力打造一个具有国际竞争力的优势产业集群。

（五）强化资金管理，防范经营风险。继续加强资金集中管理和财务预决算管理。做好财务状况的分析监测和财务风险的评估预警。认真执行《企业财务通则》和《企业会计准则》。统筹考虑融资结构，努力降低融资成本。加快应收账款回收速度，降低存货占用资金水平。固定资产投资项目资金要严格按照项目预算及规定程序进行使用，确保资金安全。强化对子公司重大事项的管控，确保集团公司的管理理念、管理方法得到贯彻落实。建立健全内控体系，切实把好对外担保、应收账款、债务等风险管理关口。有效开展对子企业的内部审计工作，推进效能监察，完善内部监督机制。加强成本费用控制，对企业资金状况进行定期跟踪分析，对风险较大的企业进行预警。要切实强化风险意识，建立健全风险防范机制。加强对生产、经营、财务、投资等各个环节风险点的控制，把各类风险发生的可能性降到最低，做到风险可控。要高度关注宏观经济形势的变化，居安思危，未雨绸缪，深入分析汇率、利率、税率、能源原材料价格变化以及信贷从紧对企业发展的影响，及时调整发展战略和经营策略，制订切实有效的应对措施，确保持续稳定发展。

（六）抓好党建和人才工作，发挥保障支撑作用。要把深入学习贯彻党的十七大精神作为主线，扎实推进企业党建和思想政治工作。筹备召开集团公司第二次党代会。进一步巩固和扩大先进性教育成果，建立健全先进性建设的长效机制。推进党务公开、规范党员民主评议。巩固和推进基层党组织建设，抓好党建工作责任制的落实。理清现代企业制度条件下董事会、党委会、监事会、经理层的职责定位，探索企业党组织在决策、执行、监督各个环节发挥政治核心作用的方式方法，探索党管干部原则与董事会选聘经营管理者，以及经营管理者依法行使用人权相结合的有效途径。推动“四好”班子创建活动深入开展。不断深化“双培”主题实践活动。加快企业文化理念体系和企业形象识别系统建设。理顺北车主文化与所属企业亚文化的关系。以完善惩防体系为重点，深入推进反腐倡廉建设，进一步探索和创新有效监督的工作机制。推进职工代表大会制度建设，促进规范运作，落实职代会职权。进一步推进厂务公开。大力实施人才强企战略，加强集团公司专家队伍建设，以项目为载体实现企业内外人才资源共享。做好集团公司博士后科研工作站申报、管理制度建立和博士后引进工作。继续加大培训力度，增强培训效果和针对性。深化“创建学习型组织，争做知识型职工”活动，不断提高职工素质。继续坚持以人为本，保护好、发挥好各级各类人才的积极性和创造性，通过共同愿景凝聚人心，共同建设，共同享有改革发展成果。

四、2008 年各企业的主要任务

（一）*加大市场开拓力度，快速提高销售收入*。各企业都要切实围绕三大业务板块，着力提升订单获取能力和合同兑现能力，争取实现三大目标：市场领域进一步拓宽，市场份额进一步加大，赢利水平进一步提高。2008 年是技术引进产品国产化交车的高峰年，同时也是抢占市场的重要战略机遇期。原有的市场格局将发生变化，新的产业格局逐渐形成。突破技术引进产品生产瓶颈，确保各项合同兑现，努力获取新增订单，不仅对完成全年销售收入指标至关重要，而且对形成未来竞争优势具有重要意义，各技术引进企业务必全力抓好。货车新造企业要认真研究行业动态，创新机制，继续保持集团公司在货车市场的领跑优势。各机车车辆修理企业要抓住市场稳定趋好机遇，密切关注修理品种变化、政策调整等因素，扩大份额，提高效益。城轨车辆市场，各相关企业要站在集团公司整体发展的角度，充分发挥优势，瞄准战略项目，分工合作，密切配合，扩大市场份额，确保集团公司在城轨地铁车辆市场上的优势地位。各企业要把相关多元化和国际市场开拓作为提高经济效益的一个重要突破口，从战略全局高度抓紧抓好。相关多元化市场开拓，要学习借鉴集团内外成功企业的经验做法，立足核心优势，快速做强做大。在具体操作上，要注意三个结合，一是产品与服务相结合。在继续扩大电机电器、柴油机、钢结构、环保设备等路外产品市场开拓的同时，要深入研究客户的现实需求和潜在需求，积极拓展融资租赁等轨道交通相关服务业务，使服务业成为相关多元化产业的重要组成部分。二是部件生产与系统集成相结合。在扩大部件销售的基础上，要充分利用企业内外资源，力争在系统集成供应上实现突破，扩大收入，提高附加值。三是自我发展与资本扩张相结合。通过非关键工艺、工序委外加工，抓住核心工序关键环节，提高和扩大生产规模。同时，也要加强研究采取资本扩张方式，迅速提升能力，提高市场占有率。在国际市场开拓上，一是要继续保持内燃机车、客车、城轨地铁车辆、货车等产品出口的良好势头，并依靠新的技术平台，进一步扩大市场份额。要利用国际产业转移的机会，发挥我们的优势，继续扩大各种零部件出口业务。二是要大力提高自营进出口能力，加强渠道建设，发挥渠道优势，把进出口业务作为一项独立产业发展起来。三是践行国家“走出去”战略，在推动产品出口的同时，积极开展技术输出和资本输出，实现跨国经营，把国际业务尽快打造成集团公司新的产业支柱。

（二）*着力抓好消化吸收再创新，巩固和扩大战略优势*。技术引进消化吸收和再创新，不仅关乎现在，更将决定未来。能否顺利实现各项预期目标，对巩固和提升集团公司在市场上的战略地位将具有决定性的意义。各相关企业务必进一步在消化吸收和国产化生产组织上下功夫，确保产品交出进度，确保国产化整车及零部件质量全面达到国外同类产品质量水平。

（三）继续推进自主项目研发，不断引领和满足市场需求。在机车产品研发上，要重点完成200 km/h交流传动电力机车试制。积极开发适应地方铁路需求的120 km/h货运大功率交流传动电力机车。加大满足国际市场需要的出口机车开发力度。在客车、动车组产品研发上，重点是按计划认真组织国家科技支撑计划“高速轮轨铁路引进、消化吸收与创新”项目的实施，完成整车技术方案设计评审和施工设计，进行部件试制及型式试验。完成250 km/h综合检测车开发。开展300 km/h长大编组动车组的方案论证和确定工作。在城轨地铁车辆产品研发上，重点是完成100%低地板轻轨车方案设计。完成沈阳不锈钢地铁客车、深圳地铁客车交车等。在货车产品研发上，重点是完善23吨轴重、载重70吨级通用货车技术，新造货车全部达到120 km/h，实现货车的更新换代。开发不同用途需要的时速160公里快速货车，大力发展煤炭运输、集装箱运输、特种货物运输需要的专用货车。完成罐车、漏斗车辆等系列产品开发，全面完成从60吨向70吨级升级换代。同时要着力抓好相关多元化和出口产品研发，不断开拓新的利润增长点。

（四）继续加强企业管理，不断夯实发展基础。各企业一定要借助整体改制上市，切实转换体制机制，并以此带动企业各项管理的不断强化。要根据集团公司发展战略和下达的年度效绩指标，调整企业发展规划，建立和完善企业内部效绩指标分解落实、动态分析改进机制，确保主要经营指标持续、稳定、均衡增长。抓好生产组织，强化质量管理，不断提高合同兑现能力。不光在投资扩能上下功夫，更要在优化组织方式，加强班组建设，调动员工积极性、创造性等方面下功夫，要通过管理水平的不断提高释放企业产能，力争以最小的投入产生最大的效益。以资金、成本费用管理为核心，不断提高企业赢利能力。要继续优化企业流程，持续不断地消除企业运营中一切只增加成本而不产生附加值的活动。继续加强目标成本责任管理，不断提高人、财、物等各种资源的使用效益。在大力提高存量资产使用效益的同时，要特别关注增量资产的收益问题。进一步加强投资管理，做好投资论证，统筹资金使用，落实投资责任，规避投资风险，提高投资效益。继续深化基础管理，不断夯实企业发展基础。要围绕集团公司《关于加强基础管理工作的指导意见》以及《企业基础管理工作规范（暂行）》，抓落实、抓考核、抓整改。以国际先进水平为目标，以数据对标、管理诊断、信息技术为手段，全面推进企业管理向规范化、精细化、信息化水平迈进。按照集团公司信息化建设总体规划，加快信息化建设项目的组织实施，重点抓好ERP系统试点、物料编码规则制定以及财务集中管理信息系统的开发应用等，大力推进信息化与工业化的融合。要继续有计划、有目标、有措施、有考核地开展节能减排工作。加快结构调整和技术进步，淘汰落后生产能力。逐步夯实能源消耗及污染物排放的定额、计量、统计等基础工作。不仅仅把节能减排作为一项具体任务，还要让“彻底杜绝浪费”、“清洁生产”成为企业基本的经营活动方式，提升企业效益，履行社会责任。

（五）全力推进改制分流，扎实做好存续管理。拟上市企业和对应的存续企业继续保持一套领导班子格局，各一人公司领导班子要同时对拟上市企业和对应存续企业的改革、发展、稳定负责，集团公司一并进行考核。各存续企业要继续抓好生产经营，做好资产管理、内退及离退休人员管理等工作。要按照859号文件着力抓好主辅分离改制分流工作，坚定不移，一抓到底，此项工作必须在2008年全部完成。同时，要加强对房改、医改、大集体改制等相关政策的研究，积极稳妥地推进改革工作。各存续企业要尽可能地担负起解决历史遗留问题和维护企业稳定的责任，支持上市企业轻装上阵。要进一步加强对信访稳定工作的领导，完善来信来访制度，健全应急管理机制。在法律法规和政策许可的范围内，妥善解决改革发展中出现的新问题或历史遗留问题。要尽可能使问题和矛盾在本单位、本企业得到妥善解决，避免把问题上交，避免把简单的问题复杂化，避免因处理方式方法不当而激化矛盾。要妥善应对不稳定事件特别是群体性事件，确保企业稳定，促进社会和谐。

在认真抓好各项经营管理工作的同时，各企业还要适应集团公司整体改制上市的要求，继续做好公司法、证券法等相关法律法规的学习贯彻工作，重视研究和落实劳动合同法、就业促进法、企业所得税法及其实施条例、职工带薪年休假条例等一批新施行法律法规，依法经营管理，做好相关工作。

最后，我再强调一下安全生产工作。近年来，集团公司和所属企业坚持“以人为本、安全健康”理念，深入开展安全质量标准化工作，安全生产形势总体保持稳定。安全工作无小事。安全生产必须常抓不懈。要进一步提高搞好安全生产重要性的认识，层层落实领导责任制。健全安全管理制度体系，加大安全投入，依靠科技支撑，深入开展隐患治理，完善应急防控措施，构建安全文化，建立安全生产长效机制，确保实现安全生产目标。

推进改制上市　快速做强做大
努力打造具有国际竞争力的现代企业

——总经理崔殿国在中国北车集团公司经营管理工作会议上的报告（摘录）

（2008 年 4 月 14 日）

一、2007 年效绩目标责任制考核情况

二、2008 年效绩指标及经营管理中须重点关注的问题

在年初工作会议上，集团公司拟订了 2008 年的主要效绩指标。这个指标是根据整体改制上市以及快速发展的战略要求拟订的，是拟进入股份公司部分的合并报表指标。在充分考虑市场需求变化和各个企业发展趋势的基础上，集团公司经过反复核实测算，对销售收入指标略有调整，在此基础上，分解确定了各企业 2008 年度的效绩考核指标。在这次会议上，集团公司将与所属企业签订 2008 年度效绩目标责任书。从集团公司总体效绩指标及下达给各企业的效绩指标来看，与上年相比，增长幅度是较大的。完成这样的指标，集团公司和所属企业都面临着不同程度的挑战和压力。但这个指标必须完成。因为这个指标关系着改制上市目标的实现，关系着集团公司和所属企业快速做强做大的战略实施。这里需要说明的是：下达给各企业的指标加总起来，与总的确保目标相比，还有一定缺口。为此，下达的指标必须确保完成。在此基础上，经营形势好的企业要力争多作贡献；经营困难的企业，也要千方百计采取措施，增利减亏。

为确保完成全年效绩指标，实现改制上市目标，集团公司对效绩目标责任制实施办法中有关年度效绩考核的内容进行了补充修订。一是明确了实施考核范围和方式。集团公司 2008 年度考核范围是集团公司所属子公司；考核方式是对拟进入股份公司企业和存续企业实行基本指标和重点工作全口径合并考核。集团公司与拟进入股份公司企业签订效绩目标责任书。二是对 2008 年度效绩考核指标体系及权重进行了调整，突出了对净利润、销售收入相关指标的考核。同时，为进一步引导企业加快相关多元化市场的开拓步伐，在继续将国际市场开拓纳入考核的基础上，将城轨业务、多元经营等也纳入了考核范围。三是对企业重点效绩指标按月实施动态管理和监控，并在年度考核中体现。各企业要根据集团公司下达的考核指标及修订的年度考核办法，结合实际，建立和完善企业内部效绩指标分解落实机制，将主要指标分解到各个业务单元、各个经济单元、各个时段，实施动态监控，保证连续稳定的经营业绩。

关于 2008 年企业经营面临的主要形势和全年重点工作，年初工作会议已进行了全面分析和部署。这里主要就经营管理中须重点关注并加以解决的几个问题再次进行强调。

一是关于技术引进消化吸收再创新问题。2008 年是技术引进产品国产化交车的高峰年，同时也是抢占市场的重要战略机遇期。经过近一阶段的工作，各技术引进企业目前发展势头不错。时速 200 公里动车组在运行中发现的问题已得到有效解决，长客股份公司的生产组织和产品交车进入正常批量状态，后续订单正在积极争取。时速350公里首列国产化动车组近日已正式下线。大连机辆公司第三单约60亿元、400台电力机车供货合同完成签订。二七机车公司电力机车的小批量生产能力初步形成。同车公司在抓紧第一单合同兑现的同时，加快推进500台六轴电力机车项目的实施。技术引进消化吸收和再创新，不仅关乎现在，更将决定未来。能否顺利实现各项预期目标，对完成全年效绩指标，巩固和提升集团公司在市场上的战略地位将具有决定性的意义。为此，各相关企业务必进一步在消化吸收和国产化生产组织上下功夫，重点抓好四方面工作：1. 合同兑现；2. 后续订单的获取；3. 成本控制；4. 技术平台和再创新能力的培育。

二是关于提高产品获利能力问题。可获利地满足用户的需求，这是企业经营管理的核心，也是企业核心竞争力的最终体现。目前集团公司获利水平较低。一方面是因为供求双方在产品价格谈判中的地位不对称，一方面是企业各项成本费用较高所致。在供求双方不对称博弈的情况下，提高产品价格，要积极争取，但难度较大。因此，重点还是要在降低企业经营成本上下功夫。各企业要继续以资金、成本费用管理为核心，不断深化基础管理，夯实企业发展基础。继续加强采购、制造、营销、人工成本管理，同时着力从设计源头上控制成本。各技术引进企业要加速国产化步伐，提高国产化程度，按照"以关键零部件产品国产化促进整机整车产品国产化"的原则，努力培育国内供应商体系，降低采购成本。要加快引进技术的消化吸收再创新，综合运用价值工程理论，在确保必要功能的同时，通过减少不必要功能，降低成本，提高产品获利能力。

三是关于亏损企业扭亏问题。亏损企业的长期存在，直接影响着集团公司整体效益增长和协调发展。集团公司成立以来，在亏损企业扭亏上，先后通过合并重组、搬迁改造、政策性破产以及减员增效、增加投入等方式，基本解决了牡丹江厂、哈车公司、长机厂、南口厂等企业经营亏损问题。现在亏损较大的企业，主要是二七机车公司和兰州厂。2006年起铁道部不再采购内燃机车，二七机车公司转产电力机车，进入艰难转型期，到今年3月份才达到正常出车状态。从现在起经营状况应该会逐步好转。但要消化转型期形成的巨额负担，还要靠持续生产，还要有一段较长的路要走。对此，二七机车公司要有充分的思想准备，并要在生产组织、自制能力、成本控制等方面采取非常办法，缩短转型周期，实现减亏增利。兰州厂长期处于亏损状态，2006年刚刚扭亏，2007年又陷入严重亏损。对兰州厂的经营困难问题，集团公司将会同企业进一步从经营业务、改革管理等方面综合考虑，以求解决。除了这两个企业外，还有些企业处于亏损边缘或生产经营短期内波动很大。这些企业也要高度重视经营风险的存在，从市场取向、产品定位、成本管理等方面及早采取措施，防范于未然，集团公司有关部门也要密切跟踪，及时分析、预警，提出管理建议。

四是关于管理链条问题。根据2007年末统计，集团公司三级企业93户，四级企业7户。管理链条过长，容易发生失控。亏损面如此之大，势必对集团公司整体经营造成负面影响。这个问题必须引起相关部门和相关企业的高度重视。清理整合所属企业，减少企业管理层次工作，集团公司2005年就专门部署过，要求对三级子企业进行整合重组，不允许存在四级企业。看来这个工作做得并不彻底。集团公司有关部门要切实负起管理责任，摸清底数，会同有关企业对经营状况差、负债率高、投资回报低的三级及以下子企业再次进行清理整顿，压缩管理层级，缩短管理链条，该合并的合并，该撤销的撤销，消除利润黑洞。

五是关于宏观形势对企业经营的影响问题。当前宏观经济的主要问题是防止经济增长从偏快转向过热。适度从紧的货币政策给企业经营带来资金供给紧张和资金成本加大的压力。另外，汇率、税率以及能源原材料价格变化对企业经营也带来不同程度的影响。对此，集团公司有关部门和各企业要深入研究分析各种因素对企业发展的影响，进一步加强资金管理，拓宽融资渠道，做好税务筹划工作，进一步加强物流管理，做好大宗物资集中采购等工作，趋利避害，确保企业稳定发展。

三、落实批复精神，推进改制上市

（一）集团公司整体改制上市工作进展情况

报经国务院同意，国资委近日已正式批复同意了集团公司整体重组改制并境内发行股票及上市方案。这是国务院、国资委领导对集团公司改制上市工作的肯定和支持，标志着集团公司改制上市工作进入股份公司创设阶段。《批复》同意集团公司为国家授权投资的机构；设立的股份有限公司名称中可冠以“中国”字样；股份公司设立未满3年即可申请在境内发行股票并上市；对因重组改制并境内上市发生的税负问题，同意按照不因改制增加企业税负的原则办理。同时，对下一步工作提出要求。根据年初以来与国资委领导沟通、汇报情况，正式批复的集团公司改制上市方案，与去年的方案相比，主要有以下三点变化：一是2007年12月31日之前已经办理离休、退休人员的统筹外费用和已经办理内退人员的费用以及对上述“三类人员”的管理改由股份公司负责。二是股份公司的发起人和股权结构做了适当调整和变化。三是评估基准日调整为2007年12月31日。

（二）改制上市节点目标及须抓紧抓好的主要工作

根据集团公司改制上市工作进展情况，改制上市的主要节点目标是上半年设立股份公司，年内择机发行股票并上市。为加快推进集团公司整体改制上市工作，集团公司印发了《关于全面落实国务院批复，加快推进整体改制上市工作的通知》（北车办［2008］44号），就近期须抓紧抓好的主要工作进行了安排。由股改办牵头，各专业组对44号文件部署的相关工作进一步进行了细化、分解，明确了完成时间、牵头部门、责任人和主管领导等。目前各项工作进展顺利。各企业也要按照集团公司的统一部署，认真对照44文件要求，梳理、细化工作项点，做到任务落实、组织落实、人员落实、时间落实。改制上市中涉及的产权划转、产权转让及国有股权管理等事项，要根据有关规定严格履行相应的报批程序，并按规定做好资产评估、核准及产权登记等工作。要按照有关法律法规的要求，精心组织，积极推进各项工作，切实做好企业稳定工作，确保企业重组改制及股票发行上市成功。

（三）高效工作，确保改制上市工作顺利进行

集团公司整体改制上市是经国务院同意批复，由集团公司自上而下牵头运作，关系集团公司体制机制创新、迅速做强做大的一项重要战略性工作，涉及全局，影响深远，我们务必坚定信心，克服困难，确保完成。总部各部室要切实按照工作任务分解表的要求，加强沟通、汇报，寻求相关部委、部门支持，重点是做好向国土资源部、财政部、国家税务总局、国资委、证监会、国家发改委等相关部委的报批工作。各企业要配合中介机构，主动做好各项准备工作，特别是对有可能影响整体进程的项点，要盯紧抓好。凡参与集团公司整体改制上市工作的每一个

人员，都必须树立严格的时间观念、精准的工作观念，做到任务不拖延、工作无失误。

（四）高度负责，确保存续企业改革管理到位

存续企业是改制过程中产生的。做好存续企业的管理工作，是集团公司整体改制上市工作重要的阶段性组成部分，是企业稳定发展的需要，必须引起各单位的高度重视，做到机构健全、职能明确、责任到位。拟上市企业和对应的存续企业由一套领导班子进行管理。新设一人公司领导班子要同时对拟上市企业和对应的存续企业的改革、发展、稳定负责。在目前情况下，各相关企业要在领导班子中明确一名班子成员并报集团公司，负责存续企业的改革与管理。同时抽调相关业务人员组成专门部门，抓好存续企业生产经营，做好859改制等工作。集团公司近日已下发《关于存续企业加强管理的指导意见》，各企业要结合实际，认真贯彻落实，确保存续企业各项改革管理工作扎实到位。

四、坚持科学发展，快速做强做大

推进企业快速做强做大，是适应中央企业改革调整形势的要求，也是实现集团公司“国内领先、国际知名”战略目标的内在要求。当前，集团公司正处于快速发展的重要战略机遇期。我们必须抓住难得发展机遇，借助技术引进和改制上市两大平台，更新发展理念，转变发展方式，拓展发展空间，快速做强做大。

（一）更新发展理念，不断提升企业价值创造力

企业存在的基本使命就是为社会创造财富，为股东创造价值。保持销售收入、利润的持续快速规模增长，是国资委深化业绩考核的要求，是资本市场证券监管部门和投资者的要求，也是集团公司和所属企业生存发展的要求。随着整体改制上市工作的推进，股份公司作为公众公司，治理方式和体制机制将发生一系列的转变，企业经营信息将更加公开、透明；同时，随着整体改制上市工作的推进，国内主要同行业的竞争将从传统意义上的产品市场竞争演变为包括资本市场在内的全方位的竞争。我们不仅要为用户负责，还必须同时为投资者负责。而投资者之所以购买股票，看重的正是股票持续的升值潜力。为此，我们在经营思想和发展理念上必须发生一系列的转变，要更加紧紧抓住经济效益这个中心不动摇，更加注重提升企业的价值创造能力。要进一步改进战略管理，立足于“国内领先、国际知名”这个基本参照目标，引入对标理念，实施动态管理。改进预算管理，提高预算目标的合理性和准确性，加强预算执行的跟踪评价、考核与奖惩，以预算为导向落实战略规划，以预算为约束控制成本费用和投资水平。改进资金管理，整合财务资源，强化重大财务事项集中管控。改进风险管理，完善相关内控制度，切实把好企业应收款项和各种债务等风险管理关口。改进效绩管理，更加重视动态监控与考核，更加重视和加强经济活动的分析，及时发现经营中存在的机遇和风险，促进企业改善经营，提高效益。

（二）转变发展方式，不断打造企业核心竞争力

随着市场竞争的加剧，产品生命周期的缩短以及全球经济一体化的加强，企业的成功不再归功于短暂或偶然的机会，而是植根于企业核心竞争力的不断培育和打造。核心竞争力作为企业创造价值的独特能力或比较优势，可以是某种独特的生产要素，也可以是生产要素的某种独特组合，正是这种独特和难以模仿的能力为企业带来超过平均水平的利润。当前，随着改革开放的继续深入和经济全球化的不断加强，国内同行业双寡头竞争的格局正在逐步发生一系列的变化。为

应对跨国公司的渗透进入和国内同行业竞争的全面升级，我们必须切实转变发展方式，不断打造和提升企业核心竞争力。首先，要加快从单一投资主体向多元投资主体转变。通过改制上市，加快建立适应市场经济和国际化竞争的体制机制平台和高效畅通的融资平台，并以此推进企业流程再造，改进管控方式，优化组织模式，加快结构调整和资源重组。其次，要加快从重硬件投入向软硬件相匹配转变。当前，集团公司正处于快速发展与技术升级的关键时期。各企业在扩张发展的过程中，不同程度地存在着重规模、轻管理，重硬件改造、轻软件建设的倾向。这种经营倾向，使得集团公司规模扩大与资金短缺、规模扩大速度加快与效益增长速度相对缓慢的矛盾更加突出。这种倾向必须扭转，必须切实在管理上下功夫，在调动人的积极性上下功夫，使企业真正从粗放型扩张向集约型发展转变。最后，要积极探索从自我积累向多种形式经营性扩张转变。在当今“快鱼吃慢鱼”、速度制胜的情况下，提升企业核心技术和系统集成能力，一切靠自己从头做起，慢慢积累，远不如通过并购，从已有的基础上发展。我们必须学会并积极探索多种资本运作方式，通过兼并、收购、控股等手段，快速提升企业的竞争实力和经营规模。当然，在经营性扩张的同时，还要坚持“有所为，有所不为”的原则，通过非核心业务外包等方式，构建战略合作伙伴，在利益共享的基础上形成优势互补、分工协作的战略联盟，努力打造一个具有国际竞争力的价值链和优势产业集群。

（三）拓展发展空间，不断加快企业多元化、国际化进程

加快实施“打出去”、“走出去”战略，形成多元化、国际化经营格局，是我们必须从战略层面研究的重大问题，也是快速实现经营性扩张的重要途径。随着经济社会的又好又快发展，当前和今后一个时期将迎来中国铁路和城市轨道交通建设的黄金机遇期。机车车辆、城轨地铁车辆以及其它大型机械装备需求不断增长，为集团公司和所属企业提供了良好的市场空间。但单一铁路产品和铁路市场还不足以支撑企业快速发展。我们必须充分利用企业核心竞争力，加快产品结构调整，实施相关多元化经营，从轨道交通运输装备不断向相关产品领域渗透和扩张；我们必须用更加开放的心态和眼界，主动发现和利用国内外一切可以利用的资源，加快国际化经营，从国内走向国外，为企业快速做强做大提供强有力的保证。要继续坚定不移地实施相关多元化发展战略，紧扣“相关”定位，加快相关产品的开发，比如目前已明确的电机电器、柴油机、钢结构和环保设备等项目，充分考虑业务组合与企业可支配资源的平衡，坚持产品与服务相结合、部件生产与系统集成相结合、自我发展与资本扩张相结合，迅速扩大经营规模，实现销售收入和效益的快速增长。要积极实施“走出去”战略，探索从国际贸易向国际化经营推进。要继续努力扩大出口规模，增加出口品种，扩大出口领域，占有更多份额，积极开展技术输出和资本输出，努力把“中国北车”品牌打造成国际知名品牌。与此同时，要着手研究和探索对外投资和合作方式，在研发、生产、销售等方面开展国际化经营，配制全球资源、拓展海外市场，努力把中国北车打造成具有国际竞争力的现代企业。

深入贯彻十七大精神　加强和改进党的工作
为北车集团又好又快发展而努力奋斗

——党委书记王立刚在中国北车集团公司工作会议暨一届七次党委(扩大)会议上的报告(摘录)

(2008 年 1 月 16 日)

一、过去一年党的工作简要回顾

(一) 党组织参与决策和保证监督的职能有效发挥

(二) 党组织和党员的先进性不断增强

(三) 领导班子和人才队伍建设力度加大

(四) 宣传思想工作和企业文化建设取得实效

(五) 党风建设和反腐倡廉工作切实加强

(六) 工会共青团组织工作富有成效

二、党的工作面临的形势

2008 年是集团公司整体改制上市的攻坚年，是生产经营迈上新台阶的关键年。集团公司面临着深化改革的良好环境和加快发展的有利时机，同时也面临着诸多挑战。

(一) 集团公司正处于加快发展的黄金机遇期，为党群组织开展工作、发挥作用提供了机遇和舞台。

(二) 集团公司正处于改革攻坚的重要关口上，对党群组织发挥优势、改进工作提出了新的课题。

(三) 集团公司正处于矛盾问题的集中突显期，对党群组织切实做好维护稳定工作提出了迫切要求。

三、2008 年党的工作主要任务

根据集团公司 2008 年工作的总体部署和要求，2008 年集团公司党的工作指导思想是：**深入学习党的十七大精神，贯彻落实科学发展观，紧紧围绕集团公司改革发展稳定大局，着力加强和改进党的建设和思想政治工作，为确保集团公司实现整体改制上市和推进生产经营快速发展，提供坚强的政治保证和组织保证。**

今年，集团公司党委重点要抓好以下工作：

(一) 抓好党的十七大精神学习贯彻，用十七大精神指导实践，推动工作

一是要明确学习重点，把握精神实质。各企业党委要认真落实集团公司党委《关于认真学习贯彻党的十七大精神的通知》，组织干部党员重点学习党的十七大报告和党章，学习中宣部印发的《党的十七大精神宣讲提纲》，深刻领会党的十七大主题，把握精神实质。在搞好国有企业方面，我们要深刻认识十七大对中央企业提出的新目标新任务，进一步增强责任感和使命感，坚定信心，坚定不移地深化企业改革，加快企业发展。在扩大社会主义民主方面，要坚持全心全意依靠职工办企业的方针，进一步增强职工群众的主人翁意识，保障好职工群众权利；在加强文化建设方面，要坚持搞好精神文明建设，着力提高职工文明素质；在承担社会责任方面，要努力建设资源节约型、环境友好型、本质安全型企业，实现企业持续健康和谐发展，为增强国有经济的活力、控制力、影响力作出新的贡献。

二是要理论联系实际，促进改革发展。

各级组织要大力发扬理论联系实际的学风和求真务实的工作作风，在全面深入领会十七大精神的基础上，紧密结合企业改革发展稳定工作的实际，坚持把运用十七大精神指导实践，推动工作，作为学习贯彻十七大精神的出发点和落脚点，作为衡量学习贯彻成效的重要标准。要紧密结合企业面临的新形势新任务，深入研究思考当前和今后企业改革发展的重要问题，制定符合工作实际的新思路新对策新措施，努力把各项工作提高到新水平。要把提高自主创新能力作为贯彻科学发展观的重要举措。无论是引进消化吸收再创新，还是原始创新、集成创新，都要全面贯彻建设创新型国家要求，在提高自主创新能力上下功夫。尤其要深入研究在成功引进国外先进技术基础上，加快动车组和大功率机车核心技术的消化吸收和国产化，加强货车、城轨车辆等自主研发，巩固和强化集团公司在行业技术创新体系中的领先地位。深入研究营造更加良好的创新环境，加快培养一支适应企业发展需要的人才队伍。深入研究进一步优化资源配置，推进资源整合和结构调整，打造产业链集成优势，抓住机遇把集团公司做强做大。

三是要加强组织领导，务求取得实效。各企业党委要加强领导，精心组织，周密安排，从制订学习计划、选择学习方式、确保学习效果等方面，切实抓好学习宣传贯彻十七大精神的各项工作。各级领导班子要发挥表率作用。党委理论学习中心组要发挥示范作用，带头学习好、领会好、宣传好、贯彻好。要坚持自上而下，把中层以上党员领导干部作为重点，一级抓一级，一级带一级，互相促进，共同提高。各企业要结合实际，采取集中学习与专题研讨、座谈交流、脱产培训、宣讲辅导、主题教育、知识竞赛等多种有效形式，要充分利用报刊、网站、闭路电视、宣传橱窗等舆论阵地。各级党组织要及时掌握学习情况，总结推广经验，把学习贯彻不断引向深入。

（二）围绕中心工作，发挥政治优势，确保实现改革发展和生产经营目标

1. 发挥组织优势，凝聚力量，形成合力，确保实现经营目标。崔总在报告中提出了集团公司今年六个方面的主要目标，这些目标的提出综合考虑了集团公司和各企业的内外部环境、经营形势、资源要素、经营潜力和长远发展，考虑了集团公司面临的竞争形势和发展要求。我们经过综合分析预测，这两个主要经营指标是切实可行的。实现销售收入和净利润指标，挑战和压力是前所未有的。这就要求各级党群组织自觉融入企业生产经营中心工作，在确保完成经营目标上充分发挥组织优势。既要参与企业重大问题决策、保证监督经营指标和改革发展重点任务的完成，又要协同行政组织做好效绩目标责任指标的分解落实。要把解决生产经营中的难题作为发挥党群组织作用的舞台。今年，各企业生产经营任务更加繁重，各级党群组织要在保生产进度、保产品质量、保安全生产上多出谋划策，多分忧解难，多做凝聚人心、鼓舞士气的工作。尤其要与行政一道，在确保企业实现连续、稳定、均衡的经营业绩方面，强化组织保证，强化动态监控，强化监督落实。要紧紧围绕增产节约、增收节支、降低成本、加强管理等工作，组织开展各具特色、富有成效的活动，形成党政工团组织风险共担、合力攻坚的良好局面。

2. 坚定必胜信心，扎实努力工作，确保集团公司实现改制上市目标。实现集团公司改制上市，目标明确，态度坚决，没有退路。这是集团公司和所属各企业共同面临的紧迫任务。要求我们各级组织站在集团公司改革发展的全局高度，全面把握整体改制上市的工作大局，增强工作的紧迫感和责任

感，继续发扬真抓实干的工作作风，扎扎实实地把改制上市的每一项工作做深、做细、做实。对工作中出现的新情况、新问题，要抓紧研究，寻求对策，尽快解决。各级党群组织要及时掌握改制上市工作动态，多做深入细致的宣传思想工作和政策解释工作。各企业要发挥好职代会作用，工会组织要认真落实职代会各项职责，履行好民主程序，特别是涉及职工切身利益的职工分流安置方案，必须经过职代会或职工大会审议通过，为顺利推进改制上市打下坚实的群众基础。各企业领导班子要进一步增强大局意识，正确认识和处理好局部利益和集团全局利益、当前发展和长远发展的关系，确保改制上市各项政令畅通。

（三）巩固和发展先进性教育活动成果，着力加强企业党的自身建设

1. 建立和完善长效机制，在巩固发展先进性教育的成果上下功夫。各级党组织要贯彻落实中央要求，建立完善“靠制度规范”、“靠机制保障”、“靠管理实施”的保持党员和党组织先进性长效机制，使党员的先锋模范作用在岗位上得到充分体现，不断提高基层党组织的战斗力，有效发挥党委政治核心作用。要落实好集团公司“双培”活动经验交流现场会精神，抓住关键，突出主题，持续深化“双培”主题实践活动。要延伸活动内涵，丰富工作载体，加强组织领导，完善工作机制。要深入推进党务公开工作，拓宽党员参与党内事务的渠道，落实党员的知情权、选择权、参与权和监督权等民主权利。建立领导干部联系党员和基层党支部制度。健全党内情况通报、意见反映等制度。坚持党员组织生活制度，改进生活会方式，提高生活会质量。改进完善“三会一课”制度，定期开展党员民主评议。

2. 适应改制上市的新形势，在加强企业党的组织建设上下功夫。党组织的政治核心作用是国有企业独特的政治优势，要把政治优势转化成企业的竞争优势。要充分认识现代企业制度与企业党组织发挥政治核心作用相结合的重要性、紧迫性，按照有利于促进企业发展、有利于党建工作的开展、有利于党组织政治核心作用发挥的原则，建立与现代企业制度相适应的法人治理结构和党建工作新体制新机制，建立健全新体制下企业党委的工作职能和工作途径。要正确把握国有企业改革总体方向和原则，进一步理清现代企业制度条件下党委会、董事会、监事会、经理层的职责定位，探索企业党组织在决策、执行、监督各个环节都能够准确定位、明确职责、发挥作用的方式方法。要结合实际不断完善党组织参与重大决策的规则程序，认真研究解决适应公司法人治理结构要求、党组织参与重大决策的责任、权利、义务相结合的有关问题，探索建立党内决策责任制，完善党组织参与重大问题决策的领导体制和工作机制，既要维护董事会对企业重大问题的统一决策权，也要保证党组织的意见和建议在企业重大问题决策中得到尊重和体现。企业党组织的设置和管理要坚持“四个结合”：坚持党建工作与经营管理相结合，坚持党管干部原则与董事会选聘经营管理者相结合，坚持职工民主管理与企业负责人依法经营管理相结合，坚持精神文明建设与企业文化建设相结合。实行公司制改革后，要本着精干、高效、协调和有利于加强党的工作的原则，科学设置党的各级组织和工作机构。

3. 完善惩防体系，在加强企业党风建设和反腐倡廉上下功夫。要坚持把作风建设摆在突出位置，落实“八个坚持、八个反对”的要求和胡锦涛总书记倡导的八个方面的良好风气要求。要深入推进惩防体系建设，在完成惩防体系建设阶段性工作目标的基础上，落实中央纪委和国资委对惩防体系

建设提出的新目标、新要求，研究制定未来五年惩防体系建设规划、实施计划和考评机制。以落实党风廉政建设责任制为重点，把惩防体系建设和保证措施纳入两级领导班子和领导干部党风廉政重点工作，强化工作分解、检查考核和责任追究。深化廉洁文化建设，进一步明确廉洁文化建设的阶段性目标、重点任务和工作措施。以规范权力运行和从业行为为重点，建立源头防范和深度治理的长效机制，强化监督制约，有效监督各级领导干部特别是主要领导干部的权力运行情况。同时，要加强对重要管理岗位、关键岗位从业人员的管理和监督。要加大违规违纪问题惩处力度。同时要严肃查处政令贯彻执行不力、工作不负责任、不作为造成损失和影响的失职、渎职行为。

（四）加强领导班子和人才队伍建设，为企业改革发展提供组织保证和人才支撑

1. 以“四好”班子创建活动为载体，加强企业领导班子和领导干部能力建设。“四好”班子创建活动要与企业经营管理有机结合，创建活动考评指标体系要加重经营业绩好的考核份量，实现“四好”班子创建活动与生产经营两促进；创建活动要与实施企业发展战略相结合，以创建活动促进“人才强企”战略的实施，推动学习型企业、创新型企业的建立，使“四好”班子创建活动成为实施企业发展战略的有效支撑与保障；创建活动要与巩固扩大先进性教育活动成果结合起来，用创建活动成效检验先进性教育活动成果；创建活动要与建立完善领导班子建设长效机制相结合，通过创建活动全面提高领导班子战略决策能力、经营管理能力、市场竞争能力、开拓创新能力、防范风险能力和驾驭全局能力。集团公司党委将配合改制上市，进一步规范新设一人公司的法人治理结构，促进企业建立科学的管理机制。要重点推进公开招聘、竞争上岗、岗位交流等干部制度改革，提高领导人员素质，激发领导班子活力。

2. 实施“人才强企”战略，加强人才队伍建设。我们要牢固树立人才强企的战略思想，在快速扩充人才总量、努力优化人力资源结构上下功夫。集团公司要充分发挥在人才建设中的战略规划、政策制定、管理协调、培训服务等职能，落实各企业和各业务部门在人才队伍建设中的责任。各企业要努力构建开放的人才多元化格局，在加快内部培养的同时，加大外部引进力度，拓宽人才引进渠道，创新人才引进机制。要跟踪落实专家人才政策待遇，修订完善专家人才管理、评审、聘任等办法。积极组织做好博士后工作站申报、管理制度建立和引进工作。研究建立集团内部人才资源共享的体制机制。要总体策划、改进和完善企业招聘大学生方式和方法，扩大数量、保证质量、优化结构。要着力营造事业留人、感情留人、环境留人、待遇留人和吸引人的氛围，尤其要善于宣传企业愿景、展示企业实力，努力吸引人才。要提高对培训工作的认识，切实改进培训方式方法，增强培训针对性和实效性，把培训的重点放在专家型人才和高技能人才的培养上，加快培养一批具有创新精神，能引领企业技术进步、掌握自主产权的高级专家、科技带头人和青年科技拔尖人才，在工人技师、高级技师中培养一支高素质的实作技术专家队伍。

（五）加强宣传思想工作，为企业改革发展稳定提供精神动力和思想保证

1. 充分发挥思想政治工作的宣传引导作用。各级党组织要把深化改革、加快发展、维护稳定作为思想政治工作的主要内容，加强形势任务教育，结合企业实际，着力开展好增强责任感、成就感、危机感的主题教育活动，把思想统一到实现企业改革发展和生产经营目标上来。要加强理想信念和

职业道德教育，引导广大干部职工树立正确的价值观，大力弘扬爱岗敬业、艰苦奋斗精神。要以群众性和谐创建活动为重点，加强企业精神文明创建工作。坚持以人为本，尊重人、关心人、理解人、帮助人，把思想教育和严格管理结合起来，把解决思想问题与解决实际问题结合起来，把说服教育与服务职工结合起来。

2. 切实加强企业文化建设，构建集团统一的企业文化基础体系。要把企业文化建设作为思想政治工作的重要载体，不断赋予企业文化建设新的内涵。党政工团各级组织要密切配合，建立健全有利于加强企业文化建设的责任机制和运行机制。要根据集团公司改革发展对企业文化建设的新要求，有计划、按步骤地推进集团公司企业文化基础体系建设。适应整体改制上市要求，加快企业文化理念体系咨询工作。在明确“使命、愿景、核心价值观”等关键理念的基础上，制定集团公司《企业文化纲领》。启动企业文化理念体系落地工程，制定和贯彻《企业文化实施纲要》，明确企业文化建设中长期规划和分年度的实施计划。要在充分借鉴和吸收原有视觉识别系统成功元素的基础上，对集团公司原有视觉识别系统进行修改、完善和规范，在全集团进行统一规范。要加强宣贯工作，确保年内实现集团公司和所属企业视觉识别体系的统一。

3. 加强对外宣传工作，树立企业良好的社会公众形象。各企业都要站在新闻宣传也是竞争力的高度，重视和加强对外宣传工作。我们集团公司上下既要注重务实，也要注重“造势”，要以开放的胸襟和气度，以敢于竞争的勇气和自信，善于充分宣传和展示企业各方面取得的成就，勇于充分宣传和展现企业的实力，树立良好的企业形象。重视和加强网络新闻的传播，探索与社会主流网站的合作，开拓新的宣传平台。继续办好《中国北车报道》、《中国北车》画报等集团内部宣传媒体。要抓住集团公司改革改制、生产经营、技术创新、对外合作、市场开拓等工作中的重大事件做好新闻策划，搞好集中宣传报道，提高企业的公众形象和影响力。要适应北车股份公司作为公众企业的特点，着力构建客观、高效的新闻发布机制，畅通对外宣传工作渠道。统筹企业重大新闻对外发布的渠道和口径，建立健全企业新闻发言人制度。

（六）加强领导，大力支持，进一步发挥工会共青团组织的优势

各级党组织要进一步加强对工会共青团组织的领导，支持各级群团组织围绕改革发展稳定大局和生产经营中心发挥作用。工会组织要进一步建立健全以职代会制度为基本形式的职工民主管理制度，适应企业新的体制，融入发展第一要务，充分发挥组织职工、引导职工、服务职工、维护职工合法权益的作用。要围绕实现企业经营目标，在提高职工经济技术创新活动成效上下功夫。围绕集团公司改制上市和企业主辅分离改制分流等工作，充分发挥教育、组织、引导、维护职能。以创建学习型班组为重点，推进“创争”活动深入发展。以学习贯彻《劳动合同法》发展协调劳动关系为重点，健全职工权益保障体系。以转变作风为重点，不断提高新形势下工会工作水平。

各级党组织要坚持以党建带团建的政治方向，重视和加强对共青团工作和青年工作的领导，落实好集团公司党委《关于进一步加强和改进共青团工作的意见》。尤其要高度重视加强青年党员、青年职工的培养、教育工作。各级党组织要不拘一格地选用年轻人，努力从学习、工作、体制、政策、环境等方面创造条件，让年轻的管理人才、科技人才、高技能人才不断涌现出来。同时要注重在青年中发展党员，把年轻干部放到一

些关键岗位、艰苦环境去锻炼和培养。要加强统战工作、保密工作、综合治理等工作，大力支持科协、企协、体协等组织和群众团体开展工作，凝聚一切力量，为企业改革发展稳定作出积极贡献。

（七）切实维护企业改革发展稳定大局，夯实构建和谐企业的重要基础

各企业要进一步增强大局意识、政治意识和责任意识，切实做好维护企业稳定的工作。要树立和谐发展的理念，既要坚持用改革的思路和办法来解决前进中的问题和矛盾，又要努力创造改革发展的和谐环境和条件，从而更好地推进改革发展。要坚持公平和正义，维护职工合法权益。每一项重大改革措施的出台，都要广泛征求职工意见，正确反映和兼顾不同方面职工的利益，同时要注重建立以权利公平、机会公平、规则公平、分配公平为主要内容的保障体系，使职工群众共享企业改革发展的成果。要围绕确保改制上市成功和存续企业改革、稳定，加强宣传思想工作，既要把股份公司未来的发展前景宣传好，更要把存续部分的各方面保障政策、保障措施宣传透彻。

各企业要建立健全各种矛盾的调节处理机制，加大解决突出矛盾问题的力度。落实企业党组织主要负责人是维稳工作第一责任人的责任机制，建立维护稳定的联动机制和长效机制。要切实加强信访工作，进一步调整和改进工作方式方法，依法规范和履行信访工作程序，疏通、拓宽职工群众表达正当要求和反映问题的渠道，实事求是地分析和解决职工群众提出的要求和反映的问题，对暂时不能解决的要耐心解释，取得职工理解。各企业要深入做好矛盾纠纷排查和分析工作，对不稳定因素发现得早、化解得了、控制得住、处置得好。各级领导班子要站在对党和国家负责、对企业财产和职工群众生命负责的高度，重视和抓好安全生产工作。各企业党委会要定期讨论研究安全生产工作，推动和监督保证安全生产重点工作任务落实。

贯彻落实科学发展观　加强党的先进性建设
为把中国北车打造成为轨道交通装备行业世界级企业而奋斗

——党委书记王立刚在中国共产党中国北方机车车辆工业集团公司第二次代表大会上的报告(摘录)

(2008 年 12 月 8 日)

各位代表、同志们：

现在，我代表中国共产党中国北方机车车辆工业集团公司第一届委员会向大会作报告。

过去四年的工作回顾

——*生产经营实现跨越式发展*。四年来，集团公司轨道交通装备产业实现持续快速发展，主要产品市场得到巩固和拓展。销售收入逐年攀升，由 2004 年的 153 亿元增加到 2007 年的 295 亿元，年均增长 30% 以上，2008 年可望实现 350 亿元。实现利润成倍增长，由 2004 年的 1.34 亿元增加到 2007 年的 5.2 亿元，年均增长 70% 以上，2008 年可望实现 12 亿元。劳动生产率持续提高，由 2004 年的 18.1 万元/年・人提高到 2007 年的 33.05 万元/年・人，年均增长 28%，2008 年可望达到 40 万元/年・人。职工收入稳步增长，由 2004 年的人均 1.6 万元增加到 2007 年的人均 2.5 万元，年均增长 18.8%。相关多元产业形成规模，集群优势初步显现。风力发电机、油田电机、船用柴油机、工程机械以及风电塔筒等大型钢构项目取得长足发展。国际业务势头良好，出口额由 2004 年的 1.87 亿美元增加到 2007 年的 6 亿美元，2008 年出口签约额突破 10 亿美元，出口产品档次以及出口地区等都实现新的突破。集团总资产规模不断扩大，由 2004 年的 242 亿元增加到 2007 年的 411 亿元，实现了国有资产保值增值。

——*改革改制取得历史性突破*。集团公司整体改制上市工作取得阶段性成果，中国北车股份有限公司注册成立，搭建了符合现代企业制度要求的公司法人治理结构，股份公司上市工作进入到证监会审批阶段。同时，调整总部组织架构，组建了八个事业部。坚持区域化与专业化相结合，统筹推动结构调整与资源重组，先后对大连机辆公司与二七机车厂新造机车业务、长客股份公司与唐山厂新造客车业务、齐车公司与哈车公司、大连机辆公司货车业务进行整合。完成沈制厂并入沈车公司、长机辆公司并入长客厂重组工作。齐车公司整合牡丹江厂铸造及相关业务。主辅分离改制分流和分离企业办社会职能工作稳妥推进，完成辅业单位改制 103 户，分流安置职工 7497 人。所属企业 35 所中小学全部移交地方。职工医院分离工作稳步推进。厂办大集体改革改制工作也在积极探索。经过一系列重组整合，资源配置不断优化，发展后劲明显增强，结构性困难企业全部实现扭亏。各企业加快产品结构、资产结构调整，深化人事、劳动、分配制度改革，健全激励约束机制，企业经营活力进一步增强。

——*技术引进创新成果令人瞩目*。坚持自主创新和技术引进相结合，技术创新和产品研发成果显著。技术引进消化吸收再创新战略布局优势初步形成。搭建了三个国际一流的机车技术平台，和谐2型、3型电力机车大批量投入运营，占国内和谐型电力机车总量的70%以上，国内首台和谐3型大功率交流传动内燃机车成功下线。搭建了两个国际领先的动车组技术平台，CRH3、CRH5动车组批量投入运营，CRH3动车组创造了时速394.3公里的“中华第一速”。货车持续领跑行业技术发展方向，以70吨、80吨级提速、重载货车成功应用和时速120公里货车提速改造完成为标志，主导了我国铁路货车第三次大的升级换代。城轨车辆研制保持行业领先地位，城轨车辆产品占市场保有量的80%以上。重要零部件技术引进消化吸收和国产化项目取得显著成果，系统配套能力达到国际先进水平。一系列相关多元产品研制取得重大成果。四年来，集团公司技术投入资金累计21.5亿元，投入比率由2004年的1.87%提高到2007年的2.82%，2008年技术投入比率可达3.6%。承担了国家“十一五”科技支撑计划中轨道交通运输装备领域所有自主研发项目。拥有国家级科研项目27项，专利437项。6个所属企业的技术中心进入国家级企业技术中心行列。集团公司整体进入第二批国家创新型试点企业，荣获国务院国资委科技创新特别奖。

——企业管理水平迈上新台阶。加强战略管理，制定实施“十一五”规划纲要和中长期发展战略，明确战略定位，细化战略目标。持续改进经营管理考评体系，完善效绩目标责任制，重点效绩指标实现动态监控与考核。加强投资管理，完善决策程序，落实责任主体，强化投资收益，一批重大技改项目顺利实施。深化全面预算管理，强化财务监控。发挥集团优势，加强资金集中管理，建立银企战略合作关系，实行统贷统还，资金使用效率不断提高。拓宽筹资融资渠道，改善融资结构，获得综合授信额度304亿元，组织发行5亿元企业债券、57亿元短期融资券。各企业加强风险管理与控制，努力规避经营风险。加强审计监督和效能监察，进一步规范经营行为。实施全面质量管理，强化过程控制，产品实物质量稳步提升。信息化建设逐步深化，取得明显成效。层层落实责任，整治安全隐患，安全生产长效机制不断完善。资产、设备等管理基础持续加强，现场管理再上新台阶。应对复杂多变的经营形势，各企业积极承担经营压力，加强成本管理，千方百计增收节支，大力挖潜增效，付出了艰苦努力，确保了集团公司经营指标全面完成。

——党的先进性建设取得新成效。以学习实践“三个代表”重要思想为主线，深入开展保持共产党员先进性教育活动，党组织建设得到加强，党员队伍素质进一步提高，建立完善了党员“长期受教育、永葆先进性”的长效机制。两级党委中心组理论学习不断深入。坚持民主集中制原则，认真落实“三重一大”制度。充分发挥政治核心作用，牢牢把握改革发展稳定大局，把方向、议大事、保落实，确保决策科学和政令畅通。深入开展“四好”班子创建活动，各级领导班子整体素质明显提升。四年来，任免、交流企业领导人员387人次，各企业党委按期换届改选，领导班子结构不断优化。党务公开工作深入推进。“创先争优”、“双培”等主题实践活动进一步深化。坚持民主评议党员制度，党员教育管理不断加强。严格标准，四年累计发展党员3900多名。13个企业党委荣获省级以上先进基层党组织称号。

——人才队伍建设开创新局面。坚持党管干部、党管人才原则，逐步建立起与企业发展相适应的人才队伍。制定人才发展战略，实施《“十一五”人才队伍建设规划纲要》，开创了人才工作和人才队伍建设新局面。加强干部队伍建设，严格控制领导干部职数，深化竞聘上岗，加大交流力度，推进述职制度，一批业务能力强、群众基础好、综合素质高的优秀中青年干部走上各级领导岗位。健全专家人才制度，开展专家人才选拔评审工作，评出第一批 11 名首席专家、44 名资深专家、352 名专家。26 人次获得国务院政府特殊津贴、詹天佑铁道科学技术奖和茅以升铁道工程师奖。加大人才引进力度，设立了博士后科研工作站。实施高技能人才工程，高度重视职业道德教育，大力加强职工业务能力培训，举办职业技能大赛，推进职业技能鉴定，职工队伍整体素质明显提升。聘任“金蓝领”68 人，拥有技师和高级技师 2270 人，占技术工人比例由 2004 年的 3.51% 提高到 2007 年的 5.28%，高技能人才队伍不断扩大。

——思想文化建设取得新进展。牢牢把握正确舆论导向，紧紧围绕生产经营中心和不同时期重点难点工作，开展主题突出、特色鲜明的形势任务教育，统一思想，振奋精神，鼓舞士气，促进了生产经营目标的实现。加强改革改制过程中的宣传思想工作，及时做好政策宣传、方案解释、思想疏导，确保集团公司整体改制和企业主辅分离改制分流等各项工作顺利推进。构建和完善对内、对外、网络三大宣传平台。《中国北车报道》在丰富内容、增强时效性等方面有了新的突破，并实现了班组全覆盖。大力推进企业文化建设，确立北车核心理念，实施《中国北车企业文化建设三年规划》。各企业按照集团公司统一要求，积极贯彻落实北车企业文化理念体系和形象体系，统一的北车文化凝聚和倍增效应正在逐步体现。3 个企业被评为全国企业文化建设先进单位。加强党建和思想政治工作研究，形成和推广了一批有价值的研究成果。以“文明和谐”为主题的群众性精神文明创建活动蓬勃开展，15 个企业保持了省级文明单位称号，2 个企业被推荐为全国文明单位。

——反腐倡廉建设进一步加强。坚持“标本兼治、综合治理、惩防并举、注重预防”的方针，围绕企业改革发展稳定大局，大力推进党风建设和反腐倡廉工作。认真贯彻落实党中央《建立健全教育、制度、监督并重的惩治和预防腐败体系实施纲要》，深化惩防体系建设，健全完善党风廉政建设责任制，形成了一级抓一级、逐级抓落实的工作格局。推进廉洁文化建设，营造了反腐倡廉的浓厚氛围。落实党内监督条例、廉洁从业若干规定和中纪委的“七项要求”，领导干部廉洁自律意识进一步增强。重视对关键岗位、重要人员的管理和监督，有效规范了权力运行和从业行为。治理商业贿赂专项工作深入开展。效能监察和源头治理工作取得明显成效。四年来，共受理信访举报 774 件，查结案件 53 件，处分党员 86 名。

——工会共青团组织展示新作为。坚持“依靠”方针，加强对工会、共青团组织的领导。认真落实国务院国资委规定，建立了集团公司层面的职工代表大会。以落实职代会职权为重点，健全完善职工代表大会制度，审议企业大政方针，通过涉及职工切身利益的重要事项，评议领导班子成员。不断推进厂务公开，深化公开层次，拓展公开内容，创新公开渠道。贯彻落实《劳动合同法》，完善劳动合同和集体合同制度，发展和谐劳动关系。深入推进“创建学习型组织、争做知识型职工”活动，广泛开展经济技术创新和劳动竞赛，促进了生产经营工作。实录职工典型事迹，编辑出版《感动北车》，在广大职工中产生积极影响。落实“三不让”要求，深入开展送温暖活动，全集团共筹集送温暖资金 2530 余万元。开展了丰富多彩的群众性文体活动。注重先进典型选树，弘扬劳模精神，涌现出 5 名全国劳动模范，7 名个人荣获全国五一劳动奖章，5 个集体荣获全国五一劳动奖状，一批先进集体和个人荣获省部级荣誉称号。14 个企业荣获全国厂务公开先进单位，18 个企业荣获并保持了“全国模范职工之家”称号。共青团组织以服务企业生产经营、服务青年成长成才为宗旨，深入实施青工技能振兴计划，开展中国北车十大杰出青年评选、青年技术创新百点计划、青年志愿者服务等一批具有北车特色的共青团工作品牌活动，在推进企业发展、提升青年素质方面发挥了积极作用。18 个青年集体荣获和保持了“全国青年文明号”称号，12 个团委被命名为省级以上“五四红旗团委”。

——企业保持和谐稳定良好局面。各企业按照构建和谐企业、促进社会和谐的总体要求，重视维护稳定工作，不断完善职工利益协调、诉求表达、矛盾调处、权益保障机制。加强对信访工作的领导，深入开展矛盾纠纷排查工作，把矛盾解决在基层，化解在萌芽状态。认真贯彻落实关于突发事件应急管理预案的一系列部署，研究制定具体措施，细化目标，分解任务，落实责任，有效防止了突发事件发生。各企业勇于承担改革改制带来的巨大压力，认真执行有关政策和规定，严格履行工作程序和民主程序，依法合规操作，积极稳妥实施。各级领导干部切实转变作风，从细处着眼，小处着手，积极与职工进行思想交流，及时发现并妥善处理敏感问题和热点问题，从源头上减少和控制各种矛盾的发生，营造了和谐氛围。重视反邪教工作，做好教育转化，受到国务院国资委表彰。在北京奥运会期间，各级组织认真落实党中央、国务院有关要求，维护了企业和谐稳定。

——履行社会责任树中央企业形象。四年来，各企业在大力发展生产经营的同时，认真履行社会责任，落实资源节约、节能减排措施，不断增加环保投入，实施清洁生产，建设环境友好型企业。积极响应党和国家号召，主动参与抢险救灾、扶贫捐助等社会公益活动。开展定点扶贫开发工作，选准扶贫项目，集团公司累计投入扶贫开发资金 1300 万元，扶贫开发工作取得明显成效，荣获国家扶贫开发工作先进单位。特别是在汶川特大地震发生后，发扬“一方有难、八方支援”的精神，以实际行动支援灾区建设。总部和各企业捐款 1300 多万元，缴纳特殊党费 441 万元。各企业在抗震救灾中的突出表现受到有关省市的表彰。积极参与奥运服务，北车奥运志愿者集体受到国务院国资委表彰。这一切，都充分展示出中国北车勇于承担社会责任的中央企业形象。

此外，统战、保密、综合治理工作和科协、企协、体协等组织在促进企业改革发展稳定中也都发挥了积极作用。

过去的四年，是集团公司在推进中国轨道交通装备现代化进程中做出卓越贡献的四年；是集团公司体制机制取得历史性变革，发展基础不断夯实，经营业绩大幅攀升，综合竞争实力显著增强的四年；也是企业党的建设不断加强，先进性得到充分体现的四年。四年来，胡锦涛、吴邦国、温家宝、贾庆林、李长春、李克强、贺国强、周永康等党和国家领导人，都曾亲临北车所属企业视察指导工作，给我们以亲切的关怀，巨大的鼓舞，激励着我们北车人面向未来，开创更加美好的明天。

回首过去的四年，我们用心血和汗水凝结出累累硕果，创造出新的业绩。在奋勇前进的征程中，我们积累了许多宝贵经验，探索出了一条具有中国北车特色的发展之路。

第一，坚持开拓经营，夯实发展基础。

第二，增强集团合力，发挥整体优势。

第三，坚持技术创新，增强发展后劲。

第四，抓好班子建设，依靠职工队伍。

面临的形势和目标任务

今后四年是中国北车承前启后，继往开来，实现“三步走”第一步发展目标的关键时期。这次党代会是一次把握新机遇、迎接新挑战、再创新伟业的动员会、誓师会。确立科学的发展思路和战略目标，坚定不移地把各项事业推向前进，努力把中国北车打造成为轨道交通装备行业世界级企业，是各级组织和全集团党员、干部职工光荣而艰巨的历史使命。深入分析内外形势，机遇前所未有，挑战也前所未有，我们必须紧紧抓住机遇，积极迎接挑战。

一、全球金融危机影响加剧，需要我们在困难中坚定信心在挑战中把握机遇。

二、中央企业改革调整步伐加快，打造轨道交通装备行业世界级企业需要全面加速。

三、轨道交通装备行业面临良好发展机遇，企业核心竞争力需要持续增强。

四、技术引进消化吸收全面进入再创新阶段，提高自主创新能力需要全力推进。

五、企业经营体制和运营机制发生重大变革，推行现代企业管理需要迅速跟进。

六、现代企业制度条件下党建工作面临着新课题，加强和改进党的建设需要不断探索。

站在新的发展起点，面对严峻挑战和难得机遇，任务艰巨，责任重大。我们要牢牢把握机遇，主动适应变化，坚持更高标准，追求更高水平，努力把中国北车打造成为轨道交通装备行业世界级企业。基于以上追求，中国北车今后一个时期战略目标是：**面向三大市场，实施四大战略，打造四大产业，实现“三步走”发展目标。**

第一步，到 2011 年，实现销售收入 700 亿元，培育发展出 2～3 家年销售收入达百亿元的子公司，4～6 家年销售收入达 50 亿元的子公司，实现三年再造一个北车。

第二步，到 2015 年，实现销售收入 1400 亿元，比 2008 年翻两番。

第三步，2020 年前进入世界 500 强，各项指标达到轨道交通装备行业世界领先水平。

面向三大市场：即轨道交通市场、相关多元市场和国际市场。轨道交通市场是发展的根基，相关多元市场是新的经济增长点，国际市场则是检验核心竞争力的试金石。在实现销售收入规模扩张的基础上，着力提高相关多元市场和国际市场销售收入的比重。

实施四大战略：即创新、整合、并购、国际化。“创新”，包括体制创新、管理创新和技术创新等。通过创新，形成推动我们事业发展的强大动力。“整合”，就是以事业部为平台，加快资源整合和业务重组，优化资源配置，打造具有国际竞争力的价值链和优势产业集群。“并购”，包括国内并购和国外并购，通过兼并、收购、控股等资本运作手段，快速提升主业及相关多元产业的竞争实力和经营规模。“国际化”，第一步是实现“北车的国际化”，在扩大产品输出基础上，积极开展技术输出和资本输出，努力把“中国北车”品牌打造成国际知名品牌。第二步是打造“国际化的北车”，在研发、生产、销售等方面开展国际化经营，配置全球资源，拓展海外市场，努力把中国北车打造成国际化的现代企业。

打造四大产业：即轨道交通装备产业、机电装备产业、工程装备产业和现代服务产业。轨道交通装备产业，是我们生存发展之本，要继续做强做大，巩固优势地位。机电装备产业，要依托核心技术，快速形成产业集群。工程装备产业，要从铁路进入，向公路延伸，向海洋扩张。现代服务产业，要以物流和融资租赁业为突破，实现经营规模的快速扩张。

根据以上发展战略目标，今后四年要努力完成以下七大任务：

一、深化体制机制创新，提供强劲发展动力。

二、全力推进技术创新，增强核心竞争能力。

三、大力拓展市场领域，做强做大四大产业。

四、落实人才强企战略，提升职工整体素质。

五、持续改进企业管理，提高经营管理绩效。

六、推进信息化建设，提供现代信息技术支撑。

七、建设一流企业文化，提升企业文化竞争力。

今后四年党的重点工作

根据集团公司面临的形势和确定的目标任务，今后四年党的工作指导思想是：**高举中国特色社会主义伟大旗帜，以邓小平理论和“三个代表”重要思想为指导，深入贯彻党的十七大精神，全面落实科学发展观，牢牢把握改革发展稳定大局，紧紧围绕实现“三步走”发展战略目标，健全完善党组织发挥政治核心作用机制，大力加强党的先进性建设和思想政治工作，为打造轨道交通装备行业世界级企业，提供强有力的思想保证、组织保证和精神动力。**

根据上述指导思想，今后四年要着力抓好以下重点工作。

一、深入学习实践科学发展观，促进企业持续健康快速发展

坚持用科学发展观武装头脑，指导实践，加快推动建设世界级企业的进程。

学习实践科学发展观，努力推进企业科学发展。科学发展观，是我们党推进改革开放实践的经验总结，是推动企业发展的行动指南。在全党开展深入学习实践科学发展观活动，是党的十七大作出的一项重大战略部署。要按照国务院国资委党委要求，精心组织，周密安排，高质量地开展好这次学习实践活动。紧紧围绕党员干部受教育、科学发展上水平、职工群众得实惠的要求，进一步深化对中国特色社会主义理论体系的理解，坚定发展企业的信心和决心。坚持用科学发展观武装党员干部特别是各级领导干部，准确把握科学发展观的深刻内涵和精神实质，突出实践，注重应用，着力转变思想观念，增强贯彻落实科学发展观的自觉性和坚定性，全面推进中国北车科学发展。

强化思想政治建设，全面提升政策理论素质。要坚持和完善党委中心组学习制度，深入系统地抓好党的路线方针政策、法律法规及现代企业管理知识学习，努力提高政策理论水平。以深入学习实践科学发展观活动为契机，切实在学用结合、学以致用上下功夫，重点研究思考“五个课题”：即解放思想的内在动力与突破方向问题，持续发展的资源整合与能力转化问题，主营业务的宏观布局与发展策略问题，“三步走”发展战略的政策环境与具体实践问题，世界级企业的发展愿景与实现途径问题。坚持理论学习与具体实践相结合，增强认识规律、把握机遇、解决问题的能力。引导广大干部职工自觉养成学习探究的良好习惯，在学习中汲取前进力量，在学习中提升创新能力，形成全员忠于职守、勤于学习、勇于创新的浓厚氛围，为中国北车改革发展提供坚实的理论基础和思想保证。

不断更新思想观念，增强快速发展的源动力。要在开放理念上解放思想，跳出北车看北车，融入世界看北车，面向未来看北车，用全球视野和战略眼光谋划北车发展。在开放心态上解放思想，增强竞合意识，通过互利双赢实现新的发展。在开放领域上解放思想，利用全球资源，既“引进来”又“走出去”，努力扩大产业对外开放程度，打造国际化北车。在合作方式上解放思想，注重人才、技术、土地、资源、管理以及无形资产等生产要素的配置与合作，有序推进战略并购，增强发展实力。各企业要进一步增强全局观念和集团意识，自觉维护集团利益，贯彻落实集团公司战略决策，确保中国北车沿着科学发展道路前进。

二、以先进性建设为主线，加强党的基层组织和党员队伍建设

党的先进性是党的生命线。必须始终把先进性建设放在首位，切实加强自身建设，健全完善工作机制，改进创新工作方法，全面提高党组织的凝聚力和战斗力。

健全完善发挥党组织政治核心作用的工作机制。党组织在国有企业中发挥政治核心作用，是实现党对国有企业政治领导的重要途径。要落实中组部、国务院国资委党委《关于加强和改进中央企业党建工作的意见》，健全完善工作机制，提升党建工作水平。正确处理完善公司法人治理结构与发挥党组织政治核心作用的关系，从体制机制上确保公司法人治理机制有效运行。坚持党管干部原则，健全完善领导干部选拔任用机制，实现党管干部与董事会和经理层依法行使人权的有机统一。健全完善“党政共同负责、大事集体决策”的工作机制，完善党委参与企业重大问题决策的程序。完善党务公开工作机制，拓宽公开渠道，增强党组织工作的透明度。健全完善全委会、常委会工作机制，推行党的代表大会代表任期制、党代表大会常任制、党委常委会向全委会定期报告工作并接受监督等制度。

健全完善发挥基层党支部战斗堡垒作用的工作机制。党的基层组织是党的全部工作和战斗力的基础。要适应企业经营管理体制变化，把党组织的机构设置、职责分工、工作任务纳入到管理体制、管理标准、工作规范当中，确保党建工作与生产经营工作同部署、同推动、同落实。全面加强基层党支部建设，加大支部书记队伍培训力度，努力把基层党支部打造成支部班子坚强、党员作用突出、保证监督有力、基础工作扎实的战斗堡垒。改进党的活动方式，继续深化“创先争优”主题实践活动，增强活动的针对性和实效性。推行党建目标管理，规范工作流程，实行党建目标与效绩指标共同考评、协同激励，增强基层党组织工作服务于企业经济工作的效果。

健全完善永葆党员先进性的工作机制。要始终把保持和发展党员的先进性作为党建工作的永恒主题。加强党员教育，巩固和发展先进性教育成果，使具体经验系统化、成功做法制度化，健全党员学习、教育管理、联系群众、党内民主等各项制度，进一步完善党员长期受教育、永葆先进性的长效机制。坚持和改进“三会一课”制度，提高党的组织生活质量。坚持和完善民主评议党员制度，形成党员队伍自我纯洁的良性机制。认真做好积极分子的培养与考察，发展壮大党员队伍。深化“双培”主题实践活动，凝聚优秀人力资源，提高党员整体素质，建树党员品牌，充分发挥党员的先锋模范作用。

三、坚持党管干部党管人才原则，加强领导班子和职工队伍建设

企业发展，根本在人。必须牢固树立“人力资源是第一资源”的观念，努力建设一流职工队伍。

强化以人为本理念，健全人才培养体系。以人为本，是科学发展观的核心要求。要牢固树立以人为本观念，坚持正确用人导向，按照德才兼备、注重实绩、群众公认原则，重用业绩突出的人，支持一身正气的人，鼓励诚实干事的人，提高用人公信度，

做到人事相宜，人尽其才，才尽其用。完善人才选拔机制，创造有利于人人成才的条件和空间，构筑人才成长发展“绿色通道”。健全人才激励体系，最大限度地激发各类人才创新激情和创造活力，形成有利于人才脱颖而出的体制机制。优化人力资源配置，形成合理的人才梯度和搭配结构，努力建设适应中国北车快速发展的企业领导人员、经营管理人员、专业技术人才和高技能人才队伍。注重培育团队精神，重视人才感情投入，真心沟通，包容个性，锤炼协作品质，增强工作合力，创造融洽和谐的人文环境。

*深化“四好”班子创建活动，培养团结奋进的领导团队。*加快企业发展，关键在班子。加强领导班子建设是企业党建工作的重要任务。要继续深化“四好”班子创建活动，切实加强理论、思想、能力等方面建设，提高各级领导班子的整体素质和领导水平。强化教育培养和岗位培训，推行公开选聘、竞争上岗，优化班子结构，加强监督管理，把各级领导班子培养成为企业改革发展的坚强领导力量。坚持民主集中制原则，充分发挥班子整体功能。加强领导干部作风建设，讲党性，重品行，作表率，努力在改进作风上取得新成效。大力营造鼓励探索、支持创新、宽容失误的环境和氛围，互相信任，互相尊重，胸襟坦荡，容人容事，增强领导班子的整体合力和内在活力。

*加强职工素质建设，造就充满活力的人才队伍。*要按照集团公司“五个一”人才建设工程目标，有计划地选拔培养1名以上中国工程院院士候选人，10名在国内外同行业富有影响力的企业家和专家学者，100名专业学科带头人，1000名专业技术和经营管理创新骨干，10000名包括“金蓝领”、高级技师、技师和高级工的高技能人才。以技术引进消化吸收和自主创新为契机，以重点领域、关键技术为依托，深入实施“1536”专家工程，着力培养50名省部级专家、300名集团公司级专家和600名子公司级专家，努力建设一支结构合理、学术水平高、实践能力强的技术专家队伍。重视高技能人才培养，落实职工技能振兴计划，促进职工岗位成才、全面发展。充分利用各种培训资源，多层次、多渠道地开展培训，提高队伍整体素质，释放人力资源活力，为企业发展提供坚实的人才保障和智力支持。

四、适应建立现代企业制度要求，创新思想政治工作和企业文化建设体制机制

加强和改进思想政治工作，加大宣传工作力度，塑造北车文化，凝聚发展力量，为实现“三步走”发展目标奠定坚实的思想文化基础。

*加强思想政治工作，凝聚共促发展的坚强力量。*思想政治工作担负着统一思想、营造氛围、凝聚力量、维护稳定的重大任务。要坚持“三贴近”原则，拓宽渠道，改进方法，创新载体，增强思想政治工作的针对性、实效性。加强形势任务教育，广泛宣传企业生产经营形势、目标任务和战略措施，切实把职工的思想和行动汇聚到促进企业发展上来。围绕主辅分离、辅业改制、结构调整、资产重组等，深入细致地做好思想工作，保证改革改制工作顺利推进。加强普法宣传教育，增强职工法制观念，提高企业依法经营水平。坚持重在基层打牢基础，切实加强班组思想政治工作和职工职业道德教育。深入开展群众性精神文明创建活动，最大限度地增加和谐因素，营造健康文明的生产生活环境。着眼维护稳定开展工作，做好释疑解惑、理顺情绪、化解矛盾等工作，确保企业在和谐稳定的环境中实现快速发展。

*强化对外宣传工作，展示和提升企业良好形象。*要积极探索适应现代企业制度要求的新闻宣传及舆论引导工作新体制、新机制和新方法，着力构建以股份公司为主导、以

中央媒体为重点、以所属企业为支撑、以有关省市和行业媒体为补充的新闻宣传网络体系。把握舆论引导时机和力度，在典型引路上创新，在热点引导上用功，围绕重点工作，做好新闻策划和集中宣传报道。正确处理好新闻宣传报道与信息披露的关系，统筹企业重大新闻对外发布渠道和口径，建立健全新闻宣传管理办法，推行新闻发言人制度。加强舆情监控与分析，关注新闻媒体对行业及企业相关热点报道，有针对性地实施舆论导向，营造有利环境，提升企业社会公众形象。

*推动企业文化建设，形成统一的北车文化体系。*落实《中国北车企业文化建设三年规划》，建立健全组织领导体系、培训宣贯体系、传播体系和考评体系，深入开展企业文化建设活动。加大核心理念宣贯力度，着力抓好企业文化落地工作，全力打造统一的北车文化。通过制度约束、机制构建和活动熏陶，让企业理念内化于心，固化于制，外化于行。各企业要依据企业文化理念手册，制定并实施符合自身实际的企业文化行动纲领，构成北车文化理念支撑体系。贯彻企业文化行为手册，凝聚在制度，体现在行为。贯彻企业文化形象手册，形成统一的视觉识别体系。通过全面推进企业文化建设，加快形成统一的北车文化体系，为企业改革发展提供强有力的文化支撑。

五、完善惩治和预防腐败体系，加强党风建设和反腐倡廉工作

各级党组织要加强对党风建设和反腐倡廉工作领导，深化惩防体系建设，落实党风廉政建设责任制，拓展源头防治腐败领域，保证企业又好又快发展。

*加强惩防体系建设，健全制度规范机制。*要按照“改革创新、惩防并举、统筹推进、重在建设”的要求，认真贯彻落实中央《建立健全惩治和预防腐败体系2008－2012年工作规划》，完善惩防体系实施方案，分阶段有重点地推进。突出制度建设关键性作用，增强制度建设实效性，形成用制度规范从业行为、按制度办事、靠制度管人的有效机制。突出监督体系保障功能，在充分发扬党内民主、强化党内监督的同时，加大职工民主监督、审计监督、舆论监督和法律监督力度。大力加强党风廉政建设责任制，与建立现代企业制度、完善公司法人治理结构结合起来，健全齐抓共管的工作格局。明确职责分工，强化责任追究，增强领导干部和业务部门的责任意识、主体意识和主动意识，整体推进党风建设和反腐倡廉工作。

*深化反腐倡廉教育，加强廉洁文化建设。*要把学习贯彻党章作为反腐倡廉教育的重要内容，按照党章规范言行。运用正面典型和反面案例开展示范教育和警示教育，引导全体党员干部充分认清反腐倡廉形势，增强廉洁自律意识，筑牢思想道德防线。注重从业道德教育，不断提高各级领导干部的思想道德境界。加强法律法规和党纪条规教育，促使各级领导干部严格自律，遵纪守法。认真执行企业领导人员廉洁从业各项规定，特别是国有企业领导人员廉洁自律“七项要求”。各级领导干部要加强党性锻炼，自觉接受监督，坚持述职述廉制度，向职代会报告廉洁自律情况，接受职工代表民主评议。

*拓展源头防治领域，严肃查处违纪案件。*要扩展预防领域，拓宽治本途径，从源头上预防和治理腐败。认真落实“三重一大”规定，强化运行监督，规范权力运行。完善监管和风险防范体系，强化对财务管理、物资采购、工程招标、选人用人等重要环节监督。针对影响企业经营效益的关键环节，深入开展“四清两降”效能监察，提高经营管理水平和经济运行质量。加强对查

办违纪案件工作的领导，严肃查处违法违纪案件。运用现代信息技术手段，全面推进反腐倡廉工作信息化建设，开发信息管理系统的实时监控、环节制衡功能，设置防范违法违规行为的技术屏障。

六、加强对工会共青团的领导，全心全意依靠职工办企业

全心全意依靠职工办企业，是企业又好又快发展的力量源泉。各级党组织要落实“依靠”方针，进一步加强对工会共青团组织的领导，坚持党建带工建、党建带团建，充分发挥工会、共青团组织作用。

*突出维权职能，发挥工会组织优势。*工会组织要学习贯彻中国工会十五大精神，深入实践中国特色社会主义工会维权观，维护好职工的政治权益、经济权益、文化权益和生命健康权益，促进企业持续健康发展。落实好职代会职权，坚持把职代会作为厂务公开的主要载体和渠道，全面推行厂务公开，正确处理厂务公开与公司信息披露关系，提高厂务公开工作水平。健全完善股份公司和所属企业职工董事、职工监事工作制度和管理制度。贯彻落实《劳动合同法》，全面推行集体协商制度和集体合同制度，巩固和发展和谐劳动关系；积极开展职工经济技术创新活动。认真落实“三不让”要求，继续开展“送温暖”活动。实施职工素质工程，以创建学习型班组为重点，深入推进“创建学习型组织，争做知识型职工”活动。重视职工劳动保护工作，完善工会保安全体系建设。落实女职工专项集体合同制度，维护女职工的特殊权益。加强工会组织建设，提高工会工作水平。

*立足企业发展，提升团的工作水平。*共青团组织要认真学习贯彻团的十六大精神，结合企业发展实际和青年成长成才需求，延伸工作手臂，改进方式方法，创新活动载体，全面活跃团的工作，不断提升团的工作水平。加强青年职工的培养教育，提升政治素质和业务水平。搭建青年成长平台，把年轻干部放到重要岗位、艰苦环境培养锻炼。继续深化思想筑基、学习成才、创新创效、文明先锋、团建创新行动，推动团的工作规范化、制度化、品牌化。密切关注青年思想变化，加强对青年组织的研究，引导青年组织健康发展。

要加强统战、保密、综合治理等工作，大力支持科协、企协、体协等组织开展工作，凝聚一切力量，推进企业又好又快发展。同时，中国北车作为中央企业，要牢固树立和深化社会责任意识，主动履行社会责任，自觉肩负起构建社会主义和谐社会的使命。

各位代表、同志们！面向未来，中国北车改革发展正站在新的历史起点上。新起点开启新征程，新目标承载新希望。让我们高举中国特色社会主义伟大旗帜，以邓小平理论和“三个代表”重要思想为指导，全面贯彻落实科学发展观，大力加强党的先进性建设，团结带领广大党员和全体职工，奋发图强，励精图治，抢抓机遇，乘势而上，为实现“三步走”发展目标，把中国北车打造成为轨道交通装备行业世界级企业而努力奋斗！

消化吸收引进技术　提升自主创新能力
为快速提升集团公司核心竞争力作出积极贡献

——副总经理兼总工程师奚国华在2008年中国北车集团公司技术工作会暨技术创新高层论坛的报告(摘录)

(2008年3月6日)

一、2007年技术工作回顾

1. 确保铁路第六次大提速顺利进行

2. 继续保持集团公司技术引进中形成的战略优势

3. 继续领跑货车技术发展方向

4. 赶超机车取得实效

5. 城轨地铁及相关多元产品开发达到新水平

6. 为拓展国际业务提供有力技术支持

7. 网络控制等核心技术突破初见曙光

8. 在国家技术创新体系布局中占据重要位置

9. 技术管理基础进一步夯实

二、技术创新工作面临的形势和任务

2008年是北车集团改革发展进程中尤为关键、极其重要的一年。集团公司面临的改革发展形势发生了深刻变化，我们必须面对严峻的形势，站在集团公司生存发展的战略高度，认真研究2008年技术工作，实现技术创新能力的实质性突破和超越。

——创新型国家战略的实施为搞好技术创新工作创造了极好环境，如何用好用足国家政策，成为轨道交通装备制造业技术创新的领导者是我们的首要任务。

——成立股份公司在为建立和完善技术创新体系提供契机的同时，也对高效充分地使用创新资源提出了更加急迫的要求。

——消化吸收引进技术为我们快速提升技术创新能力提供了历史性机遇，也要求我们完成突破核心技术，构建产品技术平台等历史重任。

——轨道交通市场的快速发展为搞好技术创新工作提供了广阔的舞台，也对我们搞好产品开发提出更高目标。

根据外部形势和集团公司发展的需要，2008年技术工作的总体思路是：**以提高北车集团公司整体技术创新能力和企业价值为根本，以消化吸收再创新和自主研发为主线，夯实技术管理基础，构建产品技术平台，提升系统集成能力，强化以专利为重点的知识产权工作，努力实现机车战略超越、客车再创辉煌、货车持续领跑、多元经营扩大规模、核心技术重点突破，为集团公司持续发展提供有力支撑。**

三、2008年重点技术工作

按照集团公司改革发展对技术工作的要求和2008年技术工作总体思路，2008年我们要做好以下10项重点工作。

1. 扎实做好消化吸收再创新工作

消化吸收引进技术的终极目标是做到与国际最先进企业的神似，我们不仅要能生产出具有国际先进水平的轨道交通装备，还要将企业竞争力提升到国际先进水平。消化吸收和再创新是集团公司今年最重要的工作之一。

打好兑现合同攻坚战。我们必须励精图

治，发奋有为，打好2008年兑现合同攻坚仗，以优秀的业绩证明北车的实力和北车人的能力。

全面深入地消化吸收引进的技术。对于有形与直接技术的消化吸收，要按照集团公司的总体部署，认真盘点消化吸收成果，查找漏洞，弥补缺陷，静下心来真正消化吸收国外合作伙伴交给我们的各种规范，成为我们自己技术、管理规范的内核，要求各相关企业加快外文图纸和工艺文件的转化工作，上半年全面实现使用中文图纸和工艺。对于无形与间接技术及管理理念与思想的消化吸收，要深刻领会国际先进企业在战略把握和项目管理方面的管理精髓，提升企业的战略管理与项目管理水平；要认真学习国际先进企业在规范制定方面的理念与先进做法，形成适合我们自身特点的规范体系；要关心产品成本和价格，加快国产化步伐，在降低产品成本方面采取切实可行的措施。

以国际视野，从全球化角度，全面统筹消化吸收引进技术和再创新工作，实现最大限度地提高集团公司的技术创新能力和市场竞争力的目标。我们要全面、系统、深入地分析产品和技术，仔细甄别其重要程度，研究最经济的实现路径。对于市场成熟的元件、配件和一般的技术，要立足全球市场，通过采购等“拿来主义”的方式解决。对于相对重要的部件和技术，可以通过合资合作、培育长期战略供应商和国产化等方式解决。对于制约集团公司发展的关键部件和核心技术，要坚持两条腿走路的原则，一方面以开放的姿态，采取深化技术引进、建立海外研发基地、多方并行合作、建立战略合作伙伴关系以及与政府、企业、学校，研究院所、金融及中介机构相结合等方式实现；另一方面以务实的作风，集中集团公司的优势资源，切实加大研发投入，加强自主研发，实现突破和掌握。

2. 快速提升系统集成能力

集成创新是自主创新的一个重要方面，快速提升企业的集成创新能力是今年集团公司技术研发的首要任务之一。主机厂要充分利用设计主导权和技术引进合同系统集成供应商的身份，坚持以我为主，认真研究系统集成技术的本质和规律，以国际化的胸怀和视野，从总体上把握中国轨道交通装备技术需求，掌握各相关供应商所提供系统和部件的核心特点与接口特征，最大限度地把最广范围的模块化部件、系统，整合和集成到我们自己的产品技术平台中，快速提升主机产品的集成能力，形成产品优势。机车产品同样要很好集成我们引进的各家技术，形成6轴、8轴不同的产品系列，为将来的产品技术开发奠定基础。

部件方面我们要抓紧形成电传动系统、机械传动系统、网络控制系统、冷却散热系统的集成能力。特别是四方所、电牵研发中心等要加强合作，尽快形成网络控制系统集成能力。

3. 强化以专利为重点的知识产权工作

2007年集团公司专利工作成绩斐然，但形势发展对我们提出了新的更高的要求。2007年国资委召开了知识产权工作会议，对中央企业做好知识产权工作进行了部署；中央企业都加大知识产权工作力度，专利拥有量和专利申报量大幅增加。实现“十一五”期末专利拥有量跻身央企15强，进而用专利占领和巩固市场目标的难度进一步增大。

我们必须按照国资委的要求，牢固树立知识产权竞争的理念、无形资产经营的理念、企业知识产权全过程管理和全方位保护的理念，将企业知识产权工作与企业改革、机制创新相结合，与开拓市场、经营发展相结合，与技术创新、提升自主开发能力相结合，抓紧建立和完善以专利和技术秘密为主体的知识产权防御体系。以创造为核心，应用为关键，管理与保护为基础，制定并全面实施知识产权战略。专利是产品参与国际国内两个市场竞争的十分有效的武器，要把专利作为重要的科技成果进行经营，在项目立项时就要计划专利的产生。集团公司将强调科技成果奖评定中的专利指标，今年开始对没有申报专利的成果，原则上不予评奖。同时根据发展的需要，集团公司决定调整专利申报考核指标，技术开发部要把指标分解下达到各单位，各单位要确保实现。

各企业要加强对知识产权创造、应用、管理与保护各个环节的激励，将知识产权工作经费纳入企业预算，保证知识产权申报维护和管理保护的需要；要建立健全知识产权管理的各项规章制度，建立和完善企业知识产权综合管理制度，建立符合企业实际情况的专利和技术秘密等专项管理办法，形成知识产权信息检索制度，探索建立企业知识产权运营管理制度。

4. 机车战略超越

机车板块的竞争中，我们在战略布局、市场占有方面都已经开始显现优势，但要真正实现核心能力的战略超越，必须建设好机车产品技术平台，走基于平台的产品开发之路。同车公司要在消化吸收阿尔斯通技术的基础上，力争实现 200 km/h 电力机车的试制（确保落车），并结合产品研发开展好构建电力机车产品技术平台试点工作。大连机辆公司要融合庞巴迪和东芝电力机车技术，特别是集成交流传动系统及控制技术，整合部件和系统模块，提升自主创新能力，形成一个基本的大功率交流传动电力机车产品平台。二七厂要在大连机辆公司的支持下，形成批量生产能力。还要加快开发适应路外、国外市场需求的交流传动内、电机车，实现电力机车出口零的突破。

5. 客车再创辉煌

从集团公司高速列车发展战略出发，长客股份公司要组建独立的项目研发团队，全面进行自主知识产权的 350 km/h 高速动车组项目的研发，完成整车方案设计，开始部件试制。在 CRH_3、CRH_5 平台基础上，瞄准新一代高速铁路产品发展方向，努力形成系列化 200 km/h、300 km/h 平台产品，抓紧进行 200 km/h 大编组动车组、带卧铺餐车动车组、新型软硬座、软硬卧客车的试制。通过交流传动系统的集成，派生新的 200 km/h 动车组，降低成本造价，提高市场竞争力。逐步派生 300 km/h 高速列车卧车、餐车、行李车等系列产品。加快开发 250 km/h 综合检测列车进程，开展 300 km/h 综合检测列车的研究。

6. 货车持续领跑

持续保持货车领跑优势，必须在技术上保持战略优势。今年的重点是做好既有货车提高运用可靠性等工作。完善 70 吨级通用货车技术，新造货车全部达到 120 km/h。完善产品系列，形成 20 余种基本覆盖较多介质的 70 吨级罐车系列，完成向 70 吨级的升级换代。进一步加大 80、90、100 吨大载重和 35、40 吨大轴重货车技术的研究力度，开发煤炭运输、集装箱运输、载重 100 吨矿石和钢铁专用等特种货物运输专用货车系列产品。进一步开展 160、200 km/h 快速货运技术的研究，开发 160 km/h 快速货车系列产品。研究引进的机车、客车新技术、新工艺在货车中的运用。完成 32 吨伸缩臂式、新型 160 吨以上伸缩臂式起重机等研制。

7. 多元经营扩大规模

充分发挥集团公司整体优势，合理配置资源，针对城轨市场中不同的需求，加快产品开发，具体研究开拓每个市场产品的技术策略，捍卫城轨优势。

继续坚持不懈地落实集团公司依托主业、拓展多元的战略部署，扩大船用柴油机、风电、油田产品市场份额。通过系统集成，尽力扩大多元经营规模，快速增大相关多元产品在集团公司产值中的贡献。

在国际业务拓展方面，要在扩大产品输出的同时，努力扩大技术输出。

8. 核心技术重点突破

核心技术创新能力的培育关键在自主创新。2008 年我们要通过建立海外研发机构，加强内部联合等方式，在充电机、网络控制、变流控制和功率模块等方面实现重点突破。电力牵引研发中心、四方所和永济厂要在长客股份公司的支持下，联合实现充电机的装车考核。四方所要实现动车组网络控制系统的全面集成。永济厂要完成功率模块的自主研发。电力牵引研发中心今年要实现四项目标，一是网络系统、变流装置在长春轻轨的批量装车，二是引进网关批量装车，三是 TCN 自主知识产权网络系统在 200 km/h 机车的装车应用，四是大功率变流控制装置样机完成试验。

9. 抓紧构建产品技术平台

由同车公司、四方所和电力牵引研发中心、永济厂牵头，分别开展电力机车、动车组网络控制系统、电机部件三级产品技术平台建设试点工作。

同车公司要以 200 公里模块化交流传动电力机车开发为契机，牵头进行电力机车产品技术平台构建工作，发挥主机厂系统集成商的优势，认真统筹、整合法国阿尔斯通系统和大连机辆公司引进日本系统的产品部件、模块、接口标准，结合国产化要求，形成立足北车集团公司技术基础的产品平台建设思路和模块化部件、标准化接口规范。四方所要在电力牵引研发中心的配合下，以引进的网络控制系统硬件制造平台为基础，以电力牵引研发中心已经掌握的技术为支持，以后续动车组合同网络控制系统产品为载体，发挥网络控制系统集成供应商的优势，整合和利用各种资源，为建设高速动车组 TCN 网络控制等系统技术平台做好试点工作。永济厂本身技术基础较好，又引进消化吸收多家国际先进企业的电机产品技术，要在认真研究各主机厂接口标准和技术要求的前提下，整合、规范和优化产品系列，提高产品的模块化率，为部件产品技术平台构建积累经验。

平台建设试点工作对集团公司和试点单位技术创新能力的提高都有重大意义。相关单位要高度重视，深入研究平台建设理论，如集团公司翻印的《模块化产品设计手册》基本内容，加强基础工作。要以产品平台构建为第一阶段目标，认真策划，反复讨论，加强交流，尽量避免失误，形成有高度有深度的实施方案，打好技术平台构建的基础。要做好产品系列规划。系列化、模块化、标准化、信息化既是平台构建工作的原则，又是产品平台构建工作的检验标准之一。年末，我们要用产品系列规划的情况，产品模块化、模块标准化实施的程度，接口规范或标准制定数量，平台信息化水平，信息化是否能够满足平台建设需要等指标，来检验各试点企业的工作成绩。

其他单位要根据集团公司平台建设指导意见，学习试点企业的经验，通过对引进技术特别是设计技术的消化吸收，加强产品系列化、模块化、标准化、信息化等基础工作，为建设集团公司相关产品技术平台打下坚实基础。

10. 夯实技术创新管理基础

建立和完善股份公司技术创新体系。2008 年集团公司一项最重要的工作就是成立北车股份公司并争取上市，股份公司成立后的一项重要工作就是建立和完善技术创新体系。要求整个技术系统要从股份公司发展的高度认真思考相关问题，按照集团公司统一部署和规划，顾全大局，步调一致，不折不扣地做好有关工作。

进一步提升在国家技术创新体系中的地位。制定并实施创新型试点企业实施方案，探讨建立集团公司技术中心并使其成为国家级企业技术中心。今年，已经进入省级企业技术中心的，要尽快进入国家级企业技术中心的行列；未进入省级企业技术中心的，要力争成为省级企业技术中心。今年我们要努力建设高速列车系统集成国家工程实验室，争取建立重载技术国家工程研究中心或工程实验室。逐步建设博士后工作站、海外研发机构、技术创新战略性联盟等。扎实工作，向实现行业技术领先目标迈进。

加大力度，做好获得各级政府科技成果奖工作。获得国家和地方政府科技成果奖或科学技术奖，既可以获得直接的经济效益和优惠政策支持，又可以扩大企业的公信力、美誉度和影响力。集团公司要统一组织认真做好铁道学会科学技术奖的申报，保证集团公司的行业技术地位。各单位要按照集团公司的统筹安排，树立“经营成果”、“经营科技成果奖”的理念，以企业发展战略的高度，下大力气做好地方政府科技成果奖申报工作，并力争通过地方政府取得国家科技成果奖。要仔细盘点认真分析企业科技项目的技术含量和成果亮点，在科研项目立项时，就要认真规划科研成果和科技成果评奖，把握好报奖时机，统筹乃至整合项目和成果，了解并掌握地方申报奖励及课题的程序和规律，做好与合作伙伴间和地方政府间的协调沟通，充分利用可以利用的一切资源，争取获得更多更高级别的科技成果奖。

2008 年，我们要继续抓好“1536”人才工程的实施，鼓励企业加大科技投入，努力建立和完善股份公司技术创新制度体系，做好科研项目全过程管理，提高技术创新管理水平，为提高集团公司技术创新能力提供保障。

适应新体制　追求新目标
努力打造具有国际竞争力的新北车

——总裁奚国华在中国北车股份有限公司经营管理座谈会上的讲话（摘录）

（2008 年 7 月 17 日）

同志们：

中国北车股份有限公司的成立，标志着中国北车的经营管理体制发生了一个具有里程碑意义的重大变革。面对新的体制和新的形势，我们必须要有一种新的精神、新的风貌，去追求新的目标。这种新的精神、新的风貌的核心就是“激情与创新”。新的目标就是着力开拓三大市场、实施四大战略、打造四大产业，实现“三步走”发展目标，把中国北车打造成为轨道交通装备行业世界级企业。

一、志存高远，追求更高目标

历经百年发展的中国机车车辆工业，特别是经历三十年改革开放的伟大洗礼和铁路六次大提速的需求拉动，当前已经站在了新的历史起点上。中国北车作为中国轨道交通装备制造业的领军企业，坚持引进消化吸收再创新与自主创新相结合，努力实现机车战略超越，客车再创辉煌，货车持续领跑，多元经营规模扩张，在技术和市场上的战略优势正在逐步显现。实施整体改制上市，创新体制机制，畅通融资渠道。中国北车应该在更高平台上、在全球舞台上作出更大的成就，也一定能够作出更大的成就。

面向未来，我们的发展目标是：**第一步，三年再造一个北车，到 2011 年实现销售收入 700 亿元；第二步，四年再翻一番，到 2015 年实现销售收入 1400 亿元；第三步，2020 年前进入世界 500 强。**

提出这样的目标，首先，是生存和竞争的需要。包括经济全球化的冲击、中央企业调整重组的考验以及国内同行业竞争的全面升级等。市场竞争如逆水行舟，不进则退。不发展是落后，发展慢了也是落后。其次，是企业发展的需要。承担社会责任，为客户增加价值，为股东创造价值，与供应商分享价值，让中国北车的每一名员工都能分享事业的成功，分享企业的成长过程，分享人生的快乐，这是我们作为企业经营管理者必须承担的责任。而这一切都基于发展，没有企业的快速发展，一切都无从谈起。

理解这样的目标，首先，必须树立“横向比较”的观念。不能只和现在比，更不能和过去比，而要和同行业横向去比。我们在坐各位、我们北车员工都渴盼自己的企业能够超越竞争对手，成为“国内领先、国际知名”的世界级企业。而一个世界级企业的首要特征是主营业务生产规模和营业收入处于全球前列。大不一定强，但不大注定不强，不在行业内把经营规模和销售收入做到全球前几名，就基本上不可能成为世界级。其次，必须树立“目标引领”的观念。作为个人，我们都渴盼成功；作为一个中国北车的员工，又何尝不渴望自己是在一个世界级的、受人尊敬的企业内工作？不想当将军的士兵不是好士兵；同样，不想成为世界级企业的公司，也不是好公司。中国有句古话：“取法乎上，仅得其中；取法乎中，仅得其下。”意思是说，制定了高目标，最后仍有可能只达到中等水平，而如果制定了一个中等的目标，最后有可能只达到低等水平。安于现状必然停滞，沉湎安逸必遭淘汰。志存高远，有压力，才有前进的动力；追求卓越，有挑战，才能够自我超越。

战略就是承诺。实现“三步走”发展目标，不是一个口号，而是一系列实实在在的行动。我们必须进一步解放思想、开拓创新，一方面要发扬优良传统，一方面又不能拘泥于已有方式，而应该采取更加积极主动的方式，博采众长，消化吸收，提高自己。一定要以充满激情的工作状态、勇于创新的工作方法，着力开拓三大市场、实施四大战略、打造四大产业。

开拓三大市场：即轨道交通市场、相关多元市场和国际市场。轨道交通市场是我们发展的根基，相关多元市场是我们新的增长点，国际市场则是检验我们核心竞争力的试金石。在市场开拓上，一方面要充分挖掘现有市场的潜力，一方面又必须跳出现有市场的范围，以更宽广的视野去寻找、去创造属于自己的“蓝海”领域。在实现销售收入规模扩张的基础上，不断提高相关多元市场、国际市场销售收入的比重，2011 年达到 20% 左右，2015 年达到 50% 左右，2020 年达到 60% 以上。

实施四大战略：即创新、整合、并购、国际化。

“创新”，包括体制创新、管理创新和技术创新等，要通过创新，形成推动我们事业发展源源不断的动力。体制创新，核心是完善法人治理，实现上市融资，实现资本运营和资产运营相结合。管理创新，核心是形成一套标准化的管理体系和有效的激励约束机制。技术创新，主要是核心技术重点突破，推进科技大会提出的“1239”规划，即：完善一个体系（技术创新体系），实施两项工程（“1536”专家工程和“1515”专利工程），构建三级平台（整车、系统、部件三级产品技术平台），实现九大目标。

“整合”，就是以事业部为架构，加快资源整合，优化资源配置，实现整体运作，不断提升管理水平和经营效益。第一步是资源整合。成立事业部，明确各事业部的业务范围和企业构成，仅仅是资源整合的开始。在此基础上，我们还要加快组建事业部领导团队，实施八大业务系统财务主管委派制，建立独立核算体系，搭建事业部内部的组织架构、明确各自的运作方式。第二步是优化资源配置。各事业部要根据股份公司的总体发展目标，立即着手研究各自的战略规划，要突破各事业部之间的壁垒，注意运用社会资源，对整个业务板块的发展进行统筹考虑，形成结构合理、分工明确、集约化、规模化、专业化经营格局。第三步，实现整体运作。事业部成为真正的运营中心、利润中心，实现市场、技术、采购、信息化、财务统一运作，不断提升经营效率和效益。

“并购”，包括国内并购和国外并购，要通过兼并、收购、控股等资本运作手段，快速提升企业竞争实力和经营规模。并购作为快速做强做大的重要手段，将是实现第二步发展目标的关键所在。实施有效的并购，必须先有清晰的定位。对并购对象的选择，要符合股份公司整体发展目标和战略定位，坚持四个标准：一是有利于获取核心技术、提升核心竞争力，二是有利于迅速扩大经营规模，三是有利于进入新的市场领域，四是有利于削弱竞争对手。年内争取在国内并购上实现突破。

“国际化”，就是积极实施“走出去”战略，探索从国际贸易向国际化经营迈进。第一步是实现“北车的国际化”，要继续努力扩大出口规模，增加出口品种，扩大出口领域，占有更多份额，积极开展技术输出和资本输出，努力把“中国北车”品牌打造成国际知名品牌。第二步是打造“国际化的北车”，要着手研究和探索对外投资和合作方式，在研发、生产、销售等方面开展国际化经营，配制全球资源、拓展海外市场，努力把中国北车打造成国际化的现代企业。

打造四大产业：即轨道装备产业、机电装备产业、工程装备产业和现代服务产业。

轨道装备产业，是我们立足之本，要继续做强做大，不断巩固优势地位。机电装备产业，要依托核心技术，抓紧形成电传动系统、风力发电系统、柴油机与动力系统、机械传动系统、网络控制系统、冷却散热系统等的集成能力，快速形成产业集群。工程装备产业，要从铁路进入，向公路延伸，向海洋扩张。现代服务业，要以物流和融资租赁业为突破，实现经营规模的快速扩张。

二、整合运作，提供强力支撑

为适应股份制改革，推进战略目标的实现，股份公司对组织架构进行了调整，其中最主要的变化是新设了八大事业部。

设立事业部，不仅仅是部门数量的增减，而是管理流程的一次再造，标志着股份公司内部运营机制的一次重大变革。管理体制和组织结构是价值创造、实现战略目标的根本保障。一般而言，总部对下属企业的管控模式，按总部的集、分权程度不同而划分成“操作管控型”、“战略管控型”和“财务管控型”三种模式。股份公司总部的定位选择是“战略管控型”，即统筹决策、分权管理模式。根据这一管控模式，股份公司总部主要定位于投资中心、决策中心，核心职能是管战略、管投资、管财务、管核心人事安排、管文化/品牌、管审计等；各事业部主要定位于运营中心、利润中心，核心职能是管市场、管技术、管采购，消除内部竞争，谋求经济效益；所属各企业主要定位于生产中心、成本中心，核心职能是管生产，管质量、管成本、管工艺。随着研究院的设立，股份公司将逐步构建起三级研发体系，研究院主要负责基础性、前瞻性的技术研发；各事业部研发中心主要负责产品研发；各企业则主要负责工艺、制造技术的研究与运用。当然，这里所说的各级定位是从事业部体制完全到位的角度来说的，是我们的目标。要达到这一步，还要结合各事业部的特点，经历一个过程。但方向是明确的，必须朝着这个方向积极推进。海外事业部和物流事业部现在就可以开始运作。工程机械事业部 8 月份开始运作。轨道客车、货车车辆事业部年内组建到位。机车与动力事业部、机电产品事业部也要积极探索，抓紧筹备。

成立事业部，对北车股份来说是全新的探索。全面设计事业部制的运行机制，并配合相应的制度、流程、激励体系，充分发挥事业部的职能作用，还有大量的工作要做。各个企业的负责人是事业部建设的重要参与者和实践者，一方面要积极推动事业部规范到位，一方面要切实做好过渡期内生产经营等各项工作，保持运营有效衔接，保持经济效益持续增长。

推进事业部建设，首先，要有不拘一格的创新意识。发展是硬道理，只要有利于发展，可以根据各自的特点选用不同的方式。比如在组织模式上，可以根据不同的发展阶段，采用模拟核算式或子集团式（独立法人）等；下属企业的定位是成本中心，可以取消法人地位，也可以保留法人地位，没有固定的模式。在规模扩张上，可以依靠自身产品扩张，也可以采用兼并、收购、控股等资本运作手段等。其次，要正确处理和协调各个事业部之间的关系。比如工程机械事业部、海外事业部与其他事业部之间的矩阵关系等，一方面要发挥现有资源的作用，一方面要强化自营项目的签约，逐步发展成为系统集成供应商。最后，各个事业部都要围绕“面向三大市场、实施四大战略、打造四大产业、实现三步走发展目标”的总体构想，明确各自的阶段性目标和主要战略措施，确保运作高效，全面实现2011年的目标，从而为2015年再翻一番打下良好基础，为2020年战略目标的实施提供强有力的支撑。

机车与动力事业部，要围绕“机车战略超越”目标，在经营规模超越的基础上，实现制造水平、产品质量超越，最重要的是要在研发实力、管理水平、经营绩效上实现全面超越。

轨道客车事业部，要围绕“客车再创辉煌”目标，充分运用两个国际领先的动车组技术平台，掌握核心技术，提升规模产能，重振行业雄风。

货车车辆事业部，要围绕“货车持续领跑”目标，保持技术领先，拓展国际空间，发展相关产业。

机电产品事业部，要围绕“系统配套、规模发展”目标，形成核心部件与主机配套研发的良性互动。依托核心技术，从部件进入，提升系统集成能力，加快相关多元市场开拓，形成产业集群。

工程机械事业部，要围绕“快速提升规模”目标，在充分利用现有资源的基础上，大胆创新，采取多种合作方式，借助外力，从铁路进入，做到行业第一，并加快向公路延伸，向海洋扩张，快速拓展业务规模。

海外事业部，要围绕“北车国际化”目标，积极寻找国内外优秀的战略合作伙伴，在不同区域采取不同的策略，努力扩大出口规模。同时选定自己的战略基地，如澳大利亚、古巴等，努力成为该区域的外贸集成供应商，不断扩大代理范围。

物流事业部，要围绕“走向社会、走向国际”的目标，以集团公司大宗物资采购为依托，发挥独特优势，积极向外扩张，以现代物流和融资租赁业为突破，创新经营方式，快速提升规模。

研究院，要围绕“创新体系建设、技术平台建设、共性技术开发”目标，今年要争取建立机车牵引传动与控制国家重点实验室，设立博士后工作站、成立海外研发机构，建立技术创新战略联盟等，实现共性技术的综合开发，为中国北车保持技术领先提供源源不断的强劲动力，尽快实现“1239”规划目标。

三、脚踏实地，确保目标到位

千里之行，始于足下。我们既要志存高远，还要脚踏实地。当前，确保股份公司上市是我们的第一要务，是重中之重，各项工作都要围绕这个第一要务展开。实现北车股份成功上市，除了一系列强度很大、难度很大的报批工作外，最重要的还是确保实现经营指标的持续、稳定、均衡增长。

今年以来，面对汇率变化、能源、原材料价格上涨、利率调整导致财务费用增加等一系列宏观经济形势的变化，特别是罐车市场遇到了前所未有的困难，所属各企业都积极采取应对措施。对大家经营中遇到的困难和问题，对大家面对的经营压力、稳定压力，对大家为了拓展业务在身体和精神方面付出的艰辛和努力，我们都是看在眼里，记在心里。但同时，我们认为各企业还有很大潜力可挖，还有进一步努力的空间。我们确定的指标必须完成、而且是一定可以完成的。

面对同样的市场、政策环境，具有类同的产品结构和相近的市场份额，竞争对手可以实现的利润指标，我们也应该做到，而且要比竞争对手做得更好！这里，要特别强调一个意识和一个观念。一个意识，就是竞争意识。一个观念，就是向标杆学习的观念。市场经济本身就是一个“适者生存、优胜劣汰”的竞争经济，企业在市场经济中生存发展，就必须有竞争意识和竞争能力。作为企业家必须要喜欢竞争、善于竞争，要在竞争中不断成长、不断超越自我，或者说要具备军人一般的“亮剑精神”。要学会竞争。要向国内外先进企业学、向民企学，更要向竞争对手学。学习是竞争中最有力的武器，学习对手是超越对手的根本手段。各个事业部、每一个企业都应该在同行企业中找一个优秀企业作为标杆进行对比，通过比学赶超，拓展经营思路，改进经营手段，扩大经营规模，提高经营效益。

为确保股份公司上市融资目标的全面实现，加快推进股份公司“三步走”的各项战略措施，不仅各事业部和所属企业要迅速适应，总部各部室所有员工也必须快速行动起来。要主动加强学习，转变观念，适应新体制，追求新目标，展示新作为，以更加昂扬的工作激情投入到新征程中。一是要齐心协力，具有团队意识。同时要能够独当一面，成为专家型人才。要多为领导出谋划策，当好参谋。给领导多出选择题，而不是问答题。二是对上，要同心同德，大局为重。对下属企业，要切实履行好服务、指导、监督、考核职能。要把服务放在首位。下属企业提出问题，要求答复不过夜。对压力，要直面相对。对矛盾，绝不回避。三是要有高度的执行力。在总部要倡导“由我来办，马上就办，办就办好”的作风。由我来办，就是不推诿不扯皮；马上就办，就是不拖拉不延误；办就办好，就是不敷衍了事，不找客观理由和借口。四是要强化责任意识。各部门各项工作都要有量化的考核指标。要落实责任，明确目标，严格考核。确保各项工作执行到位，确保股份公司上市目标全面实现。

同志们，股份公司的成立是中国北车经营管理体制发生重大变革的一个里程碑，同时也是中国北车快速做强做大的一个新的起点。以什么样的精神状态引领企业发展，将直接决定着企业发展的速度和质量。我们这个管理团队，应该是志同道合的团队，应该是充满激情、生动活泼的团队，应该是善于竞争、时刻准备着迎接更大挑战的团队。因为只有这样，我们才能肩负起发展的使命，担当起经营的责任，承载起员工的期盼。让激情点燃梦想，用创新引领未来，让我们一起唱响“激情与创新”这个主旋律，为把中国北车打造成为具有国际竞争力的世界级企业而努力奋斗！

全面履行党章赋予职责　整体推进反腐倡廉建设 为中国北车又好又快发展提供有力保证

——党委副书记、纪委书记林万里在中共中国北方机车车辆工业集团公司第二次党代表大会上作的纪律检查委员会工作报告(摘录)

(2008年12月8日)

各位代表、同志们：

我代表中国共产党中国北方机车车辆工业集团公司纪律检查委员会，向大会报告工作，请审议。

一、过去四年的工作

集团公司第一次党代会以来的四年，是中国北车实现又好又快发展，党风建设和反腐倡廉工作取得重要进展的四年。四年来，在国务院国资委党委、纪委和集团公司党委的正确领导下，集团公司及所属企业纪委深入学习贯彻党的十六大和十七大精神，认真落实上级工作部署，围绕中心，服务大局，与时俱进，开拓创新，坚持从严治党和依法治企，全力加强惩防体系建设，全面落实党风廉政建设责任制，不断深化反腐倡廉教育和源头预防治理，切实抓好领导人员廉洁自律、查办案件、效能监察和廉洁文化建设等重点工作，为集团公司又好又快发展提供了重要保证。

——认真贯彻《实施纲要》，完成惩防体系建设三年规划任务，初步建立了拒腐防变教育长效机制、反腐倡廉制度体系、权力运行监控机制。制定贯彻《建立健全教育、制度、监督并重的惩治和预防腐败体系实施纲要》的具体意见，将三年规划纳入集团公司年度工作重点分解落实和考核。集团公司党委、纪委领导深入基层检查指导，有力推进了惩防体系建设全面开展。各企业把构建惩防体系作为企业发展的内在需求，紧密结合实际，制定落实三年规划的实施方案，确立了在健全企业管理体系和内控机制中构建惩防体系的工作格局，形成了上下联动、全员参与的氛围，拒腐防变教育长效机制、反腐倡廉制度体系、权力运行监控机制初步形成并有效运行。全集团惩防体系建设做到了组织、任务、责任和进度“四落实”，正在实现“四个转变”：制度建设由单项零散的规定向系统配套的制度体系转变；工作重心由侧重事后查处向注重过程监管转变；工作方法由被动应急向主动预防转变；工作格局由主要依靠纪检监察机构向企业各系统各部门齐抓共管转变。

——完善内控制度，规范权力运行，强化源头治理，从体制机制上保证了党风建设和反腐倡廉工作的有效开展。认真落实“三重一大”规定，围绕生产经营管理的关键环节和重要业务，不断完善决策程序，有效规范权力运行；制定固定资产投资、物资采购、工程招标、人事管理等内控制度，实现对企业改革改制、经营管理等方面的有效监督；加强企业经济责任审计，内外审计结合，落实过程监督；制定《效绩目标责任制实施办法》，建立财务物流一体化管理信息系统，加强重点效绩目标指标动态监控与考核。各企业贯彻《中央企业效能监察暂行办法》，建立健全效能监察工作制度，重视发挥财务、审计、人事、计划等管理部门的监督作用，以国务院国资委纪委统一立项为重点，围绕增强执行力和提高成本质量管理效能，深入开展产权交易、合同管理、安全质量、工程招标、营销采购等重点领域和环节的效能监察；注重从机制、程序、政策、法规等方面纠正偏差，完善制度，改进管理，治本抓源头工作不断取得新进展。据统计，四年来，全集团开展效能监察 274 项，共挽回和避免经济损失约 1.53 亿元，节约资金 1203.31 万元，督促完善管理制度 463 项。

——加强党风建设，深化反腐倡廉教育，营造廉洁文化氛围，完善廉洁从业机制，进一步强化领导班子作风建设。结合党员先进性教育和创建“四好”班子等活动，组织党员干部深入学习《党章》和《党内监督条例》、《纪律处分条例》等规章。把反腐倡廉教育纳入党委中心组学习和党员组织生活，深入开展理想观、荣辱观、法制观教育，初步建立了反腐倡廉教育长效机制。认真落实《廉洁从业若干规定》，制定实施细则，将领导人员履职行为的廉洁性要求纳入企业管理制度。全面检查中纪委关于严禁利用职务之便谋取不正当利益若干规定和国企领导人员廉洁自律七项要求的执行情况，深入开展治理商业贿赂专项工作。适应改革调整和构建惩防体系的要求，突出明确主体责任、落实工作任务和严格责任追究三个重要环节，修订完善了党风廉政建设责任制。坚持所属企业党政主要领导每年向集团公司党委书面述职述廉，建立各级领导人员廉洁承诺、廉洁谈话、廉洁档案等制度。把廉洁文化建设纳入企业文化建设之中，通过专题调研、征集理念和宣教活动，促进廉洁文化进班子、进部门、进岗位、进项目（合同）、进家庭。认真落实“三严”要求，针对领导人员中的倾向性问题开展组织谈话，加强考核监督，促进了企业依法经营和领导人员廉洁从业。

——加大办案力度，坚决惩治腐败，维护稳定、促进发展，查办案件的治本功能得到有效发挥。紧密围绕企业改革发展稳定大局，加大办案力度，严格履行职责，在惩治腐败和防范国有资产流失方面发挥了重要作用。制定党纪政纪案件查办、审理、备案管理三个暂行办法，进一步健全信访举报、案件检查、案件审理等工作制度；加强案件管理信息化建设，促进查办案件工作制度化、规范化。坚持开展查结案件质量和处分决定落实情况年度检查、考核、通报制度，促进执纪办案能力和水平不断提高。坚持惩治腐败、治病救人与保护企业、爱护干部相统一，注重发挥查办案件的治本功能。加强案例剖析，提出整改建议，督促责任单位完善制度、改善管理。加强同司法机关的联系与配合，开展警示教育，建立健全预防职务犯罪网络，提高预警防范能力。四年来，全集团共受理各类信访举报 774 件，查结违纪违法案件 53 件，处分党员 86 人，其中移送司法机关处理 2 人。通过查办案件，震慑了违纪违法行为，净化了经营管理环境，为企业挽回直接经济损失 267 万元。

——认真履行党章赋予职责，充分发挥组织协调作用，加强学习培训，纪检监察队伍自身建设不断加强。各级纪委切实履行党章赋予的职责，协助党委抓党风建设，通过建立健全组织协调机制，督导相关业务部门改进管理；各企业与内部改革同步，加强纪检监察、审计等部门工作协调，在监审合署，整合内部监督资源方面进行了有益探索。通过组织对纪检监察工作情况的调研、检查和交流，不断促进反腐倡廉工作水平的提高。加大纪检监察人员交流力度，改善了队伍结构。加强纪检监察人员能力培训，先后组织 360 余人次参加了国务院国资委纪委、集团公司纪委举办的业务培训和学习考察。广大纪检监察人员努力适应新形势，在学习纪检监察业务的同时，认真学习财经、法律、管理等知识，工作中坚持原则，秉公执纪，严于律己、以身作则，树立了纪检监察人员敬业、专业、精业的良好形象，为推进党风建设和反腐倡廉工作作出了应有的贡献。

二、过去四年工作的体会

四年来，我们对推进党风建设和反腐倡廉工作有以下体会：

——必须坚持围绕中心、服务发展，把纪检监察工作融入企业工作大局。

——必须坚持惩防并举、注重预防，整体推进惩治和预防腐败体系建设。

——必须坚持立足教育、常抓不懈，建立健全反腐倡廉教育长效机制。

——必须坚持深化改革、源头防治，不断强化对经营管理关键环节和重要业务的监督管理。

——必须坚持从严治党、严肃执纪，充分发挥查办案件的综合功能。

三、面临的形势任务

党的十七大为党风建设和反腐倡廉工作指明了方向。党的十七大站在党和国家事业发展全局的高度，第一次把反腐倡廉建设同党的思想建设、组织建设、作风建设、制度建设一起确定为党的建设的基本任务，明确提出要更加旗帜鲜明地反对腐败。同时，要求坚持标本兼治、综合治理、惩防并举、注重预防的方针，扎实推进惩防体系建设，在坚决惩治腐败的同时，更加注重治本，更加注重预防，更加注重制度建设，拓展从源头防治腐败工作领域。今年5月，党中央颁布了《建立健全惩治和预防腐败体系2008－2012年工作规划》，明确了今后五年推进惩防体系建设的指导思想、基本要求和工作目标，全面规划和部署了惩防体系建设的主要任务，强调各级党委是落实工作规划的责任主体。十七届中央纪委二次全会对国有企业反腐倡廉建设作出重要部署，再次重申了国有企业领导人员廉洁自律七项要求。前不久，胡锦涛总书记专门就落实党风廉政建设责任制作出指示，强调责任制是深入推进党风廉政建设和反腐败斗争的一项基础性制度。党中央的战略部署、工作规划和有关要求，为我们加强党风建设和反腐倡廉工作指明了方向。

企业党风建设和反腐倡廉工作面临的形势依然严峻。多年来，全集团党风建设和反腐倡廉工作力度持续加大，不断取得新成效。但是我们必须清醒地认识到，我国正处于并将长期处于社会主义初级阶段，腐败现象滋生蔓延的土壤和条件在短期内难以消除。中国北车在实施“三步走”发展战略过程中，所面对的市场竞争环境仍不规范，产生消极腐败的诱因复杂多样，反腐倡廉工作形势依然严峻。现阶段反腐倡廉形势特点和存在的突出问题，决定了我们面临着有利条件与不利因素、成效明显与问题突出并存的复杂局面。我们既要树立忧患意识，居安思危，增强紧迫感，又要坚定决心，增强责任感，统筹兼顾，突出重点，着力加强教育、制度、监督、惩处、改革等各方面工作，坚定不移地推进反腐倡廉建设。

企业纪检监察工作面临的服务保证和监督的任务非常艰巨。本次党代会将确定中国北车未来四年和今后一个时期“三步走”战略目标。围绕实现这一目标，迫切需要纪检监察机构通过认真做好端正风气、严肃纪律、纠正偏差、惩治腐败等工作，创造良好的廉洁环境，提供有力的政治和纪律保证。随着股份公司正式运作，管理体制和运行机制、利益格局将发生深刻变化。适应这些新形势、新变化，必须尽快更新观念，改革体制，转换机制，创新制度，创新管理。然而，无论是股份公司、各事业部还是各企业，形成完善的管理模式和运行机制，都还要有一个过程。这更加需要各级纪检监察机构发挥监督管理职能，以改革创新的精神，拓展从源头防治腐败工作领域，保证改革改制顺利进行。本次党代会确立的今后四年集团公司党建和思想政治工作的目标任务，更加需要纪检监察机构将从严执纪和依法治企结合起来，全面加强党风建设和反腐倡廉工作，保证和促进中国北车“三步走”发展战略顺利实现。

四、今后四年的工作建议

今后四年，是中国北车改革发展的关键时期。我们要认真学习贯彻党的十七大精神，坚持以邓小平理论和“三个代表”重要思想为指导，深入贯彻落实科学发展观，全面履行党章赋予的职责，坚持标本兼治、综合治理、惩防并举、注重预防的方针，努力拓展源头防治腐败工作领域，以完善惩治和预防腐败体系为主线，以落实党风廉政建设责任制、加强作风建设、培育廉洁文化、促进廉洁从业、深化效能监察、严格执纪办案为重点，整体推进党风和反腐倡廉建设，为完成集团公司第二次党代会确定的目标任务，实现中国北车“三步走”发展战略提供更加有力的保证。

（一）深入学习实践科学发展观，着力解决突出问题，为贯彻落实好科学发展观提供坚强保证

努力使学习实践科学发展观活动取得实效。各级纪检监察机构要按照党委统一部署，通过学习实践科学发展观活动，重点解决好四个方面的问题：一是着力解决如何更好地全面履行纪检监察职责，促进和服务企业科学发展的问题，紧密围绕影响和制约企业科学发展的突出问题和重点环节，加强过程监督管理。二是着力解决党员干部特别是各级领导人员在党性党风党纪方面存在的突出问题，促使党员干部讲党性、重品行、作表率，切实增强贯彻落实科学发展观，推进企业科学发展的自觉性和坚定性。三是着力解决如何更好地用科学发展观指导企业纪检监察工作实践，努力开创党风建设和反腐倡廉工作新局面的问题，把科学发展观转化为推动纪检监察工作的正确思路、科学方法和具体措施，切实把科学发展观的要求贯穿于纪检监察工作全过程。四是着力解决如何在自身建设上更好地适应科学发展观要求的问题，在加强自身建设上取得新突破，努力把科学发展观的要求转化为纪检监察干部的自觉行动，更好地履行保证监督的神圣职责。

深入开展“两争一保”主题活动。把“争做党的忠诚卫士，争当员工贴心人，保证企业科学发展”主题活动，作为深化学习实践科学发展观活动的载体抓实抓好。要认真抓好学习教育，提高思想认识，进一步增强广大纪检监察干部的全局意识、服务意识和责任意识，把思想统一到科学发展观上来，落实到推进科学发展上去。要突出实践特色，下力气解决突出问题，教育引导广大纪检监察干部做到对党、对企业无限忠诚，对违法违纪行为坚决斗争，对广大员工关心爱护，对自己和亲属严格要求，进一步塑造敬业、专业、精业新形象。要适应股份公司建立现代企业制度新形势，创新工作机制，积极探索建立服务、促进和保障企业科学发展的长效机制，把解决问题、改进管理的有效措施和办法以制度的形式固定下来，为贯彻落实科学发展观提供良好的制度环境。要努力把科学发展观的要求转化为保证企业科学发展的监管能力、增强党性修养的自觉行动，为维护企业改革发展稳定大局，促进企业发展作出新贡献。

（二）切实做好统筹规划，健全惩防体系，落实加强反腐倡廉建设新要求

制定贯彻落实《工作规划》具体实施

方案。依照国务院国资委纪委贯彻落实党中央《工作规划》的《实施意见》，集团公司纪委制定了《实施方案》。各企业要在此基础上，制定实施细则，并在落实中认真贯彻三个原则：一是加强组织领导，完善以各级党委为责任主体，纪委负责组织协调的领导体制和工作机制。二是紧密围绕集团公司改革改制，突出制度创新，以改革创新统揽惩防体系建设全局。三是以经营管理关键环节和重要业务为重点，在管理流程再造中健全制度、完善程序、严格监督。集团公司纪委要加强调查研究，组织制定考核评价办法，对各企业贯彻落实情况分阶段进行检查验收，促进全集团惩防体系建设深入开展。同时，要按照国务院国资委纪委要求，按时完成惩防体系信息管理系统建设任务，确保国务院国资委纪委与集团公司及所属企业纪委联网成功，用信息化促进惩防体系建设科学化、规范化。

坚持统筹推进，系统治理。要与建立现代企业制度紧密结合，树立“管理到位、监督到位、控制到位、防范到位”的理念，通过健全制度、强化管理、优化流程、规范用权，形成齐抓共建的格局。要把惩防体系建设各阶段任务和战略性目标结合起来，正确处理好立足当前与着眼长远的关系，分阶段有步骤向前推进。要把各方面资源和力量整合起来，健全党委统一领导、党政齐抓共管、纪委组织协调、部门各负其责、组织员工积极参与的工作机制，切实发挥加强反腐倡廉建设的合力。要坚持以领导人员为重点，以规范和制约权力运行为核心，以加强国有资产管控、完善风险管理机制、强化内部控制管理及过程监督等重点领域和关键环节为突破口，抓好各项工作的落实，做到具体工作从整体上抓、单项工作从综合上抓，增强反腐倡廉建设的整体性、协调性、系统性、实效性，促进教育、制度、监督、改革、纠风、惩处等工作全面发展。

（三）完善责任机制，推进廉洁自律，改进干部作风

健全和完善反腐倡廉责任机制。要进一步健全以党风廉政建设责任制为主要内容的责任机制，做到权责分明、任务明确、责任到人、落实有力。各级党政领导和相关业务部门要切实负起责任，围绕“三步走”发展战略目标，把反腐倡廉纳入总体规划，通盘考虑，协调推进。要将反腐倡廉建设责任融入各项管理制度，促使各级领导人员既严格遵守廉洁从业规定，又切实抓好职责范围内的党风建设和反腐倡廉工作，做到工作职责和权限管到哪里，反腐倡廉的职责就延伸到哪里。各级纪检监察机构要发挥好组织协调作用，加强督促检查，实行分类指导，保证党风廉政建设责任制落到实处。要紧紧围绕责任分工、责任考核、责任追究三个关键环节，按年度细化工作责任和目标要求，并落实到主管领导和责任部门。坚持廉洁责任考核与经营效绩考核相结合，在效绩评定、薪酬奖惩和干部选拔任用中注重考核结果的运用，并逐步制度化。进一步完善责任追究制度，不断增强制度的约束力。规范党风建设情况报告制度，各企业领导班子每年年底向集团公司党委、纪委综合报告企业领导班子成员特别是党政主要领导落实党风廉政建设责任制和遵守党纪政纪、廉洁自律的情况。

抓好领导人员廉洁自律工作。廉洁从业是企业反腐倡廉建设的关键环节。要严格贯彻廉洁从业规定的各项要求，把廉洁从业意识作为经营管理理念的重要内容加以培育，不断提高领导人员的职业道德水平。要结合企业实际，制定监督制约办法，把涉及领导人员不得滥用职权、以权谋私、损害国有资产权益和企业利益等禁止性规定，加以明确界定。特别要对规范行使权力和职务消费、

防止可能发生的利益冲突，提出有操作性的具体要求，不断增强廉洁从业的约束力。要认真落实十七届中央纪委二次全会关于国有企业领导人员廉洁自律七项要求，加强对执行情况的监督检查，规范业绩考核体系中有关廉洁从业的内容，重点把握好同业经营、关联交易、资产整合、抵押担保、企业上市及并购、重组等管理行为的规范要求，促进领导人员廉洁从业。

加强和改进领导人员作风建设。干部作风建设，关系党群、干群关系，关系企业和谐发展。要把加强和改进领导人员作风建设，贯穿始终，切实抓好。要认真落实“八个坚持、八个反对”的要求，大力弘扬胡锦涛总书记倡导的八个方面的良好风气，结合开展“四好”班子创建活动，在各级领导人员中大力提倡“四种精神”：一是开拓创新精神，二是刻苦学习精神，三是艰苦奋斗精神，四是求真务实精神。

（四）深化反腐倡廉教育，营造廉洁文化氛围，完善拒腐防变教育长效机制

加强以领导人员为重点的反腐倡廉教育。以树立正确的权力观为重点，加强对领导人员的理想信念和党风党纪教育，促进各级领导人员树立正确的权力观、利益观和地位观，正确运用手中的权力，始终坚持防微杜渐，做到守得住清苦、耐得住寂寞、挡得住诱惑。要把廉洁从业教育和岗位培训以及选拔使用结合起来，针对不同领导岗位的工作特点和素质能力要求，利用专题讲座、岗位培训等形式开展廉洁教育，切实发挥教育的预防警示作用。在反腐倡廉教育中，要重在建立党内诚信，突出领导人员的行为示范，通过为人表率，引领廉洁风尚。

结合党员队伍思想实际开展党风党纪教育。要紧密结合党员队伍思想实际，深入开展党风党纪教育，引导广大党员坚持优良传统，弘扬新风正气，抵制歪风邪气。要进一步巩固和发展党员先进性教育成果，认真落实《关于加强党员经常性教育的意见》，建立使党员长期受教育、永葆先进性的长效机制。在反腐倡廉教育中，要重在培育以敬业、务实、廉洁为核心的价值观，使理想信念教育、党纪国法教育、企业规章教育更加具有针对性和实效性。

面向全员深入开展廉洁文化建设。要把廉洁文化建设纳入企业总体发展规划，与企业文化建设、党建思想政治工作和经营管理紧密结合，形成与现代企业制度相适应、与中国北车核心价值观相一致、与反腐倡廉工作相协调的企业廉洁文化体系。要以增强预防腐败能力为目的，以各级领导人员为重点，以廉洁文化“四进”为主要途径，促进廉洁经营。要充分发挥广大员工在企业廉洁文化建设中的主体作用，运用员工喜闻乐见、雅俗共赏的形式，开展丰富多彩的群众性廉洁文化创建活动，努力增强企业廉洁文化的影响力、渗透力和感染力。要深化理论研究，不断丰富和发展企业廉洁文化的内涵、特征和功能，把握企业廉洁文化建设的特点和规律，逐步建立企业廉洁文化建设长效机制。要积极营造弘扬新风正气、抵制歪风邪气的氛围和环境，逐步铲除各种“潜规则”滋生蔓延的土壤，为反腐倡廉建设提供强有力的文化支持。

（五）围绕规范权力运行，健全监督管理制度，拓展从源头上防治腐败工作领域

以决策科学化民主化为重点，不断规范用权行为。重大决策、重要人事任免、重要项目安排和大额度资金使用等“三重一大”领域，是企业领导人员发生违规甚至违纪违法问题的关键节点。要切实按照“三重一大”规定，结合实际研究制定相关实施办法，规范决策程序，明确决策责任，对违反规定擅自个人决策重大事项的行为，要制定严格的责任追究制度。要加强民主决策、民

主管理、民主监督，深化厂务公开和党务公开，凡是研究决定企业改革改制和经营管理重大问题、制定重要规章制度，凡是涉及员工切身利益的重大事项，都应通过职代会等形式广泛听取意见，接受评议和监督，以促进企业决策科学化、民主化、规范化，保障员工的知情权、参与权、表达权和监督权。

健全和完善企业内部监督管理机制。要结合集团公司整体改制上市、建立现代企业制度，健全相关监督机制。按照《公司法》的要求，建立规范的法人治理结构，使企业决策权、执行权和监督权适度分立，有效制衡。要把加强制度建设作为有效防治腐败的根本途径，贯穿企业经营管理的全过程。要紧密结合企业投资决策、产权交易、资本运营、财务管理、营销采购、工程项目等经营管理的关键环节和重要业务，健全和完善监督管理制度，形成依制度用权、按制度办事、靠制度管人的机制。要围绕人、财、物等关键管理岗位加强监督管理，实行重要管理岗位人员轮岗制度，加强对企业经营管理过程的监督检查。要加强对资金的监管，健全企业预算管理制度，建立严格的对外担保、借贷管理制度和责任追究制度，加强对股票、期货、委托理财等投资行为的监管，规范管理行为，控制经营风险。发挥企业内部审计的监督作用，严肃查处私设“小金库”、账外账等违反财经纪律的行为。

进一步深化效能监察工作。效能监察是企业纪检监察工作与生产经营管理相结合的有效切入点。要健全和完善效能监察工作操作规程和评价标准，围绕企业生产经营薄弱环节、重组改制中的重大事项和严重损害员工合法权益的问题开展效能监察。要重点开展对企业重大决策、重大项目和重点问题落实情况的监督检查，不断深化执行力建设效能监察。要重点抓住规范管理程序、健全管控机制、实行“阳光工程”、严格工艺纪律、降低成本消耗等环节，切实搞好成本质量管理和节能减排、安全环保效能监察。要针对企业管理中存在的突出问题，认真开展“四清两降”效能监察，即：清理高存高贷并存、应收账款过高、存货过高和不良长期投资，降低产品成本和期间费用。要同财务、审计、法律、采购、营销等部门协调配合，发挥有关部门的专业优势，提高效能监察专业化水平。要科学制定效能监察工作的考评、奖惩程序和标准，确保效能监察成果客观、真实、准确、可靠。要进一步延伸效能监察工作领域，促进效能监察由事后监督向过程监督延伸，由单项监督向综合性监督延伸，由纠错性监督向制度性预防延伸，提高预防腐败的制度化、规范化水平。

（六）坚持依纪依法办案，注重发挥治本功能，加大惩治腐败工作力度

坚持查办案件基本原则。一是要在办案的总体把握上，坚持从严治党，坚决惩治腐败，促进企业科学发展，维护企业和谐稳定的原则，从企业改革发展稳定全局的高度考虑每一起案件的查处。二是要在办案的具体工作上，坚持实事求是，重实事、重证据，严格依纪依法办案的原则，做到不错不漏、不枉不纵，按照“事实清楚，证据确凿，定性准确，处理恰当，手续完备，程序合法”的二十四字要求，把每一起案件都办成铁案。三是要在处理违纪党员上，坚持惩前毖后、治病救人，最大限度地教育和挽救干部的原则，严格把握政策界限，严格区分一般性错误和严重违纪违法的界限，严格区分改革中因缺乏经验出现的失误和违纪违法的界限，做到宽严相济、区别对待。要注意维护企业和谐稳定，既严明党的纪律，坚决查处违纪违法案件，教育和挽救犯错误的党员干部，又支持改革创新，保护党员干部干事创业的积极性，努力使查办案件工作取得良好的政治、社会和法纪效果。

突出查办案件工作重点。要坚决维护党纪政纪的严肃性，始终把查办违纪违法案件作为党风建设和反腐倡廉工作的一项重要任务来抓。要通过加强信访举报工作，拓宽案件线索渠道，重点查办违反中纪委关于国有企业领导人员廉洁自律七项要求的案件；领导人员和重要管理岗位人员滥用职权、中饱私囊的案件；领导人员违反“三重一大”规定失职渎职造成国有资产严重损失的案件；隐匿、私分、侵占、转移、贱卖国有资产的案件；违规交易、非法获利、挪用公款和严重侵害员工合法权益的案件。要把治理商业贿赂作为反腐倡廉建设的一项重要任务，建立预防商业贿赂的长效机制，加强经常性的监督检查，防止不正当交易行为发生，维护良好的经营管理秩序。

增强查办案件治本功能。要以查办案件工作促进干部教育。坚持“一案两报告”制度，运用反面教材对广大党员干部进行警示教育，总结经验教训，增强拒腐防变能力，力求“查处一案，教育一片”。要以查办案件工作推动管理改进。通过查办案件，对容易发生的问题进行研究分析并及时改进，对苗头性、倾向性问题，及时制定规范措施，明确纪律要求。要加强与司法机关的沟通与合作，建立检企协作预防职务犯罪工作机制，共同做好预防工作。要以查办案件促进建章立制。针对办案过程中发现的问题，及时组织有关人员系统分析管理制度方面的原因，研究制定有针对性、可操作性的防治措施，完善制度，堵塞漏洞，力争取得“查处一个案件，整顿一个系统”的综合效果。

（七）认真履行监督职责，努力提高综合素质，不断加强纪检监察能力建设

进一步加强学习提高素质。纪检监察干部一定要坚持讲政治、讲党性、讲大局、讲原则，以更高的标准、更严的纪律要求自己，努力做严格自律的模范；一定要努力加强学习，在学好纪检监察工作理论和业务知识的同时，还要努力学好科技、管理、财务、法律等相关知识，不断改善知识结构，拓宽工作视野，提高综合素质，增强工作本领，进一步提高纪检监察工作的专业化水平；一定要发扬理论联系实际的学风，深入实际，把握企业改革和生产经营中的重点、难点，及时提出改进工作的新思路新举措。

努力提高纪检监察工作水平。各级纪检监察机构要努力适应形势任务的发展变化，不断提高“六种能力”：适应市场经济的能力，对领导人员有效监督的能力，对企业经营管理效能监察的能力，依纪依法查办案件的能力，发展党内民主、维护党员权利的能力，协助党委抓党风建设和组织协调反腐倡廉工作的能力。要坚持与时俱进，改革创新，认真研究新情况，解决新问题，不断改进工作方式方法。要加强组织协调，在认真履行职责的基础上，注意调动相关业务部门的积极性，指导、协调、督促有关部门履行监督管理职责，抓好相关工作。要深入开展调查研究，及时发现和总结反腐倡廉建设的好做法、好经验，推进反腐倡廉建设各项工作不断取得新成效。各级党委要高度重视纪检监察工作和队伍建设，支持纪检监察制度创新、资源整合和工作的开展。

同志们，党风建设和反腐倡廉工作任务艰巨，责任重大。我们要在国务院国资委党委、纪委和集团公司党委的正确领导下，深入贯彻落实党的十七大精神，按照科学发展观的要求，以更加坚定的决心、更加有力的措施、更加扎实的工作、更加明显的成效，全面履行党章赋予的职责，整体推进反腐倡廉建设，为完成本次党代会确定的各项任务，实现集团公司又好又快发展提供更加有力的保证，作出更大的贡献。

适应新体制　开创新局面
为打造具有国际竞争力的新北车作出更大贡献

——副总裁赵光兴在中国北车股份公司劳资培训工作会议上的讲话(摘录)

(2008年8月4日)

一、2007年工作简要回顾

(一)职工工资随效益提高持续增长,工资发放符合“两低于”原则

(二)强化动态监管,人工成本控制适度

(三)职工总量持续得到控制,劳动生产率有较大提高

(四)坚持分配制度改革方向,以构建有效的激励约束机制为目标,不断完善企业内部薪酬体系

(五)如期完成整体改制的相关工作,保证集团全局工作的推进

(六)企业员工培训工作发挥重要作用,培训管理水平得到明显提升

(七)企业高技能人才培训工作成果丰硕,员工队伍基本素质持续改善

二、面临的形势和任务

2008年是全面贯彻落实党的十七大精神的第一年,也是集团公司整体改制上市的关键时期。经营管理体制的重大变革,必将使劳资工作面临更加复杂的形势,应对更多的困难。

(一)政策环境与市场环境变化,使企业人工成本调控面临空前压力

(二)企业快速发展对劳动力的需求,使员工素质和减员成果面临考验

(三)集团公司管理体制的重大变化,对劳资管理提出更高要求

(四)对照“三步走”发展目标,企业员工培训工作迎来新的挑战

三、今年及今后一个时期的重点工作和要求

大家知道国有企业特别是中央直属的大型国有企业,是国民经济的支柱,承担着重大的经济责任;同时作为中国经济社会的一个重要部分,国有企业又是构建社会主义和谐社会的主体,还要承担社会责任,承担贯彻和落实国家方针、政策的政治责任。

今年4月国资委召开了中央企业收入分配工作会议,会上总结了国资委成立五年来的中央企业收入分配工作,对继续推进中央企业收入分配制度改革工作进行了部署,要求进一步统一思想认识,更好地推动中央企业深化收入分配制度改革,提高收入分配管理调控水平。会议指出,国有企业作为市场主体必须坚持市场化改革方向,积极稳妥地推进收入分配制度改革,加强和改善收入分配管理调控,建立与现代企业制度相适应、激励与约束相统一、有利于吸引人才、留住人才、充分调动各方面积极性、水平适度结构合理、具有较强竞争力的收入分配制度,完善国有企业的激励约束机制。今年开始国资委将重点做好以下工作:一是改革中央企业工资总额管理办法,积极创造条件从直接管理转向间接调控,国资委将制定中央企业工资总额预算管理办法。拟从今年开始在部分企业试行工资总额预算管理。将年度工资总额预算纳入到企业全面预算管理体系中,

建立以工资总额预算目标为中心的管理体系，探索建立适应市场经济和现代企业制度要求的工资总额决定新机制。国资委将根据中央企业改革发展的总体要求，参考国民经济发展宏观指标、社会平均工资和居民消费价格指数变化等情况，分行业制订和发布中央企业年度工资水平增长调控线，依法调控中央企业收入分配总体水平。二是进一步加强企业负责人薪酬管理，改进完善薪酬调控管理办法。要进一步树立“业绩升、薪酬升，业绩降、薪酬降”的薪酬理念，建立完善的“重业绩、讲回报、强激励、硬约束”的薪酬管理机制，逐步构建企业负责人薪酬增长与经济效益、业绩考核联系密切，与职工收入分配关系协调、差距合理的分配格局。规范实施上市公司股权激励，不断探索并完善中长期激励机制。在非上市企业对企业负责人及管理技术骨干探索开展中长期激励试点。三是加快推进中央企业深化“三项制度”改革，逐步建立规范的、符合市场竞争要求的劳动用工制度和分配制度。要从根本上改变国有企业多年形成的能进不能出的固化的用工制度，建立真正适应市场竞争要求的劳动合同制，做到人员能进能出。要不断深化分配制度改革，合理拉开收入分配差距，逐步实现与劳动力市场价位接轨，建立和完善正常的工资增长机制，完善包括住房、企业年金等在内的薪酬福利制度，构建更加科学合理的职工薪酬福利体系。

根据国资委会议精神，结合股份公司成立后要尽快上市、管理体制机制以及发展战略的变化，对我们今年以及今后一个时期劳资培训工作提出新的要求：

（一）适应新体制新机制，超前谋划劳资相关工作

要尽快适应新体制的要求。按照股份公司提出的“三步走”发展目标，和“创新、整合、并购、国际化”四大战略，集团公司将进入快速发展期，各单位要超前谋划，做好企业人力资源规划。以进一步与市场接轨、构建有效的激励与约束机制为目标，继续推进内部三项制度改革。要加强学习和调查研究，建立与新的运营模式相适应的劳资管理模式、管理制度和工作流程，提升劳资管理水平，为企业发展提供有力的支持和保障。

（二）围绕整体改制上市，做好劳资相关工作

确保年内上市是股份公司当前工作的第一要务，全面完成今年效绩指标是各项工作的重中之重，也是股份公司顺利上市的前提条件。各项劳资工作必须紧紧围绕以上两项重点工作进行。目前进入股份公司员工的劳动合同变更工作已基本完成，截至到 2007 年 12 月 31 日以前的离退休内退等三类人员企业预留相关费用 30. 94 亿元已获国资委批复，作为预提负债可冲减净资产。在这里我要强调的是，各单位要注意做好三类人员预留费用的管理与使用，公司将制定“三类人员预留费用管理办法”，对各企业三类人员预留总费用进行监管，并将根据管理需要组织对预留费用的精算，对企业年度费用的使用实行预算管理，对三类人员待遇调整进行审批。三类人员及其预留费用涉及人员多、持续时间长，各企业必须高度重视三类人员及其预留费用的管理，要建立管理制度和相关统计台账，做到政策管理到位、人员管理到位、资金管理到位。

（三）继续加强工资总量调控和人工成本监控

2008 年集团公司将继续加强工资总量调控和人工成本监控及管理，在实行工效挂钩办法的同时，强化工资预算管理。对进入股份公司的企业和存续企业的人工成本等各项劳资指标进行动态跟踪和监控，相关考核

均按进入股份公司的企业和存续企业合并指标进行。

修订工效挂钩办法。2008 年工效挂钩办法将基本保持 2007 年的挂钩模式和比例，局部做适度修改。主要变化有四处：一是纳入挂钩范围的人员不包括 2007 年 12 月 31 日之前企业产生的内退人员。二是强化超提工资的考核，将超提工资纳入效绩目标责任制重点工作考核，超提工资在核定下年度工挂指标时予以扣减。三是对结算工资的增长幅度加大调控力度。四是根据新会计准则对薪酬核算方法的变化，取消了第七章“结余工资提取和管理”。2008 年工效挂钩办法已下发各企业，按进入股份公司的企业和存续企业合并口径核定的挂钩指标也已下发，各单位要认真学习工效挂钩办法，严格按照工效挂钩办法规定提取和发放工资，并加强对全资和控股企业工资总量管理。

强化工资预算管理。工资总额预算管理是指企业按照国家收入分配政策规定，根据企业效益、人工成本承受能力和劳动力市场价位，对企业职工工资总额和员工工资水平及增长作出预算安排并进行规范管理的活动。实行工资总额预算管理要与销售收入、成本、费用、资金等各方面预算管理工作协调进行，才能更有利于企业高效地开展经营活动。为加强工资总量管理的时效性和对工资总量进行事先控制，2008 年集团公司将强化工资预算管理，对各企业上报的工资预算按以下原则进行审核调整：一是遵循“两低于”原则，即工资总额增幅低于销售收入或增加值增幅，人均工资增幅低于总产值或增加值劳产率增幅；二是与劳动力市场价位逐步接轨，对工资水平和增幅的审核适当参考企业所在地工资水平和工资增长指导线；三是适当考虑居民消费品价格上涨指数；四是劳动分配率原则上不高于前两年平均水平；五是适当考虑重大技术引进等项目中职工工资的提前投入，以保障项目的顺利实施。审核调整后的工资预算作为动态监控指标已下发企业，集团公司将依照工资预算对各企业工资发放情况进行监控。各企业要重视工资预算管理，加强预算执行情况分析，定期将预算执行情况上报集团公司。集团公司将在学习和调研、实践的基础上，制定对所属企业工资总额预算管理办法，对工资预算的编制、申报、执行、调整、监督和评价等工作进行规范，建立健全工资预算管理制度。各单位要重视和加强对工资预算管理重要性的认识，将预算管理落到实处。

加强人工成本相关指标监控。各企业要高度重视人工成本管理，在关注职工工资总量的同时，还要关注保险等工资附加费和其他人工成本的支出；同时要切实加强人工成本主要指标的控制和分析。集团公司将继续对各企业人工成本主要指标进行动态监控，对有问题的企业将及时提出管理建议，并督促企业采取必要措施进行调整。

（四）完善分配制度，健全薪酬体系，构建有效的激励约束机制

完善分配制度。要在研究公司发展战略和企业实际情况的基础上，不断完善企业内部分配制度，以建立与现代企业制度相适应的薪酬福利体系为目标，构建企业内部分配体系。根据企业人力资源发展战略，按照市场化原则，参照劳动力市场价格，调整企业分配政策，完善内部分配制度。各企业应建立内部评估制度，科学决策内部分配制度调整等重大问题，规范工作程序。特别要注意管好企业内部二次分配工作，更好地发挥工资分配对企业生产经营的支持和促进作用，发挥分配制度的导向和激励作用。

形成企业职工工资正常增长机制是分配体系建设的重要一环，也是提高企业人力资源竞争力、保障和支持企业持续发展的重要战略手段，应放在重要位置。我们要研究职

工工资增长可追随的经济指标，以及企业适当的人工成本水平，在工效挂钩工资范围内，建立工资增长机制；同时还要研究实现职工工资增长的适当方式，要使不多的工资增量，更大限度地发挥激励作用，提高员工满意度。

要认真学习和深刻领会党的十七大报告精神，特别注意处理好企业分配工作中公平与效率的关系。国有企业作为市场主体的地位，决定了必须把效率放在突出位置，因为没有效率就没有竞争力。效率来自于人的积极性，调动人的积极性就必须解决好收入分配的公平问题，包括企业内部的公平和企业之间的公平，在这个意义上效率和公平是一致的。在市场经济条件下，初次分配关系主要由市场机制形成，生产要素价格由市场供求决定。在自由竞争、优胜劣汰、价格机制、利益驱动机制下，初次分配收入存在一定差距是不可避免的，也有助于提高效率。我们对效率与公平的关系不能简单化地处理，更不能退回到平均主义的分配体制。初次分配的规则和秩序要规范，也就是分配过程要公平，同时还要高度重视机会公平。正确的理解和认识效率与公平的关系，是做好企业分配工作的前提，也是评估企业分配工作的基础。

从完善薪酬福利体系出发，统筹做好福利安排。我们知道健全的薪酬福利体系主要内容应包括职工工资、奖金、津贴、福利以及工作环境和工作本身等。近年来为留住所需人才，各所属企业不仅在工资分配上有所体现，还出台了一些住房贷款、车补等福利政策。福利作为薪酬体系的一个重要部分，企业要从完善体系出发，在符合相关政策法规的前提下，统筹做好制度安排。

2008 年集团公司将制定下发企业年金指导意见，指导企业建立规范的企业年金制度。各所属企业要从改善企业内部薪酬结构出发，建立企业年金，企业年金方案要报经集团公司审批。

（五）认真贯彻劳动合同法，进一步完善用工制度

各单位要充分认识《劳动合同法》颁布实施的重要意义，认真组织学习和贯彻实施，全面准确把握《劳动合同法》的重要内容和精神实质，依法对企业有关规章制度和劳动合同管理进行梳理，重点对规章制度的合规性、劳动合同格式文本的规范性进行审查，并按照有关程序及时修改完善。企业内部员工管理制度和工作流程不仅要依法合规，还应做到“留有痕迹”，有据可查，依法保障企业权益。在依法管理的前提下，积极探索适应市场竞争的灵活用工方式，加强人工成本控制，节约管理成本。要分析企业用工中可能存在的劳动合同法律风险，建立有效的风险防范机制和劳动纠纷预警机制，及时处理出现的劳动争议。

（六）加强职工总量和人员结构调控，为企业发展提供人力保证

加强职工总量控制。2008 年集团公司对所属二级企业职工总量继续实行计划管理，并逐渐加强对三级企业的用工管理。各企业要采取有效措施，严格控制职工总量，确保今年职工总量控制目标的完成。各企业要重视和加强对所属全资和控股企业员工总量控制和用工管理，三级企业用工总数超过上月末用工总数 10% 或 50 人以上时，要报集团公司备案。为鼓励困难企业积极实施减员增效，集团公司继续采取不同形式给予资金支持，支持的重点仍是负有扭亏和减亏责任的特困企业和实行批量减员的困难企业。

做好事前论证分析，统筹安排进人计划。2008 年集团公司继续下达了企业进人指导计划。在实施重大技术引进等项目时，必须重视对人力资源投入的分析论证，对项目实施的岗位需求、人员配置数量、配置的

途径、培训计划、人力资本投入产出、人工成本承受能力等问题要进行详细论证。人员配置应首先在企业内部通过转岗培训，直接调剂解决；或通过合理安排生产班次、调整作业方式等，在内部管理上节约挖潜。对确实需要新增人员的岗位要进行岗位分析评估，严格控制岗位和用工数量，按照岗位任职条件，严格招聘环节，控制用工风险和成本。特别要注意切实加强劳动合同管理，建立与市场接轨的用工机制，真正做到能进能出。企业在增人的同时，要努力开拓各种渠道，分流不适应企业生产发展需要的富余人员，不断优化员工队伍结构，提高劳动效率。

（七）深入推进高技能人才工程，不断完善培训体系建设

各单位要认真落实党中央国务院15号文件精神，加快建立新型评价体系，通过制定本单位技师管理实施细则，明确量化考核的具体内容，引导技术工人岗位成才。股份公司将在适当时候召开推进高技能人才培训工作会议，总结、部署全公司高技能人才培训工作，表彰百名拔尖技术能手，提出建立新型技能人才评价体系指导意见；要积极适应股份公司"三步走"发展战略目标的需要，深入开展高技能人才培训工作，注意研究复合型技能人才和知识技能型人才的培养问题；各单位要注意在改善技术工人队伍技能结构的基础上提高持证率，特别是高技能人才占比已经达到35%以上的单位，应注意研究自身长远发展对高技能人才的实际需要，优化技术工人队伍结构，为高技能人才队伍发展奠定坚实基础；要认真吸收、借鉴国际先进企业培训理念和工作方法，紧密结合自身实际，从基础管理工作入手，针对主要和关键技术职业的需要，建立健全必要的上岗标准，作为考核和培训技术工人上岗能力的重要内容，提高培训的针对性和有效性；刚刚取得第一批国家高技能人才培养示范基地的企业和学校，要充分发挥示范作用，积极拓宽工作思路，探索新政策，建立新制度，改进工作方法，确保实现3年工作目标；要坚持推行ISO10015国际培训标准（指南），进一步完善企业培训体系建设，特别是2007年企业培训体系建设差距较大的单位，要抓紧落实改进措施，建立管理手册和程序文件，完善培训信息和培训经费管理的制度建设；要继续组织做好《技能培训规范》的编制工作，承担编写任务的企业要按照会审中提出的意见和建议，抓紧时间修改完善，力争年内完成技能培训规范编制工作。

贯彻落实科学发展观　创建本质安全企业
为集团的改革发展开创安全稳定局面

——副总经理孙锴在中国北车集团公司2008年安全生产工作会议上的工作报告（摘录）

（2008年3月6日）

一、关于2007年安全生产工作简要回顾

1. 召开年度工作会议，部署了全年安全生产工作。

2. 加强外出作业安全管理，扭转了被动局面。

3. 大力开展隐患排查治理专项行动，成效显著。

4. 试行新的安全检查考评机制，创新了安全管理。

5. 积极开展安全技改工作，取得明显成效。

6. 进一步深化开展安全质量标准化工作，取得新进展。

7. 加强应急管理工作，完成了应急预案的上报备案。

8. 开展安全培训，提高了安全管理水平和安全素质。

9. 编写《集团安全技术操作规程》，强化了基础管理。

二、认清形势，提高认识，进一步增强安全责任意识

（一）落实科学发展观，实现安全和谐发展，对安全生产工作提出了更高的目标要求。

（二）改革发展面临新机遇、新挑战，安全生产工作面临新形势、新要求。

三、深入贯彻落实科学发展观，实现安全发展，为集团的改革发展开创安全稳定和谐局面。

2008年，集团安全生产工作的总体要求是：**以党的十七大精神为指导，以科学发展观统领安全生产工作全局，坚持“安全第一、预防为主”的工作方针和“以人为本、安全健康”理念，坚持“标本兼治、重在治本、扎实推进”的工作原则，不断创新安全管理，强化落实安全责任，健全安全管理制度体系，依靠科技支撑，加大安全投入，深入开展隐患治理，完善应急防控措施，积极构建安全文化，努力建立安全生产长效机制，大力提升安全管理水平，实现安全发展目标，为集团的改革发展提供安全稳定和谐保障。**

2008年，集团安全生产的工作目标是：年度轻伤率不超过2.6‰，重伤率不超过0.1‰，内控工伤死亡率不超过0.03‰，努力实现“零”死亡目标，严防重大人身伤亡事故和火灾爆炸事故。

按照集团公司2008年安全生产工作的总体要求，为完成上述目标任务，我们要重点做好以下几方面工作：

（一）不断创新安全管理，大力强化安全基础，构建安全生产的长效机制。

1. 创新安全管理，建立完善安全生产监管考核机制。为认真贯彻落实《生产安全事故报告和调查处理条例》和《中央企业安全生产监督管理暂行办法》，适应安全生产工作的新形势和高标准、严要求，努力构建安全生产的长效机制，集团公司将研究建立和创新安全生产工作监督管理考核办法，并研究修订完善集团公司《关于加强和规范安全生产工作的规定》，以及《效绩目标责任制考核办法》有关安全生产方面的考核内容，强化安全责任的目标管理，进一步加大安全生产的业绩考核力度。通过建立完善和创新安全生产监督管理考核机制，强化安全生产检查与监督管理工作，督促各所属企业切实落实主要负责人、各级领导、各有关部门和全体员工的安全责任，进一步加强安全生产管理，提高安全生产管理水平，实现安全稳定发展目标。

2. 健全安全管理制度体系，落实铁腕治安全。抓好安全生产必须“标本兼治、重在治本，实施铁腕治安全”，建立长效机制，实现长治久安的安全稳定和谐局面，需要完善的安全法制来保证。各所属企业要认真组织各级领导和广大员工学习贯彻《生产安全事故报告和调查处理条例》和《〈生产安全事故报告和调查处理条例〉罚款处罚暂行规定》，以及《中央企业安全生产监督管理暂行办法》和《安全生产领域违法违纪行为政纪处分暂行规定》，并根据集团公司将制订的《关于安全生产工作检查考评办法》，进一步修订完善本企业以安全生产责任制为主体的各项安全生产管理制度体系，加强安全法制建设。

3. 严格落实安全责任制，切实提高安全管理的执行力。企业第一管理者作为安全生产的第一责任人，一定要树立正确的政绩观，坚持安全发展理念，进一步增强安全法制观念和安全责任意识，真正把“安全第一”放在首位，认真履行《安全生产法》明确规定的六项责任，落实“三同步”和“两定期”制度，切实把安全生产工作纳入企业发展战略的整体布局统筹谋划，明确落实安全生产工作目标、任务和保证措施。同时，要进一步完善落实安全生产责任制，将安全生产任务、目标和责任层层分解，明确落实到各级领导干部、各部门、各下属单位、各作业岗位及每个员工，形成安全生产各级领导重视、人人有责任、人人有指标、全员参与保安全的良好局面。抓好安全生产管理工作，必须敢于板起铁面孔，真抓敢管，切实解决“严格不起来，落实不下去”的问题。对发生的安全事故，要坚决按照“四不放过”原则严肃处理，切实做到“谁不重视安全，组织上就不让他安全”。通过政策导向和严格执法，引导全体员工增强安全法制观念，依法规范安全生产行为，实现铁腕治安全，依靠政策治本，抓住源头治本的目标。

4. 修订完善安全生产作业规程，加强安全技术管理。为指导各所属企业进一步加强安全生产的技术管理，集团公司组织编写的《安全生产技术操作规程》将在上半年印发执行。各所属企业要依据集团公司的《安全生产技术操作规程》，结合本企业实际，组织有关人员尽快修订完善本企业的《安全生产技术操作规程》，并进一步细化制订《岗位作业标准》，以指导和规范各生产作业岗位和全员的安全作业行为，杜绝违章作业现象，规范安全生产秩序，通过安全作业行为标准化的训练和行为养成，提升员工的职业安全素质，进一步加强和规范安全生产的技术管理工作。

（二）持续深入开展安全质量标准化工作，大力提升安全基础管理水平。

开展安全质量标准化评级工作的实践证明，实施安全质量标准化，是加强企业安全管理的有效手段和措施。

因此，我们要进一步持续深化开展安全质量标准化工作。已通过安全质量标准化一级评审的企业，要努力巩固评级成果，严防评审后的管理下滑现象，坚持严格按照标准要求，持续改进，不断强化安全基础管理，进一步提升安全管理水平，保持高标准运行。现已评审为二级的企业，要积极整改提高，努力向一级企业标准看齐。有相对具备条件的企业，今年，要积极争取尽快通过一级企业评审，全面提升安全基础管理水平。

（三）切实保证安全投入，努力创建本质安全型企业。

1. 建立完善安全投入制度，保证必需的安全投入。安全生产需要标本兼治。《安全生产法》和国务院关于《进一步加强安全生产工作的决定》，以及《中央企业安全生产监督管理暂行办法》都明确要求建立企业的安全投入制度，保证必需的安全投入。集团公司《关于加强和规范安全生产工作的规定》，对企业建立安全生产的投入制度、安全费用的提取标准、使用与管理等方面也作出了明确规定。各所属企业要进一步提高认识，正确把握和处理好安全投入与提高经济效益的关系，充分认识到安全投入所带来的巨大的社会效益和潜在的经济效益，认真贯彻落实集团公司《关于加强和规范安全生产工作的规定》，建立并严格执行安全投入制度，在年度财务预算中详细列支安全技术措施费、劳动保护费和职业卫生费、消防安全费等各项安全费用的科目，专款专用，不得挤占挪用，保证各项安全费用的足额提取和正常使用，依靠安全投入保安全。决不允许以资金紧张、完成效益指标有难度等为借口减少安全投入的行为。

2. 认真制定安全投入计划，严格落实责任目标。各所属企业要结合实际，认真研究制订年度安全技术措施费、劳动保护费、消防安全费、职业卫生费等各项安全投入的年度实施计划和实施保证措施，明确落实责任目标，严格执行，保证各项安全投入落实到位。特别是存在重大和较大安全隐患的企业，一定要把整治重大和较大安全隐患作为年度安全投入的重点，列入计划，限期完成整改。

集团公司在即将制订的《安全生产监督管理考核办法》中，将把安全投入作为重要考核项点进行考核，督促企业建立安全投入制度，加强各项安全费用的使用与管理，保证安全投入计划的落实。希望各所属企业进一步提高对“宁要安全的效益，不要带血的利润”认识，切实按照《集团公司关于加强和规范安全生产工作的规定》的标准要求，抓紧重新规范修订年度各项安全投入计划，并作为年度安全考核的依据。

要通过落实安全投入，应用科学先进、安全的技术装备和安全防护手段与监控措施，整治安全隐患，稳固安全基础，不断改进提升安全科技水平，大力提高本质安全度，切实保障员工的安全健康，努力创建本质安全型企业。

（四）坚持不懈抓好隐患排查治理，强化安全风险管理。

1．加强重大危险源的监控防范，预防重大安全事故。各所属企业一定要增强安全风险意识，高度重视重大和重要级危险源的监控防范工作，在开展危险源辩识与评价的基础上，积极采用科学先进的安全技术手段和监控预警防范措施，完善制定针对各类油品库和站房、各类动力燃气站房和管道、压力容器和管道等重点易燃易爆场所、部位，各类危化品储存区等重大和重要级危险源，以及生活与文化娱乐等人群密集场所等各应急控制部位和项点的监控防范措施，切实加强重大和重要级危险源的监控防范工作，严密防范重大安全事故。

2. 深入开展安全隐患排查整治，彻底消除安全隐患。国务院安委会已将2008年确定为“隐患治理年”。近日，国务院办公厅下发了《关于进一步开展安全生产隐患排查治理工作的通知》，国务院安委办下发了《关于做好安全生产隐患排查治理信息调度统计和报送等工作的通知》，国资委和国家安监总局也联合下发了《关于中央企业安全生产隐患排查治理工作实施意见》，提出了今年开展安全生产隐患排查治理的工作目标和任务要求。各所属企业要进一步增强安全风险意识，认真总结2007年开展安全生产隐患排查治理专项行动的经验，按照国务院安委会、国资委和国家安监总局以及中央企业安全生产工作会议精神的要求，建立安全生产隐患排查治理的专项制度，继续深入开展安全隐患排查治理，举一反三，深入排查安全生产隐患。同时，要对建设项目的安全“三同时”开展专项检查，保证建设项目的安全专项投入与项目明细的落实，并按照国家有关规定开展安全预评价和安全专项验收，着重抓好安全隐患的源头排查治理。对排查发现的隐患问题，要进行逐项疏理，并制定落实整改计划措施，落实目标责任，限期完成整改，彻底消除隐患，进一步强化安全风险管理，努力控制和降低安全风险。

（五）依靠科技支撑，大力提高本质安全水平。

在保证各项安全投入的基础上，各所属企业要进一步加大安全技改力度，针对去年开展安全隐患排查治理专项行动，发现的一些重大安全隐患的整治、重大和重要级危险源的监控防范措施的整改、安全质量标准化不合格项点的整改，及各类机电设备设施和起重机械安全防护措施的整改，特别是加装新型天车吊钩限位保护装置等方面，作为今年安全技术改造的重点工作，一定要确保落实。希望没有完成新型天车吊钩限位保护装置加装改造任务和仅完成了一半左右的企业，要进一步提高认识，强化安全风险意识，加快加装改造进度，今年争取全部完成加装改造任务。集团公司将进一步加强检查指导，督促企业加快改造进度，彻底杜绝此类安全隐患，依靠科技提高起重机械的安全防护水平和本质安全度，坚决杜绝因此而发生的死亡和未遂事故。

（六）加强应急管理，建立完善重大事故防范机制。

1. 加强应急管理，增强突发重大安全事故的应对能力。我们要认真汲取一些重大安全生产事故的经验教训，坚持“预防为主、防患于未然”的原则，进一步强化安全风险意识，切实加强以“一案三制”（预案、体制、机制、法制）为重点的安全应急管理体系建设，按照国务院安委会和国资委、国家安监总局的部署要求，认真贯彻落实集团公司《重特大安全生产事故总体应急预案》，进一步完善应急预案体系，建立完善重大安全生产事故的防范机制，大力增强防范和应对安全风险和突发重大安全事故的处置能力与水平。

各所属企业要认真落实本企业《防范重特大安全生产事故的总体应急预案》，以及针对各重大和重要级危险源、以及人群密集场所的单项应急预案，认真落实到各重点监控部位、各有关人员，切实加强重大危险源的监控防范措施，并组织进行相关预案的学习培训，制订落实演练计划，有针对性地认真开展应急预案的演练，做好应急预案的有机衔接，不断完善预案，提高实战经验，切实提高应急管理水平。

2. 加强消防安全管理，不断完善应急防范措施。各所属企业要进一步加强消防安全管理工作，强化企业内部专兼职消防队伍建设，保证必须的消防安全投入，配备完善必要的消防设施，认真落实各项消防安全管理措施，着重做好各重点防火、防爆部位和各重大及重要危险源的消防安全工作，严密防范火灾爆炸等安全生产事故。

（七）强化安全管理队伍建设，提高全

员职业安全素质。

1. 建立安全专家库，强化安全管理队伍建设。针对当前各所属企业具有安全管理和技术专长的专职安全管理人员大量流失的现状，为稳定和强化安全管理队伍建设，集团公司将研究建立安全技术管理专家库，研究制订安全技术管理专家评审办法，将具备相应条件的安全技术管理专家纳入集团的安全专家库管理，在集团公司组织的安全管理制度建设、安全管理体系评审、安全质量标准化评审、安全检查、安全风险评价等重大安全生产管理工作中发挥业务骨干和技术带头人的重要作用，以此促进和调动广大安全技术管理人员积极学习技术业务，提高工作能力和管理水平，稳定和加强安全管理队伍建设。

2. 加强安全教育培训，大力提升职业安全素质。今年，集团公司将计划组织以学习宣传贯彻国家《生产安全事故报告和调查处理条例》和国资委关于《中央企业安全生产监督管理暂行办法》、集团公司《安全生产工作监督管理考核办法》等为主题的安全法规政策培训，大力提高安全主管领导和安全主管部门负责人的安全法规意识、责任意识和法规政策水平，提高和加强安全生产管理的主动性、自觉性。同时，针对近年来很多企业安全主管部门负责人岗位调整变化，新上岗人员较多的现实情况，集团公司将组织开展以创新安全管理、提高安全管理水平为主题的业务素质培训，进一步提高安全主管部门负责人的业务素质和工作水平。各所属企业要结合学习贯彻落实集团公司《安全生产工作监督管理考核办法》、《安全生产技术操作规程》和本企业《防范重特大安全生产事故的应急预案》，积极开展各层次、多渠道的安全教育培训，大力提升全员的职业安全素质。

（八）积极培育构建安全文化，努力创建安全和谐企业。

我们要将培育构建企业安全文化与构建和谐社会的宏伟目标结合起来，积极学习借鉴国内外成功企业的先进经验，努力培育和构建具有自身特色的安全文化。在安全生产管理工作中，各级领导和安全主管部门要坚持“以人为本”的理念，始终把员工的安全健康放在首位，努力创建和谐的生产工作环境，充分体现人文关怀，大力激发员工爱岗敬业、确保安全的内在动力。要大力倡导和培育“细节决定成败、素质决定行为、规范决定安全”的安全理念和“安全是幸福、安全是信誉、安全是品牌”的安全价值观。

同时，我们要充分学习运用科学先进的安全管理模式，建立完善安全管理制度体系，规范统一全员的安全行为。并着力在开展岗位行为养成教育方面下功夫，积极培育员工安全意识、安全作风、安全习惯和安全行为的养成，努力养成高度负责的敬业精神、科学求实的态度和严细规范的工作作风，大力提高职业安全素质。通过从观念上建立，行为上规范，制度上约束，措施上保证，努力建立和形成一套员工认可并自觉遵循的“工作按程序、作业按标准、行为按规范、考核按绩效”的安全行为规范。通过安全文化氛围的逐步建立和潜移默化影响，让“我要安全”真正成为员工的“潜意识”和“惯性思维”。要通过培育和创建安全文化，使安全发展观在全集团和全体员工中形成普遍共识，使安全理念和安全价值观融入到各级管理者和每个员工脑海中，落实到行动上，努力营造领导重视、人人有责、全员参与的安全文化氛围，为创建本质安全企业奠定软环境基础。

开拓创新　适应发展
开创集团公司财务管理工作新局面

——总会计师高志在中国北车集团公司2008年度财务工作会议上的报告(摘录)

(2008年3月11日)

2007年财务工作回顾

一、经济指标持续增长，经济效益大幅提高

二、整体改制上市全面启动，相关财务工作扎实推进

三、建立健全资金管理制度，扩大融资渠道，努力提高资金使用效率

四、加强培训、制定措施，顺利实施《企业财务通则》，完成新会计准则转换的相关工作

五、会计信息质量进一步提高，财务会计基础管理更加扎实

六、增收节支成效明显，效益水平大幅提升

七、财务物流一体化信息工程项目初步目标基本实现

八、做好资产管理工作，配合企业的改革改制

九、加强财务队伍建设，人员素质明显提高

2008年财务重点工作及要求

2008年是集团公司实施“十一五”规划承上启下的一年，也是集团公司整体改制上市工作即将取得实质性突破、面临新的发展机遇的关键一年，同时在新形势下集团公司也面临着通过转变发展方式，加快发展速度，提升发展质量，实现集团公司又好又快发展的巨大挑战。根据集团公司2008年行政工作要点和国资委提出的2008年工作思路与重点，确定2008年的财务工作思路是：**围绕整体上市，高质量完成相关工作；认真执行新准则，进一步夯实财务管理基础工作，提高会计信息质量；统筹规划融资结构，降低融资成本；加快资金周转速度，提高资金使用效率；加强预算管理，强化成本费用控制，做好财务状况的分析和财务风险的评估预警；进行税收筹划，加强人才队伍建设，做好课题研究。**

一、围绕集团公司整体上市，高质量完成相关财务工作。

集团公司整体改制上市工作目前处于最后的攻坚阶段，还有大量的工作要做，我们必须继续保持饱满的热情，加快速度，高质量地做好相关财务工作。根据需要，整体改制时点已经调整到2007年12月31日，要配合中介机构做好新时点的资产评估和财务审计工作，做好各种需要的财务数据测算分析，做好各项资产的取证确权工作。股份公司成立前，还要做好国有资本核准、筹集需要的现金等相关工作，股份公司成立后，要按照批复要求设立股份公司会计账目体系，制定会计核算办法和财务管理制度，要划清股份公司和存续企业的界限，做到人员、资产、业务界限清楚，收入、成本分别核算。要制定财务信息披露制度，确保合规披露股份公司财务信息。股份公司上市募集资金

后，按相关要求设立专门账户管理募集资金，制定募集资金使用及管理制度。

二、加强全面预算管理工作，强化成本费用的控制，努力提高集团公司及所属企业盈利水平。

为了实现整体上市目标，创立市场良好形象，集团公司2008年要确保实现销售收入、净利润的经营目标。2008年经营目标比2007年又有了较大幅度的提升，特别是利润目标，但是从企业发展的角度说，我们别无选择。企业的目标就是要实现持续增长，给投资者最大的回报，集团公司上市成为公众公司以后，与竞争对手的竞争将扩展到资本市场，企业盈利能力强，就能够吸引投资者、吸引更多的资本，企业就能实现更加快速的增长，反之就会被投资者抛弃，被竞争对手远远超过，这不是资本市场无情，而正是资本市场公正有效进行资源配置的体现。同志们，我们必须转变观念，集团公司和所属企业只有大幅度提高盈利能力，高质量地持续增长，才能实现集团公司又好又快的发展。

当前处于中国铁路和城市轨道交通建设大发展时期，机车车辆、城轨地铁车辆以及其他大型机械装备需求不断增长，为集团公司和所属企业提供了良好的市场空间。但集团公司和所属企业经营依然面临诸多挑战和压力，市场需求标准在与国际先进水平接轨，技术创新要求不断提高，市场竞争越来越激烈；原材料、能源供应紧张，且价格继续延续上涨趋势，国家实行资金从紧政策，资金压力加大。机遇与困难并存，我们要加强全面预算管理，强化成本费用控制，努力提高盈利水平，确保集团公司年度经营目标的完成。

（一）加强预算管理，提高预算管理水平。

如何实现企业持续增长的战略目标，首先必须有明确的战略，然后就必须依靠先进的预算管理来实现战略目标。预算管理水平代表企业经营管理水平，是企业竞争力的重要体现，集团公司和所属企业要进一步健全预算管理体系，完善预算管理方法，提高预算目标的合理性和准确性，加强预算执行的跟踪评价、考核与奖惩，以预算为导向落实战略规划，实现经营目标，以预算为约束控制成本费用水平，控制固定资产投资规模，保障现金流量，切实提高预算管理水平。各企业要将2008年度预算分解，认真执行，严格控制成本费用支出，充分发挥预算作用，及早启动2009年度预算的编制，对于重大固定资产投资和技改项目，要建立项目预算管理体系，编制科学合理的财务收支预算，保证项目进程中的各项收支受预算的管理与控制。

（二）技术引进企业要确保经营指标完成。

2008年是技术引进产品国产化交车的高峰年，技术引进企业能否实现预定经营指标，将决定集团公司能否实现全年经营目标。技术引进企业实现了预定经营指标，才能体现过去几年集团公司技术引进的成果，而且也对能否在未来取得竞争优势事关重要。技术引进企业的财务管理要充分发挥作用，第一要多渠道筹集资金，降低资金成本；第二合理编制预算，努力降低成本费用定额水平；第三是正确核算及时反馈；第四对新签合同要向决策层准确测算提供成本资料，确保新签合同的盈利能力。

（三）项目投资必须确保盈利水平。

集团公司上市融资后，必然将利用募集资金进行项目投资，只有利用好募集资金，实现集团公司技术、产品的升级和市场的扩大，盈利能力进一步提高，才能推动集团公司又好又快的发展，因此项目投资必须确保实现预定的盈利水平。各企业要认真进行项目投资的可行性研究，财务部门要提供翔实准确的基础数据进行盈利测算，决不能弄虚作假，集团公司要和相关企业签订《固定资产投资项目责任书》，确保投入产出，增强发展后劲。

（四）加强成本费用分析、控制和对标工作。

各企业要持续分析研究本单位成本费用管理现状，继续优化业务流程，持续不断地消除企业运营中一切只增加成本不产生附加值的活动，加强目标成本责任管理，不断提高人、财、物等各种资源的使用效益。加强经济活动分析工作，力求准确反映企业经营管理情况和存在的机遇和风险，促进企业改善经营，提高效益。拓展对标范围。一方面组织对集团内各企业可比主产品成本的对标工作，定期通报各企业成本费用总体情况，加强集团内部成本管理经验的交流；另一方面要同国内外同行业企业各项经营指标进行横向比较，发现差距，找出原因，进行改进。

三、加强资金管理，完善资金管理制度，多渠道融资，进一步发挥资金集中的优势，提高资金使用效率，控制财务风险。

近年来集团公司销售规模的快速增长，同时技术引进项目需要大量资金，集团公司及所属企业资金日趋紧张，负债水平上涨；虽然融资渠道在近两年有较大的拓展，但是2007年以来银行基准利率持续上调，资金成本持续上升，国家2008年要实施从紧的货币政策，资金将进一步紧张。2008年，集团公司和各企业要进一步完善资金管理制度，加快资金周转，防范资金风险。

统筹规划融资结构，努力降低融资成本，在实现资本性融资的同时，力争发行20亿元的短期融资券。

集团公司上市后，针对股份公司的资金管理，制定并完善一系列的资金管理制度，建立新的资金集中管理模式，进一步发挥资金集中的优势，提高资金使用效率。

各企业采取切实措施，加快应收账款回收速度，降低存货占用资金水平，努力提高资金周转速度。

固定资产项目投资资金应严格按照项目预算及规定程序进行使用，确保资金安全，集团公司对企业资金状况进行定期跟踪分析，对风险较大的企业进行预警。

加强风险管理，完善相关内控制度，切实把好企业对外担保、应收款项和各种债务等风险管理关口，防范控制财务风险。

四、加强财务月报和财务决算编报的管理工作，加强监管和动态考核，进一步提高会计信息质量。

加强会计核算，做好财务月报和财务决算的编报，提高会计信息质量，是财务管理最基本的日常工作，也是最重要的工作之一。企业财务决算工作不仅仅是企业财务收支状况和经营成果的综合反映，而且成为企业改善经营、强化管理的重要手段，也是开展财务监督、绩效考核等工作的重要基础。上市以后，财务决算工作将面临更高的要求，我们的财务决算将不再是仅仅上报上级管理部门，而是要向社会公开，成千上万的机构和个人投资者都需要通过阅读财务决算来作出投资决策。可以想想，如果是我们的财务决算存在问题因而误导了投资者，那是非常可怕的事情，这方面国内外证券市场也有很多深刻的教训。除了年度财务决算，每个季度还要在季度结束一个月内披露季度财务决算，我们子企业多，级次也多，关联交易也不少，能不能快速准确地编出季度财务决算，这是严峻的考验。

2008年，集团公司及所属企业需要修订财务月报和财务决算编报机制和程序，确保集团公司财务决算工作符合上市公司的要求，通过制度约束及时处理好合并范围调整、会计政策和会计估计变更、关联交易统计等重大事项。现在正是 2007 年度财务决算编报期，各单位要严格按照国资委和集团公司关于 2007 年度财务决算编报的要求，集团公司组织集中会审，及时发现问题解决问题，各企业要把好三级企业财务决算的质量，同时积极配合会计事务所的审计工作，按时保质完成编报工作，力争今年的财务决算质量再上一个台阶。各企业要分解年度财务预算，做到每个季度、每个月收入与成本费用的均衡，处理好一人公司与存续企业的内部交易事项，做好与集团公司内部企业关联交易的统计和往来的核对，做到财务月报和财务决算编报及时、数据准确。集团公司要进一步加强财务动态监测工作，认真分析企业上报数据，对于效益波动大以及成本费用、应收账款、存货、负债等指标增长过快的企业进行动态跟踪分析，与相关部门配合做好动态绩效考核工作。集团公司要组织认真研究上市公司信息披露的相关法规，制定财务信息对外披露的制度，确保会计信息对外披露的严谨和准确。我们各级企业的财务部门和相关财会人员必须严格遵守规定，不违规披露财务信息，维护好集团公司良好的资本市场形象。

五、多管齐下，继续夯实财务管理基础工作。

2007 年，在集团公司“基础管理年”的指引下，各企业做了大量工作，加强了财务管理基础工作。但也是在 2007 年集团公司整体改制工作过程中，我们发现基础工作还存在很大差距。2008 年，各企业要围绕集团公司《关于加强基础管理工作的指导意见》，抓落实、抓整改，继续夯实财务管理基础工作。集团公司要制定 2008 年加强财务会计管理基础工作的整体计划和安排，各企业按照集团公司《财务会计基础工作规范》进行自我评估，制定完善改进计划，要修改完善各项规章制度，进一步优化劳动定额、物耗定额、资金定额、费用定额，分析研究成本费用各项定额管理现状，提高成本费用管理基础工作。集团公司要组织对所属企业财务管理基础工作进行抽查，组织所属企业进行交流，相互学习，相互促进。

（一）深化财务物流一体化信息工程建设，提高应用效果。

经过三年多的努力，集团公司所属企业都完成了财务物流一体化信息工程建设的初步目标，集团公司财务信息化水平上了一个新台阶。但是目前我们的应用水平应该说还是相当初级的，无论是与国内外先进企业比，还是从我们自身管理的需求出发，我们目前通过财务信息化实现的管控功能只有很少一部分。还有，集团公司内部各企业的应用水平和应用效果也是参差不齐，原因是多种多样的，有的企业当初上系统时是被动的，所以无论在认识上、准备工作上、投入力度上都有一些欠缺，有的企业过分依赖软件公司，自己没有培养过硬的财务信息化人才。企业信息化工作是永无止境的，财务信息化也是如此，如今我们拥有了一个更高的平台，更可喜的是，企业在建设运用财务物流一体化管理信息系统的过程中，都已经认识到这套系统带来的好处，尝到了甜头，也都不断提出了新的需求。各企业要结合实际情况，完善扩大财务物流一体化信息工程的建设，纵深向完善的预算管理、资金管理、成本管理发展，实现与企业生产、技术等信息系统的对接，切实提高财务信息化水平。

（二）认真执行《企业财务通则》和《企业会计准则》。

集团公司和所属企业从 2008 年开始执行《企业会计准则》，虽然目前已经基本实现了平稳过渡，但是新准则的变化肯定会在实际运用过程中不断的体现，伴随而来的就是我们还未做好相应准备暴露出问题。集团公司和各企业都要做好准备，尤其是在2007年度财务决算编报期间，组织相关人员，随时研究、解决相关问题。下半年要组织集团公司财务管理专家对集团公司及所属企业《企业财务通则》和《企业会计准则》执行情况进行评估分析，分析解决问题，确保新通则和新准则的顺利执行。同时根据《企业财务通则》和《企业会计准则》的实际执行情况，进一步修订完善财务管理和会计核算相关制度和政策。

（三）*加强税务法规的学习，进行税务筹划*。

国家新的《所得税法》和《所得税法实施条例》已于2008年1月1日执行，集团公司组织对所属企业总会计师、财务部长、财务管理专家进行培训，各企业负责对相关财务人员进行培训，还将组织相关人员认真研究新《所得税法》和《所得税法实施条例》，分析测算新税法的实施对集团公司的影响，同时结合其他税务法规条例，进行税务统一筹划，合理减少税务支出。各企业结合实际情况，要修订完善涉税的相关工作管理标准，认真研究相关的税收法规，及时全面掌握政策变动，按时保质向税务机关提供相关资料，保证企业合法纳税，同时也能够享受应享有的优惠税收政策。

六、积极参与集团公司资产重组、主辅分离等改革改制工作，做好配套的财务工作。

今年是按照859号文件进行主辅分离改制工作的最后一年，集团公司主业各业务板块的整合也在积极进行中，改革改制工作繁重，改革改制工作完成的好坏，对于集团公司现在和未来的发展都将产生重要影响。财务领导和财务部门要积极参与，做好以下工作。

积极参与集团公司重大资产重组工作，对涉及的资产财务状况和经营成果进行预测分析，参与方案的制定。

加快存续企业的主辅分离改制步伐，组织做好改革改制工作中的财务审计、资产评估和产权管理工作。

改革改制方案被批复后，按照批复和有关制度做好账务处理和其他财务管理工作，做好改革改制中新设立企业的财务管理体制和财务管理制度的建设工作。

七、加强财务管理专家人才队伍建设，做好集团公司财务重点课题的研究，组织多层次财会人员培训，提高财会人才队伍素质。

要做好财务工作，必须需要一只高素质的财会人员队伍作支撑。近几年，集团公司及所属企业在财会人才队伍建设上做了大量的工作，但目前人员结构仍然不太合理。我们必须把财会人才队伍建设放在最重要的位置上来抓，在做好财务管理工作的同时，培养卓越的财务管理人才。各企业要大胆使用人才，鼓励在工作中探索和创新，着力培养骨干力量；加强财会人员的再教育工作，加大培训力度，全面提高财会人员的业务知识和综合能力。2008年，集团公司和各企业要做好以下工作。

完善修订集团公司总会计师考核办法，做好2008年度企业总会计师的考核工作。

根据集团公司财务管理工作需要，组织财务管理专家做好重点课题的研究，财务管理专家要积极按照课题组工作安排开展工作，做好自己的研究工作。

集团公司和各企业分层次组织好集团公司财务干部、财务专家、业务骨干和一般财会人员的业务培训工作。

集团公司将继续组织优秀论文评选，各企业采取积极措施，促进财会人员加强学习、提高专业技能，同时提高理论水平和实际工作能力。

深入贯彻十七大精神　充分发挥工会组织优势 为推进集团公司实现又好又快发展而努力奋斗

——工会主席董宇在中国北车集团公司工会二届三次全委（扩大）会议上的工作报告（摘录）

（2008年3月20日）

一、过去一年全集团工会工作的简要回顾

（一）圆满召开集团公司首次职工代表大会，整体改制平稳推进

（二）四大举措紧扣中心，经营目标顺利实现

（三）编辑出版《感动北车》，创争活动走向深入

（四）专项督查两个合同，劳动关系协调发展

（五）促进落实职代会职权，职工民主管理不断深化

（六）“三不让”活动深入开展，集团二运会成功举办

（七）创新三项基础建设，工作水平不断提高

二、当前全集团工会工作面临的基本形势与分析

（一）党的十七大对中央企业改革发展和工会工作提出了新的要求

（二）《劳动合同法》的颁布实施对企业工会工作提出了新的使命

（三）确保集团公司三大目标顺利实现对工会工作提出了新的任务

（四）破解工会工作中存在的难题对工会自身建设提出了新的课题

三、2008年全集团工会工作的主要任务

今年全集团工会工作的总体思路是：**高举中国特色社会主义伟大旗帜，以邓小平理论、“三个代表”重要思想和科学发展观为指导，认真贯彻党的十七大精神，适应集团新的体制，融入发展第一要务，充分发挥“四个作用”（组织职工、引导职工、服务职工、维护职工合法权益），健全完善“四个机制”（利益协调、诉求表达、矛盾调处、权益保障），着力下好“六个功夫”（推进整体改制、促进生产经营、协调劳动关系、深化民主管理、提高职工素质、提升工作水平），在促进企业和职工协调共同发展，推进集团公司又好又快发展中作出新的贡献。**

（一）以促进深化改革转换机制为重点，在着力推进整体改制上下功夫

1. 源头参与推进整体改制。要紧紧跟上改制上市的工作进程，认真履行整体改制上市工作小组成员单位职责，主动参与整体改制上市和存续企业改制分流相关工作。要继续做好关系职工切身利益问题的调查研究，积极从工会组织的角度，代表广大职工，就相关问题表明工会的主张，提出积极的意见和建议。

2. 主动协调履行民主程序。要按照国家政策和全国总工会有关规定，认真履行好职代会日常工作机构职能，主动协调，积极配合，切实履行好整体改制上市和存续企业改制分流工作中的民主程序，确保整体改制上市和存续企业改制分流进程中的每一步都严格按照规定程序进行操作，依法合规。

3. 适时抓好改制宣传教育。从整体上市和存续改制两个方面做好对职工的宣传教育，取得广大职工的理解、支持，形成良好的改制舆论氛围。要及时做好改制后工会工作。配合整体改制进程，及时理顺上市公司和存续企业之间的工会组织关系，调整、完善工会组织设置和职能定位，保证组织的健全和工作的正常开展。

（二）以确保实现经营目标为重点，在着力提高职工经济技术创新活动成效上下功夫

1. 继续抓好十七大精神学习和形势任务教育。以“高举旗帜、科学发展、共建和谐”为主题，采取多种形式继续在广大职工中深入开展学习十七大精神教育活动。要有针对性地加强职工执行意识、规则意识、创新意识教育和质量法制意识教育，引导职工普遍树立起“品质至上”的理念、质量“零缺陷”的追求和严格按规则执行的标准意识。

2. 全面开展“创名牌、占市场、促和谐”劳动竞赛。以形成北车品牌、提供优质轨道交通装备产品为主攻方向，广泛开展技术攻关和提合理化建议、操作技术达标等劳动竞赛。承担技术引进项目的企业要紧紧抓住技术引进消化吸收和再创新中存在的关键性问题，以攻关立项为主，开展专项劳动竞赛。将创建“工人先锋号”活动与“北车劳动奖状、奖章”评比表彰结合起来，完善活动方案，以一线生产班组为基本单元，在全集团职工中深入开展创建活动。探索完善职工提合理化建议活动实施办法，发挥好职工、企业和工会三个方面的积极性，建立起提升职工合理化建议绩效的机制。

3. 深入开展安全生产竞赛。继续开展以“安康杯”为龙头的安全竞赛活动。建立完善职工保安全保障体系建设，确保职工人身安全，确保产品运营安全。加强职工代表安全巡查工作，防止职业病和事故的发生。落实重要紧急信息报告制度，健全工会系统安全信息反馈机制和报告制度，及时发现反馈安全信息。积极主动依法参与本企业及下属单位从业人员伤亡事故的调查处理，维护好职工的安全权和健康权。

4. 加强对劳模的服务与管理。修订完善相关制度，落实待遇，加强管理，在学习培训、出国考察、疗养等方面优先安排，做好对劳模的服务。加强对生产、科研、营销一线劳模事迹的宣传，努力形成“尊重劳模、学习劳模”的氛围，充分发挥劳模的典型示范和引领作用。

（三）以学习贯彻《劳动合同法》发展协调劳动关系为重点，在着力保障好职工的劳动经济权益上下功夫

1. 深入学习贯彻《劳动合同法》。各级工会组织要把学习贯彻《劳动合同法》作为一项重要任务，深入学习宣传，推进贯彻落实。要在劳动合同关系中的权益认定、利益诉求和利益实现上，发挥好指导、表达、协调和维护作用。要加强对全体职工法制意识和契约意识的教育，增强履约的主体意识。要积极参与企业管理制度的修订完善，确保企业的各项管理制度符合《劳动合同法》的规定。

2. 依法完善两个合同制度。各级工会组织要切实履行好协调劳动关系的职责，按照《劳动合同法》的规定，依法规范劳动合同制度，不断完善集体合同制度，促进工会维权机制建设。要主动参与劳动合同格式文本的起草，坚持集体合同文本草案提交职代会审议通过制度，建立健全职工代表定期对两个合同进行督查制度和两个合同履行情况向职代会报告制度。要抓紧建立集团公司《关于完善集体合同制度的指导意见》，对集体合同的文本、期限、签订形式等作出规范，在程序上要突出集体协商，在原则上要

坚持共建共享，在内容上要突出建立职工工资增长机制和支付保障机制。有针对性地加强对部分集体合同过期企业的指导，确保集体合同覆盖率达到100%。按照《劳动合同法》的规定和全总要求，在年内全面建立女职工专项集体合同。依法加强劳动争议调解和职工法律援助，维护职工队伍稳定，维护企业大局稳定。

3. 建立完善“三不让”保障体系。紧紧围绕职工生活中的突出困难问题，继续健全以“送温暖工程”为龙头的帮困救助机制，以医疗互助合作为重点的互助合作补充保险机制，以献爱心为载体的互助互济机制。以“三个机制”为基础，通过有效对接，推动“三不让”活动的深入开展，努力实现“三不让”目标。加强对体协和文艺团体的工作指导，广泛开展小型多样、健康向上的群众文体活动，满足职工的精神文化需求。

（四）以健全完善职代会制度为重点，在着力保障好职工的民主政治权益上下功夫

1. 健全完善职代会制度。在2007年集团公司职工代表大会的基础上，制订实施方案，就集团公司（股份公司）职代会的职权、职工代表的名额比例、权利和义务、职代会运作的基本程序、职代会的主要工作制度、职代会与集团公司（股份公司）法人治理结构的关系等进行积极探索，进一步完善集团公司（股份公司）层面的职工代表大会制度，推进全心全意依靠职工办企业基本方针的全面落实。适应集团公司管理体制和组织架构的变化，积极探索职代会制度与法人治理结构有机结合的实现形式，分别建立完善一人公司和存续企业等各个层面的职工代表大会制度。

2. 全面落实职代会各项职权。无论是股份公司还是存续企业，都要推行职工代表大会制度，认真落实职代会各项职权。要把落实好职代会职权作为推行职代会制度的核心，突出四个重点，加强监督指导：审议建议权突出企业大政方针；审议通过权突出涉及职工切身利益的重要事项；监督评议权突出领导班子成员或经理层民主评议；民主选举权突出依法选举、监督和罢免职工董事、职工监事。有针对性地指导部分企业建立完善制度，开展好民主评议领导干部工作。推广票决制履行审议通过权制度。加强职工代表提案工作，建立完善职工代表质询制度，加强对职代会决议落实情况的督查。建立推行职工代表评价职代会制度，探索建立职工代表向选区职工述职制度，增强职工代表责任意识。

3. 继续推进厂务公开深入发展。坚持把职工代表大会作为实行厂务公开的主要载体和基本形式，审议重大事项，评议领导干部，通报重要情况。积极探索创新渠道，通过民主议事会、厂务公开栏、内部宣传媒体、局域网络等开展厂务公开。在公开的内容上，突出大事要务、企业负责人廉洁自律和关系职工切身利益、职工最关注最敏感的问题。继续完善各企业《厂务公开工作标准》，加强车间和班组公开，把厂务公开的要求融入到企业管理标准之中，把厂务公开的原则落实到全心全意依靠职工办企业的各项制度之中。

4. 建立健全职工董事、职工监事制度。关于职工董事、职工监事的人选，《公司法》、《工会法》、国资委和全总规定中都有比较明确的要求。总的原则，可以概括为两句话：鉴于职工董事、职工监事身份所具有的双重属性和特殊要求，一般应该由工会主席、副主席作为职工董事、职工监事的人选；职工董事、职工监事由非工会负责人担任时，可以推荐职工董事、职工监事出任工会副主席等相关职务。要抓紧制定集团公司《职工董事、职工监事工作和管理制度》，

明确和规范股份公司及其下属一人公司的职工董事、职工监事的任职条件、产生程序、工作职责等；推行职工董事、职工监事由职代会选举、对职代会负责、向职代会述职制度，增强责任意识，切实发挥作用。

（五）以创建学习型班组为重点，在着力推进创争活动深入发展上下功夫

1. 建立完善推进创争活动长效机制。抓紧建立创争活动推进小组，研究解决创争活动日常工作中的问题，落实各级组织、各个层面的职责分工。大力开展职工技能素质培训和岗位练兵、技术比武、技能大赛等活动。按照职工工资总额的1.5%～2.5%比例，足额提取职工教育培训经费；职工教育培训经费的60%以上应用于企业一线职工的教育和培训；职工培训规划和经费提取、使用、管理情况要纳入厂务公开，向职代会报告。

2. 扎实推进创建学习型班组活动。要着力把创建学习型班组作为工会推进创争活动的重点，夯实创争活动的基础，增强创争活动的生命力。要结合职工小家建设，切实加强全集团8000多个班组、特别是5000多个一线生产班组的建设；组织开展新一轮班组建设骨干培训。

3. 探索建立学习型企业文化。把创争活动纳入企业文化建设，充分利用和发挥好各种宣传阵地和舆论媒体的作用，培养和推广来自基层、来自实践、来自职工的新鲜经验和既体现时代精神、又具有企业特点的典型案例。做好《感动北车》的出版发行。在《中国北车报道》开设“感动北车故事选编”专栏。在职工中广泛开展“学感动、谈感动、做感动”活动，加强跟踪报道，激励更多职工。大力宣传技能比赛中涌现出的各类技术能手，树立职工身边看得见、学得了的技术能手。

（六）以提高能力转变作风为重点，在着力提升新形势下工会工作水平上下功夫

1. 不断强化工会组织建设。适应企业整体改制，及时做好股份公司和存续企业工会组织的调整接续，理顺关系，完善制度，保证组织的健全和职能的有效发挥。要加强对工会女职工工作的领导。切实维护好会员的主体权利，工会任期届满，要按期改选换届。落实全总、铁总要求，做好农民工加入工会工作。积极做好改制分流企业工会组织关系的移交。评选表彰一批“两模三优”。

2. 不断强化工会干部队伍建设。继续深入开展“创建学习型工会组织，争做知识型工会干部”活动。组织工会干部深入学习十七大文件，吃透精神，指导实践。协助企业党委，通过公开竞聘、开展换岗交流等方式，改善工会干部队伍结构。各企业要结合干部队伍实际，开展新一轮岗位培训，提高工会干部能力素质。发挥工会专家组的作用，组织开展专题调研、问题探讨和成果应用活动。继续加强工会信息调研工作，宣传企业，通报情况，交流经验，指导工作。

3. 不断强化工会财务资产监管。加强沟通协调，有针对性地指导工会经费拖欠较多单位及时拨缴工会经费，降低累计拖欠，不产生新的拖欠。突出资金安全，强化经审工作，坚持工会主席离任审计制度，继续开展工会经济责任审查监督，推进工会会计基础规范化建设。抓好工会资产清查，做好工会产权登记。加强全面预算管理，管好用好工会经费，为工会工作提供资金保障。

大事记

责任编辑　韩长城

中国北车2008年大事记

中国北车2008年大事记

1 月

1日 唐山客车公司出口蒙古国的16辆新型客车在蒙古首都乌兰巴托完成首次试运行。

7日 永济电机公司与我国特大型钢铁联合企业太原钢铁集团有限公司签署战略合作协议。

12日 长客股份公司签署深圳地铁二号线首期工程60辆A型地铁车辆采购订单。

16日 集团公司2008年工作会议暨一届七次党委扩大会议在北京举行。集团公司总经理崔殿国作题为《推动科学发展，提升经济效益，努力开创集团公司又好又快发展新局面》的工作报告；党委书记王立刚作题为《深入贯彻十七大精神，加强和改进党的工作，为北车集团又好又快发展而努力奋斗》的党委工作报告。

16日 同车公司研制的和谐D2型大功率电力机车在大秦线2万吨重载组合列车牵引试验中取得圆满成功。

17～18日 在北京举行的2008中国制造业信息化新年趋势论坛暨“创新之星”——MIE 2007年度风云榜颁奖盛典上，同车公司获2007年中国制造业信息化工程产品创新奖。

同月 永济电机公司自主研制的YBVF-50矿用隔爆型变频调速异步电动机、YBZY-45LC连采机装运用隔爆型三相异步电动机、YBLC-170连采机用隔爆型三相异步电动机获得防爆合格证。

同月 大连电力牵引研发中心自主研发的CANopen网络监控系统在长春市轻轨2020号车上装车，并顺利完成系统地面调试和线路试运行。

2 月

15日 齐齐哈尔装备公司首批120辆自营出口澳大利亚力拓车出厂。

18日 大连机辆公司与铁道部签订第三批400台大功率交流传动7200千瓦六轴货运电力机车采购合同，总金额近60亿元。

19日 长客股份公司签订长春轻轨二、三期工程项目订单，共计40列70%低地板轻轨车，合同总金额7.3亿元。

同月 集团公司成为国家确定的第二批184家创新型试点企业之一。

同月 济南装备公司中标马达加斯加铁路货车项目，签订66辆漏斗车订单，实现整车出口零的突破。

同月 集团公司组织所属企业积极抗击冰雪灾害，全力保证电煤抢运，确保完成铁路春运服务任务。

3 月

3日 永济电机公司首台出口韩国807千瓦永磁直驱风力发电机总装完成。

4日 长客股份公司签订深圳3号线工程项目订单，共计24列144辆地铁客车，合同总金额5.49亿元。

6日 集团公司2008年技术工作会暨技术创新高层论坛在长春召开，副总经理兼总工程师奚国华作题为《消化吸收引进技术，提升自主创新能力，为快速提升集团公司核心竞争力作出积极贡献》的工作报告。

6~7日 集团公司2008年安全生产工作会议在北京召开，副总经理孙锴作题为《贯彻落实科学发展观，创建本质安全企业，为集团的改革发展开创安全稳定局面》的工作报告。

8日 集团公司2008年纪检监察工作会议在北京召开，党委副书记、纪委书记林万里作题为《加强党风建设和反腐倡廉工作，为集团公司又好又快发展提供有力保证》的工作报告。

10日 齐齐哈尔装备公司设计制造的240辆出口澳大利亚力拓矿业集团矿石车在青岛港装船启运。

11~12日 集团公司2008年度财务审计工作会议在北京召开，总会计师高志作题为《开拓创新，适应发展，开创集团公司财务工作新局面》的工作报告。

12日 齐齐哈尔装备公司与大连交通大学共同组建铁路货车重载、快捷工程技术研究院签字仪式在大连举行。

20~22日 集团公司工会召开二届三次全委（扩大）会议。

24日 经国务院同意，国务院国资委下发《关于中国北方机车车辆工业集团公司整体重组改制并境内上市的批复》（国资改革［2008］294号），同意集团公司整体重组改制并境内上市的方案。

25~27日 集团公司团委召开二届三次全委（扩大）会议。

26日 中国北车集团出口中东455辆地铁车和160辆双层客车合同在北京签订，该合同总金额3.6亿欧元，折合人民币40亿元。

同月 南口机械公司油田70DBⅠ型绞车用减速箱试制成功。

同月 永济电机公司被确定为山西省44家创新型试点企业之一。

同月 兰州装备公司研制的9台14吨工矿机车在印度首都新德里交付使用。

4 月

2日 永济电机公司研制的DZYT8海洋油井钻机能耗制动电阻装置通过国家船级社检验与试验。

11日 国产时速350公里CRH3“和谐号”动车组在唐山客车公司下线，铁道部部长刘志军、河北省省长胡春华等为动车组下线剪彩。刘志军部长宣读了中共中央政治局常委、国务院总理温家宝，中共中央政治局委员、国务院副总理张德江，中共中央政治局委员、国务委员刘延东分别作出的重要批示。

14~15日 集团公司经营管理工作会议在永济召开，总经理崔殿国作经营管理工作报告，集团公司与各所属企业签订了2008年度效绩目标责任书。

25日 集团公司第二届十大杰出青年颁奖仪式在北京举行。

28日 中国北车集团北京同车研发中心成立暨北京赛德高科铁道电气科技有限公司总部竣工仪式在北京经济技术开发区举行。

同月 大连机辆公司中标天津地铁2号

线整车项目，共计23列138辆不锈钢车体地铁车辆，合同总金额近7.2亿元。

同月 济南装备公司连续中标山西平鲁风电塔筒订单30套、华能河北乐亭风电塔筒订单33套，合同总金额1.3亿元。

同月 大连电力牵引研发中心试验站通过中国合格评定国家认可委员会（CNAS）认可，获得国家实验室认可证书。

5 月

7日 国资委监事会主席季晓南到济南装备公司检查指导工作。

14日 集团公司下发通知，决定齐齐哈尔装备公司以货车研发中心和组装基地投资，设立大连齐车轨道交通装备有限责任公司。

14日 集团公司党政联合下发通知，紧急部署抗震救灾工作。集团公司总部和所属各企业积极组织员工开展捐款捐物等活动，支援灾区抗震救灾。

20日 集团公司下发通知，同意同车公司联合印度SEMCO私营有限责任公司等发起设立大同斯麦肯轨道运输设备有限责任公司。

23日 大同ABB牵引变压器有限公司第300台牵引变压器下线仪式在大同举行。

25日 长客股份公司举行高速列车制造基地暨工程试验中心开工仪式。

30日 济南装备公司制造的2台拖挂式组合卫生间运往北川地震灾区。

6 月

1日 齐齐哈尔装备公司完成首批54辆出口澳大利亚MK2型平车，并按时交货。

4日 集团公司发布中国北车企业文化核心理念。

6日 集团公司下发通知，决定全权委托齐齐哈尔装备公司对哈尔滨装备公司和中国北车集团哈尔滨车辆有限责任公司进行管理。

6日 集团公司6家单位成为国家首批高技能人才培养示范基地。

15日 西安装备公司出口坦赞铁路的50辆铁路轻油罐车起航。

16日 兰州装备公司研制的国内首台40吨窄轨交流变频传动工矿电机车正式竣工。

20日 经职工代表大会选举，林万里当选为中国北车股份有限公司职工董事，陈方平当选为职工监事。

24日 国产“和谐号”CRH_3型动车组在京津城际铁路运行试验中创出时速394.3公里最高速度。

25日 中共中央总书记、国家主席、中央军委主席胡锦涛乘坐中国北车集团公司研制的CRH_3型高速列车和北京机场线轻轨车辆，实地考察北京市奥运会配套交通设施。

25日 中国北车股份有限公司召开创立大会暨2008年第一次股东大会，崔殿国、王立刚、奚国华、秦家铭、张忠、陈丽芬、邵瑛、张新民当选为董事会成员；董宇、朱三华当选为监事会成员。

25 日　中国北车股份有限公司召开一届一次董事会会议，崔殿国当选为董事长，王立刚当选为副董事长，聘任奚国华为总裁，聘任赵光兴、孙锴为副总裁，聘任高志为财务总监。

25 日　中国北车股份有限公司召开一届一次监事会会议，董宇当选为监事会主席。

26 日　国务院国资委下发《关于设立中国北车股份有限公司的批复》（国资改革［2008］570 号），同意设立中国北车股份有限公司。

26 日　中国北车股份有限公司在国家工商总局正式注册。

同月　大连所公司与大连公交集团电车工厂自主研发、联合制造的大连市 201 号线用 70% 低地板现代有轨电车首台车顺利通过线路试验。

同月　由长客股份公司生产的我国首列集试验、检测、办公于一体的具有世界一流技术水平的 250 公里/小时综合检测车完成 5000 公里正线试验，各项数据均达到设计要求。

同月　太原装备公司签订 1 台出口马来西亚的 TY2T－C300 型接触网作业车合同。

7　月

2 日　大连机辆公司与美国 EMD 内燃机车公司联合设计制造的首台和谐 N3 型大功率交流传动内燃机车正式下线。

8 日　全国政协副主席、科学技术部部长万钢在京津城际线全程体验唐山客车公司研制的CRH3 型动车组。

14 日　中共中央政治局常委、全国人大常委会委员长吴邦国在中共中央政治局委员、全国人大常委会副委员长王兆国，全国人大常委会副委员长兼秘书长李建国等陪同下，乘坐唐山客车公司研制的CRH3 型高速列车考察京津城际铁路。

14 日　大连机辆公司为刚果（金）设计制造的首批 2 台CKD7C 型内燃机车下线。

17 日　中国北车股份有限公司在北京成立并举行揭牌仪式。

17 日　中国北车股份有限公司召开经营管理座谈会，总裁奚国华在会上阐述了股份公司“三步走”发展战略目标。

19 日　北京地铁 10 号线一期、奥运支线和机场线三条轨道新线正式通车，这三条新线路所采用车辆均由长客股份公司提供。

21 日　中共中央政治局常委、全国政协主席贾庆林在中共中央政治局委员、全国政协副主席王刚，全国政协副主席兼秘书长钱运录，全国政协副主席郑万通等陪同下，视察唐山客车公司研制的CRH3 型高速列车。

21 日　长客股份公司签订上海高速磁浮国产化样车许可制造供货与服务合同。

22 日　香港特别行政区长官曾荫权率香港特区东北三省考察团到长客股份公司访问。

22 日　二七装备公司首台自主生产的和谐 D3 型大功率交流传动电力机车开始型式试验。

31日 中国北车大连电力牵引研发中心与北京交通大学签订产学研战略联盟协议。

同月 永济电机公司自主研制完成风力发电机组核心控制装置——风电变频器，并通过地面满功率联调试验。

同月 永济电机公司联合株式会社日立制作所、住友商事株式会社、日立永济电气设备（西安）有限公司在西安地铁二号线一期工程车辆电气牵引系统采购项目中一举中标。

同月 长客股份公司、唐山客车公司被正式命名为国家级“创新型企业”。

同月 中国北车集团公司工会、四方所公司工会被授予“全国模范职工之家”称号。

同月 齐齐哈尔装备公司与新西兰签订100辆集装箱平车的出口合同，中国铁路货车首次出口新西兰。

8 月

1日 唐山客车公司研制的两列CRH3型动车组在京津城际铁路正式通车运营时担纲京津两地首发车，中共中央政治局委员、国务院副总理张德江，中共中央政治局委员、北京市委书记刘淇，中共中央政治局委员、天津市委书记张高丽和铁道部部长刘志军等领导参加仪式并为首发CRH3型动车组剪彩。

1日 自即日起，中国北车研制生产的和谐D2型电力机车正式担当大秦线两万吨重载组合列车牵引运营任务。

3日 中共中央政治局常委、中央纪委书记贺国强在吉林省委书记王珉、省长韩长赋等省市领导陪同下，到长客股份公司视察。

3～5日 中国北车股份有限公司劳资培训工作会议在哈尔滨召开，副总裁赵光兴作题为《适应新体系，开创新局面，为打造具有国际竞争力的新北车作出更大贡献》的工作报告。

17日 中共中央政治局常委李长春在铁道部部长刘志军陪同下，视察唐山客车公司研制的CRH3型高速列车。

18日 中共中央政治局常委、国务院副总理李克强在铁道部部长刘志军陪同下，视察唐山客车公司研制的CRH3型高速列车。

18日 集团公司党委一届八次全委会在大连召开，王立刚代表集团公司第一届党委常委会向全委会作题为《加强党建工作，提升经营绩效，为确保实现股份公司上市目标而努力奋斗》的工作报告；会议审议通过了《关于召开中国北车集团第二次党代会的决议》。

19日 中国北车企业文化建设工作会议在大连召开，党委副书记林万里作题为《打造优秀“牵引”文化，叫响“中国北车”品牌，为实现“三步走”战略目标提供强有力的文化支撑》的工作报告；总裁奚国华宣读关于发布《中国北车企业文化手册》理念文化（MI）手册和形象文化（VI）分册两个通知。

25日 中共中央政治局常委、中央纪委书记贺国强在铁道部部长刘志军陪同下，视察唐山客车公司研制的CRH3型高速列车。

29日 中共中央政治局常委、中央政法委书记周永康在铁道部部长刘志军陪同下，视察唐山客车公司研制的CRH3型高速列车。

9 月

2日 中共中央政治局委员、国务院副总理王岐山在吉林省委书记王珉陪同下，参观出席中国吉林东北亚投资贸易博览会的长客股份公司展位。

2日 永济电机公司入选首批山西省知识产权百强企业培育工程单位。

5日 中国北车集团公司成功发行27亿元短期融资券。

10日 全国人大常委会副委员长、中国科学院院长路甬祥到长客股份公司视察。

16日 沈阳北车西屋轨道制动技术有限公司在沈阳成立。

16~17日 集团公司纪委在同车公司召开纪委书记座谈会。

17~18日 集团公司第一次存续企业工作会议暨房改物业管理工作座谈会在齐齐哈尔召开。

19日 长客股份公司研制的首列国产化深圳地铁A型车辆下线，填补了国内企业自主研制国产化A型地铁车的空白。

23日 中国北车股份有限公司召开2008年第一次临时股东大会，审议通过了根据《上市公司章程指引》等法律、行政法规及规范性文件修改后的《公司章程》。

23日 中国北车股份有限公司首次亮相德国柏林国际轨道交通技术展览会。

27日 中共中央政治局常委、国务院总理温家宝在铁道部部长刘志军陪同下，视察唐山客车公司制造的CRH3型高速列车。

27日 驻唐山客车公司CRH3项目西门子总协调人迈克尔·威斯特博士荣获2008年度国家“友谊奖”。

10 月

6日 中国北车集团公司和中国北车股份有限公司总部迁至北京市丰台区芳城园一区15号楼。

10日 中国证监会决定对中国北车股份有限公司《首次公开发行股票》行政许可申请予以受理。

12日 永济电机公司与西南交通大学签署战略合作协议。

17日 长客股份公司为沈阳地铁一号线研制的首列地铁客车正式下线。

19日 中共中央政治局常委、全国政协主席贾庆林到长客股份公司视察。

23日 长客股份公司签订108辆珠江三角洲城际快速轨道交通广州至佛山段新型地铁客车采购合同，合同总金额6.45亿元。

25日 全国政协副主席、科学技术部部长万钢到长客股份公司视察。

25日 二七装备公司第二批出口古巴的40台内燃机车全部发往天津港启运。

同月 齐齐哈尔装备公司申请的国家科学技术支撑计划“160~200公里/小时高速货车转向架及其配套系列货车研制”项目获得国家科学技术部正式批复。

同月 永济电机公司与新西兰铁路公司签订120台内燃机车牵引电机出口合同，创下中国机电制造企业内燃机车牵引电机单批出口数量之最。

11 月

2日 长客股份公司研制的深圳地铁首列国产化A型车辆在深圳竹林车辆基地举行了交车仪式。

3日 国家知识产权局批准永济电机公司设立全国专利工作交流站并授牌，永济电机公司成为首批设立全国专利工作交流站的企业之一。

6日 大连机辆公司研制的首列不锈钢城轨车下线。

17日 中国北车股份有限公司下发通知，决定由中国北车股份有限公司与中铁工程咨询集团有限公司共同出资，设立北京北车中铁轨道交通科技发展有限公司。

19日 中国北车所属12家企业38个单位的改制分流方案获得国资委、人力资源和社会保障部、财政部的联合批复，这是中国北车第四批也是最后一批859改制方案。

23日 中共中央政治局委员、全国政协副主席王刚到长客股份公司视察。

25日 长客股份公司与西安市地下铁道有限责任公司签订西安地铁二号线一期工程22列、总计132辆新型地铁客车的合同。

28～30日 中国北车2008年度决算工作暨2009年度财务工作会议在北京召开。

12 月

1日 大连机辆公司出口缅甸的20台CKD7B型电传动内燃机车全部交付。

1日 永济电机公司负责起草的我国石油天然气行业标准《石油钻机用电气设备规范第1部分：主电动机》和机械行业标准《高原铁路机车用旋转电机 技术要求》两项标准在全国范围内实施。

3日 中国北车股份有限公司下发《关于开展“四清两降”工作的通知》（北车股份财［2008］101号）。

4日 中国北车股份有限公司与大连市政府签订战略合作框架协议。

8日 中国共产党中国北方机车车辆工业集团公司第二次代表大会在北京召开。王立刚代表第一届委员会作题为《贯彻落实科学发展观，加强党的先进性建设，为把中国北车打造成为轨道交通装备行业世界级企业而奋斗》的工作报告；林万里代表集团公司纪委作题为《全面履行党章赋予职责，整体推进反腐倡廉建设，为中国北车又好又快发展提供有力保证》的工作报告。大会将“三步走”发展战略目标正式确定为中国北车的行动纲领，选举产生了集团公司第二届党的委员会和纪律检查委员会。

10日 长客股份公司与香港铁路有限公司签订10列共计80辆国际一流水准的地铁客车合同。

15日 同车公司生产的和谐D2型0180号电力机车一次落车成功。

23日 中国北车股份有限公司与太原市人民政府签署框架协议。

26日 中国北车股份有限公司召开高技能人才队伍建设推进会，表彰了100名拔尖技术能手、5个高技能人才培育先进单位和25名高技能培训先进个人。

26日 四方所公司产业园正式开园,2.2万平方米新建减振厂房剪彩启用。

28日 在全国扶贫工作会议上,中国北车集团公司被评为“国家定点扶贫先进集体”。

29日 大连机辆公司研制的、拥有自主知识产权的首台和谐型9600千瓦大功率交流传动货运电力机车在大连下线。

同月 齐齐哈尔装备公司自主研发并拥有完全自主知识产权的铁路货车第三次重大升级换代产品C_{70}型通用敞车被列入国家重点新产品计划项目。

(陈建强 供稿)

概况

责任编辑　韩长城

行政工作概述

党群工作概述

中国北车集团公司总部机构设置

中国北车股份有限公司总部机构设置

中国北车集团公司领导成员名单

中国北车集团公司副总师级、总师助理领导名单

中国北车集团公司总部部室负责人名单

中国北车股份有限公司法人治理结构组成人员名单

中国北车股份有限公司党委常委名单

中国北车股份有限公司其他领导人员名单

中国北车股份有限公司总裁助理、副总师级、总师助理领导名单

中国北车股份有限公司总部部室负责人名单

中国北车股份有限公司事业部负责人名单

行政工作概述

【综述】 2008年是中国北车发展史上不平凡的一年。公司上下紧紧抓住改制上市这个第一要务，紧紧抓住提高经济效益这个中心不动摇，积极应对宏观经济形势的变化，以“更快、更高、更强”的追求，采取有力措施，克服重重困难，整体改制取得实质性突破，经营业绩再创历史性新高。中国北车股份有限公司的成立，标志着中国北车在体制机制创新，打造具有国际竞争力的现代企业方面进入到一个新的阶段。

【生产经营】 为确保2008年生产经营持续、快速、稳定增长，为改制上市创造良好条件，4月在集团公司经营管理工作会议上，与所属企业签订了2008年度效绩目标责任书。股份公司成立后，继续采取一系列措施，确保业绩快速增长。在成立大会当天就召开经营管理座谈会，与各事业部及各企业签订效绩目标责任书；9月根据经营形势召开部分企业经营座谈会，再次追加部分企业的考核净利润指标；每个月召开运营分析会，研究形势，寻找差距，制订对策。各事业部及所属各企业认真执行股份公司的战略部署和考核规定，在市场开拓、成本控制、质量管理等方面开展卓有成效的工作，积极主动想办法，千方百计挖潜力，经济效益不断提升。根据集团公司合并报表的有关数据，全年实现营业收入368.9亿元，比上年增长25.1%；实现主营业务收入331.3亿元，比上年增长22.4%；实现利润总额13.91亿元，比上年增长169.1%；实现归属于母公司所有者的净利润10.84亿元，比上年增长108.1%。全面超额完成国资委下达的经营业绩考核指标。

【改制上市工作】 2008年3月24日，经国务院同意，国务院国资委批复了北车集团重组改制上市整体方案。6月26日，国务院国资委批准设立中国北车股份有限公司，同日，股份公司在国家工商总局正式注册。7月1日正式开始运作；7月17日，举行了揭牌仪式暨成立大会。为加快推进公司上市进程，股份公司成立后，对上市阶段的工作机构重新进行了调整，明确了各自的主要职责。各工作小组积极与国家有关部委、各中介机构联系沟通，按照责任分工，倒排计划，抓紧做好各项工作。通过股份公司上下共同努力，首次公开发行A股股票并上市的申请和招股说明书于9月26日上报证监会，上市工作进入到证监会审批阶段。建立了公司权力机构、决策机构、监督机构与经理层之间权责分明、各司其职、有效制衡、科学决策、协调运作的法人治理结构。公司运营体制和管理机制发生了深刻的变革，向建立现代企业制度迈出了实质性步伐。

【市场开拓】 全年中国北车制造的和谐型大功率电力机车共计交付304台，市场占有率达到80.2%，机车战略超越在规模上取得了标志性的成功。国产化CRH5型动车组批量投入运营，共计交付45列；CRH3型动车组投入小批量运营，并创造了时速394.3公里的最高试验速度。高速动车组、大功率机车的后续订单正在积极谈判中，在铁路机车车辆传统市场招议标中继续保持较高的市场份额。积极开拓城轨地铁市场，相继取得近10个城轨项目订单。为北京奥运会提供的近千辆地铁车辆运行状态稳定可靠，得到了用户及中外乘客的高度赞扬。香港地铁项目的中标，标志着中国北车已具备了与世界一流轨道客车制造商同台竞争的实力，对中国城市轨道交通装备制造业来说具有里程碑的意义。大力开拓相关多元市场，不断加大柴油机、电机电器以及钢结构等产品市场拓展力度，共签订船用柴油机、发电机组销售合同60台（套），合同额2.6亿元；风力发电机、油田电机、挖掘机电机等产品实现销售收入11亿元；风电塔筒大型钢结构、环保产品、智能机械等相关产业实现销售收入5亿元。大力开拓国际市场，在巩固传统市场的基础上，不断拓展新兴市场，努力增加自营出口数量，全年成交额首次突破11亿美元，实现销售收入20.4亿元人民币，再创历史新高。

【技术创新】 中国北车以消化吸收再创新和自主创新为主线，在突破核心技术、建立创新体系、构建产品技术平台等方面取得了新成效。大功率交流传动电力机车和高速动车组批量投入运营。250公里/小时综合检测列车投入使用。国内首台国产化和谐3型大功率交流传动内燃机车、自主研制的6轴9600千瓦大功率交流传动货运电力机车成功下线。具有国际先进水平的高速动车组、大功率交流传动电力机车、内燃机车等产品技术平台基本形成。路基处理车和钢轨打磨列车两个大型养路机械项目进展顺利。继续加强自主研发力度，形成了电力机车网络控制系统、钢轨打磨车网络控制系统的自主创新能力和相关产品配套能力。具有自主知识产权的200公里/小时客运电力机车实现了年内落车目标。100%低地板轻轨系统等一批重要项目有序进行。继续领跑货车，完成了一大批货车新产品的开发。承担了国家科技支撑计划时速160~200公里高速货车转向架及其配套系列货车研制项目。2008年，股份公司及所属企业共获得国家有关部委科技项目支持近7000万元。积极组织申报机车电力牵引与控制国家重点实验室。抓好以专利为重点的知识产权工作。当年累计申报专利805项，比上年增长220%；其中发明专利151项，比上年增长236%。截至2008年底，公司共有专利1459项，其中发明专利238项。

【战略管控】 为适应股份制改革，推进战略目标的实现，对公司组织架构进行调整，进一步明确了股份公司总部“战略管控”的定位。建立健全了一系列基本管理制度和内控制度。强化目标牵引，提出了“三步走”的发展战略。围绕战略导向，编制股份公司中长期发展规划，研究确定了股份公司募集资金的投资项目。紧紧抓住国家扩大内需应对国际金融危机的有利机遇，依托地域和产业优势，相继与长春、大连、太原、西安、济南市等地方政府签署了战略合作框架协议，为公司进一步实施产业、产品结构调整，优化资源配置，加快轨道交通装备及相关多元产业发展创造了良好环境和有利条件。坚持战略管理与效绩管理相结合，根据公司上市和发展需要，对效绩指标进行了适时调增。坚持目标管理与过程控制相结合，持续抓好重点效绩指标的动态监控与考核。坚持效绩考核与持续改进相结合，在按月考核通报的基础上，更加重视和加强月度运营情况的分析。结合月度绩效考核，对完不成指标的企业领导人员给予警示、通报批评或诫勉谈话。根据运营中发现的问题，以财务系统为主导组成工作组，以纪委监察、审计系统为主导组成督导组，迅速启动“四清两降”工作，并取得阶段性成效。加强和规范用工管理，劳动效率不断提高。强化工资总量调控，完善分配机制，工资发放在符合两低于原则下实现适度增长。

【整体信息化建设】 国际一流的数据中心在总部投入使用，广域数据专网覆盖整个集团，信息标准化体系初步构建，为全面推进全集团资源共享奠定了基础；办公自动化系统全面升级，提供了高效协同的办公平台；IP电话及视频会议系统全面开通，促进了办公效率的进一步提升；新版网站于股份公司挂牌之日正式开通，有效加强了中国北车的整体意识；企业资源计划（ERP）项目实施，助推客车业务板块形成合力，整合运作效果明显；货车业务板块企业资源计划（ERP）项目按总体规划启动，为货车持续领跑增加新的优势。在2007年度国资委145家中央企业信息化水平评价中排名第24位，机械行业排名第一，被评为B级企业。信息化建设逐步从各企业分散建设、孤立应用阶段向整个集团集中统一建设方向转变，信息化建设的支持服务作用进一步增强。

【事业部建设】 根据新的管控模式和整合发展的需要，股份公司成立后，新设了8个事业部。按照“明确目标，分步实施；积极探索，稳步推进；逐步授权，规范运作”的原则，事业部各项建设工作有序推进。按照精干原则，明确各事业部日常工作负责人和综合管理部门负责人，做好与股份公司总部和成员企业的业务对接。积极组织开展以事业部为单元的月度运营情况分析。积极研究探索事业部内业务整合与资源重组，事业部建设起到积极的带动作用。机车与动力事业部通过业务联合，扩大产能，不断提高市场占有率。轨道客车事业部团队合力明显提升。货车车辆事业部齐心协力开拓市场，规避内部竞争，着力资源共享，有效降低了企业间的技术转移壁垒。机电产品事业部注重内部资源整合，产业结构调整步伐明显加快。工程机械事业部不等不靠、主动出击，成绩突出。海外事业部面对全球金融危机的冲击和国际市场的严峻形势，信心不减，出口签约再创新高。物流事业部经营规模逐年翻番。研究院积极进取，各项工作卓有成效。各个企业的负责人作为事业部建设的重要参与者和实践者，积极推动事业部建设，切实做好生产经营各项工作，保证了经营管理的有效衔接和经济效益的持续增长。

（陈建强　供稿）

党群工作概述

【综述】 2008年，是中国北车全面贯彻落实党的十七大精神的第一年，也是中国北车生产经营成果丰硕、整体改制工作取得突破性进展的一年。公司总部和各企业认真贯彻落实年初工作会议暨一届七次党委（扩大）会议部署，采取有力措施，克服重重困难，生产经营和改制上市工作稳步推进，党建和思想政治工作作用有效发挥，保持了快速发展和谐稳定的良好局面。

【党的先进性建设】 中国北车各级党组织把学习贯彻党的十七大精神作为首要政治任务。以领导干部为重点，充分发挥各级领导班子和党委理论学习中心组的示范带头作用，深刻领会科学发展观的精神实质，切实把学习成果转化为推动工作的动力。坚持学用结合，用科学发展观指导工作实践，积极参与企业重大问题决策，紧紧抓住生产经营、改革改制、主辅分离、结构调整等重点工作，把方向、议大事，确保政令畅通和决策落实，充分发挥了政治核心和组织保证作用。各企业党委以建设和谐企业、促进科学发展为目标，主动适应形势变化，不断创新党建工作，进一步增强了党组织和党员队伍的先进性。“双培”、“创争”等主题实践活动扎实推进，措施得力，效果明显。一批党组织和共产党员分别受到国资委党委和地方省市党委的表彰。成功召开了集团公司第二次党代会，确定了“三步走”发展战略目标，明确了今后四年党建和思想政治工作的主要任务，选举产生了新一届党委会和纪律检查委员会。

【领导班子和人才队伍建设】 中国北车各级党组织认真贯彻党管干部、党管人才原则，围绕抓班子、带队伍、建机制，做了大量工作。大力加强领导班子建设，不断深化“四好”班子创建活动，集团公司首次表彰了4个企业“四好”领导班子和54个基层单位“四好”领导班子。加强对企业领导班子考察考核，推进竞聘上岗、述职述廉和岗位交流，调整领导人员56名，其中提拔使用23名，岗位交流26名，组织5个企业10名党政正职到京述职。推进人才强企战略，企业领导人员队伍、经营管理者人才队伍、专业技术人才队伍和高技能人才队伍建设得到进一步加强。根据集团公司整体改制上市要求，调整了一人公司与存续企业法人治理组成人员，明确了企业党组织的隶属关系。根据股份公司组织架构，竞聘和调配总部部室人员，保证股份公司高效有序运转。

【宣传思想和企业文化建设】 中国北车各级党组织以提升北车形象、培育优秀文化为重点，围绕重大事件，抓住有利时机，强化工作落实，对外宣传工作取得新突破，企业文化建设取得新进展。各企业紧紧围绕集团公司改制上市和生产经营工作，开展了各具特色的形势任务教育活动，促进了生产经营目标实现，企业凝聚力进一步增强。集团公司和各企业加强重大事件报道及重点新闻策划，先后组织了350公里/小时动车组下线、北车香港城轨车签约等多个宣传专题，经中央及地方有关媒体广泛报道，提升了北车形象。《中国北车报道》在丰富内容、增强时效性等方面有了新的突破，实现了班组全覆盖。加强党建和思想政治工作研究，形成和推广了一批有价值的研究成果。以“文明和谐”为主题，群众性精神文明创建活动蓬勃开展。大力推进企业文化建设，确立北车核心理念，实施《中国北车企业文化建设三年规划》。各企业按照集团统一要求，积极贯彻落实北车企业文化理念体系和形象体系，统一的北车文化凝聚和倍增效应正在逐步体现。

【党风建设和反腐倡廉工作】 集团公司党委坚持把党风建设和反腐倡廉工作作为企业持续健康发展的重要保证，党风建设和反腐倡廉工作得到切实加强。各级纪检监察部门以党员领导干部为重点，加强廉洁文化建设，开展了反腐倡廉理论、廉洁从业、典型案例教育。加大惩防体系建设工作落实力度，制定实施《建立健全惩治和预防腐败体系2008～2012年工作规划的实施方案》。加强反腐倡廉制度建设，通过制度制约和规范，从源头上有效防止了违纪行为和腐败现象发生。认真落实国有企业领导人员廉洁自律“七项要求”，加强企业领导人员监督管理。深入开展“三重一大”集体决策制度自查自纠工作，大力推进效能监察工作，充分发挥纪检监察机构在推进重大决策、重点工作落实和提升管理效能中的作用。及时跟进集团公司工作部署，开展了“四清两降”专项效能监察。年内，全集团共立案23件，结案23件，处分党员干部36人。

【群团工作】 中国北车各级工会组织以落实职代会各项职权为重点，不断完善职工代表大会制度，配合改制上市工作，召开了集团公司第二次职工代表大会。贯彻落实《劳动合同法》，不断完善劳动合同和集体合同制度，发展和谐劳动关系。深入推进“创建学习型组织、争做知识型职工”活动，促进企业管理，提升职工素质。深入开展送温暖活动，不断完善困难救助、爱心助学和医疗补充救助三项机制。集团公司工会编辑出版了《感动北车》。各企业工会围绕生产经营的重点和难点，广泛开展了职工经济技术创新活动和劳动竞赛活动。共青团组织深入学习贯彻团的十六大精神，以提高青年综合素质为重点，以“我与北车同发展”主题实践活动为主线，继续深入推进思想筑基、文明先锋、学习成才、创新创效、团建创新行动，十大杰出青年评选、技术创新百点计划、青年志愿服务等一批具有北车特色的共青团工作品牌活动持续深化，在推进企业发展、促进青年成长方面发挥了积极作用。

【履行社会责任】　中国北车认真贯彻落实国务院国资委《关于中央企业履行社会责任的指导意见》，注重资源节约，推进节能减排，加大环保投入，实施清洁生产，建设环境友好型企业。积极响应党和国家号召，主动参与抢险救灾、扶贫捐助等社会公益事业。切实做好定点帮扶工作，集团公司被国务院授予全国定点扶贫开发工作先进集体荣誉称号。面对汶川特大地震等自然灾害，集团公司及所属各企业以实际行动支援灾区建设，受到国资委和有关省市的表彰。全集团党员共缴纳特殊党费441万元，集团公司总部和各企业共捐款1000多万元。积极参与奥运服务，北车奥运志愿者集体被评为“奥运金牌志愿团队”，充分展示出中国北车勇于承担社会责任的中央企业形象。各企业按照构建和谐企业、促进社会和谐的总体要求，认真落实党中央、国务院国资委以及集团公司关于维护稳定的一系列工作要求，切实做好维护稳定工作。特别是在北京奥运会期间，各级组织认真落实应急预案和值班制度，做到信息畅通，反应迅速，处置妥善有力，保持了和谐稳定的良好局面。

（陈建强　供稿）

中国北车集团公司总部机构设置

(2008年1~7月)

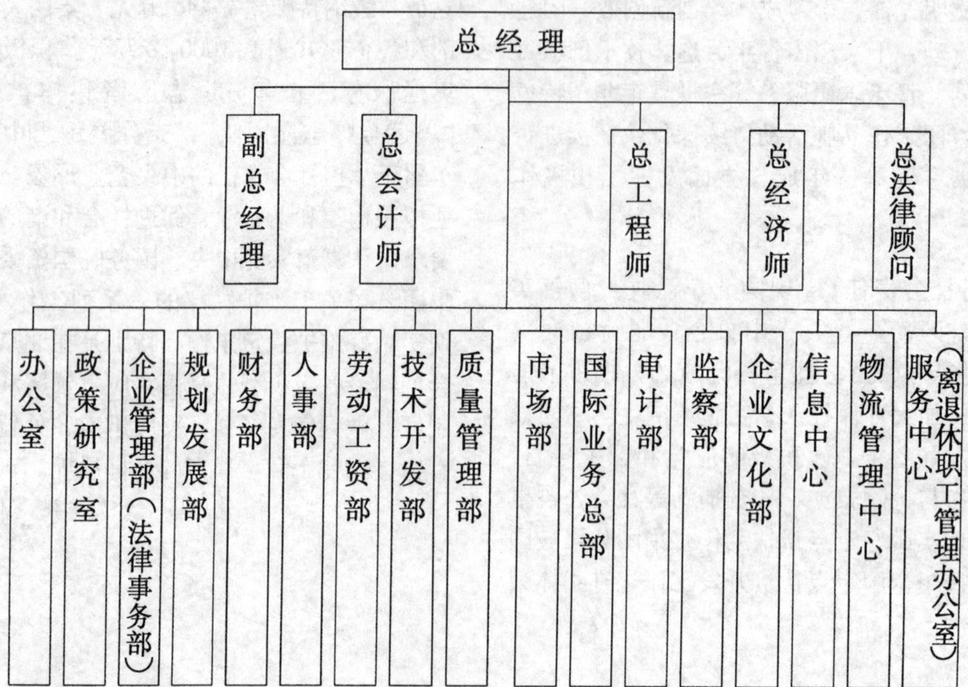

注:1. 人事部与党委组织部、党委干部部为一个机构;企业管理部与法律事务部、企业文化部与党委宣传部、服务中心与离退休职工管理办公室均为一个机构两块牌子。

2. 监察部与纪委合署办公。

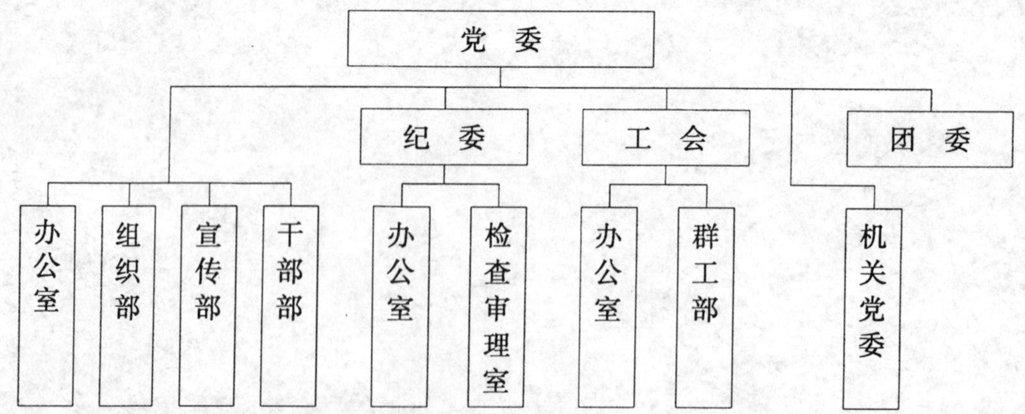

注:1. 党委组织部、党委干部部与人事部为一个机构;党委宣传部与企业文化部为一个机构。

2. 纪委与监察部合署办公。

(王光建 供稿)

（2008 年 7 月后）

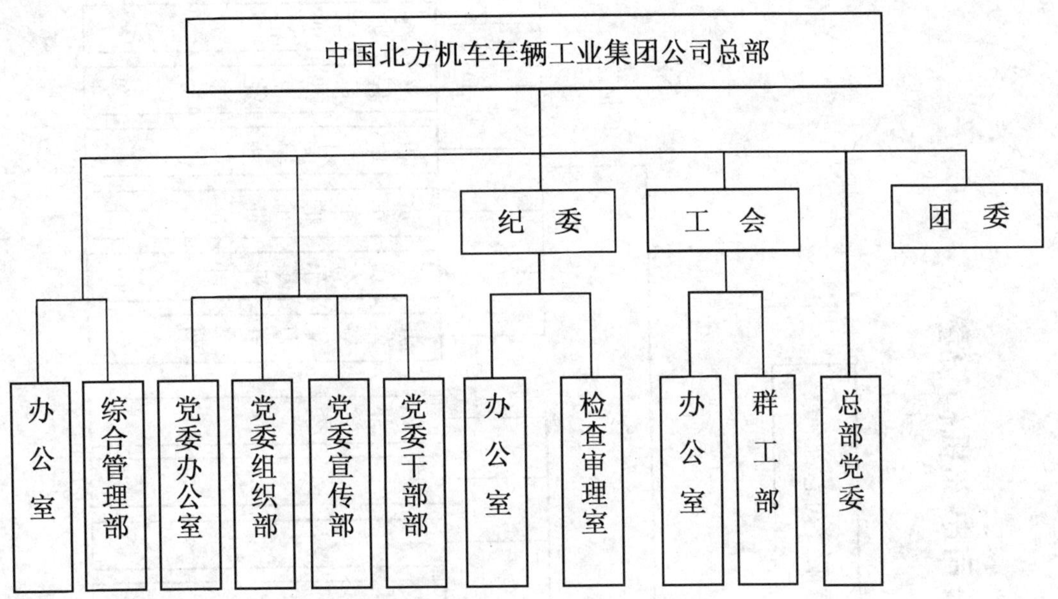

注：办公室与党委办公室、党委组织部与党委干部部，均为一个机构两块牌子。

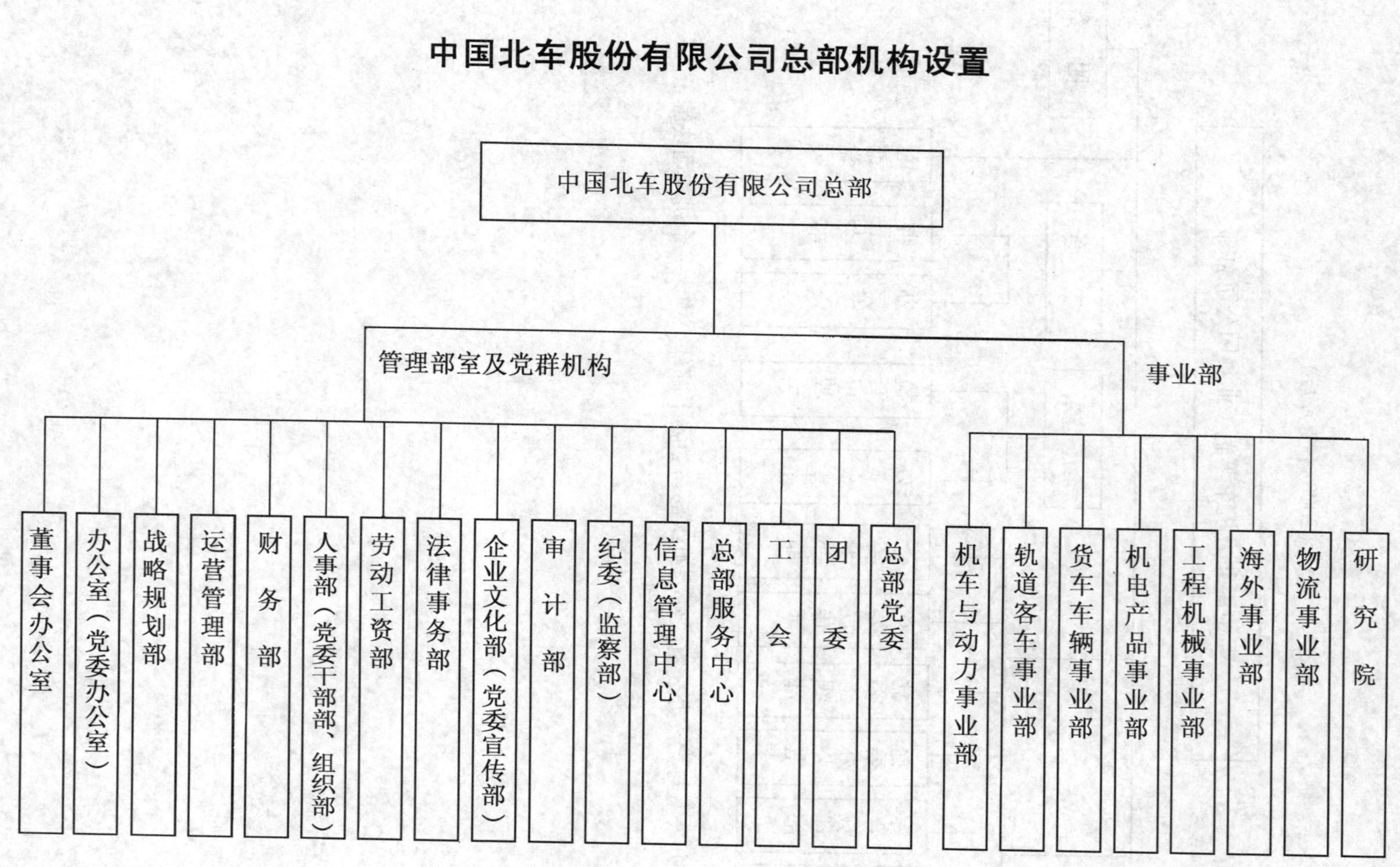
中国北车股份有限公司总部机构设置
中国北车股份有限公司总部
管理部室及党群机构
事业部
董事会办公室
办公室（党委办公室）
战略规划部
运营管理部
财务部
人事部（党委干部部、组织部）
劳动工资部
法律事务部
企业文化部（党委宣传部）
审计部
纪委（监察部）
信息管理中心
总部服务中心
工会
团委
总部党委
机车与动力事业部
轨道客车事业部
货车车辆事业部
机电产品事业部
工程机械事业部
海外事业部
物流事业部
研究院

中国北车集团公司领导成员名单

（2008 年 1～7 月）

崔殿国　总经理、党委副书记

王立刚　党委书记、副总经理

赵光兴　党委常委、副总经理

孙　锴　党委常委、副总经理

奚国华　党委常委、副总经理兼总工程师

高　志　党委常委、总会计师

林万里　党委副书记、纪委书记

刘克鲜　总经济师、总法律顾问

董　宇　工会主席

（7 月 7 日后）

总　经　理　崔殿国

党委书记　王立刚

党委副书记　崔殿国　林万里

党委常委　奚国华　赵光兴　孙　锴　高　志

纪委书记　林万里

工会主席　董　宇

中国北车集团公司副总师级、总师助理领导名单

(2008 年 1 ~7 月)

副总工程师 王星明 王雁平 石晓丁 那利明

副总经济师 曹国炳

纪委副书记 陈方平

工会副主席 张双成

总工程师助理 安春生 谢步明 黄俊辉

总经济师助理 何凤华 程冬然 张振翔 陈大勇

总会计师助理 朱三华

(7 月 7 日后)

纪委副书记 陈方平

工会副主席 张双成

中国北车集团公司总部部室负责人名单

行政系统

（2008 年 1 ~7 月）

办公室

主　　任　何凤华（兼）
副 主 任　赵　虎　李海林

政策研究室

副 主 任　李晓思　王利春

企业管理部

部　　长　王怀忠
部长助理　张德华　陈晓毅

法律事务部

主　　任　王怀忠（兼）

规划发展部

部　　长　王雁平（兼）
副 部 长　曹卫东
部长助理　燕汉民　张　纯

财务部

部　　长　鄢德佳
副 部 长　王　健　陆建洲
部长助理　张　玲

人事部

部　　长　程冬然（兼）
副 部 长　王光建（常务）　姚国玲
　　　　　张之明
部长助理　张利明

劳动工资部

部　　长　郭法娥
副 部 长　钱士明　赵　莉

技术开发部

部　　长　梁　兵
副 部 长　任　健

质量管理部

部　　长　安春生（兼）
副 部 长　富荣彪
部长助理　陆　浔

市场部

部　　长　张振翔（兼）
副 部 长　张　军　冯　琳

国际业务总部

部　　长　曹国炳（兼）
副 部 长　陈大勇（常务）

物流管理中心

主　　任　梁　弢
副 主 任　张艳霞　杜鹏远

审计部

部　　长　张继良（1 月 31 日退休）
　　　　　朱三华（兼，1 月 31 日任）

信息中心

主　　任　唐献康
副 主 任　王顺强

企业文化部

部　　长　谭晓峰
副 部 长　郎　杰(3月12日任)

监察部

部　　长　张维新(1月31日退休)
　　　　　陈之琇(2月5日任)
部长助理　王　勇(2月5日任)

服务中心(离退休职工管理办公室)

主　　任　王　树
副 主 任　徐建刚　安新建

(7月7日后)

综合管理部

部　　长　李晓思
副 部 长　王利春(常务)

党　群　系　统

(2008年1~12月)

党委办公室

主　　任　何凤华(兼)
副 主 任　赵　虎　李海林

党委组织部

部　　长　程冬然
副 部 长　王光建(常务)　姚国玲
　　　　　张之明
部长助理　张利明

党委宣传部

部　　长　谭晓峰
副 部 长　郎　杰(3月13日任)

党委干部部

部　　长　程冬然(兼)
副 部 长　王光建(常务)　姚国玲
　　　　　张之明
部长助理　张利明

纪委办公室

主　　任　张维新(1月31日退休)
　　　　　陈之琇(2月5日任)

纪委检查审理室

主　　任　何素清(1月31日退休)
　　　　　王　勇(2月5日任)

工会办公室

主　　任　陈之琇(2月5日免)
　　　　　刘　智(3月13日任)

工会群工部

部　　长　张毅峰(10月31日退休)

团　委

书　　记　谭晓峰(2月5日免)
　　　　　魏　东(2月5日任)

总部党委

书　　记　林万里(兼)
副 书 记　戴庆珍　何凤华(兼)

中国北车股份有限公司法人治理结构组成人员名单

一、董事会

董　事　长　崔殿国

副董事长　王立刚

执行董事　奚国华

职工董事　林万里

独立非执行董事　秦家铭　张　忠　陈丽芬　邵　瑛　张新民

二、监事会

监事会主席　董　宇（10 月 10 日辞职）　刘克鲜（10 月 10 日任）

职工监事　陈方平

监　　事　朱三华

三、经营班子

总　　裁　奚国华

副 总 裁　赵光兴　孙　锴　高　志（8 月 11 日任）

财务总监　高　志

（除标明日期外，均为 2008 年 7 月 4 日任）

中国北车股份有限公司党委常委名单

党委书记　王立刚

党委副书记　崔殿国　林万里

党委常委　奚国华　赵光兴　孙　锴　高　志

纪委书记　林万里（兼）

中国北车股份有限公司其他领导人员名单

总经济师、总法律顾问　刘克鲜（9月25日免）

工会主席　董　宇

总工程师　孙永才（12月23日任）

董事会秘书　谢纪龙（8月11日任）

（除标明日期外，均为7月7日任）

中国北车股份有限公司总裁助理、副总师级、总师助理领导名单

总裁助理　孙喜运　董晓峰　魏　岩　石晓丁

副总工程师　王星明　张振翔　黄俊辉

副总经济师　王雁平　曹国炳　那利明　何凤华　程冬然

纪委副书记　陈方平

工会副主席　张双成

总工程师助理　谢步明　安春生　梁　兵

总经济师助理　陈大勇　梁　弢

总会计师助理　朱三华

（均为7月7日任）

中国北车股份有限公司总部部室负责人名单

行政系统

董事会办公室

主　　任　赵　虎

副主任　时景丽(常务,证券事务代表)

办公室

主　　任　何凤华(兼)

副主任　赵　虎(兼)　魏　东(兼)

李海林

战略规划部

部　　长　王雁平(兼)

副部长　燕汉民

运营管理部

部　　长　那利明(兼)

副部长　张　军　富荣彪

财务部

部　　长　鄢德佳

副部长　王　健　陆建洲

张　玲

人事部

部　　长　程冬然(兼)

副部长　王光建(常务)　姚国玲

张之明　张利明

劳动工资部

部　　长　郭法娥

副部长　钱士明(8 月 31 日退休)

赵　莉

法律事务部

部　　长　王怀忠

副部长　陈晓毅

企业文化部

部　　长　谭晓峰

副部长　郎　杰

审计部

部　　长　朱三华(兼)

副部长　冯晋春

监察部

部　　长　陈之瑸

副部长　王　勇

信息管理中心

副主任　王顺强

总部服务中心

主　　任　王　树

副主任　徐建刚　安新建

(除标明日期外,均为 7 月 7 日、7 月 18 日任)

党 群 系 统

党委办公室

主　　任　何凤华(兼)

副主任　赵　虎(兼)　魏　东(兼)

李海林

党委组织部、干部部

部　　长　程冬然(兼)

副部长　王光建(常务)　姚国玲

张之明　张利明

党委宣传部

部　　长　谭晓峰

副部长　郎　杰

纪委办公室

主　　任　陈之瑸

纪委检查审理室

主　　任　王　勇

工会办公室

主　　任　刘　智

工会群工部

部　　长　张毅峰(10 月 31 日退休)

团　委

书　　记　魏　东

总部党委

书　　记　林万里(兼)

副书记　戴庆珍　何凤华(兼)

(除标明日期外,均为 7 月 7 日、7 月 18 日任)

中国北车股份有限公司事业部负责人名单

机车与动力事业部

总 经 理　孙喜运(兼)

副总经理　梁　兵(兼)

轨道客车事业部

总 经 理　董晓峰(兼)

货车车辆事业部

总 经 理　魏　岩(兼)

副总经理　张振翔(兼)

机电产品事业部

筹备组负责人　徐印平

筹备组成员　冯　琳

工程机械事业部

总 经 理　石晓丁(兼)

副总经理　安春生(兼)

海外事业部

总 经 理　曹国炳(兼)

副总经理　陈大勇(兼)　董伦云

王　浩　刘　明

物流事业部

总 经 理　梁　弢(兼)

副总经理　张艳霞　杜鹏远

研究院

总 经 理　谢步明(兼)

副总经理　唐献康(高级)　任　健

(均为7月7日任)

(王光建　供稿)

市场营销与运营管理

责任编辑　韩长城

生产与市场营销

质量管理

安全管理

环保工作

生产与市场营销

【综述】 2008年，中国北车全年新造电力机车311台，比上年增长27.5%；新造内燃机车338台，比上年增长59.4%；新造客车及动车组828辆，比上年减少9.6%；新造货车22607辆，比上年增长20.6%。检修电力机车219台，比上年增长43.1%；检修内燃机车548台，比上年增长1.8%；检修客车1717辆，比上年减少9.5%；检修货车24497辆，比上年减少3.3%。新造城轨车辆439辆，比上年增长15.8%。出口产品实现销售收入20.6亿元，比上年增长74.6%。

股份公司成立后，在延续月度重点效绩指标动态考核的基础上，自9月开始每月召开一次运营分析会，及时对企业的生产运营、市场、财务、投资、劳资、产品质量、安全生产、动态考核等情况进行沟通，及时协调解决生产经营中的问题，有效地发挥了运营监控职能。 （张　臣）

【企业自备车销售】 2008年，中国北车向国内企业销售自备内燃机车244台，比上年增加56台，增幅30%；销售自备电力机车6台，比上年减少19台，减幅76%。向国内企业销售自备货车9316辆，比上年增加2675辆，增幅40.3%。

【机车制造】 中国北车所属企业中，从事铁路机车制造企业共3家，主要生产内燃机车、电力机车及其配件。内燃机车制造企业有大连机辆公司、二七装备公司2家，具备年产内燃机车350台的生产能力。从事电力机车制造的企业有同车公司、大连机辆公司、二七装备公司3家，具有年产电力机车280台的生产能力。

2008年，制造各型内燃机车338台，比上年增加126台，增幅59.4%。其中，大连机辆公司制造213台，二七装备公司制造125台。制造内燃机车各车型数量分别为：东风4B型8台，东风4D各型62台，东风5B型7台，东风5DD型6台，东风7C型23台，东风7G型14台，东风10DD型28台，其他各型190台。

2008年，制造各型电力机车311台，比上年增加67台，增幅27.5%。其中，同车公司制造118台，大连机辆公司制造193台。制造电力机车各车型数量分别为：韶山3型2台，韶山4型4台，和谐D2型112台，和谐D3型192台，其他1台。

【内燃机车修理】 中国北车所属企业中，从事内燃机车修理的有大连机辆公司、二七装备公司、兰州装备公司、唐山装备公司4家企业，具备年修内燃机车550台的生产能力。2008年，内燃机车厂修完成548台，比上年增加10台，增幅1.8%。其中，大连机辆公司完成99台，二七装备公司完成79台，兰州装备公司完成182台，唐山装备公司完成188台。修理各车型数量分别为：东风4B型233台，东风4C型71台，东风4D型127台，东风5型3台，东风7型10台，东风7B型17台，东风7C型45台，东风7D型5台，东风8B型20台，其他17台。

【电力机车修理】 中国北车所属企业中，从事电力机车修理的有太原装备公司、同车公司、兰州装备公司、唐山装备公司4家企业，其生产能力为年修电力机车200台，主要厂修韶山1型、韶山3型、韶山4型、韶山7型、韶山8型、韶山9型等电力机车。2008年，电力机车厂修完成217台，比上年增加64台，增幅41.8%。其中太原装备公司完成198台，同车公司完成10台，兰州装备公司完成6台，唐山装备公司完成3台。修理各车型数量分别为：韶山1型29

台，韶山3型69台，韶山4型27台，韶山7各型50台，韶山8型33台，韶山9型9台。

（于行飞）

【客车及动车组制造】 中国北车所属企业中，从事铁路客车、动车组制造的有长客股份公司、唐山客车公司、大连机辆公司3家企业，具备年生产铁路客车、动车组2000辆的生产能力。

2008年，新造铁路客车564辆，比上年减少160辆，减幅22.1%。其中，长客股份公司生产84辆，唐山客车公司生产480辆。全部采用耐候钢制造，均装有空调装置，其中25T型提速客车生产30辆。

2008年，新造动车组264辆（33组），比上年增加72辆，增幅为37.5%。其中，唐山客车公司生产CRH3型动车组32辆（4列），长客股份公司生产CRH5型动车组232辆（29列）。

【城市轨道车辆制造】 中国北车所属企业中，从事城市轨道车辆制造的有长客股份公司、大连机辆公司、唐山客车公司3家企业，具备年生产城市轨道车辆1000辆的生产能力。2008年，新造城轨车辆439辆，比上年增加60辆，增幅15.8%。其中长客股份公司生产415辆，大连机辆公司生产24辆。

【客车修理】 中国北车所属企业中，从事客车修理的有长客装备公司、唐山装备公司、西安装备公司3家企业，具备年修客车2000辆的能力，均具备空调客车检修资质。2008年，修理客车完成1717辆，比上年减少181辆，减幅9.5%。其中长客装备公司完成693辆、唐山装备公司完成628辆、西安装备公司完成396辆。修理各车型数量分别为：硬座车720辆，硬卧车160辆，餐车72辆，软席车17辆，发电车69辆，其他客车679辆。

（杨楠桢）

【货车制造】 中国北车所属企业中，从事铁路货车制造的有齐齐哈尔装备公司、哈尔滨装备公司、沈车公司、大连机辆公司、太原装备公司、济南装备公司、西安装备公司7家企业，具备年新造铁路货车28500辆的生产能力。2008年，新造铁路货车22607辆，比上年增加3858辆，增幅20.6%。其中，齐齐哈尔装备公司生产10375辆、哈尔滨装备公司生产447辆、沈车公司生产3322辆、大连机辆公司生产40辆、太原装备公司生产1202辆、济南装备公司生产4185辆、西安装备公司生产3036辆。

【货车修理】 中国北车所属企业中，从事货车修理的有齐齐哈尔装备公司、哈尔滨装备公司、沈车公司、太原装备公司、西安装备公司5家企业，具备年厂修货车32000辆的能力。2008年，厂修货车完成24497辆，比上年减少843辆，减幅3.3%。其中，齐齐哈尔装备公司完成2567辆，哈尔滨装备公司完成5098辆，沈车公司完成9409辆，太原装备公司完成3571辆，西安装备公司完成3852辆。修理各车型数量分别为：敞平车12724辆，棚车2181辆，集装箱平车403辆，石碴漏斗车318辆，粮食漏斗车931辆，自翻车40辆，罐车6791辆，长大货车8辆，检衡车9辆，长钢轨车374辆，水泥罐车718辆。完成提速改造货车8399辆，为全面完成国有铁路既有货车提速改造任务作出贡献。

（李春雨）

【配件生产销售】 机电产品事业部机车车辆配件涉及18个产业。其中，当年销售收入超过1000万元的有15个产业，主要是：电气产业8.58亿元，电机产业6.11亿元，增压器产业1.56亿元，货车缓冲器产业1.09亿元，齿轮产业1.05亿元，弹簧产业

7819 万元，减振装置产业 7458 万元，钩缓装置产业 5751 万元，活塞产业 3783 万元，研究试验业务 3500 万元，油泵油嘴产业 2950 万元，箱体铸造产业 2800 万元，制动机产业 2304 万元，散热器产业 1842 万元，传动装置产业 1565 万元。（冯 琳）

【相关多元产品销售】 机电产品方面：永济电机公司工程车产业，包括 45T 电机车、GCD470 轨道车、土渣车、砂浆车等，实现销售收入 508 万元；新市场电机产业，包括挖掘机、电铲车、采煤机电机等，实现销售收入 1122 万元；油田电机产业，包括直流电机、变频调速电机等，实现销售收入 12268. 8 万元；风力发电机产业，包括双馈、永磁等并网发电机，实现销售收入 47943. 6 万元；出口产品实现销售收入 1. 19 亿元。四方所公司工程装备业务实现销售收入 6500 万元，主要包括动车检修地面电源、客车 DC600V 地面电源、空调机组试验台、油压减振器等机车车辆部件试验台产品；城轨车辆电气连接器等机电配件产品实现销售收入 2943 万元。南口机械公司成功开发 TT3 型及 TTU 型螺杆转子、20 立方螺杆压缩机主机、70DB Ⅰ型及Ⅱ型石油机械齿轮箱、济南柴油机厂 14 种系列齿轮、风电塔架法兰等多元产品。其中石油机械产品实现销售收入 2204 万元；大型螺杆转子产品进入施耐德公司、阿尔特公司等市场，实现销售收入 993 万元；全年多元市场实现销售收入 7231 万元。大连所公司已成为 GE 公司增压器叶轮的供应商，将批量为 GE 公司供货；与蒙古客户签订一笔 46 台增压器的销售合同。天津装备公司出口弹簧 365 万元，缓冲器 108. 5 万元，钢板销售 2733 万元。

工程机械产品方面：2008 年，股份公司钢构产品销售收入 15888 万元，工矿车、轨道车、接触网作业车产品等销售收入 12295 万元，环保产品销售收入 6538 万元，智能机械产品销售收入 3800 万元，铁路救援起重机产品销售收入 1198 万元。

（冯 琳 陈明谦）

【国际市场营销】 2008 年，在巩固和保持传统市场的基础上，不断拓展新兴市场，努力增加自营出口数量，充分利用现有销售网络，采用自营与外贸公司合作并举的形式，超额完成年初确定的 8. 5 亿美元出口业务目标。出口伊朗德黑兰地铁公司 455 辆地铁客车和 162 辆双层客车项目于 3 月 26 日在北京签约，合同总金额约 56520 万美元，由长客股份公司承制。齐齐哈尔装备公司自营出口澳大利亚 1680 辆货车，合同总金额 14749. 7 万美元。长客股份公司香港地铁 80 辆车项目，合同总金额 14190. 44 万美元。唐山客车公司签订出口伊朗客车散件项目，合同金额 7073. 55 万美元。长客股份公司签订伊朗私企 64 辆单层客车项目，合同金额约 4771 万美元。中车进出口公司自营出口澳大利亚 84 辆粮食车，合同金额 675. 36 万美元，由齐齐哈尔装备公司承制；自营出口新西兰 100 辆货车，合同总金额 585. 6 万美元，由齐齐哈尔装备公司承制；自营出口马达加斯加 66 辆矿石车，合同总金额 402. 5 万美元，由济南装备公司承制；自营出口澳大利亚 28 个轨枕架和 2 台龙门吊，合同总金额 191. 9 万美元，轨枕架由齐齐哈尔装备公司承制，龙门吊由中铁工程机械设计院承制。出口坦桑尼亚 50 辆油罐车，合同总金额 287. 5 万美元，由西安装备公司承制。出口朝鲜 8 辆客车项目，合同金额 251 万美元，由唐山客车公司承制。出口利比亚 40 辆 K_{13} 型石碴漏斗车项目，合同金额 246. 76 万美元，由太原装备公司承制。出口刚果（布）1 台内燃机车，合同总金额 180 万美元，由二七装备公司承制。出口马来西亚 1 台 TY2T-C300 型接触网作业车，合同总金额 180 万美元，由太原装备公司承制。出口沙特阿拉伯22辆K13型石碴漏斗车项目,合同金额97.09万美元,由太原装备公司承制。出口刚果(布)1辆凹底货车,合同金额26万美元,由齐齐哈尔装备公司承制。出口美国、法国、澳大利亚、印度、新西兰、阿根廷及俄罗斯等国家电机、轮对、车轴、摇枕侧架及其他配件,合同金额合计5561.98万美元,由永济电机公司、同车公司、长客装备公司、天津装备公司、济南装备公司和齐齐哈尔装备公司等企业承制。

(杨雄京)

质 量 管 理

【综述】 2008年，质量管理工作认真贯彻集团公司工作会议精神，结合集团公司“十一五”发展规划，进一步夯实技术基础工作，通过实施产品质量攻关、质量改进和严格过程控制，不断提高产品实物质量。通过组织开展为期4个月的质量安全“大反思、大检查”活动，强化了全体员工质量安全意识。所属企业通过开展管理评审、内部质量审核以及认证机构的外部审核，确保了ISO9001质量管理体系的有效性、充分性和适宜性。在技术引进项目中推行质量控制计划管理，使产品的设计和开发及制造过程得到充分的策划和控制。对供应商实行严格的选择、评价和重新评价制度，有效地提高了外购件的质量；通过开展群众性的质量活动，提高了全体员工的质量意识。全年没有出现重大、大行车责任事故和批量质量问题，保证了铁路运输的安全。

【质量整改】 3月，召开出口古巴机车质量评审会，组织集团公司内有关专家，对二七装备公司出口古巴东风7G-C型机车质量改进、质量计划实施情况和发生的突出质量问题进行了评审，提出评审意见和建议。之后，组织业内专家，制定有针对性的解决方案，实施现场作业监督。3月，组织有关企业对老机车产品轮心裂损问题进行分析研究，决定与北方交通大学共同进行东风4型机车轮心寿命研究。参加铁道部装备部组织的东风4型机车轮心寿命研究结果的评价审查工作。

【产品实物质量】 4月，在铁道部运输局装备部于南昌铁路局南昌车辆段组织的上半年货车质量抽查评比活动中，集团公司所属企业新造和厂修货车保持了较好的评比成绩。其中新造车，济南装备公司、西安装备公司获得并列第三名；厂修货车抽查中，齐齐哈尔装备公司获得第一名，沈车公司获得第三名。在铁道部运输局装备部组织的铁路货车秋季质量鉴定中，集团公司所属企业新造和厂修货车又取得较好的成绩。其中新造车，齐齐哈尔装备公司获得第一名；厂修货车，沈车公司获得第一名，齐齐哈尔装备公司获得第二名，哈尔滨装备公司获得第三名。

【产品质量监督抽查】 年初，集团公司及时转发《铁道部产品质量监督检验计划》，明确要求各企业认真吸取以往在铁道部组织监督抽查中的经验教训，认真落实好所抽查产品标准的适用性及关键项点的质量要求。2008年，铁道部共组织安排348个厂项抽查，合格267个厂项，合格率76.72%；共抽查集团公司所属企业10个厂项，合格8个厂项，合格率80%；没有达到集团公司监督抽查合格率100%的指标。

【质量整改活动】 为深刻吸取“4·28”铁路特别重大事故教训，继续深化质量安全检查工作，集团公司决定从5月到8月底，在全集团开展为期4个月的质量安全大反思、大检查活动。5月16日，下发《关于开展质量安全大反思、大检查活动的通知》，成立活动领导小组和工作小组，负责领导、部署、协调、指导开展此项活动。对所属企业活动开展做了进一步的全面安排和部署。为加大CRH5 型列车的整治力度，集团公司领导于5月18日赴长客股份公司检查指导工作。6月，集团公司领导带领技术开发部、质量管理部有关人员在长客装备公司、长客股份公司、沈车公司、南口机械公司、永济电机公司、太原装备公司、同车公司检查“大反思、大检查”相关工作。从5月中旬至6月底，集团公司领导带领有关人员赴太原铁路局、沈阳铁路局走访，听取用户对和谐号机车、动车组、货车造修产品质量的意见和建议。集团公司所属各企业围绕“4·28”铁路特别重大事故以及企业产品质量安全现状进行深刻反思，增强产品质量安全责任意识。在活动开展过程中，集团公司所属各企业以全面自查为突破口，查找产品设计、工艺、生产、采购等产品实现过程各个环节存在的质量隐患，制定整改措施。针对直接影响机车车辆行车安全的质量问题，各企业高度重视，采取有力措施，积极整改，并下大气力，加强质量管理制度建设。通过质量安全“大反思、大检查”活动，公司各级管理人员和全体员工质量意识显著提高，质量控制长效机制得到完善，一批惯性质量问题得到解决，产品实物质量有所提升。

【质量服务】 集团公司组织所属企业做好“春运”及“两会”期间的技术服务工作。根据2008年春运的特点制定计划部署春运工作，重点做好和谐号动车组和机车、大秦铁路货车的运输安全工作，及时收集处理技术服务信息，圆满完成“春运”及“两会”期间的技术服务工作。

【质量培训】 结合集团公司“十一五”质量规划和人才培养规划，结合专业队伍现状，制定“2008年度质量管理专项业务人员培训计划”。集团公司于6月17～20日、7月1～4日，组织举办两期为期4天的国际铁路质量管理标准培训班，所属各企业总工程师、副总工程师、设计、工艺和质量的部门负责人及集团公司总部技术开发部、质量管理部的有关人员近130人参加培训。集团公司副总工程师参加两期培训并在开班前作了动员讲话。

【质量月活动】 9月，按照国家质量监督检验检疫总局、中共中央宣传部、国家发展和改革委员会、中华全国总工会和共青团中央五部委的要求，组织所属企业开展质量月活动，要求各企业结合自身实际情况，认真组织活动，力求实效。并结合“安全大反思、大检查”活动，全面解决质量隐患，切实提高全员质量意识。活动结束后，认真总结活动成果，及时上报集团公司。

【TQC 小组活动】 6月，根据中国铁道企业管理协会质量管理委员会2008年工作安排，集团公司组织所属企业开展2008年度铁道部优秀质量管理小组及全国优秀质量管理小组评审推荐工作。6月在哈尔滨组织召开2008年度质量管理小组成果审定与经验交流会，对所属企业推荐上报的优秀质量管理小组进行了审定、评选。从39个优秀QC小组中，择优推荐18个为铁道部优秀QC小组，并在其中推荐两个全国优秀QC小组；还评选出了4个股份公司级的优秀QC小组。推荐的优秀成果，已获得铁道部和国家主管部门批准。齐齐哈尔装备公司“亿联公司技术QC小组”等18个小组被批准为2008年度“铁道部优秀质量管理小组”；长客股份公司第二车体厂技术科QC小组和哈尔滨装备公司制造分厂QC小组被命名为“全国优秀QC小组”。2008年度被评为国家级、铁道部级和集团公司级的优秀QC小组成果由集团公司给予一次性奖励。

【理化、计量、无损检测工作】 中国北车所属企业继续推进ISO10012《测量管理体系 测量过程和测量设备的要求》测量管理体系的建立和保持，以及ISO17025《检测和校准实验室能力的通用要求》标准的宣贯，计量、理化试验室能力和管理水平有了进一步提高。组织所属企业积极参加铁路计量技术委员会的工作，起草审查有关计量技术规范。5月16~17日，组织部分单位的计量技术部门，针对国家质量监督检验检疫总局颁布的《计量检定人员管理办法》和《关于深入学习贯彻节约能源法切实加强能源计量工作的通知》等文件进行了专题研讨，了解掌握地方技术监督部门在计量检定人员管理和能源计量工作的动态。10月23~24日，股份公司在济南召开计量、理化、无损检测工作研讨会。会上，各单位交流了本单位在计量、理化、无损检测工作方面的经验和好的做法，并就计量、理化和无损检测工作面临的形势，进行了广泛深入的讨论。参会人员积极献计献策，提出了许多好的意见和建议，对进一步做好计量、理化和无损检测工作起到积极的作用。组织无损检测培训、考核工作，共有390余人参加培训考核，并取得相应的证书，保证了从事无损检测工作人员必须持证上岗的要求。

（富荣彪 供稿）

安 全 管 理

【综述】 2008年，中国北车和各所属企业认真贯彻落实全国安全生产工作会议和国务院、国务院安委会、国资委和国家安监总局的安排部署，坚持以科学发展观和“以人为本、安全发展”理念统领安全生产工作全局，积极创新安全管理，着力推进安全“五要素”建设，杜绝了较大及以上等级的生产安全事故的发生，促进和保证了中国北车生产经营的快速发展。

【安全生产指标】 全年共发生轻伤事故51起（轻伤51人），比上年减少1起，轻伤率为0.6‰，比上年下降2个百分点；无重伤事故，重伤率为零；发生5起死亡事故，分别各死亡1人，共计死亡5人，死亡率为0.059‰；没有发生较大及以上等级的生产安全事故。未能全部实现年初确定的死亡率0.03‰、重伤率0.1‰、轻伤率2.6‰的安全生产工作目标。

【安全生产事故】 2008年，全年共发生5起责任性死亡事故，分别各死亡1人。3月19日，齐齐哈尔装备公司发生一起在进行新造货车车体端墙与底架焊接组装作业时，因协同作业人员违犯工艺技术规程和安全技术操作规程，没有将固定端墙的工装销子插入锁紧，并在电焊工还没有完成端墙与底架的全部焊点保证其焊接强度时，擅自将吊装夹具的天车摘钩，造成端墙倾倒，致使正在焊接作业的一名电焊工被挤压造成其内脏严重伤害而死亡的责任事故。3月22日，太原装备公司发生一起因数控机床操作工违章误操作，造成正在进行更换刀具的数控机床刀具突然飞出，致使该操作工胸部心脏部位受到严重伤害而死亡的责任事故。4月28日，西安装备公司发生一起货车修车作业时因调车作业人员违章作业，没有认真了望检查，并且没有将连接在一起的一辆敞车与一辆平车的车钩彻底摘开，就牵引拉动敞车并连带平车同时移动，致使正在平车下进行切割作业的一名作业人员被挤压在车轮与铁轨之间，因其内脏受到严重伤害而死亡的责任事故。6月19日，永济电机公司所属西安捷力公司发生一起因电机嵌线作业人员严重违章作业，在用蓄电池叉车将已嵌入有质量问题的线圈拉出时，一名作业人员擅自无证驾驶且误操作，致本应后退的叉车突然前行，将另一名作业人员挤压在电机定子上，因其内脏受到严重伤害而死亡的责任事故。8月14日，沈车公司南货分厂发生一起在油罐车修理作业时没有按照安全技术操作规程的要求，预先将油罐车清洗、通风排放残余油气，并进行罐体内气体浓度检测、点火试验的情况下，修理作业人员严重违章作业，擅自对已锈蚀的油罐车人孔盖进行切割作业，发生罐内气体燃爆，将两名正在油罐车顶切割作业人员击落到车下地面，其中1人被烧伤，1人因头部着地受到严重伤害而死亡的责任事故。

【安全生产工作会议】 3月6~7日，集团公司召开2008年度安全生产工作会议，总结了2007年安全生产工作的经验教训，分析查找问题和不足，研究部署2008年度安全生产工作，明确提出2008年度安全生产工作的任务目标和工作实施计划、措施，下发了2008年度安全生产工作的总体安排意见。针对3月19日和22日齐齐哈尔装备公司、太原装备公司分别各发生一起死亡事故的严峻形势，3月23日，立即组织召开安全生产紧急会议，研究制定坚决遏制事故、进一步加强安全生产工作的有关措施，组织开展了为期一个月的“整治隐患、杜绝违章”的专项行动，并组成督导组进行了巡回检查督导。10月下旬，为认真吸取事故教训，研究采取有力措施，彻底扭转3月份以来连续发生5起死亡事故的不利局面，组织召开安全生产事故案例分析研讨会，深入剖析5起死亡事故案例，认真查找安全生产工作存在的主要问题，分析安全生产工作面临的形势与问题，提出了认真落实安全责任、切实加强安全管理工作的相关措施要求。各所属企业深入落实事故案例分析会精神，积极开展安全整改，使2008年后4个月的安全生产形势有所好转，自8月下旬至年底没有发生死亡事故，初步扭转了事故频发局面。

【安全生产管理机构建设】 按照国资委《中央企业安全生产监督管理暂行办法》的要求，11月5日，股份公司下发通知（北车股份人［2008］66号），在运营管理部内设立安全管理处，进一步加强了股份公司安全生产的组织机构建设。

【安全生产规章制度建设】 依据国家《生产安全事故报告与调查处理条例》和国资委《中央企业安全生产监督管理暂行办法》，本着“依法、创新、规范、实用”的原则，修订或新编《加强和规范安全生产工作的规定》、《安全生产责任制》、《安全生产管理体系运行监控评价办法》、《生产安全事故报告与调查处理办法》、《生产安全事故责任追究规定》、《重特大安全生产事故应急预案》等制度，建立完善安全生产管理制度体系，对规范企业安全生产秩序和员工的安全作业行为，加强安全生产基础管理发挥了重要的指导作用。在6月新编下发集团公司版本的《安全技术操作规程》基础上，11月，重新修订股份公司版本的《安全技术操作规程》，12月，将《规程》加印单行本下发，基本做到生产一线员工人手一册。《规程》作为重要的安全技术标准文件，明确列出岗位作业中的各类危险源和作业过程中不同阶段应遵守的安全要求以及相应的应急措施，对于进一步强化安全生产基础管理，规范全员的安全作业行为具有重要的指导意义。国家有关安全专家给予高度评价，认为创新性和实用性强，具有行业领先水平。

【安全质量标准化】 太原装备公司在2005

年已通过安全质量标准化二级企业评审的基础上，加大投入，按照安全质量标准化一级企业标准积极整改，于2008年12月25日通过国家安全质量标准化一级企业评审。截至2008年底，中国北车所属企业通过安全质量标准化国家一级企业评审已达到13家，占68%，继续保持全国机械行业领先水平。通过持续深入开展安全质量标准化工作，员工的职业安全素质得到全面提高，培养锻炼了一批安全管理专业人才，有效提高了本质安全水平，全面提升了安全基础管理水平，为创建本质安全企业奠定坚实基础。

【职业安全健康管理体系审核认证】 中国北车各所属企业在已全部通过ISO18000职业安全健康管理体系的基础上，年内，按照体系认证审核要求，聘请有关认证机构，全部定期通过职业安全健康管理体系的监督审核。

【安全检查与隐患治理】 按照国务院安委会和国资委、国家安监总局关于开展“隐患治理年”活动的要求，制定下发公司《关于开展安全生产隐患排查治理工作实施方案》，部署开展安全生产隐患排查治理工作。全年共排查隐患5346项，当期完成治理5252项，当期治理率达98.24%，安全隐患比上年大幅度减少，现场大部分安全隐患和违章问题都得到初步治理。5~6月，结合铁路“4·28”重大行车事故，积极开展安全“大反思、大检查”活动，并进一步加强抗震救灾期间的安全生产工作。6~7月，组成股份公司安全检查组，重点对发生死亡事故的所属企业以及北京和周边所属企业共计15家，进行了安全隐患排查治理工作的检查督导，共检查发现隐患问题400多个，并当场下达隐患整改通知书，要求限期完成整改。7~9月，开展“安全生产隐患百日督查”活动，组织开展奥运会期间对北京市内的二七装备公司、南口机械公司以及天津装备公司、唐山装备公司、唐山客车公司和同车公司等北京周边企业的安全隐患排查治理工作，保证了2008年北京奥运会期间的安全稳定。

【安全投入与安全技改】 中国北车各所属企业按照国资委《中央企业安全生产监督管理暂行办法》和集团公司《关于加强和规范安全生产工作的规定》，认真制定落实年度安全技术措施费用、劳动保护费用、职业卫生费用、消防安全费用和安全教育培训费用等各项安全投入计划，全年各项安全投入累计9730万元，其中，安全技术措施费用2575万元，劳动保护费用5471万元，职业卫生费用1018万元，消防安全费用366万元，安全教育培训费用300万元。各所属企业积极安排安全技术措施费用，对存在的安全隐患进行了大量的安全技术改造。其中，全年完成改造安装新型天车限位保护装置500多台。2006~2008年，已累计完成天车改造近1200台，占应改造总数的80%。加装新型吊钩限位保护装置后，大大提高了天车的安全可靠性，有效提高了起重机械的本质安全水平。

【重大危险源监控】 各所属企业按照中国北车关于将按照国家重大危险源监控标准而没有列入重大级的危险源列为重要危险源，并按照对重大级危险源实施监控管理的要求，进一步加强危险源的监控管理，进一步整改完善重大和重要级危险源的监控防范措施，有效防范和杜绝了重大生产安全事故的发生。

【生产安全应急管理】 按照国务院安委会和国家应急指挥中心的安排部署，6月底前，制定完成集团公司《重大安全生产事故的总体应急预案》，并向国家应急指挥中心和国资委上报备案。按照《安全生产事故应急预案导则》，组织修订并审核各所属企业的《防范重大安全生产事故总体应急预案》以及针对各重大和重要危险源的单项应急预案，在年底前已全部修订完成，并向国家应急指挥中心和属地应急管理部门上报备案。年底前，制定完成股份公司《重大安全生产事故的总体应急预案》。部分所属企业积极组织开展了应急预案演练，查找预案的不足和问题，增强了各级领导和广大员工的应急防范意识，进一步完善落实了重大和重要级危险源的防控措施，有力地加强了安全生产的应急管理工作。

【安全教育培训】 6月，中国北车组织各所属企业开展"安全生产月"活动。各所属企业通过各种宣传媒介和载体，广泛开展形式多样的安全法规、安全事故警示、领导干部安全责任意识和员工安全防范意识教育，营造"安全生产月"活动和安全文化氛围，收效显著。中国北车受到活动组委会表彰，荣获全国安全生产月活动"优秀单位"称号。组织各所属企业参加国家安监总局和全国总工会共同举办的"隐患排查治理"知识竞赛，其中，同车公司荣获"优秀组织奖"。10月下旬，组织各所属企业安全主管领导和部门负责人进行了以宣贯《安全技术操作规程》和学习国资委《中央企业安全生产监督管理暂行办法》为主题的安全培训与答卷考试，进一步增强了各级领导的安全法制观念和责任意识。11月底，组织部分所属企业安全主管领导和部门负责人赴新加坡、香港学习考察国际先进企业的安全管理理念和安全管理体系建设情况，开阔了视野，更新了观念，促进了安全生产管理水平的提升。12月，组织开展全员的《安全技术操作规程》专题"安全培训月"活动，有效提高了生产一线员工的职业安全素质。（张　军　供稿）

环　保　工　作

【综述】 2008年，中国北车和所属企业认真贯彻执行国家和地方政府环境保护工作方针、政策和各项法律法规，大力推动以节能降耗为重点的设备更新和技术改造，淘汰高耗能、高耗水、高耗材的工艺、设备，推广应用节约资源的新技术、新工艺、新设备和新材料，以"办绿色奥运，促节能减排，倡导生态文明，建设环境友好型社会"为重点，加强ISO14001环境管理体系管理，发挥体系监督保障作用，保证体系持续改进和有效运行，严格控制污染源"三废"的排放，确保各项污染源排放指标达到国家或地方的排放标准，确保实现节能减排目标，严格执行建设项目环境影响评价制度和"三同时"制度，积极推行清洁生产技术，从源头控制污染源的产生，促进了"资源节约型、环境友好型"企业的建设步伐。

【环保工作指标】 2008年，中国北车环境保护指标完成情况：工业废水处理率97.42%，比上年提高0.42个百分点；工业废气处理率98.13%，与上年持平；固体废弃物综合治理率98.42%，比上年提高0.36个百分点；工业废水排放达标率99.36%，比上年提高3.16个百分点；锅炉废气排放达标率99.88%，与上年持平；石油类排放量44.16吨，比上年排放量减少4.064吨；烟尘排放量1639.38吨，比上年增加34.7吨；二氧化硫排放量为2686.7吨，比上年下降3.39%；化学需氧量排放量为575.69吨，比上年下降34.95%。完成工业废水、厂界噪音、工业粉尘和锅炉烟气等环保监测数据113708个，监测污染点数量共计663个。

【环保培训及认证】 2008年，中国北车所属各企业共举办环境保护法律法规培训班21个，参加培训人员1383人。举办ISO14001管理体系标准知识培训班22个，参加培训人员10765人。举办大气、水污染和固体废弃物防治、污染治理设施操作和关键岗位规程培训等专业知识培训班49个，参加培训人员8258人。有14个所属企业顺利通过认证机构对ISO14001环境管理体系的监督审核。有5个企业顺利通过认证机构对ISO14000环境管理体系的复评审核。

【环保“三同时”】 2008年，中国北车有11家所属企业完成15个建设项目的环境影响评价。其中：齐齐哈尔装备公司完成“快捷、重载铁路货车产品研发信息化技术平台”建设项目的环境影响评价；长客装备公司完成“铁路车轴专业化生产基地”建设项目的环境影响评价；长客股份公司完成“时速350公里动车组制造平台”建设项目环境影响评价；沈车公司完成“沈阳北车西屋轨道制动技术有限公司”建设项目的环境影响评价；大连机辆公司完成“大功率交流传动内燃机车技术引进消化吸收及国产化技术改造”项目和“9600千瓦大功率交流传动六轴货运电力机车技术改造”项目的环境影响评价；天津装备公司完成“建立轨道交通装备弹簧、缓冲器、增压器、制动机、油压减振器专业化研发生产基地”项目及“弹簧生产线扩能及技术改造”项目的环境影响评价；同车公司完成“六轴大功率交流传动电力机车技术改造”项目的环境影响评价；西安装备公司完成“适用25吨轴重货运重载技术开发提高70吨级铁路新型罐车制造工艺水平及曲轴全纤维锻造技术改造”、“X射线探伤机”及“锅炉烟气脱硫治理”项目的环境影响评价；济南装备公司完成2台“X射线探伤机辐射”环境影响评价；四方所公司完成“列车电气产品及汽车空气弹簧技术改造”项目的环境影响评价；大连所公司完成“组装试验厂房”建设项目的环境影响评价。

【建设项目环保验收】 2008年，中国北车有5家所属企业完成10个建设项目的环保设施竣工验收。其中：齐齐哈尔装备公司完成“职业技术学校机电培训基地”项目、“大连旅顺经济技术开发区铁路货车研发中心和组装基地”建设项目、“建设快速、重载铁路货车研发与制造基地改造”项目的环保设施竣工验收。长客股份公司完成“时速200公里动车技术引进和国产化技术改造”项目、“高速铁路客车、城市轨道交通车辆车体制造及制备系统技术改造”项目、“高速轨道客车研发平台”等建设项目的环保设施竣工验收。天津装备公司完成“弹簧生产线扩能及技术改造”项目的环保设施竣工验收。二七装备公司完成“车体钢结构及传动装置部件技术改造”建设项目及“工业射线探伤机”项目的环保设施竣工验收。大连所公司完成“组装试验厂房”建设项目的环保设施竣工验收。

【“三废”治理】 2008年，中国北车所属企业共新增环境保护污染治理设备和检测设备约22台（套），总计投入3400.84万元，比上年增加投入1766.71万元。改造和大修污染治理设备及更新、维修污染治理设备和检测设备共97台（套），投入4459.74万元，比上年增加2743.99万元。2008年，中国北车和各所属企业均未发生环境污染事故。

（刘玉民　供稿）

技术创新与管理

责任编辑　程永陆

科技发展与管理

新产品新技术开发

技术创新能力建设

电牵研发中心建设

科技发展与管理

【综述】 2008年是中国北车发展史上不平凡的一年，也是中国北车技术创新发展过程中极其重要的一年。消化吸收引进技术取得重大成果，产品技术自主研发实现新的突破，技术创新体系发生根本性变革，公司技术创新工作取得历史性成就。年内，股份公司有两个项目获得国家科技进步奖：四方所公司作为“青藏铁路工程”项目的主要完成单位之一，获得国家科技进步特等奖；中国北车作为“大秦铁路重载运输成套技术与应用”项目的主要完成单位，获得国家科技进步一等奖。国家发改委批准，依托长客股份公司，组建高速列车系统集成国家工程实验室。科技部在唐山客车公司设立国际技术合作基地。长客股份公司、唐山客车公司进入国家首批91家“创新型企业”行列，股份公司整体进入第二批创新型试点企业。7家企业被认定为高新技术企业。齐齐哈尔装备公司承担了国家科技支撑计划“160~200高速货车转向架及其配套系列货车研制”项目。股份公司全年共获得国家有关部委科技项目资金支持近7000万元。在2008年度中国铁道学会科学技术奖评审中，股份公司有10个项目获奖，其中获特等奖1项，一等奖1项，二等奖3项，三等奖5项。年内，股份公司设立科技项目89项，鉴定科技成果65项，验收科研项目27项，20项成果达到国际领先或国际先进水平，50项科技成果获股份公司2008年度科技成果奖。股份公司不断加大科技投入力度，2008年技术投入比例近3.69%，技术创新工作得到全面发展。

【科技计划与项目管理】 股份公司继续加强科研项目管理工作，有效利用科技管理信息平台，规范科研项目全生命周期管理。年内，股份公司新立科研计划课题89项，其中A类项目58项、B类项目31项；承担铁道部科研计划项目9项；承担国家科技支撑计划项目1项。

【科技项目验收与成果鉴定】 中国北车加强对科研项目的验收和鉴定工作，2008年验收科研项目27项，完成“DQ35型钳夹车”等65项科研成果鉴定。其中，“引进大功率内、电机车低温球墨铸铁箱体国产化”等20项成果达到国际先进水平或国际领先水平；“16RK270型船用柴油机曲轴国产化”等25项成果达到国内领先水平；“韶山3C固定重联改造机车”等20项成果达到国内先进水平。

【科技成果管理】 2008年，有50项科技成果获股份公司科技成果奖，其中特等奖4项、一等奖12项、二等奖17项、三等奖17项。股份公司对获奖项目的主要完成单位和主要完成人进行了表彰和奖励。

有10项科研成果获得中国铁道学会科学技术奖，其中1个特等奖、1个一等奖、3个二等奖、5个三等奖。

有两个项目获得了国家科技进步奖：四方所公司作为“青藏铁路工程”项目的主要完成单位之一，获得国家科技进步特等奖；中国北车作为“大秦铁路重载运输成套技术与应用”项目的主要完成单位，获得国家科技进步一等奖。

2008 年度中国北车股份有限公司科技成果奖项目一览表

序号	成果编号	项 目 名 称	获奖等级	主 要 完 成 单 位
1	2008001	DQ35型钳夹车	特等	齐齐哈尔轨道交通装备有限责任公司
2	2008002	QKZ5 型首都国际机场线直线电机车辆	特等	长春轨道客车股份有限公司
3	2008003	RK270 型柴油机技术引进的消化吸收及再创新	特等	中国北车集团大连机车车辆有限公司
4	2008004	HXD2型大功率交流传动电力机车	特等	中国北车集团大同电力机车有限责任公司
5	2008005	货车用组合式制动梁	一等	齐齐哈尔轨道交通装备有限责任公司
6	2008006	转 K6 型摇枕、侧架整体芯工艺	一等	齐齐哈尔轨道交通装备有限责任公司
7	2008007	Q450NQR1 高强度耐候钢焊接工艺	一等	齐齐哈尔轨道交通装备有限责任公司
8	2008008	70% 低地板车辆用转向架	一等	长春轨道客车股份有限公司
9	2008009	250 km/h 高速综合检测列车	一等	长春轨道客车股份有限公司
10	2008010	DKZ15 型模块化地铁列车	一等	长春轨道客车股份有限公司
11	2008011	出口刚果（金）CKD5 型、CKD7C 型内燃机车	一等	中国北车集团大连机车车辆有限公司
12	2008012	16V265H 型柴油机机体国产化	一等	中国北车集团大连机车车辆有限公司
13	2008013	引进大功率内、电机车低温球墨铸铁箱体国产化	一等	北京南口轨道交通机械有限责任公司
14	2008014	35 立方电铲变频调速异步电动机组	一等	永济新时速电机电器有限责任公司
15	2008015	挖泥船用变频控制系统	一等	中国北车股份有限公司大连电力牵引研发中心
16	2008016	轻轨车网络控制系统	一等	中国北车股份有限公司大连电力牵引研发中心
17	2008017	E 级钢车钩尾销孔火焰加热表面淬火工艺	二等	齐齐哈尔轨道交通装备有限责任公司
18	2008018	KF－80 型气动自翻车	二等	哈尔滨轨道交通装备有限责任公司
19	2008019	提速客车检修工艺技术及检测、试验技术	二等	长春轨道客车装备有限责任公司、长春轨道客车股份有限公司、青岛四方车辆研究所有限公司
20	2008020	铁素体不锈钢宽轨客车	二等	长春轨道客车股份有限公司
21	2008021	CW720 型窄轨空簧转向架	二等	长春轨道客车股份有限公司
22	2008022	小限界不锈钢 B 型地铁列车	二等	长春轨道客车股份有限公司
23	2008023	晨光集团特种运输车	二等	唐山轨道客车有限责任公司
24	2008024	制冷压缩机系列转子加工工艺	二等	北京南口轨道交通机械有限责任公司
25	2008025	引进大功率内、电机车牵引齿轮的国产化	二等	北京南口轨道交通机械有限责任公司
26	2008026	产品数据管理与企业资源计划系统的应用集成	二等	中国北车集团大同电力机车有限责任公司
27	2008027	制造信息化技术	二等	中国北车集团大同电力机车有限责任公司
28	2008028	TY4B 型恒张力放线车	二等	太原轨道交通装备有限责任公司
29	2008029	出口俄罗斯电力机车直流牵引电动机	二等	永济新时速电机电器有限责任公司

续上表

序号	成果编号	项 目 名 称	获奖等级	主 要 完 成 单 位
30	2008030	23 t 轴重不锈钢精细化工品罐车	二等	西安轨道交通装备有限责任公司
31	2008031	70 t 级醇类罐车	二等	西安轨道交通装备有限责任公司
32	2008032	调速型液力偶合器传动装置	二等	中国北车集团大连机车研究所有限公司
33	2008033	铁路沿线地面供电电源	二等	中国北车股份有限公司大连电力牵引研发中心
34	2008034	FA、FB 型牵引杆	三等	齐齐哈尔轨道交通装备有限责任公司
35	2008035	韩国制造 25C 型不锈钢车检修工艺	三等	长春轨道客车装备有限责任公司
36	2008036	蓝箭动车组 D 级修诊断测试	三等	长春轨道客车装备有限责任公司、长春轨道客车股份有限公司、青岛四方车辆研究所有限公司
37	2008037	米轨鼓型车体系列客车	三等	长春轨道客车股份有限公司
38	2008038	高速铁路桥梁模板	三等	唐山轨道交通装备有限责任公司
39	2008039	远程机车专家诊断系统	三等	北京二七轨道交通装备有限责任公司、北京交通大学轨道交通控制与安全国家重点实验室
40	2008040	SLK-22/7 型喷油螺杆空气压缩机	三等	北京南口轨道交通机械有限责任公司
41	2008041	电力机车图形化微机显示屏研究	三等	中国北车集团大同电力机车有限责任公司
42	2008042	机车整体预布线工艺	三等	中国北车集团大同电力机车有限责任公司
43	2008043	TY290 重型轨道车	三等	太原轨道交通装备有限责任公司
44	2008044	GCD-1000 重型轨道车	三等	永济新时速电机电器有限责任公司
45	2008045	大功率窄轨车直流牵引电动机	三等	永济新时速电机电器有限责任公司
46	2008046	高压工频发电机组及控制系统	三等	永济新时速电机电器有限责任公司
47	2008047	罐车水压试验自动检测台	三等	西安轨道交通装备有限责任公司
48	2008048	A41X 型呼吸式安全阀	三等	西安轨道交通装备有限责任公司
49	2008049	气体燃料内燃机用增压器	三等	中国北车集团大连机车研究所有限公司
50	2008050	托梁式过渡车钩装置	三等	青岛四方车辆研究所有限公司

2008 年度中国铁道学会科学技术奖中国北车股份有限公司获奖项目一览表

序号	成果编号	项 目 名 称	获奖等级	主 要 完 成 单 位
1	2008195	高速列车成套技术与装备	特等	中国铁道科学研究院、中国北车股份有限公司、中国南车股份有限公司、长春轨道客车股份有限公司、南车四方机车车辆股份有限公司、唐山轨道客车有限责任公司、青岛四方庞巴迪铁路运输设备有限公司、南车株洲电力机车研究所有限公司、青岛四方车辆研究所有限公司、南车戚墅堰机车车辆工艺研究所有限公司、南京浦镇海泰制动设备有限公司、永济新时速电机电器有限责任公司、南车株洲电机股份有限公司、西南交通大学、北京交通大学

续上表

序号	成果编号	项目名称	获奖等级	主要完成单位
2	2008088	HXD3 型大功率交流传动货运电力机车	一等	中国北车集团大连机车车辆有限公司、铁道部运输局、永济新时速电机电器有限责任公司
3	2008040	120 km/h 货车可靠性试验研究	二等	中国铁道科学研究院机车车辆研究所、中国北车集团齐齐哈尔铁路车辆（集团）有限责任公司、南车长江车辆有限公司、中国铁道科学研究院东郊分院、北京交通大学、南车二七车辆有限公司、北京铁路局丰台车辆段
4	2008089	C70 型敞车的研制与应用	二等	中国北车集团齐齐哈尔铁路车辆（集团）有限责任公司、青岛四方车辆研究所有限公司、北京交通大学
5	2008094	GQ70（GQ70H）型轻油罐车	二等	中国北车集团西安车辆厂
6	2008090	P70 型通用棚车研制与应用	三等	中国北车集团齐齐哈尔铁路车辆（集团）有限责任公司、青岛四方车辆研究所有限公司
7	2008091	D32 型 320～350 吨组合式长大货物车	三等	中国北车集团齐齐哈尔铁路车辆（集团）有限责任公司、中国北车集团哈尔滨车辆有限责任公司
8	2008093	TCN 网关	三等	中国北车集团公司大连电力牵引研发中心
9	2008102	提速货车轴承工程塑料保持架的应用研究	三等	青岛四方车辆研究所有限公司、中国铁道科学研究院金属及化学研究所、北京隆轩橡塑有限公司
10	2008104	电力机车变压器、变流器新型冷却装置	三等	中国北车集团大连机车研究所有限公司

（贾　锋　刘馨园）

【科技规章制定与实施】 2008 年 12 月 17 日，股份公司下发《关于发布中国北车股份有限公司内控基本制度》（北车股份运营［2008］108 号文件），以中国北车股份有限公司企业标准形式发布股份公司《科技工作管理暂行规定》（标准号 Q/CNR G-100-14－2008）。《科技工作管理暂行规定》是股份公司建立与公司发展战略相适应的技术创新体系，规范和完善科技管理的总纲。这一制度理清了股份公司研究院、事业部和所属企业科技管理的职责，对科技管理、产品技术研发管理、标准化管理、理化计量和无损检测管理、知识产权管理、科技资源管理、技术创新管理等进行了规范，形成股份公司技术创新管理基本规则，为制定技术创新方面内控专项制度奠定了基础。按照股份公司技术创新工作要求，提出了技术创新制度系统基本框架，确定了技术创新制度建设计划。

（侯　波）

【技术工作会议】 3 月 6 日，集团公司在长春召开 2008 年技术工作会暨技术创新高层论坛。集团公司副总经理兼总工程师奚国华作题为《消化吸收引进技术，提升自主创新能力，为快速提升集团公司核心竞争力作出积极贡献》的工作报告，全面总结 2007 年度技术工作成绩，指出工作中存在的问题，深刻分析当前技术创新工作面临的形势，明确提出 2008 年技术工作思路，详细部署 2008 年十项重点技术工作。在技术创新高层论坛上，唐山客车公司、长客股份公司、齐齐哈尔装备公司等 9 家单位的技术负责人就产品技术研发和技术创新管理、提升技术创新能力进行了研讨和交流；8 位集团公司首席专家就相关技术领域技术发展方向、目标、路线进行了交流和讨论。会上，还颁发了集团公司2007年度科技成果奖。

新产品新技术开发

【综述】 2008年，中国北车产品技术研发取得一批重大成果。机车产品技术优势进一步显现。大连机辆公司的和谐D3型电力机车在经济性、牵引性能和节能环保等方面都处于世界先进水平，已经成为铁道部订货最多的电力机车；同车公司的和谐D2型电力机车与齐齐哈尔装备公司的C80型等重载货车一道，为2008年大秦线创造3.4亿吨世界铁路重载运输奇迹发挥了不可替代的重要作用；国内首台国产化和谐3型大功率交流传动内燃机车、自主研制的代表我国交流传动电力机车技术方向的六轴9600千瓦大功率交流传动电力机车成功下线；装用北车完全自主开发的牵引和控制系统的时速200公里客运电力机车实现落车目标，标志着中国北车在核心和关键技术领域的重大突破。客车及动车组技术实现历史性跨越。CRH3和CRH5型高速动车组批量投入运用，长客股份公司为CRH5型动车组成功实现长大编组运营，唐车公司的CRH3型动车组创造394.3公里/小时的“中华第一速”，为我国形成350公里/小时高速铁路技术标准体系提供了重要支撑，同时还为成功举办奥运会作出独特贡献，得到胡锦涛总书记的赞誉。组织进行国家科技支撑计划350公里/小时以上等级高速动车组的研制。完成250公里/小时综合检测列车、通信信号检测车、会议车、接触网检测车、数据综合处理车、轨道检测车、信号检测车等一大批新型车辆的开发工作。持续领跑货车技术发展方向。23吨轴重低压液化气罐车、70吨级沥青罐车、载重350吨落下孔车、载重80～100吨的120公里/小时气动自翻车等一大批货车新产品研发成功，并相继投入运营。城轨车辆保持行业领先地位。中标香港地铁项目，标志着中国北车已具备与世界一流轨道交通装备制造商同台竞争的实力，对中国城市轨道交通装备制造业具有里程碑意义。奥运机场线直线电机车辆受到国内外宾客的广泛称赞。相关多元产品研制取得重大成果。路基处理车和钢轨打磨列车两个大型养路机械项目进展顺利。建立风力发电机产品技术平台，形成1.5兆瓦、2兆瓦、3兆瓦等风电发电机系列产品，风电控制系统已进入并网试验阶段，风力发电机产品占据国内风电市场份额的半壁江山。系统集成的关键和核心技术掌握取得新进展。大连电力牵引研发中心研制的轻轨变流器和网络控制系统在长春装车，运行状态稳定，完成200公里/小时电力机车牵引、辅助变流器和网络控制系统研发，进一步掌握电力牵引与控制核心技术，完成襄樊钢轨打磨车配套网络控制系统研发，掌握大型养路机械钢轨打磨车网络控制技术，形成轻轨车变流和控制系统、电力机车网络控制系统、钢轨打磨车网络控制系统的自主创新能力。永济电机公司功率模块经过部件试验即将装车，相关企业的牵引和控制系统、驱动系统、制动系统的技术取得重要突破，逐步形成中国北车的产业链，提升了中国北车核心竞争力。

【和谐N3型大功率交流传动内燃机车下线】 7月2日，由大连机辆公司生产组装的首台和谐N3型大功率交流传动内燃机车正式下线，这是大连机辆公司继批量研制和谐D3型电力机车后推出的又一款具有世界先进水平的货运机车。2005年9月，大连机辆公司与美国EMD公司合作，与铁道部签订300台和谐N3型大功率交流传动内燃机车采购和技术引进合同，以EMD公司的SD90ACe型、SD70ACe型内燃机车为基础技术平台，研制大功率交流传动干线货运内燃机车。项目合同分两个阶段：第一个阶段是散件进口、国内组装，组装机车 75 台；第二阶段是国内制造，制造机车 225 台。该型机车额定功率为 4400 千瓦，最大运行速度 120 公里/小时。

【和谐 D2 型电力机车成为大秦线主力车型】 由同车公司制造的和谐 D2 型电力机车经受了严寒酷暑、满负荷运转等严峻考验，以运营中故障少、上线率高的良好运行记录，成为大秦线的主型机车。和谐 D2 型大功率电力机车合同是 2005 年 2 月同车公司联合法国阿尔斯通公司与铁道部签订的，共计 180 台，由同车公司经过消化吸收再创新实现国产化制造。机车将全部用于大秦铁路煤炭运输，进一步增强大秦铁路晋煤外运的能力。2007 年 5 月，首台国内组装的和谐 D2 型电力机车在同车公司下线后，通过全面消化吸收再创新，迅速实现机车的批量化生产。2008 年，同车公司克服配件供货不及时、原材料价格上涨等诸多困难，采取先进的项目生产 IMP 计划，以 PDM-ERP、BOM 为依托，科学组织生产，实现生产制造、技术准备的一体化，使和谐 D2 型机车生产能力不断提高，达到月产 15 台的水平。在加速机车批量化生产过程中，同车公司强化对产品质量检验等关键节点的控制，推行质量工程师制度，增强了生产过程质量保证能力。通过深入开展质量安全专项大反思、大检查活动，质量意识、安全意识深入人心，使和谐 D2 型机车的生产工艺、质量控制均达到原装进口机车的同等水平。随着和谐 D2 型电力机车陆续交付大秦铁路公司，作为国内功率最大、性能最好、速度最快的重载机车，和谐 D2 型电力机车充分展示了优异的性能。和谐 D2 型电力机车 2007 年 12 月正式在大秦线上投入运营，2008 年 8 月正式担当大秦线两万吨重载组合列车牵引运营，成为我国重要的能源运输大动脉——大秦线重载运输的主力车型。

【首台和谐 D3B 型 9600 千瓦货运电力机车下线】 拥有自主知识产权的首台和谐 D3B 型 9600 千瓦六轴大功率交流传动货运电力机车 12 月 29 日在大连下线。由大连机辆公司自主设计研制的该型机车，是目前世界上单机功率最大、技术水平最高、性能指标最先进的中国品牌机车。和谐 D3B 型电力机车功率为 9600 千瓦，可单机牵引 5000～6000 吨货物列车，最高运行速度为 120 公里/小时，具有更大的加速能力和牵引通过能力，将成为中国铁路货运重载的主型机车。该机车具有以下主要特点：功率更大，牵引性能更好；节能、环保优秀品质更加突出，机车再生制动功率的提高，将有更多的电能反馈回接触网；自动化程度更高，功能更强，可靠性更好，简化了乘务人员操作，提高了机车的安全性；改变机车传统设计，除受电弓及支持绝缘子外，全部高压设备由车顶移至车内。该机车采用大功率 IGBT 元件组成的变流器、大功率交流牵引电动机和轮盘制动等先进技术，运用成熟的驱动装置和微机网络控制系统，并在整车集成技术、重载牵引车体和转向架、牵引变压器等方面进行了全面创新。

【大连机辆公司三获和谐 D3 型电力机车订单】 2008 年 2 月 18 日，大连机辆公司与铁道部签订大功率交流传动 7200 千瓦六轴货运电力机车采购合同，继续向铁道部提供第三批 400 台和谐 D3 型大功率电力机车，总金额近 60 亿元，到 2009 年 8 月底前全部交付。至此，中国北车从铁道部获得的和谐型大功率电力机车订单达到 820 台，占同类产品的 82%，其中由大连机辆公司此前分两批签订的 240 台机车，从 2006 年 12 月 8

日开始陆续交付，配属到上海铁路局和武汉铁路局，成为铁路第六次提速的货运主力机型之一，部分机车在春运期间还担当了旅客列车牵引任务。

【奥运城轨车品质优良受好评】 为服务北京奥运会，长客股份公司共研制5个品种的城轨车，分布在北京5条地铁线上新交付的车辆达到606辆，加上以前提供的车辆，由该公司提供的北京地铁车辆总数达到1000多辆。北京奥运中心区有10个竞赛场馆，共有219场次比赛，奥运期间北京地铁每天运送观赛和游览观众40万人次以上。虽然奥运轨道交通运输任务异常艰巨，但长客股份公司生产的地铁车辆没有因为产品质量问题发生过一次晚点、掉线等故障，得到了用户的好评。北京奥运会、残奥会在中外各方的赞誉声中落下帷幕，长客股份公司圆满完成奥运城轨车保障服务工作，为这次举世瞩目的体育盛会作出了贡献。为此，长客股份公司受到北京地铁运营公司、北京地铁建设公司以及北京市政府和奥组委的通报表扬。

【350公里/小时CRH3型“和谐”号动车组下线】 4月11日，350公里/小时CRH3型“和谐”号动车组在唐山客车公司下线。该动车组为4动4拖8辆编组，由1辆一等座车、6辆二等座车和1辆带厨房的二等座车组成，总定员为557人。采用电力牵引交流传动方式，最大牵引功率8800千瓦，运营速度350公里/小时，在牵引系统、制动系统、高速转向架、车体空气动力学等方面，技术先进、成熟，处于当今世界领先地位。6月24日，CRH3型动车组在京津城际铁路运行试验中创出394.3公里/小时的最高速度。

【大连机辆公司首列不锈钢城轨车下线】 11月6日，由大连机辆公司研制的首列不锈钢城轨车成功下线。该车为一动一拖两辆编组，单机功率200千瓦，最大速度120公里/小时，牵引系统采用日本东芝公司的产品，制动系统采用德国克诺尔公司的产品，车体和座椅均采用不锈钢材质。大连机辆公司将为大连市提供8列这种型号的城轨车，运用在大连—金州九里之间。

【东北首列地铁客车下线】 10月17日，长客股份公司为沈阳市精心打造的沈阳地铁一号线首列地铁客车正式下线。这是在中国东北投入运营的第一列地铁客车。车辆采用3动3拖6辆编组，最高运行速度80公里/小时，每列定员1440人。该车技术先进，采用国际先进的轻量化高强度不锈钢车体，具有耐腐蚀性强、自重轻、造型美观、耐高温、寿命周期长等优点。在牵引控制方面，该车采用微机控制的EP2002型模拟电控制动系统，能够实现ATO自动驾驶及无人自动折返。长客股份公司将陆续提供总计138辆地铁客车，用于沈阳市地铁一号线一期及延伸线。

【首列国产化A型地铁车研制】 9月19日，长客股份公司研制的首列国产化深圳地铁A型车辆下线，填补了国内企业自主研制国产化A型地铁车的空白。A型车车体宽敞、载客量大，更适用于大客运量的城市交通，平均每辆A型车的载客人数比B型车多100人左右。此次下线的首列深圳地铁一号线增购车运行速度为80公里/小时，整列车为6辆编组。该车具有技术先进、安全可靠，隔音降噪、绿色环保，以人为本、量身打造，模块化设计、维修便利，以及自主研发、国内首创五大特点。

【新型地铁列车下线】 7月3日，首列用于北京奥运会地铁13号线的新型列车在唐山客车公司下线。该地铁列车为6辆编组，定员1464人，由唐山客车公司和长客股份公司联合生产，共68辆。新型地铁列车采用鼓形车体结构，有效利用载客空间。车厢内部设置实时新闻播放系统，使乘客在车内随时了解奥运赛场的信息。列车采用的空调装置为乘客提供了舒适的乘坐环境。列车的制动系统采用再生制动和电阻制动两种方式，大大节约了电能，减少了能耗，满足了绿色奥运的需求。新型地铁列车的最大运行速度为80公里/小时。首列地铁列车成功下线，标志着唐山客车公司开拓城轨地铁市场的能力进一步增强，新的产品格局已经形成。

【40吨轴重矿石车研制】 2008年，齐齐哈尔装备公司为澳大利亚FMG公司研制的40吨轴重矿石车样车及动力学试验大纲通过铁道部专家组的技术审查，并顺利通过空、重车状态下的正线动力学试验。该车是目前世界最大轴重的铁路货车。40吨轴重矿石车采用40吨轴重转向架、新型不锈钢车体、高强度车钩、独立式ECP制动系统，最高运行速度100公里/小时。

【25吨轴重铝合金运煤敞车通过国际科技合作项目验收】 11月19日，在齐齐哈尔市科技局的组织下，齐齐哈尔市国际合作项目验收委员会专家组对齐齐哈尔装备公司研制的25吨轴重铝合金运煤敞车进行了审查验收。专家组在认真听取了齐齐哈尔装备公司项目执行情况的工作汇报，审阅了经济和社会效益分析报告、经费支出明细表及研制、试制工艺文件后认为，齐齐哈尔装备公司提供的技术资料齐全、完整，符合验收要求，完成合同书中规定的各项指标，一致同意25吨轴重铝合金运煤敞车通过国际科技合作项目验收。25吨轴重铝合金运煤敞车是齐齐哈尔装备公司的升级换代产品，最初与美国Trinity公司合作研发，通过引进消化Trinity公司的相关配件技术，显著提高了该车的技术含量。该车采用双浴盆式整体承载结构，在我国铁路货车上首次采用铝合金车体结构，减轻了车体重量，实现车轴自重25吨、载重80吨的研制目标。与大秦线既有主型运煤敞车相比，单车载重提高了31.1%，列车载重提高118%，可满足我国铁路开行2万吨及以上载重列车的运用要求，填补了国内空白。该车目前已生产5400多辆，创造产值达26.8亿元，具有显著的经济效益和社会效益。

【GH_{A70A}型对二甲苯罐车获铁道部行政许可】 2008年，由沈车公司主导设计的GH_{A70A}型23吨轴重对二甲苯铁道罐车通过部级审查，正式获得铁道部允许批量生产的行政许可。这种罐车是沈车公司近年来首次获得铁道部行政许可的自主研发产品，为进入铁路货车主导设计和生产企业行列奠定了技术基础。23吨轴重对二甲苯铁道罐车具有容积大、载重量大、卸净率高、安全可靠等优点，主要装运苯、甲苯、对二甲苯、邻二甲苯、间二甲苯等苯类产品。

【G_{18}型罐车提速改造方案通过部级技术审查】 11月8日，铁道部运输局装备部专家组对哈尔滨装备公司试制的G_{18}型罐车换装转K2型转向架提速改造样车进行了技术审查。专家组听取了G_{18}型罐车提速改造研制工作报告、工艺工作报告、质量检查报告、提速改造验收工作报告，审查了改造图样、技术条件及动力学试验报告等资料，现场查看了样车，一致同意哈尔滨装备公司G_{18}型罐车换装转K2型转向架提速改造样车通过技术审查，可以进行批量改造。

【D_{22}型长大平车改造通过部级审查】 10月14日，铁道部运输局装备部专家组对哈尔滨装备公司、哈尔滨车辆段试改的D_{22}型长大平车2号车钩换装13（A）下作用车钩样车进行了技术审查。专家组在听取相关报告并现场检查了两辆改造样车后，经认真讨论，认为改造样车符合图样和技术要求，具备批量改造条件。

【C70 型敞车和KM70 型煤炭漏斗车通过部级评审】 10 月 7～8 日，铁道部运输局装备部组织专家对哈尔滨装备公司试制的C70 型敞车、KM70 型煤炭漏斗车进行生产质量认证。专家组检查了两种车型车辆的工艺流程、主要生产工序、工艺装备等，审查了各类工艺技术文件，并对样车的关键项点进行检查和检测，一致同意C70 型敞车、KM70 型煤炭漏斗车通过技术评审。

【C80、C80B 型敞车结构改进方案通过部级审查】 9 月 17 日，铁道部运输局装备部组织专家组在齐齐哈尔召开C80、C80B 型敞车水平撑杆及C80B 型敞车扶梯结构改进审查会。会议听取了齐齐哈尔装备公司所作的C80、C80B 型敞车水平撑杆及C80B 型敞车扶梯结构改进说明，四方所公司所作的C80、C80B 型敞车新型撑杆车体静强度试验报告。专家组观摩了改进的样车，审查了相关技术资料。经认真讨论，专家组一致同意齐齐哈尔装备公司提出的C80、C80B 型敞车水平撑杆及C80B 型敞车扶梯结构改进方案通过部级技术审查。

【L17 型粮食漏斗车通过提速改造部级认证】 7 月 8 日，铁道部运输局装备部专家组一行 7 人到哈尔滨装备公司，对该公司试修的L17 型粮食漏斗车结合段修提速改造及专项提速改造样车进行了生产质量认证。专家组在听取该公司作的试改工作报告和质量检测报告，以及听取铁道部驻哈尔滨装备公司车辆验收室作的质量评审报告后，到生产现场检测了样车，查看了重点工序及主要工艺装备，审查了相关技术文件。专家组认为，哈尔滨装备公司提速改造用工装设备、检测器具基本齐全，工艺流程合理，质量管理体系运行有效，能够保证产品质量。各项检测结果表明：两辆试改样车符合产品图样、技术条件、《铁路货车段修规程》和铁道部相关文件的要求。专家组一致同意哈尔滨轨道装备公司L17 型粮食漏斗车结合段修提速改造及专项提速改造样车通过生产质量认证。

【太原装备公司C80B 型不锈钢运煤敞车通过铁道部认证】 6 月 12 日，铁道部运输局装备部组织专家组对太原装备公司试制的C80B 型不锈钢运煤敞车进行生产质量认证。专家组听取了该公司产品试制工作报告，审查了产品图样、工艺及质量管理体系等技术文件，检查了生产现场管理、工艺流程、工艺装备、原始记录及关键工序过程控制情况，并对C80B 型不锈钢运煤敞车及主要零部件进行了现场检测和检查。专家组对该车给予高度评价，一致同意通过部级生产质量认证审查，可进行批量生产。这是一种专门为满足 2 万吨及以上重载运输的需要而设计的新型运煤专用敞车，与 70 吨级通用敞车相比，其制造工艺提升很大，装备条件要求相对较高。产品试制通过铁道部技术评审后，太原装备公司为转入批量生产，在技术装备、人员培训、工艺调整、装备改造等方面做了大量工作。10 月 10 日，该公司隆重举行首批新造C80B 型不锈钢运煤敞车竣工剪彩仪式。首批新造C80B 型运煤敞车竣工，标志着太原装备公司货车新产品开发取得新的重大突破。

【沈车公司C80B 型不锈钢敞车通过部级认证】 6 月 6 日，由沈车公司试制的C80B 型不锈钢运煤敞车通过铁道部运输局装备部专家组的生产质量认证。专家组认为，沈车公司转换了C80B 型不锈钢运煤敞车的产品图样及技术文件，并编制了相应的工艺与检验文件。其主要工艺装备、检验器具基本齐全，生产工艺流程合理。公司对生产操作人员进行岗位培训，做到持证上岗，对关键工序有效控制，质量管理体系运行有效；TCS不锈钢焊接质量控制通过了体系评估。试制的样车静强度试验表明，车体静强度和垂向弯曲刚度符合有关技术条件要求，C80B 型敞车主要零部件的主要尺寸和性能符合产品图样及技术条件的要求。据此，专家组认定，沈车公司已具备批量生产C80B 型不锈钢运煤敞车的能力，同意通过部级生产质量认证。

【太原装备公司两种新型漏斗车通过铁道部技术审查】 5月6~7日，铁道部科技司和铁道部运输局组织专家组，对太原装备公司研制的25吨轴重石灰漏斗车、KM70 型煤炭漏斗车增加下侧门和装用压紧式快装管接头样车分别进行了技术审查。在听取该公司所作的研制、试制工艺评定及运用试验等报告并对样车进行现场检查后，专家组一致同意25吨轴重石灰漏斗车、KM70 型煤炭漏斗车增加下侧门和装用压紧式快装管接头样车通过技术审查，可进行批量生产。

【D17A 型落下孔提速改造样车通过铁道部技术审查】 4月2日，铁道部运输局装备部会同营运部组织专家组，对齐齐哈尔装备公司研制的D17A 型落下孔提速改造样车进行技术审查。专家组经过认真讨论认为，按照铁道部运输局的要求，齐齐哈尔装备公司在D17A 型落下孔车的基础上，完成了D17A 型落下孔提速改造样车的试制和相关的性能试验、检测。结果表明，该车结构尺寸和性能满足了图样及相关技术条件的要求。专家组一致同意D17A 型落下孔提速改造样车通过铁道部技术审查。

【KM70 型煤炭漏斗车通过部级生产质量认证】 3月15日，铁道部运输局装备部组织专家组对沈车公司试制的KM70 型煤炭漏斗车进行生产质量认证。专家组一致认为，沈车公司试制生产的KM70 型煤炭漏斗样车，车体静强度和垂向弯曲刚度符合TB/T1335—1996《铁道车辆强度设计及试验鉴定规范》和70吨级货车强度考核的相关规定。经检测，其主要尺寸和性能符合产品图样和有关技术文件要求，同意通过部级生产质量认证。

【G70H 型罐车厂修通过铁道部技术审查】
2008年，G70H 型罐车刚进入第一个厂修期，检修的难点在于车辆装用了转K4型转向架，西安装备公司积极完成技术准备并克服困难完成试修，于1月份通过厂级鉴定。2月25日，由西安装备公司试修的G70H 型罐车通过铁道部技术审查。这进一步巩固西安装备公司罐车主导厂家的地位，为企业在市场竞争中增加了话语权，为企业跨越式发展进一步增加了活力。

【U15 型水泥漏斗车改造通过铁道部技术审查】 12月24日，太原装备公司试改的U15型水泥漏斗车在北京通过了铁道部运输局装备部会同营运部组织的技术审查。专家组一致同意太原装备公司U15型水泥漏斗车改造的技术方案，可进行批量改造并投入试运用，并在工艺装备、生产过程质量控制、货物装载等方面对该公司提出了要求。

【首批出口澳大利亚漏斗车按时交付】 9月18日，齐齐哈尔装备公司第一批30辆出口澳大利亚的EKZ70 型漏斗车按时交付。此次为澳大利亚生产的EKZ70 型漏斗车交货期紧，试制与批量生产并行，且多种车型交叉生产。针对这种情况，生产组织部门提早做好相关工艺装备、人员培训、料件供应等方面的工作部署。在工艺准备过程中，工艺人员针对组焊结构的牵引梁、斜面空间结构的漏斗制造、空间无中梁结构的底架、斜面结构的漏斗与底门的组装、圆弧包板结构的侧墙以及插入式的端、侧墙车体结构等制造难点，制定相应的技术保证措施，并准备了22项工装全部用于批量生产。

【西安装备公司铁路罐车批量出口】 6月15日，西安装备公司出口坦赞铁路的50辆铁路轻油罐车在上海港装船启运，7月底前到达坦桑尼亚首都达累斯萨拉姆。这标志着西安装备公司继出口坦赞液体罐式集装箱后，又成功向坦赞批量出口铁路货车，为占领市场奠定了坚实的基础。

【太原装备公司三种作业车产品获铁道部型号合格证】 3月12日，太原装备公司自行设计制造的TY_{04}型接触网放线车、TY_5型、TY_6型接触网架线作业车获得铁道部颁发的型号合格证。这是太原装备公司继TY_2型接触网架线作业车和N_{30}型平车取得型号合格证以来在作业车领域取得的新成绩，标志着太原装备公司在铁路工程车发展上又向前迈进了一步，为企业多元发展增添了新的产品品种。

【100%低地板轻轨车投入试生产】 2008年，100%低地板轻轨车项目，在长客股份公司冲压件分公司投入试生产。100%低地板轻轨车是我国新型城市轨道交通技术研制项目，也是国家“十一五”科技支撑计划的重点项目。该车由长客股份公司主持自主研发，采用世界上最先进的100%低地板车辆研制技术，是国内首次研发的100%低地板轻轨车。100%低地板轻轨车与长客股份公司此前自主研发的70%低地板轻轨车有很大不同：100%低地板轻轨车的动车采用独立轮对转向架，而70%低地板轻轨车采用传统的带轴转向架；100%低地板轻轨车每组车由5个车辆模块组成，而70%低地板轻轨车每组车仅有3个车辆模块。100%低地板轻轨车长30.1米，最小曲线半径25米。100%低地板轻轨车采用当今世界最先进的牵引系统，其中牵引电机和变流器等重要部件分别由永济电机公司和北京交通大学自主研发。首列100%低地板车将于2009年在长春轻轨线路投入运行。100%低地板轻轨车研制始终在国家科技部的直接领导下开展，长客股份公司研发部门从2007年9月20日开始设计工作，整车设计通过了科技部组织中科院院士进行的严格的方案审查、设计审查和年终审查等。年内，在冲压件分公司备料车间开始的投料试生产进展顺利，正在按照预定目标有序推进。

【轨道打磨车液力传动箱研制】 4月，大连所公司获得20台轨道打磨车DH20E型液力传动箱订单。与该传动箱匹配的柴油机、液压泵和马达等均为国外产品，对传动箱技术要求高，设计难度大。大连所公司专门成立项目组，按照技术要求对箱体进行设计，有效地保证了设计质量。液力传动箱从配机计算到结构布置，特别是对齿轮传动系统及整个箱体全部作了重新设计，并尽可能兼顾原有DH20系列液力传动箱结构，以保证通用性。年内，首台样机一次组装成功并通过台架试验，如期交付用户。DH20E型液力传动箱的研制成功，标志着大连所公司首次进入轨道车技术引进领域，不仅增加了公司液力传动箱系列品种，而且进一步拓展了该公司的液力传动箱市场。

【100%低地板轻轨车网络控制系统通过中期验收】 2008年，由大连电力牵引研发中心负责开发的国家科技支撑项目“100%低地板轻轨车研制”子课题——网络控制系统，顺利通过中期验收。100%低地板轻轨车网络控制系统是在消化吸收国外先进、成

熟技术的基础上，依靠自主研发完成的，实现了 CANopen 总线管理和轨道车辆控制功能，具有完全自主知识产权。相关部件已在长春轻轨车上安全运行 3 万多公里，符合相关标准和技术条件要求。该系统顺利通过中期验收，标志着大连电力牵引研发中心已经具备轻轨车网络控制系统的自主研发能力，在网络控制系统核心技术方面迈上了一个新台阶。

【唐山客车公司铝合金系统通过 EN15085-2 焊接体系认证】 8 月 7 日，德国 SLV 焊接认证专家 Mr. T-Richter 和唐山客车公司主焊接监督责任人刘志平分别在 EN15085-2 认证评审报告上签字，这标志着唐山客车公司铝合金系统正式通过欧洲标准 EN15085-2 焊接体系认证。DIN6700 焊接体系标准是目前被世界广泛采纳的德国轨道交通车辆及附件焊接方面的标准，在世界轨道车辆焊接领域具有权威性。欧洲标准 EN15085 焊接体系“轨道车辆及部件的焊接”系列标准是德国工业标准 DIN6700 焊接体系的升级标准，将逐渐替代 DIN 6700 系列标准，是企业在国际市场竞争中的必备通行证。在为期 2 天的认证评审中，德国 SLV 焊接认证机构的认证专家对唐山客车公司铝合金系统焊接体系的基础文件、生产现场、物流库房等方面进行了认真审核，对各项审核结果表示满意，同意唐山客车公司铝合金系统通过 EN15085-2 焊接体系认证，并出具了评审报告。此次认证的有效期为 3 年。

【70DB Ⅰ型绞车用减速箱试制成功】 2008 年，南口机械公司试制成功油田用 70DB Ⅰ型绞车用减速箱。该减速箱是南口机械公司开发的第一套机械传动系统集成产品，标志着南口机械公司实现了由单一部件生产向机械传动系统集成开发的战略性转变，在构建机械传动系统专业化生产基地的道路上迈出坚实的一步。作为南口机械公司新产品开发重点项目之一的油田用 70DB Ⅰ型绞车用减速箱，是为石油机械设备配套的齿轮减速箱，该减速箱的最大传动齿轮直径达到 1317 毫米，重量在 1.7 吨以上。整套系统长 2.8 米，宽 1.3 米，高度超过 1.6 米，总重达到 14.5 吨。

【13B 型钩尾框通过铁道部鉴定】 铁道部评审组对天津装备公司试制的新产品 13B 型钩尾框进行了质量审查鉴定，认为符合技术要求，予以通过。钩尾框作为车辆牵引部分的关键部件，其质量的好坏、运行的稳定性直接影响铁路的行车安全。铁路运输不断向高速重载方向发展，单车载重、单列编组增加，对铁路机车各种车辆安全性和可靠性提出了更高的技术要求。为此，铁道部决定从 2008 年 1 月 1 日起，停止使用 13A 型钩尾框，取而代之的是 13B 型钩尾框。天津装备公司对 13B 型钩尾框的销孔作了改进设计，增强钩尾框头部牵引时的强度，增加连接的稳定性，进一步减少局部应力集中，具有与缓冲器、钩体配合间隙小、强度高、安全可靠等特点。

【和谐 D2 型机车国产化关键部件达世界先进水平】 2008 年，同车公司制造的和谐 D2 型电力机车辅助变流柜在比利时顺利通过法国阿尔斯通公司进行的型式试验，至此，同车公司制造的机车车体、构架、辅助变流柜、通用柜等关键大部件全部通过型式试验。这标志着同车公司制造的国产化关键部件达到国际同类产品先进水平。

【9600 千瓦电力机车大容量变压器研制】 2008 年，由大连机辆公司自主研发的 9600 千瓦电力机车大容量主变压器，通过国家变压器质量监督检验中心沈阳变压器研究所的型式试验，并以其 11620 千伏安的大容量，

成为具有完全自主知识产权的当今电力机车最大容量的主变压器。在变压器研发中，大连机辆公司坚持以我为主的方针，致力打造强劲的电力机车“心脏”。在借鉴韶山J3型与和谐D3型电力机车成功经验的基础上，采用国际成熟的先进制造技术和工艺，先后突破主变压器外形几何尺寸限制、绕组短路阻抗精度要求高和内置3个电抗器的合理布置等一道道技术难关，并在结构型式的采用等方面进行许多再创新，同时在生产制造中严格推行全过程标准化，使生产的首台主变压器成为当今同类产品中体积小、重量轻、容量大、性能可靠、技术先进的产品。

【CRH5型动车组配套铸件小批量生产】 南口机械公司为CRH5型动车组配套的4种球铁铸件通过长客股份公司首检，开始投入小批量生产（首批投产300套）。CRH5型动车组铸件从确定图纸到工艺设计，凝结了南口机械公司工艺部及铸造车间人员的心血和汗水。图纸为国外加工图，工艺人员需要对实物进行逐项测定。首批试制铸件经长客股份公司试加工后基本通过，个别结构尺寸与进口件尺寸略有出入，经双方协商，修改后的铸件全部达到加工要求。

【整体芯铸造转K6型摇枕、侧架工艺通过铁道部评估】 7月31日，西安装备公司整体芯铸造B+级钢转K6型摇枕、侧架工艺通过铁道部专家评估，即将投入批量生产。铁道部运输局装备部组织的专家组在听取西安装备公司的整体芯铸造B+级钢转K6型摇枕、侧架工艺研制报告、质量检测报告、质量管理体系报告以及驻公司验收室所作的验收工作报告后，对整体芯铸造B+级钢转K6型摇枕、侧架铸造工艺方案、相关技术文件、质量记录进行审查，并对工艺装备、生产过程、实物质量等进行检查，最后一致同意西安装备公司的整体芯铸造B+级钢转K6型摇枕、侧架工艺通过评估。

【240E型柴油机燃油喷射系统高压油管研制】 2008年，南口机械公司成功研制出内燃机车240E型柴油机燃油喷射系统高压油管，该产品对南口机械公司进一步完善油泵油嘴产品体系及强化行业主导地位有着积极意义。240E型高压油管是配属东风4D型内燃机车柴油机燃油喷射系统的主要部件之一，要求可靠性高、使用寿命长、工作稳定性良好。在装车运行考核过程中，该产品未发生任何质量问题，工作性能稳定，运用质量良好，彻底解决了接口漏油、油管出现砂眼等问题，具有良好的可靠性和安全性。此外，其使用寿命也较同类产品明显延长。

【YZ08系列油田电机通过出口免验最终审核】 10月28日，永济电机公司申报的YZ08系列油田电机产品通过国家出口免验最终审核。这意味着该公司油田电机将获得国家出口免验“国际金牌通行证”的最高荣誉，为该公司进一步开拓国际油田电机市场奠定了坚实的基础，提升了我国机电产品在国际市场上的竞争力。出口商品免验，是国家扶持具备一流品质的民族品牌走向国际市场，提升中国产品国际竞争力，促进产业结构调整的一项鼓励政策，是国家授予出口企业的最高荣誉。永济电机公司于2008年2月向山西检验检疫局递交了申请出口商品免验意向报告，被列入“2008年国家出口免验工作计划”，参与国家质检总局的资格审查。公司申请免验电机先后通过国家指定检测机构上海电科所的型式试验检测，国家质检总局出口免验专家审核组现场审核，山西省出入境检验检疫局代表国家质检总局的现场跟踪验证，成为山西省首家获得此项认证的企业。

【20立方螺杆泵主机试制成功】 8月24

日，南口机械公司试制的20立方螺杆泵主机经上海尤耐特斯公司使用，顺利通过性能测试，其排气量、比功率等主要性能指标与国外进口主机产品相同，振动、噪声优于进口主机产品。这标志着南口机械公司风源集成系统产品取得重要突破，为加快实现南口机械公司风源集成系统专业化研发基地的战略目标奠定了坚实基础。

【TCN产品通过庞巴迪公司测试】 2008年，大连电力牵引研发中心为天津北海通信公司研制的CNRERD TBA2479N2网关通过了庞巴迪公司曼海姆实验室测试，成为国内唯一一家自主开发TCN产品并通过庞巴迪测试的企业。CNRERD TBA2479N2网关是为配合MVB和PIS系统而开发的MVB-RS485网关，该网关采用电牵研发中心开发的基于完全自主知识产权的MVB核心芯片技术，严格遵循TCN IEC61375-1标准，网关的所有软硬件电路完全自主设计，体现了电牵研发中心在国内相关领域卓越的自主研发能力。年内，CNRERD TBA2479N2网关应用于长客-庞巴迪公司生产的上海9号线地铁车，并在运用中表现良好，达到了预期目标。该产品已开始小批量生产。

【DZYT8型海洋钻机能耗制动电阻装置通过国家船级社认证】 4月2日，由永济电机公司研制的DZYT8型海洋油井钻机能耗制动电阻装置通过国家船级社检验与试验，产品首次烙上“CCS”标志，成功获得进入海洋市场的“通行证”，为永济电机公司扩大产品海洋市场领域销售奠定了坚实的基础。近年来，随着铁路机车电阻制动装置市场逐年萎缩，永济电机公司明确市场定位，瞄准油田钻机能耗制动市场和矿山重型汽车制动市场，加大该产品的开发力度，自2004年产品相继批量进入油田、矿山等市场后，以其优越的技术性能，满足了各种恶劣环境工作条件要求，先后在热带雨林、非洲雨地成功使用。其中符合-45℃低温环境使用的油田能耗制动电阻装置配套油田钻机出口俄罗斯。DZYT8海洋油井钻机能耗制动装置是该公司为拓展海洋市场领域，在已有产品基础上集成创新研制成功的。通过认证检验，产品技术性能达到“防盐雾、防腐蚀、防霉变”和温升要求，且出风口温度和柜体表面温度均满足用户要求。

【车载网络控制系统及变流装置装车运用】 电牵研发中心自主研制的具有完全自主知识产权的车载网络控制系统于2008年1月在长春轻轨20号车装车并投入应用。该中心自主研制的牵引变流器、辅助变流器和充电机等设备于2008年7月同样在20号车装车并投入运用。网络控制系统与变流装置经过12.5万公里和6万公里装车运行，性能稳定、可靠，各项性能指标完全达到进口设备的水平，标志着电牵研发中心已具备为轻轨车辆配套牵引传动系统和网络控制系统的核心能力。

【200公里/小时交流传动客运电力机车网络控制系统、变流控制装置研制】 在中国北车组织的200公里/小时交流传动客运电力机车研制中，电牵研发中心承担了机车网络控制系统、变流控制装置的自主开发研制以及电传动系统的集成设计与试验任务。2008年，网络控制系统完成各功能单元试验和系统试验；牵引变流控制装置（TCU）、辅助变流控制装置（ACU）和辅助变流器功率模块均已完成研制试验，并配合同车公司完成变流柜的组装与调试。

【首列轨道打磨车网络控制系统研制】 2008年，电牵研发中心正式加入铁路大型养路机械装备核心技术的自主创新行列，并于5月与铁路大型养路机械定点主机制造厂之一襄樊金鹰公司签订10台套GMC-96型轨道打磨车网络控制系统的开发与供货合同。为确保此战略项目的成功，中心认真组织、精心安排，充分听取用户意见，与用户进行多次设计联络，系统方案于6月5日通过专家技术评审，10月完成首列车全套网络控制系统部件的制造和调试，11月完成系统地面联调试验。

【挖泥船配套绞车变频控制系统研制】 2008年，电牵研发中心按照合同向用户交付两套绞车变频控制系统，分别实现为“青草沙”号和“浏河沙”号两艘2000立方挖泥船配套。这两艘挖泥船分别于4月和6月完成试航，与之配套的绞车变频控制系统随即正式交付用户使用。由电牵研发中心自主设计开发的挖泥船绞车变频控制系统负责每艘船上6台电机的变频运行及其工作管理，这是电牵研发中心首次获得的船舶市场合同订单。这两艘船的成功投用，开创了国产变流控制产品在船舶领域应用的先河，标志着电牵研发中心变流控制产品技术已日趋成熟。 （贾　锋　刘馨园　供稿）

技术创新能力建设

【综述】 2008年，中国北车技术创新体系建设取得新进展，技术创新能力明显提高。股份公司的成立对技术创新工作提出新的要求。按照构建适合股份公司发展需要的技术创新体系，最大化发挥技术创新资源作用的原则，形成股份公司技术创新战略，成立了股份公司研究院。努力建设股份公司技术创新决策系统，完善股份公司技术创新制度体系，提出股份公司一体化产品技术研发体系建设总体方案。筹建中国北车海外研发中心，加快大功率牵引变流技术的合作，技术创新工作为股份公司“三步走”发展战略需要提供了技术支撑。大力实施在国家技术创新体系中的“抢点占位”战略，技术创新能力建设取得成效。长客股份公司正在组建高速列车系统集成国家工程实验室。科技部在唐山客车公司设立国际技术合作基地。长客股份公司、唐山客车公司进入国家首批91家“创新型企业”行列，中国北车股份有限公司整体进入第二批创新型试点企业。所属7家企业被认定为高新技术企业。夯实技术创新管理基础，注重科研项目的全过程管理，加强技术创新支撑系统建设。加大以专利为重点的知识产权工作力度，加强对企业知识产权创造、应用、管理与保护各个环节的指导，申报专利805项，其中发明专利申请151项，发明专利达到18.8%，中国北车知识产权工作迈上新台阶。切实加强标准化、计量、理化和无损检测工作，中国北车技术创新支撑系统工作得到加强和完善。坚持原始创新、集成创新和引进消化吸收再创新相结合的技术发展方向，努力打造整车、系统、关键部件三级产品技术平台，产品系列化程度进一步加大，产品技术标准化、信息化、模块化程度进一步提高。中国北车具有国际先进水平的高速动车组、大功率交流传动电力机车、内燃机车、新型货车、城轨地铁等产品平台基本形成。在圆满兑现技术引进相关合同的同时，成功搭建起四个国际一流的大功率交流传动机车的技术平台和两个国际领先的高速动车组的技术平台，技术引进消化吸收再创新战略布局优势已经向产品技术优势转化，再创新能力和核心竞争力明显提升。

【永济电机公司被认定为2008年山西省首批高新技术企业】 2008年12月，永济电机公司被山西省高新技术企业认定管理机构批准为2008年山西省首批高新技术企业。根据《高新技术企业认定管理工作指引》和

《高新技术企业认定管理实施办法》的有关规定，由山西省科技厅、财政厅、国税局、地税局共同组成的高新技术企业认定管理机构，按照山西省高新技术企业认定的总体要求和工作程序，经企业申报、审计机关审计审核、省科技厅现场考察、省专家委员会及有关政府部门听取企业汇报后，评审认可永济电机公司为2008年山西省首批高新技术企业。

【唐山客车公司被国家科学技术部确定为“国际科技合作基地”】 12月19日，国家科学技术部确定的国家级轨道车辆制造“国际科技合作基地”授牌仪式在唐山客车公司举行。科学技术部国际合作司副司长马林英与唐山客车公司董事长余卫平共同为基地成立揭牌，中国北车股份公司总工程师孙永才出席揭牌仪式并讲话。该基地的成立将使中国北车开展国际科技合作向更广泛、更深入的领域迈进。“国际科技合作基地”是国家科学技术部落实《“十一五”国际科技合作规划纲要》，实现国际科技合作方式从一般性的人员交流和项目合作向“项目—基地—人才”相结合的战略性转变而推出的重大举措。唐山客车公司高度重视国际科技合作，通过与德国西门子公司建立战略合作伙伴关系，消化吸收再创新其先进技术，制造出国际一流的高速动车组，取得良好的社会效益，迅速提升了唐山客车公司的知名度和产品的市场占有率。基于唐山客车公司在国际科技合作领域取得的优良业绩，科学技术部将其确定为“国际科技合作基地”。

【永济电机公司被山西省确定为创新型试点企业】 2008年，山西省科技厅、国资委、总工会联合下发《关于确定山西省创新型试点企业的通知》，永济新时速电机电器有限责任公司名列山西省44家创新型试点企业之一。山西省开展创新型企业试点工作，旨在加大对该省企业自主创新的引导和支持力度，努力推动形成一批具有自主知识产权、知名品牌和持续创新能力的创新型企业，并引导更多企业走创新发展的道路。这次试点企业主要在全省重点骨干企业、重点非公有制企业、科研院所、高新技术企业和民营科技企业中选择。

【中国北车被国家确定为第二批创新型试点企业】 2008年2月，国家科技部、国务院国资委、中华全国总工会联合下发《关于确定第二批创新型试点企业的通知》，中国北车成为国家确定的第二批184家创新型试点企业之一。实施创新型企业试点工作，是国家为引导和支持创新要素向企业集聚，引导企业走创新发展的道路，提高企业自主创新能力，加快促进以企业为主体、市场为导向、产学研相结合的技术创新能力而进行的。此次入选国家创新型试点企业，标志着中国北车已正式融入国家技术创新体系建设，对提高企业自主创新能力，加快促进企业创新体系建设有着积极的意义。对进入国家创新型企业试点的企业，国家将采取具体措施并根据企业的实际需要，引导和支持试点企业开展试点工作。引导和支持企业突破产业发展的重大关键技术，综合运用无偿资助、贷款贴息、风险投资、后补助等方式对企业技术创新活动给予重点支持。包括：支持入选的企业积极承担国家科技计划项目以及地方重大科技项目，在具备条件的试点企业建立重点实验室、工程中心等；为企业争取一个创新友好型的宏观环境，争取更多的支持、参与或牵头承担国家重大项目，参与国家相关政策的制定等；对试点工作取得成绩的企业及时总结推广先进经验，对成绩特别突出且符合全国五一劳动奖状评选条件的企业，将推荐授予“全国五一劳动奖状”等。

【电牵研发中心试验站获国家实验室认可证书】 2008年，中国北车股份有限公司大连电力牵引研发中心试验站通过中国合格评定国家认可委员会（CNAS）的认可，获得国家实验室认可证书。电牵研发中心试验站获得认可的检测能力范围是：铁道机车车辆电子装置，电力变流器，变流器供电的电动机及其控制系统的综合试验。

【永济电机公司与西南交大签订战略合作框架协议】 10月12日，永济电机公司与西南交通大学战略合作协议签字仪式暨在职电气工程硕士班开学典礼在永济举行，这将使双方建立更为紧密、稳固的合作伙伴关系，共同推动中国轨道交通装备事业的发展。双方今后将在项目预研、重大课题攻关、共建实验室、教学实习基地、人才培养、人才支持等方面进行全方位的合作。本期电气工程硕士研究生班，由西南交通大学选派导师到永济电机公司定期集中授课，学制3年左右，32名学员都与永济电机公司签订了《工程硕士研究生培训合同》。

【电牵研发中心与北京交大共建产学研战略联盟】 7月31日，中国北车股份有限公司大连电力牵引研发中心与北京交通大学签订产学研战略联盟协议。股份公司总工程师助理兼研究院总经理谢步明、研究院高级副总经理兼大连电力牵引研发中心总经理唐献康，北京交通大学对外联络合作处处长尹激、电气学院院长郑琼林等出席签字仪式。电牵研发中心总经理唐献康和电气学院副院长姜久春分别代表中国北车股份公司和北京交通大学在产学研战略联盟协议书上签字。战略联盟建立后，北京交大电气学院将组织专业研究人员，与电牵研发中心共同组建研究团队，在中国北车股份公司技术发展战略框架内，开展持续、长期的科研活动。

【长客股份公司、唐山客车公司获“创新型企业”命名】 2008年7月，国家科学技术部、国务院国资委和中华全国总工会在北京联合举行创新型企业建设工作会议，发布首批“创新型企业”名单并授牌，中国北车股份有限公司所属长客股份公司、唐山客车公司等91家企业被正式命名为“创新型企业”。2006年7月，长客股份公司、唐山客车公司被确定为全国首批103家创新型试点企业。经过两年的试点建设，两公司对技术创新的依存度不断提高，技术创新能力显著增强。长客股份公司和唐山客车公司能够跻身“创新型企业”行列，标志着两公司在引进国外先进技术的基础上，实现了消化吸收再创新，能够创立和打造自主品牌，已经成为自主创新企业中的佼佼者。受命名的“创新型企业”将享受国家在政策支持、资源配置以及人才培养等多方面的倾斜，优先承担国家科技支撑、863、973等重大科研计划项目，参与国际合作计划项目，参与国际合作计划，设立国家重点实验室和工程中心等。

【唐山客车公司产品技术平台构建】 2008年，唐山客车公司按照平台的理念，初步完成高速动车组产品技术平台构建。包括以SAP-PLM为核心、基于三维和网络技术的产品设计平台和设备通用化、工装柔性化、模具专业化的产品制造平台，具备了新一代高速动车组自主设计能力和批量制造能力。

（贾　锋　刘馨园）

【标准化工作】 2008年初，为加强对标准化工作的指导，制定下发《2008年标准化工作要点》，提出标准化工作目标及重点工作，对中国北车标准体系建设、做好技术引进标准的消化吸收转化、加强标准化队伍建设和参与国家标准、铁道行业标准的制（修）定工作等重点提出具体要求，明确了集团公司标准化工作的方向。大力开展股份公司标准体系建设工作，根据股份公司制度建设要求，组织制定《公司标准制定暂行细则》，明确了股份公司标准编号办法、标准的幅面与格式和标准的编制要求。根据股份公司信息化建设要求，组织有关单位开展“物料编码规则”的研究，并形成《物料编码规则（讨论稿）》和《物料编码规则（初稿）》审查会会议纪要等文件。结合技术引进工作，组织开展“引进动车组技术标准体系的转化研究”、“动车组及大功率机车电机设计制造技术及标准体系研究”和“交流传动电力机车技术研究——机车标准体系研究”等三项铁道部课题的研究工作，对我国大功率机车、动车组及其关键部件的采标、标准转化和标准体系建设进行分析研究。继续组织“北车标准信息检索系统”的维护工作，至年底，基本完成软件的升级开发工作，进一步完善检索系统性能。股份公司标准化秘书处积极开展工作，加强股份公司所属各企业的合作，畅通标准信息的收集渠道，围绕高速、重载技术，组织企业开展铁道国家标准和行业标准计划项目申报与标准制修订工作。8 月 29 日，中国北车股份公司在大连召开标准化工作研讨会。会议就股份公司标准化工作面临的形势，如何创新工作思路，进一步提升标准化工作水平，使标准化工作成为企业技术创新和强化管理的重要手段，建立有效激励机制，不断提高标准化人员的素质等议题进行广泛深入的讨论。与会代表献计献策，提出许多好的意见和建议。 （裘敬发）

【专利申请】 为加强专利申请工作，在 2008 年的技术工作会议上，中国北车提出要实现日均申报两项专利、其中发明专利要占到 15% 的工作目标。根据该要求，中国北车经过研究并为各单位下达了 2008 年的专利指标。为保证专利指标的完成，采取培训、到下属企业帮助挖掘专利、专利工作进展情况通报等多种措施进行推动，最终超额完成 2008 年专利指标：共申请专利 805 件，其中发明专利 151 件，比 2007 年翻了一番多。

【专利工作考核】 为突出专利在企业工作中的重要地位，中国北车在下发的《关于 2008 年效绩目标责任制重点工作项目考核内容的通知》中明确规定，专利工作是企业效绩目标考核体系年度重点工作考核内容，并规定指标完成率每差 5% 扣 1 分的考核要求。专利工作不再是每年计分、三年考核的指标。这项制度对推动中国北车的专利工作发挥了重要作用。

【知识产权组织建设】 2008 年，为适应新形势下对股份公司知识产权的要求，充分发挥知识产权在实现股份公司“三步走”发展战略中的重要作用，提高知识产权的管理和运作水平，中国北车股份公司成立了隶属研究院的知识产权部。并突破传统用人机制，从外部聘请一名知识产权专家担任负责人，从而使知识产权工作实现由专职部门和专业人员进行专业化管理的目标。

【知识产权制度建设】 为加强对股份公司知识产权的保护，规范知识产权管理工作，充分发挥知识产权在推动股份公司发展中的积极作用，股份公司根据国家有关法律法规规定，制定《知识产权管理办法》。该办法规定了知识产权的管理机构与职责、知识产权的归属、知识产权的管理方法等内容，确定研究院作为知识产权管理机构，全面负责知识产权管理工作。研究院的主要工作职责包括，为研发、市场、资产运作等业务提供知识产权服务，以及负责知识产权无形资产的经营等。该办法还规定要加强对重大科研项目的知识产权保护，重大科研项目应当由专利人员全程参与，专利人员应负责对项目成果知识产权保护的策划和设计等内容。

【知识产权权属变更】 为配合股份公司上市的要求，股份公司下发了《关于做好专利权和软件著作权权属转移等工作的紧急通知》（北车技通［2008］29号），要求各单位将拥有专利和软件著作权的权属人（申请人）变更到股份公司所属单位。各单位按照要求，及时完成专利权及软件著作权权属转移等相关工作。

【知识产权培训】 为促进2008年专利指标的完成，提高知识产权管理人员的业务技能，股份公司在11月召开知识产权培训会议，有针对性地对知识产权主管人员进行技能培训。会上，中国北车股份公司研究院总经理谢步明对股份公司所属各单位加强知识产权工作、完成今年专利指标作了进一步要求，并对股份公司下一步的知识产权工作提出建设性的意见。国务院国家知识产权战略制定小组原秘书长、国家知识产权局条法司原副司长、中国知识产权培训中心教授文希凯作了“知识产权保护和知识产权战略”专题演讲，就当前全球的知识产权形势和国家知识产权战略进行了分析解读。知识产权部副部长王乾作了“中国北车知识产权工作的理念和目标”和“专利工作人员的职责和专利工作方法”的专题报告。通过对大量事实的分析，结合铁路行业实际，说明当前中国北车所面临的知识产权环境、知识产权工作的理念和目标、知识产权工作的重点以及知识产权工作的方法等重要问题。会上，永济电机公司、西安装备公司、长客股份公司、齐齐哈尔装备公司4家单位分别介绍了本单位开展专利工作的经验和方法，与会人员很受启发。这次培训会议的召开，增强了知识产权管理人员对知识产权的认识，提高了专利工作的技能，为2008年专利指标的完成和2009年知识产权工作的开展奠定了基础。（王　乾）

【永济电机公司设立全国专利工作交流站】 2008年，国家知识产权局在贵阳召开的全国企事业知识产权工作会议暨全国专利运用与产业化会议上，批准永济电机公司设立全国专利工作交流站并授牌，从而使该公司成为首批设立全国专利工作交流站的企业之一。近年来，永济电机公司坚持科技兴企战略，以技术创新推动企业发展。永济电机公司自1995年获得第一个授权专利起，先后被国家知识产权局授予“第二批全国企事业专利试点工作先进单位”，获山西省“全省知识产权工作先进单位”，中国北车集团公司“专利工作优秀单位”。2007年入选国家知识产权局首批“全国企事业知识产权示范创建企业”。至2008年底，永济电机公司拥有的授权专利累计达183项，涉及108种产品，专利申请和拥有授权专利数量在山西省和中国北车位居第一。

【西安装备公司被授予“陕西省知识产权优势培育企业”】 西安装备公司继2007年被列为“西安市知识产权优势培育企业”后，于2008年9月18日在陕西省企业知识产权工作会议暨“陕西省知识产权优势培育企业”授牌仪式上又被陕西省政府授予“陕西省知识产权优势培育企业”。同时，根据陕西省政府文件精神，西安装备公司也获得了陕西省知识产权专项费用资助。

【永济电机公司入选首批山西知识产权百强企业培育工程单位】 9月2日，山西省知识产权百强企业培育工程启动工作会议在永济电机公司召开。来自山西省经委、知识产权局及各地市经委、专利局、第一批山西省百强企业负责人等80余人出席会议。会上，宣布了山西知识产权百强企业培育工程启动工作第一批38家企业名单，永济电机公司名列其中。这标志着山西省知识产权百强企业培育工程全面展开。这次会议的目的是进一步实施“山西省‘十一五’企业创新发展规划，大力开展以专利战略、标准战略为核心的知识产权战略，积极推进山西省企业知识产权保护、维护工作，全面增强企业知识产权创造、管理、运用水平，切实提高企业自主创新能力和核心竞争力”。

【同车公司入选山西省知识产权百强试点企业】 8月19日，同车公司被确定为山西省知识产权百强企业培育工程第一批培育企业。山西省知识产权百强企业培育工程的目标是，加强培育企业知识产权工作，培育一批知识产权优势明显、自主创新能力和市场竞争力强的企业，全面提升其自主创新能力和核心竞争力，走出具有山西特色的自主创新之路。

【哈尔滨装备公司获“市专利工作先进单位”称号】 2008年，哈尔滨装备公司被哈尔滨市科技局、知识产权局授予“专利工作先进单位”称号。哈尔滨装备公司自投产以来，高度重视产品研发工作，三年来先后研制开发了KF_{80}型自翻车、DA_{21}型、DA_{25}型凹底平车等多个车辆产品，并投入生产应用，受到用户广泛好评。为了在激烈市场竞争中维护好自身利益，保护和利用好这些科研成果，该公司积极向哈尔滨市知识产权局申报产品专利，2007年该公司共向哈尔滨市知识产权局申报专利10项，其中提速250吨凹底平车、提速210吨凹底平车、90吨气动自翻车、80吨气动自翻车、提速4E轴转向架、长大货车球形心盘6项专利已被授权，另有4项专利已通过审查，等待授权。（贾　锋　刘馨园）

电牵研发中心建设

【综述】 2008年末，中国北车股份有限公司大连电力牵引研发中心（简称电牵研发中心）职工总数85人，其中，教授级高级工程师10人，股份公司级专家13人（其中资深专家6人），核心研发团队中硕士以上学历人员占41%。电牵研发中心设综合管理部、技术管理部、网络控制部、变流技术部、系统集成部、生产制造部、质量保证部、市场部和综合试验站9个部门。拥有国内先进的交流传动系统综合试验站、网络控制技术试验室和电磁兼容性试验室等基础试验设施，承担着中国北车电力牵引核心技术研发及相关产品研发的重任。2008年，电牵研发中心继续坚持“立足核心技术研发，全力培育自主创新能力，创建一流高科技企业”的发展战略，紧紧围绕网络控制、变流技术和系统集成三大核心技术，坚持以我为主，立足底层开发，走出了一条以核心技术为依托的企业快速发展之路。

【企业管理与改革改制】 按照集团整体改制上市的安排和工作要求，完成“中国北车股份有限公司大连电力牵引研发中心”的正式注册和原“中国北车集团公司大连电力牵引研发中心”的注销。结合股份公司“三步走”战略目标的要求，制定《中心中长期发展战略和三年发展规划纲要》，明确中长期发展目标和近三年规划目标，提出实现目标的措施与对策。制定项目负责制管理、薪酬管理、成本费用管理等一系列新的管理制度，使中心从以研发设计为主的管理方式开始向研发与经营协调发展的企业管理模式转变。顺利通过国家实验室认证，电牵研发中心轨道车辆电子装置、电力变流器及其控制系统的综合试验能力得到进一步提升。

【核心技术研发】 2008年，电牵研发中心围绕网络控制、变流技术、系统集成等核心技术，进一步加大核心技术研发及相关产品开发与推广力度，在城轨车辆、大功率机车、养路机械和工程船舶等装备领域实现了重大技术突破。电牵研发中心自主研制的车载网络控制系统及变流装置在长春轻轨20号车上成功装车运用，各项性能指标均达到进口设备的水平。成功完成200公里/小时交流传动客运电力机车网络控制系统和变流装置的部件研制和试验。5月，电牵研发中心与铁路大型养路机械定点主机厂襄樊金鹰公司签订GMC-96型轨道打磨车网络控制系统配套开发与供货合同，从而加入铁道部大型养路机械装备核心技术自主创新行列。电牵研发中心承担的国家科技支撑计划项目"100%低地板轻轨车网络控制系统"于11月18日完成中期验收并开始装车运行考核。电牵研发中心自主研发的挖泥船配套绞车变频控制系统完成调试并交付运用，填补了国产变流控制产品在船舶领域应用的空白。

【对外合作与交流】 2008年，电牵研发中心与北京交通大学建立了产学研战略联盟，合作开展大功率牵引变流控制技术研究；与上海磁浮技术研究中心合作进行中低速磁浮列车控制与变流装置开发；与中国煤科院太原分院联合进行矿用机械变频技术开发；与捷克布拉格工业大学初步达成合作共识，为筹建中国北车首个海外研发中心奠定了基础。通过多种形式的对外合作，电牵研发中心进一步完善了自身技术创新体系，充分利用外部资源提升了技术创新能力。

【技术管理】 2008年，电牵研发中心组织修订项目管理文件和设计工作组织文件，对员工进行基础设计规范化培训，强化项目评审组织与归档资料的验收管理，加强国内外标准和公共技术资料配置及服务管理；在此基础上，组织开展一批国家科技支撑计划和公司重点科研项目的开发。加强技术创新管理，聘请知识产权专业人员对技术研发人员进行知识产权培训，提高技术研发人员的专利知识水平。结合科研项目和市场产品开发，共申报专利109项，其中发明专利22项，超额完成中国北车下达的2008年专利指标。全年专利数量位居股份公司第一，获得股份公司级科技成果3项，申报软件著作权3项。11月，被授予"大连市知识产权兴业强企工程试点单位"称号。电牵研发中心自主开发的TCN网关（2007年国家重点推广新产品）获得2008年度铁道学会科学技术奖。基于电牵研发中心的技术实力和技术开发业绩，2008年7月11日，经辽宁省科技厅、财政厅评审论证、实地考察和综合评议，正式批准电牵研发中心组建"辽宁省轨道交通装备电传动及控制工程技术研究中心"。

【市场产品开发及推广】 2008年，电牵研发中心实现工作重心从"以核心技术研发为主"向"核心技术研发和相关产业化市场化并重"的转变。全年，在组织核心技术研发和科研产品开发、实现科研产值800多万元的同时，积极开展面向市场的产品开发并组织推广应用，年内共签订销售合同16项，实现销售收入约300万元，销售项目包括大型养路机械网络控制系统、轻轨车辆网络控制系统、工矿车变流器、机车试验电源、动车组电传动及控制试验台、城轨车辆电传动系统试验台、地铁控制部件等。同时，为城市轻轨车辆、单轨车辆、机车大修、客车改造等配套的一批控制产品、变流产品与客户已达成初步意向，这些项目的推进，为2009年实现销售收入快速提升打下了良好基础。

【质量工作】 2008年，电牵研发中心完成质量管理体系的重建工作，编制《质量手册》及10个程序文件，并于7月1日正式发布实施；组织全员质量管理体系培训，取得良好效果；进行内部审核，对ISO9001的所有要求作了抽查证实，对不符合项进行跟踪整改；顺利通过华夏认证中心每年一次的监督审核，确保了证书的持续有效。编制《质量计划管理规定》程序文件，以“襄樊项目”为载体编制项目质量计划，完成产品检验和工序检验。制定《月度质量分析会制度》，定期召开月度质量分析会，及时通报质量状况，同步进行质量工作组织，不断提高产品质量和工作质量。

【生产经营】 为适应工作重心的调整，电牵研发中心于年初成立生产制造部。经过全体员工的共同努力，工程化、产业化能力得到提升。全年共完成合同产品制造及样机试制项目18项，实现硬件制造产值469万元。年内，制定物资采购与管理规范，从制度上规范采购行为；建立供应商评价和管理体系，要求所有器件的采购行为均签订采购合同。建立采购合同台账，对到货情况、付款情况、发票情况进行台账管理和有效监控；采取减少预付账款数量等有效措施，增大应付账款的数量。严格原材料入库、出库手续；完成工艺管理文件的编制，组织编写网关工艺文件12份，电子工艺文件3份，电器工艺文件4份。完成集成仪表箱、襄樊金鹰打磨车、100%低地板车等项目的工艺审查工作，规范了电器制造工艺流程和电子制造工艺流程。

【人才队伍建设】 2008年，电牵研发中心努力实施人才兴企战略，优化人力资源，修订和完善人才待遇、高级人才管理等制度和办法，调整部门和岗位职责，使高技术人才真正成为技术进步的基础和动力。年内，新招收硕士生13人、本科生17人，一大批新生力量充实到技术开发、产品制造、试验检测以及管理服务等多个岗位。同时，针对工作重心的调整，为克服以前以技术开发型人员为主，工程化、产业化能力不足，管理能力、市场能力偏弱等问题，针对不同人员的需求进行多层次技术培训，有效提高员工的整体技术水平和综合能力，使各技术和管理岗位员工既能跟踪学习研究最新技术，时刻处于电力牵引技术的领先地位，又能及时汲取和提升工程技术经验和企业管理经验，确保全面支持和服务中心发展。

（电牵研发中心　供稿）

信息化建设

责任编辑　刘兴国

信息化规划

产品研发信息化

企业管理信息化

信息化基础建设

信息化工作会议

信 息 化 规 划

【综述】 2008 年，中国北车着眼于增强国际竞争力，紧密围绕“三步走”发展战略和改革改制需求，认真审视整体信息化建设中遇到的新形势、新问题，加强对信息化规划的深入研究，大力推进整体信息化建设。在2007 年整体信息化建设规划项目成果的基础上，修订并下发《股份公司信息化建设总体规划》，扎实有序推进股份公司整体信息化建设。按照国资委要求，根据2007年国资委信息化水平评价结果，制定《股份公司信息化 B→A 登高计划》，明确进阶中央企业信息化 A 级企业的任务和措施。通过整体信息化规划制定与落实，从各企业分散建设孤立应用阶段逐步转变到以事业部为架构的整体建设阶段，中国北车整体信息化建设取得初步成果。

【信息化建设总体规划】 以 2007 年第四季度完成的“集团公司整体信息化建设咨询项目”成果为蓝本，对《中国北车集团整体信息化建设工程项目可行性研究报告》进行修改完善，并获公司批复（北车划［2008］27 号）。在此基础上，根据股份公司新的组织架构和“三步走”发展目标，紧密围绕股份公司做强做大主业的中心任务和改革改制需求，制定中国北车信息化建设总体目标，即按照坚持六个统一、打造一个平台、完善三个体系、实现三个转变的“六一三三”信息化建设基本模式，应用“先进、成熟、实用、兼容”的现代信息技术，实现集团数字化设计、数字化管理、数字化生产、数字化商务的全面集成应用，打造“数字化北车”，建立与集团总体发展战略及改革改制进程相适应的统一信息化支撑平台，形成以信息化为支撑的集中管控能力和智能决策支持能力。力争在“十一五”末期建成以事业部精细化管理为核心的数字化协同平台，形成以信息化为支撑的贯穿集团总部、事业部和业务单元的集中管控模式，有效改造和提升中国北车价值链，提高创新竞争力，信息化全面融入管理、生产、运营活动，达到中央企业信息化 A 级水平，全面服务中国北车发展战略。2008 年 9 月，下发《关于印发中国北车股份有限公司信息化建设总体规划（2008～2015）的通知》（北车股份信［2008］53 号），要求各事业部（研究院）及所属企业严格按照总体规划制定实施计划，积极推进公司整体信息化建设。

【信息化 B→A 登高计划】 在国资委 2007年度中央企业信息化水平评价中，中国北车总得分为 83.48 分，在 145 家中央企业中总排名第 24 名，在 12 家机械行业中排名第1，被评为 B 级企业，其中，信息化基础建设一项央企总排名第 1 位，为最优值。中国北车虽然在 2007 年度中央企业信息化水平评价工作中取得了初步成绩，但与 A 级企业和同行业世界先进水平相比，仍存在差距。为了快速弥补信息化短板，提高信息化整体水平，争取尽快跨上 A 级，信息管理中心认真对照国资委文件要求，参照《2007 年度中国北方机车车辆工业集团公司信息化水平评价报告》，围绕“三步走”发展战略，结合信息化发展趋势及中国北车信息化总体规划，针对信息化建设中的单项不足，提出《中国北车信息化 B→A 登高计划》（简称 CNR611 计划）。CNR611 计划的总目标是在 2007 年度信息化建设水平的基础上，保持优势，加速弥补信息化短板，争取尽快跨上 A 级，力争进入中央企业前 10名。

（王顺强　郭向红　韩毅斌　刘　煜　供稿）

产品研发信息化

【综述】 2008年,中国北车围绕自主开发以及技术引进、消化吸收与再创新工作,以"产品设计工艺制造一体化工程"项目实施为载体,大力推进产品研发信息化建设。初步构建起信息标准化体系,为全面推进资源共享奠定了基础。以机、客、货、机电试点企业为重点,深入推进CAD/CAPP/CAM/PDM系统的集成应用。推广应用虚拟产品开发技术,有效提升产品研发设计水平。产品研发信息化建设的持续推进,为中国北车产品技术研发平台建设提供了强有力的信息化支撑。

【物料编码规则】 建立统一的物料编码体系是中国北车整体信息化建设最重要、最紧迫的基础工作。2008年上半年，中国北车成立由公司总部及所属企业相关专家组成的课题组，对所属企业物料编码情况进行专题调研，邀请外部顾问专家对公司物料编码标准进行多次研讨，深入分析相关行业标准，起草《公司物料统一编码规则（草案)》，经细化与完善，形成《物料编码规则》（初稿)。5月组织召开《物料编码规则》（初稿）审查会，齐齐哈尔装备公司、长客股份公司（含唐山客车公司)、同车公司、永济电机公司、大连所公司、四方所公司从事信息化、产品设计和标准化工作的相关专家、总部有关部门人员及外部顾问专家围绕编码规则及中国北车统一物料编码工作进行了深入研讨，形成《物料编码规则》（试行稿）和物料代码索引，并下发至相关单位参照实施。

【产品研发信息化】 2008年，长客股份公司（含唐山客车公司）以SAP系统实施为契机，结合时速350公里、时速200公里动车组产品的技术引进和自主创新，应用三维PRO/E等设计软件与SAP、ERP系统，搭建了动车组产品的设计、制造和管理一体化的数字化协同设计平台，实现了动车组在该平台上的自主创新设计，提高了产品设计的质量和水平。大连机辆公司以技术引进消化吸收为契机，积极推进产品研发信息化建设，依托产品研发信息化平台，实现了PDM系统对产品开发全过程管理。同车公司以“和谐2”大功率交流传动电力机车批量生产为载体，应用三维CATIA设计软件和PDM系统，初步建成企业数字化协同设计平台，实现了设计、工艺、制造过程的并行工作，提升了产品研发的效率和水平。齐齐哈尔装备公司以构建具有国际先进水平的重载货车产品研发平台为目标，采用先进的三维UG设计软件和PDM系统搭建相应的产品研发平台，利用该平台进行系列货车产品研发设计，提升了货车产品研发手段和设计水平。永济电机公司开展以设计工艺一体化为核心的PDM系统的多期实施，建立起高效的产品数据管理集成平台，实现设计、工艺、制造过程的并行，搭建起并行协同的应用环境。

【虚拟产品开发技术推广应用】 6月，在中国北车集团——大连交通大学虚拟产品开发技术中心举办了“中国北车集团虚拟产品开发技术培训班”。中国北车所属各单位从事产品研发设计、虚拟仿真分析和信息化等工作的有关领导和技术骨干共70多人参加培训。培训主要围绕产品设计细节仿真、复杂关系精细建模与刚柔混合动力学建模、机车车辆数字实验、车体轻量化设计、焊接结构优化、铸造工艺过程数值仿真、振动噪声分析、碰撞安全分析、数值模拟决策、设计制造同步工程等当今轨道交通装备领域虚拟产品开发的前沿技术，并结合实际应用案例，有针对性地进行授课讲解和互动交流，帮助学员结合实际工作，解决实际问题，更好地运用先进的虚拟产品开发技术，提高产品设计质量和设计水平。

（王顺强　郭向红　韩毅斌　刘　煜　供稿）

企业管理信息化

【综述】　2008 年,中国北车以事业部为架构,以 ERP 系统实施为重点,有序搭建主营业务系统集成管理平台。初步建立客车新造业务集成管理平台,助推客车业务板块形成合力,整合运作效果明显;扎实推进货车业务板块 SAP 系统实施,为货车持续领跑增加新的优势;优化完善机车业务板块 ERP 系统;深化应用机电业务板块 ERP 系统。全面升级办公自动化系统,为公司员工提供高效协同的办公平台。正式开通新版网站,有效增强了中国北车的整体意识。重视信息化管理制度建设,确保整体信息化建设有序进行。

【客车板块 ERP 系统建设】　客车业务板块以唐山客车公司 SAP 系统为基础，按照向外扩展的实施策略，以在客车板块实现“统一 ERP 系统、统一基础数据、统一系统管理、信息高度共享、项目年内上线”为目标，启动了长客股份公司 SAP 系统实施。结合时速 350 公里、时速 200 公里动车组产品的技术引进和自主创新，综合集成应用三维设计软件（CAD）、产品数据管理系统（PDM）与企业资源计划系统（ERP），搭建动车组产品的设计、制造和管理一体化的数字化协同设计平台，实现了动车组在该平台上的自主创新设计，提高了产品设计质量和水平，实现客车业务板块研发、制造、物流、财务核算等整体集成应用，客车业务形成合力，整合效果明显。

【货车板块 ERP 系统建设】　货车业务板块以齐齐哈尔装备公司信息化建设为突破口，以构建具有国际先进水平的货车产品研发生产制造平台为目标，启动货车业务板块 SAP 系统项目实施。综合集成应用先进的企业资源计划管理系统（ERP）、三维设计软件（CAD）、计算机辅助工艺系统（CAPP）及产品数据管理系统（PDM），搭建“重载提速”的产品研发生产制造平台，利用该平台进行具有国内领先水平的系列货车产品研发设计，以保持持续“领跑货车”的技术优势。该项目的实施将为建立国际一流的货车生产制造基地提供信息化支撑平台，为货车业务板块 SAP 系统实施奠定基础，通过整合运作，管理创新，优化流程，为货车业务板块持续“领跑货车”增加新的优势。

【机车板块 ERP 系统建设】　大连机辆公司通过财务物流一体化项目的实施，建立了以财务管理为中心的公司管理新机制，加强了对资金使用的监管力度，车间、分厂实现资金流、物流、信息流一体化管理，提高了对市场的反应能力。同车公司继续深化 PDM/ERP 系统实施，优化完善企业精细化管理信息集成平台，在夯实企业基础管理的同时，进一步扩大 ERP 系统覆盖范围，将 ERP 系统逐步覆盖到“和谐 2”型机车以外的全部产品，提高了企业管理水平和经济效益。

【机电板块 ERP 系统建设】　永济电机公司 ERP 系统覆盖了企业生产计划与执行、物料采购与配送、财务核算及成本管理、产成品的销售与发运、质量信息处理等方面，实现了设计、工艺、制造过程的并行运行，搭建起共享协同的应用环境，提升了企业管理效率和水平。

【新版 OA 系统全面上线】　继公司 2007 版办公自动化（OA）系统 2007 年底在中国北

车正式推广，部分企业实现上线运行之后，2008年4月完成2007版OA系统在公司总部的切换及上线运行。年内，公司总部组织OA课题组对2007版OA软件在企业应用过程中发现的问题进行了两次大范围的采集、整理，会同软件开发单位对软件进行多次修改完善及相关配置和测试工作，对总部公文流程进行梳理优化，对主界面布局进行合理化调整。年底前新版OA系统全面上线，全面完成办公自动化二期工程建设任务。

【电子商务网站改版升级】 年内正式启动股份公司电子商务网站建设工作，召开网站建设工作会议，制定了“网站建设内容及实施方案”，注册了“chinacnr. com. cn”和“chinacnr. com”互联网域名，在股份公司挂牌成立之日新网站正式投入使用。

【网站及OA系统域名切换】 为打造中国北车互联网统一形象，以集团企业文化建设为契机，将公司总部的“中国北车办公自动化系统（2007版）”平台及集团各单位网站一级域名统一到股份公司“chinacnr. com”域名，将于2009年1月1日完成系统域名切换，满足中国北车企业文化建设的要求。

【信息化工作管理规范】 为加快推进股份公司整体信息化建设，提升公司集中管控能力，增强核心竞争力，根据《2006～2020年国家信息化发展战略》、《关于加强中央企业信息化工作的指导意见》（国资委发［2007］8号）、《北车股份内部控制基本规范》，制定了《中国北车股份有限公司信息化工作管理规范（试行稿）》，确保信息化建设有序进行。

【信息化专项制度与管理流程】 配合集团整体改制上市工作对内控制度的要求，按照股份公司统一安排，参考IBM公司关于集团整体信息化建设咨询报告，编制完成《中国北车股份有限公司信息化工作管理规范（试行稿）》、《计算机网络安全与电子介质信息保密制度》、《电子商务网站管理暂行办法》、《信息管理中心归口管理费用管理办法》、《信息管理中心归口管理计算机固定资产设备及计算机软件无形资产费用管理办法》及19项工作流程，内容涉及信息化工作管理和部门内部管理的各方面。

（王顺强　郭向红　韩毅斌　刘　煜　供稿）

信息化基础建设

【综述】 2008年,中国北车以信息化总体规划为指导,深入推进信息化基础建设,取得明显成效。以总部科技大厦建设为契机,建成国际一流的集团计算机网络、数据中心和IP电话系统、国内一流的集团视频会议系统、大厦智能一卡通系统、大厦网络安全系统。建成覆盖整个集团的广域数据专网,为中国北车资源共享和业务发展奠定坚实基础。

【计算机网络建设】 中国北车以《总体规划》为指导，组织完成总部科技大厦计算机网络系统（涉及数据、语音等各类信息点2300余个）综合布线，在总部基础网络平台上实现了“数据网、语音网、视频网三网并行”、“内部办公网、国际互联网两网分离”、“总部办公网与所属企业办公网全网移动”的高级网络应用，广域数据专网和视频会议专网覆盖整个集团，建成了国际一流的集团计算机网络系统。

【数据中心建设】 按照《总体规划》布局和建设国际标准集团数据中心的总体要求，坚持科学、合理并兼顾未来的原则，按照科技大厦建设有关工作进程的统筹安排，组织完成了集团数据中心建设（包含数据中心机房装修、供电及其后备电源保障系统、精密空调及新风系统、机房综合布线系统、KVM集中管理系统、门禁安防系统、动力环境监控系统、气体消防系统），建成了国际一流的集团数据中心，为集团数字化协同平台的集中部署创造了先决条件。

【IP电话系统建设】 在详细调研分析的基础上，为集团总部配备了具有国际先进水平的IP电话系统，实现了基于IP网络的语音、视频与数据通信的融合。集团总部员工每人拥有一部桌面IP电话，支持自动应答、来电队列、语音留言、6方同时通话、100方电话会议等实用功能，集团在全球范围内能够随时随地召开会议，为员工日常办公提供了现代化通信手段。

【视频会议系统建设】 借鉴国资委视频会议系统建设经验，结合实际，在股份公司总部已有的国资委中央企业视频会议系统基础上，充分考虑与国资委视频会议系统的兼容性，利用现有设备建成覆盖股份公司所有下属企业的国内一流视频会议系统，该系统年底全面投入使用。通过该方式可节省大量会议、出差及电话费用，降低公司运营成本。

【智能一卡通系统建设】 为满足集团总部安全规范管理的要求，经充分调研论证，在总部建立了集门禁管理、考勤管理、车辆管理、消费管理等功能于一体的国内一流的以智能IC卡为媒介的一卡通系统。一卡通系统在集团总部搬迁后正式投入运行，规范了总部管理，应用效果良好。

【网络安全系统建设】 结合国家安全保密要求和规定，在集团总部部署了国内一流的网络安全系统，实现了总部“内部办公网和国际互联网”两网分离，员工可以通过接入内部办公网网口的台式计算机访问办公自动化（OA）等内部应用系统，通过接入互联网网口的公用台式机或个人笔记本电脑访问互联网查阅资料，出差在外的员工可以通过股份公司远程办公平台（SSL VPN）随时随地远程接入公司内部网络处理业务，方便了员工办公，满足了集团总部安全保密要求。

【广域数据专网建设】 结合《总体规划》内容，在全集团范围内组织开展了广域数据专网建设工作，广域数据专网可承载股份公司办公自动化（OA）、科技管理、投资项目管理等核心业务系统的数据传输，彻底解决原基于互联网的虚拟专网带宽难以保证、速度不稳定、信息安全保密性不高等问题，为未来股份公司各系统统一建设、资源共享和业务发展奠定了基础。广域数据专网于年底全部建设完成，其正式投入使用标志着中国北车数字化信息高速公路初步成型。

（王顺强　郭向红　韩毅斌　刘　煜　供稿）

信息化工作会议

【参加中央企业第二次信息化工作会议】 2008年10月16日，中国北车参加了国务院国资委召开的中央企业信息化工作会议。中央企业信息化平均指数为65.2分，中国北车总得分为83.48分，总排名第24名，在12家机械行业中排名第一，被评为B级企业，其中，信息化基础建设一项央企总排名第1位，为最优值。会议结束后，中国北车及时通报了会议总体情况，传达了国资委主任李荣融的批示精神、国资委副主任李伟的讲话精神以及会议的有关要求。总裁奚国华要求职能部门认真分析，查找差距，制定B→A登高计划。下发了《关于转发第二次中央企业信息化工作会议有关文件的通知》

(北车股份信函［2008］51号)，全文转发《李荣融主任对中央企业信息化工作会议的批示》、《李伟副主任在中央企业信息化工作会议上的讲话》、《2007年度中央企业信息化水平评价报告》、《2007年度中国北方机车车辆工业集团公司信息化水平评价报告》、《中央企业信息化工作会议发言材料》，结合中国北车信息化工作实际，提出了迅速转型，优化整合；保持优势，弥补短板；层层传递，绩效落实等工作要求，并向国资委上报了《中国北车信息化B→A登高计划》。

【办公自动化系统应用培训】 为更好地推广2007版OA系统新技术、新功能，确保中国北车所有企业于2009年1月1日前全部实现新老系统切换运行，全面完成OA系统改版升级任务，2008年12月8～11日在西安举办了“股份公司07版办公自动化系统高级应用培训班”。培训班回顾了2008年信息化工作情况，宣讲了股份公司信息化B→A登高计划，部署了2009年信息化重点工作，对参会的OA系统管理员进行了2007版OA系统高级开发应用技术培训。

【广域数据专网及视频会议系统实施工作会议】 2008年10月21～25日，在北京召开“股份公司广域数据专网及视频会议系统实施工作会暨系统推广应用培训班”。会议传达了国家最新信息化政策精神和中国北车改革改制及业务发展形势，宣讲了未来3～8年信息化建设的总体规划，着重对“专网视频项目”作出部署和安排。会议总结了中国北车2008年前三季度的信息化工作，明确了下一步信息化建设的重点工作，组建了中国北车“专网视频项目”实施专家组。会议对参会的网络管理人员进行了相关技术培训。

【参加集团企业CIO年会】 根据国资委要求，组织齐齐哈尔装备公司、长客股份公司、唐山客车公司、大连机辆公司、同车公司、永济电机公司分管信息化工作领导和信息化职能部门负责人共计9人于11月26～28日参加了《2008年集团企业CIO年会暨国企改革发展30周年信息化成就展》。本次年会的主题是：“提升信息化对科学发展的贡献”。国资委信息中心主任兼信息化工作办公室副主任石治平代表国资委作《着眼于增强中央企业国际竞争力，大力推进中央企业信息化建设》重要讲话。中国北车作为机械行业代表针对“合并重组、整体上市的集团企业如何利用信息化加强对下属企业的管控”主题进行了现场发言。本次会议同期举办了国企改革发展30周年信息化成就展，中国北车提供的24幅PPT资料中有5幅被选中制成展板展览，展示了中国北车的风采。会议印发了《2008年集团企业CIO年会会刊》，选登了21家企业的会议交流材料，中国北车撰写的《打造“数字化北车”，建设轨道交通装备行业世界级企业》位列其中，是国资委机械行业企业中的唯一一篇。会议还印发了《国企改革发展30周年信息化成就展》，收录了31家企业报送的参展PPT文件，中国北车提供的24幅PPT资料受到国资委领导和与会代表的广泛好评。

(王顺强　郭向红　韩毅斌　刘　煜　供稿)

经营管理

责任编辑　刘兴国

改革改制

战略规划管理

投资管理

结构调整与资源重组

运营监控考核

财务管理

审计工作

法律事务与风险管理

改 革 改 制

【综述】 2008年，认真贯彻落实集团公司工作会议和经营管理会议等有关精神，加速推进集团整体改制上市工作，明确目标，制定措施，落实责任，扎实工作，完成了中国北车股份有限公司的登记注册，建立了股份公司的治理结构，改革改制取得重要成果。

【中国北车集团公司整体重组改制】 经国务院同意，国务院国资委2008年3月24日印发《关于中国北方机车车辆工业集团公司整体重组改制并境内上市的批复》（国资改革［2008］294号），同意中国北车集团公司整体重组改制并境内发行股票及上市的方案。

2008年6月26日，国务院国资委印发《关于设立中国北车股份有限公司的批复》（国资改革［2008］570号），同意中国北车集团公司联合大同前进投资有限责任公司、中国诚通控股集团有限公司、中国华融资产管理公司，共同作为发起人，以发起设立方式设立中国北车股份有限公司。同日，中国北车股份有限公司在国家工商总局登记注册。

在重组改制过程中，中国北车集团公司将其下属齐车公司、哈车公司、长机辆公司、长客厂、唐山厂、天津厂、二七机车公司、南口厂、太原厂、永济厂、济南厂、西安厂、兰州厂13家企业的主营业务、相关资产及负债，相应无偿划转至新设立的齐齐哈尔装备公司、哈尔滨装备公司、长客装备公司、唐山装备公司、唐山客车公司、天津装备公司、二七装备公司、南口机械公司、太原装备公司、永济电机公司、济南装备公司、西安装备公司、兰州装备公司。划转完成后，被划转的13家企业仍为独立法人，是中国北车集团公司享有100%权益的企业，主要业务为存续资产管理。

中国北车集团公司将其与铁路机车车辆（含动车组）、城市轨道车辆、工程机械、机电设备、环保设备、相关部件等产品的开发设计、制造、修理等主营业务相关的所属20家全资子公司（包括以上13家一人公司以及北车长客集团公司、大连机辆公司、同车公司、四方所公司、大连所公司、中车进出口公司、北车集团租赁公司）和3家控股子公司（包括长客股份公司、北车物流公司、北车中铁轨道装备公司）的股权以及中国北车集团总部相关资产与现金作为出资，投入中国北车股份有限公司。

由于沈车公司正处于搬迁改造中，因此，中国北车股份有限公司设立时，集团公司未将沈车公司股权投入股份公司。

【中国北车股份有限公司股权结构】 2008年6月24日，国务院国资委印发《关于中国北车股份有限公司（筹）国有股权管理有关事项的批复》（国资产权［2008］565号），同意中国北车集团公司联合其他股东共同发起设立中国北车股份有限公司的方案。股份公司成立后，总股本为580000万股。其中：中国北方机车车辆工业集团公司、大同前进投资有限责任公司、中国诚通控股集团有限公司、中国华融资产管理公司分别持有529122.81万股、45111.11万股、3391.81万股、2374.27万股，分别占总股本的91.23%、7.78%、0.58%、0.41%。

【中国北车股份有限公司治理结构】 中国北车股份有限公司于2008年6月25日召开2008年第一次股东大会，审议通过了《中国北车股份有限公司章程》。2008年9月23日召开2008年第一次临时股东大会，审议通过了根据《上市公司章程指引》等法律、行政法规及规范性文件修改后的《公司章程》。根据《公司法》等相关法律法规规

中国北车股份有限公司治理结构图

- 股东大会
  - 监事会
  - 董事会
    - 董事会秘书
    - 董事会办公室
    - 战略委员会
    - 审计与风险控制委员会
    - 薪酬与考核委员会
    - 提名委员会
    - 总裁
      - 副总裁、财务总监
      - 其他高级管理人员
      - 管理部室
        - 办公室
        - 法律事务部
        - 战略规划部
        - 运营管理部
        - 财务部
        - 人事部
        - 劳动工资部
        - 企业文化部
        - 审计部
        - 监察部
        - 信息管理中心
        - 总部服务中心
      - 事业部
        - 机车与动力事业部
        - 轨道客车事业部
        - 货车车辆事业部
        - 机电产品事业部
        - 工程机械事业部
        - 海外事业部
        - 物流事业部
        - 研究院

定，公司建立了股东大会、董事会、监事会、独立董事、董事会秘书等制度，构建了公司权力机构、决策机构、监督机构与经理层之间权责分明、各司其职、有效制衡、科学决策、协调运作的法人治理结构。建立健全法人治理层面、内控基本制度层面的一系列制度，明确了股东大会、董事会、监事会、独立董事及总裁的权责范围和工作程序。在此基础上，公司董事会设置了4个专门委员会：战略委员会、审计与风险控制委员会、提名委员会和薪酬与考核委员会，并制定了相应的工作规则，董事会各专门委员会分别下设工作组，制定了工作组工作职责。明确了董事会各专门委员会的权责、决策程序和议事规则。公司运营体制和管理机制发生了深刻变革，向建立现代企业制度迈出了实质性步伐，标志着中国北车改革发展进入新阶段，掀开了历史新篇章。

【公司法人治理基本制度建设】 公司建立健全了《股东大会议事规则》、《董事会议事规则》、《独立董事工作规则》、《董事会战略委员会工作规则》、《董事会审计与风险控制委员会工作规则》、《董事会提名委员会工作规则》、《董事会薪酬与考核委员会工作规则》、《总裁工作细则》、《董事会秘书工作规则》、《关联交易管理制度》、《信息披露管理制度》、《募集资金管理制度》、《投资者关系管理制度》、《董事、监事和高级管理人员所持本公司股份及其变动管理制度》、《独立董事年报工作制度》等制度。

【股东大会、董事会、监事会会议】 2008 年中国北车股份有限公司召开 1 次股东大会、1 次临时股东大会、6 次董事会会议、3 次监事会会议。股东大会、董事会、监事会均按照《公司法》等相关法律法规和《公司章程》等公司规章制度独立有效运作，决策程序进一步规范。加强董事会建设，充分发挥董事会各专门委员会的职能，落实独立董事议事程序，充分发挥独立董事在公司重大决策中的作用。保障公司监事会依法行使职责，充分发挥公司监事会的监督职能。董事会采取积极措施，认真贯彻落实股东大会形成的各项决议，确保各项议案得到充分执行，保障各位股东的合法权益。

（董事会办公室）

【总部机构改革】 2008 年 7 月 7 日，对总部机构进行了改革调整。集团公司总部新设立综合管理部，保留办公室（党委办公室）、党委组织部（党委干部部）、党委宣传部、纪委（内设办公室、检查审理室）、工会（内设办公室、群工部）、团委。机关党委更名为总部党委。撤销政策研究室、企业管理部（法律事务部）、规划发展部、财务部、人事部、劳动工资部、技术开发部、质量管理部、市场部、企业文化部、国际业务总部、物流管理中心、监察部、审计部、信息中心、服务中心（离退休职工管理办公室）。股份公司总部设置董事会办公室、办公室（党委办公室）、战略规划部、运营管理部、财务部、人事部（党委干部部、组织部）、劳动工资部、法律事务部、企业文化部（党委宣传部）、审计部、纪委（监察部）、信息管理中心、总部服务中心、工会、团委、总部党委 16 个管理部室和机车与动力事业部、轨道客车事业部、货车车辆事业部、机电产品事业部、工程机械事业部、海外事业部、物流事业部、研究院 8 个事业部。

（王光建）

【主辅分离改制分流】 集团公司贯彻落实国务院国资委有关文件精神，加快推进主辅分离改制分流工作步伐。截至 2008 年底，在前三批批复改制的 152 个单位中，已完成工商注册登记 104 家，涉及资产总额 27091 万元，分流安置人员 8008 人。其中：改制企业安置人员 5326 人，内退人员 2224 人，自谋职业 458 人；补偿金总额 19828 万元。太原装备公司、永济电机公司、同车公司等单位在推进主辅分离改制分流工作中，不断深化认识，加大力度，取得了较好效果。

2008 年 11 月 19 日，集团公司所属 12 家企业 38 个单位的改制分流方案，获得了国资委、人力资源和社会保障部、财政部的联合批复，这是集团公司的第四批也是最后一批 859 改制方案。第四批改制分流方案共涉及员工 6789 人，其中拟分流安置富余人员 6776 人，内部退养 1171 人。第四批主辅分离改制分流单位共涉及三类资产总值约 4.71 亿元，净值 2.90 亿元（账面值，未评估）。根据劳社部发［2003］21 号和国资分配发［2005］250 号文件测算，拟发生经济补偿金总额 2.58 亿元；预提内退人员各项费用合计 7598 万元，补偿金及内退预留费用总计 3.34 亿元。

【存续企业管理】 2008 年，纳入存续企业管理的有 20 家企业，在册人员 11921 人（不含沈车公司），总资产为 28.81 亿元，所有者权益 8.17 亿元，大部分是 859 改制资产以及企业办社会资产，如俱乐部、游泳馆、体育场所、商店、宾馆等建筑设施。为了做好存续企业工作，集团公司成立了专门的管理机构，配备人员，完成了各存续企业法人变更，设立相应的管理部门和专职人员，并于 2008 年 9 月召开存续企业工作会议，确立了“力争在 2011 年基本完成存续企业改制、发展和移交”的工作目标。年内，集团公司又相继下发《中国北车集团公司加强存续企业管理的指导意见》、《中国北车集团存续企业经济责任考核办法》等文件，规范存续企业的管理，并按照集团公司与中国北车股份公司签署的关联交易总协议对下属企业的关联交易提出具体要求。在财政部、国资委和地方政府的大力支持下，集团公司努力推进企业分离社会职能工作，完成供电、供水、供暖“三供移交”社会 3 家，另有 12 家单位已和当地主管部门初步达成移交或部分移交意向。

（综合管理部）

战略规划管理

【综述】 2008 年，中国北车体制和机制的重大变革对发展战略研究提出了新课题。在通过三年滚动计划和年度发展计划的编制与下达，进一步跟踪推进集团公司“十一五”规划有效落实的基础上，根据集团公司整体改制上市工作计划安排，为确保股份公司成立伊始即能在复杂多变的市场环境中步入健康、快速的发展轨道，超前通盘谋划股份公司经营方针、发展目标和具体策略，研究确定了股份公司中长期总体发展战略，制定了《发展战略和规划管理办法》，下达年度综合计划，发挥战略和规划在企业发展中的重要作用。

【发展战略研究】 为有效开展中国北车中长期发展战略和规划的研究工作，2008 年 5 月 25 日，由规划发展部牵头，组织政策研究室、企管、财务、市场、人事、劳资、技术开发、质量管理、国际业务、物流中心、信息中心、企业文化部等总部部门形成松散型工作团队。同时，组织齐齐哈尔装备公司、长客股份公司、大连机辆公司、同车公司等各重点业务单元龙头企业的 5 名专家和主管人员形成紧密型的研讨和写作班子。截至 8 月中旬，研究工作团队完成了股份公司经营发展总体战略的研究，在对前期经营工作简要总结基础上，通过外部环境和内部条件的分析，提出股份公司的经营战略方针、2008 ~ 2012 年五年规划目标以及重点措施规划草案（第一稿），并于 8 月 18 日提交集团公司党委全委会议讨论。其后对草案进行了多次修改与完善。

【战略规划与管理】 为依法履行出资人职责，保证发展战略和规划制订的科学性、实效性、可操作性，进一步规范发展战略和规划管理程序，12 月，完成了股份公司《发展战略和规划管理办法》的制定工作。本办法在集团公司原办法的基础上，结合股份公司规范运作的要求，对战略与规划管理的范围、内容以及股份公司各部门、事业部（研究院）、各企业的管理职责进行了重新明确。并重点对董事会下设战略投资委员会的机构和职责进行了说明。此外，细化了发展战略和规划管理的工作程序。

【年度综合计划】 4 月，集团公司以《关于印发中国北车集团公司 2008 年度发展计划的通知》（北车划[2008]1 号）下达了 2008 年发展计划。主要指标计划为“轨道交通运输装备业务、相关多元化业务、国际业务进一步拓展，销售收入确保达到330亿元，全集团实现净利润9～10亿元。劳动生产率达到40万元/人·年，职工人均收入相应增长。确保全面完成国资委下达的经营业绩考核指标。”同时下达了集团公司所属单位2008年度销售收入计划、出口计划、财务计划、投资计划等13个专业计划。

（常文玉　供稿）

投资管理

【综述】 2008年是中国北车贯彻国务院关于“引进先进技术，联合设计生产，打造中国品牌”的总体要求，实施重点技术引进项目，推进战略性结构调整与资源重组的关键一年。在投资方向上坚持“三个提升”的原则，即：通过技术进步和必要的产能扩充，提升主营业务产品竞争力和市场占有率；通过研发手段和管理手段的改善，提升企业创新能力；通过淘汰落后生产力，优化产品结构和产业布局，提升企业整体运营效率。按照上述原则，公司先后完成投资建设的重大项目，对集团公司核心竞争力、资源配置效率以及企业运营效率的改进奠定了坚实的物质基础。

【投资计划及完成情况】 中国北车全年分两次下达了固定资产投资计划，安排重点项目31个（已完成决策和审批程序的项目），计划总投资190638万元。在此基础上，考虑个别重点项目年内完成审批手续后还须立即启动实施，及所属企业自行组织的更新改造项目，年度投资计划总规模控制在30亿元以内。

全年共完成投资16.87亿元。其中，主业固定资产投资16.78亿元，占投资总额的99.47%，非主业固定资产投资0.09亿元，占投资总额的0.53%；新开工项目固定投资4.43亿元，占投资总额的26.26%，续建项目固定资产投资12.44亿元，占投资总额的73.74%；自有资金8.89亿元，占投资总额的52.7%，贷款7.98亿元，占投资总额的47.3%。通过31个重点项目的实施，推动了中国北车产品技术水平、自主研发和创新能力的提升，增强了产品的市场竞争能力，推动了中国北车产业布局的调整，提高了企业资源配置效率。

【固定资产投资】 2008年，固定资产投资主要结合中国北车发展战略的实施和企业生产经营实际，以强化长客股份公司、大连机辆公司、唐山客车公司、同车公司、永济电机公司、大连所公司、四方所公司等企业的轨道运输装备、关键系统技术引进消化吸收和国产化技术改造项目实施管理以及上市募集资金中部分急需建设的投资内容审批管理为重点，按照募集资金项目进度要求和中国北车重点工作计划安排，组织了集团公司信息化、长客股份公司、四方所公司、永济电机公司等项目的立项及可研评审。完成了济南装备公司、二七装备公司、南口机械公司、太原装备公司等募集资金项目急需先期启动部分内容的专家评审。批复了济南装备公司大型钢结构产业基地技术改造项目、二七装备公司大型养路机械项目、南口机械公司配套大功率机车及200公里以上动车组齿轮箱专业化生产技术改造项目、长客股份公司铁路车轴生产专业化基地建设技术改造项目、太原装备公司新型电力机车检修提高工程车制造工艺水平和新产品研发能力技术改造项目等前期启动部分方案；批复了四方所公司减振器、永济电机公司风电、大连内燃机车和柴油机技术改造等募集资金项目的立项；批复了集团公司信息化、集团公司科技中心等募集资金项目的可行性研究。

组织专家对相关项目进行了评审，包括二七装备公司曲轴机体制造工艺技术改造项目、同车公司新增2台35吨/小时天然气蒸汽锅炉项目、兰州装备公司老厂新厂总口污水处理工程方案、天津装备公司高压供电系统节电技术应用示范项目、齐齐哈尔装备公司ERP和综合楼项目、齐车大连基地FMG40吨轴重矿石车工艺调整项目、唐山客车公司回送车项目、长客股份公司350公里动车组项目、兰州装备公司工矿车项目。对沈车公司搬迁改造项目初步设计进行了现场评审。委托中咨公司评审了曹妃甸造船项目立项评审。

批复了同车公司供暖项目、兰州装备公司排水口污水处理项目、齐齐哈尔装备公司ERP和综合楼项目等的立项及可行性研究。批复了长客股份公司时速300公里动车组转向架、时速200公里动车组、唐山客车公司时速300公里动车组仓储、同车公司采暖系统扩能改造项目、兰州装备公司总口污水处理工程项目等初步设计。

向国家发改委申报了大连机辆公司大功率内燃机车项目国家补贴。向国家发改委组织申报齐齐哈尔装备公司提高铁路货车水平及关键零部件专业化生产技术改造项目、长客股份公司时速350公里动车组制造平台建设项目、长客股份公司出口车技术改造项目、大连机辆公司9600千瓦大功率交流传动电力机车技术改造项目、二七装备公司大型养路机械技术引进及国产化制造技术改造项目、南口机械公司配套大功率机车及200公里以上动车组齿轮箱专业化生产技术改造项目、济南装备公司大型钢结构产业基地及智能化装配设备技术改造项目、太原装备公司新型电力机车检修提高工程车制造工艺水平和新产品研发能力技术改造项目、同车公司六轴大功率交流传动电力机车技术引进消化吸收国产化项目、永济电机公司兆瓦级风力发电机产业化技术改造项目、西安装备公司适应25吨轴重货运重载技术开发提高铁路罐车制造水平技术改造项目等国家中央预算内补贴资金支持项目。

向国家发改委申报了大连所公司、长客股份公司项目的免税确认，申报办理完成永济电机公司提高大功率交流传动机车电机制造水平技术改造项目、提高电机关键部件质量扩大外贸产品出口技术改造项目、大功率风力发电机产业化技术改造项目、时速200公里动车组大功率交流传动机车电传动装置技术引进消化吸收和国产化技术改造项目和唐山客车公司300公里动车组技术引进消化吸收和国产化项目免税确认书项目单位变更。

【固定资产投资基础管理】 中国北车按照整体上市管理要求，完成了固定资产投资审批、管理等有关规章制度的修改和制定工作，并在改进完善中国北车固定资产投资管理信息系统V1.0版本功能的基础上完成了V2.0版本的需求设计工作。对2006~2007年固定资产投资项目进展及投资完成情况进行了清理总结。转发国资委《关于进一步加强中央企业投资管理的通知》，按照股份公司管理体制修改和完善了固定资产投资有关管理办法和规章制度。

（张　纯　供稿）

结构调整与资源重组

【综述】 2008年，依据中国北车发展战略，结合股份制改造整体上市和有关企业生产经营发展要求，对部分企业产品结构进行了调整。在总结业务整合、资源重组成功经验的基础上，论证并实施了齐齐哈尔装备公司托管哈尔滨装备公司项目，织实施了长客股份公司锻造生产业务调整、重庆长客城市轨道公司股份收购、北京北车中铁轨道交通科技发展有限公司设立等项目，有效推进了结构调整与资源重组工作。

【大连齐车轨道交通装备有限公司设立】 5月14日，集团公司下发《关于齐齐哈尔轨道交通装备有限责任公司投资设立大连齐车轨道交通装备有限责任公司的批复》（北车划［2008］89号），决定齐齐哈尔装备公司以货车研发中心和组装基地投资，设立大连齐车轨道交通装备有限责任公司。公司住所：大连市旅顺经济开发区广源街21号。注册资本：人民币1000万元整，齐齐哈尔装备公司独资。经营范围：铁路运输设备及配件制造、修理；机械设备制造、安装；机械零部件加工（以环保行政许可为准）；货物、技术进出口，承包境外铁道工程和境内国际招标（法律、行政法规禁止的项目除外；法律、行政法规限制的项目取得许可后方可经营）。

【长客股份公司锻造生产业务调整】 5月20日，集团公司下发《关于对长春轨道客车股份有限公司锻造业务进行调整的批复》（北车划［2008］98号），同意长客股份公司不再从事锻造生产业务，部分设备调整到长客装备公司。

【重庆长客城市轨道公司股份收购】 5月20日，集团公司下发《关于长客股份公司收购股份相对控股重庆长客城市轨道交通车辆有限责任公司的批复》（北车划［2008］99号），同意长客股份公司对重庆长客城市轨道交通车辆有限责任公司增资2500万元，用于收购该公司其他两家股东股份。收购完成后，长客股份公司持股比例由20%扩充到45%左右，成为重庆长客城市轨道交通车辆有限责任公司相对控股的第一大股东。

【齐齐哈尔装备公司托管哈尔滨装备公司】 6月6日，集团公司下发《关于委托齐齐哈尔轨道交通装备有限责任公司管理哈尔滨轨道交通装备有限责任公司的通知》（北车划［2008］125号），决定全权委托齐齐哈尔装备公司对哈尔滨装备公司和中国北车集团哈尔滨车辆有限责任公司进行管理，由齐齐哈尔装备公司代集团公司行使出资人权利。

【北京北车中铁轨道交通科技发展有限公司设立】 11月17日，中国北车股份公司下发《关于设立北京北车中铁轨道交通科技发展有限公司（暂定名）的批复》（北车股份划［2008］83号）。根据中国北车股份有限公司第一届董事会第四次会议“关于中国北车股份有限公司与中铁工程设计咨询集团有限公司共同出资组建合资公司的决议”，决定由中国北车股份有限公司与中铁工程设计咨询集团有限公司共同出资，设立北京北车中铁轨道交通科技发展有限公司（暂定名），注册地址为北京。总投资500万元人民币，其中中国北车股份公司出资255万元，股权比51%；中铁咨询公司出资245万元，股权比49%。公司经营范围：交通运输工程机械装备研发、设计、咨询、服务、制造，重点包括铁路钢结构桥梁、铁路运输装卸设备、铁路工程车辆等。经营目标：2011年，争取实现销售收入5～8亿元。在规模经营的基础上，公司成立一年后基本实现盈利，三年实现收回全部投资。

【沈阳北车西屋轨道制动技术有限公司成立】 2008年4月24日，集团公司下发《关于沈车公司与美国西屋制动公司制动产品合资项目立项的批复》（北车划［2008］73号），决定批准“沈车公司与美国西屋制动公司制动产品合资项目”立项。该项目意在双方于沈车公司新址厂区内设立合资企业，从事铁路、城轨机车车辆制动系统、配件和试验设备等，以及相关产品的维修和服务。主要产品包括生产机车、城轨车辆制动系统，货车制动机，快速、重载列车制动系统，货车单元制动系统，货车空重车调整装置、手制动机和缓冲器等。合资企业成立5年内，达到年生产120/120-1型控制阀、ABDX阀等机车车辆制动配件138840件(台、套)，产品产值达7亿元，利润达8000万元。项目投资估算为2000万美元，合资双方各出资50%。2009年6月前完成项目建设，合资企业登记、注册、获取营业执照。5月18日，沈车公司与美国西屋制动公司签订了《合资经营合同》。9月16日，沈阳北车西屋轨道制动技术有限公司举行成立大会。

【大同斯麦肯轨道运输设备有限责任公司设立】 2008年5月20日，集团公司下发《关于成立大同斯麦肯轨道运输设备有限责任公司的批复》(北车划［2008］100号)，决定同意同车公司联合印度SEMCO私营有限责任公司等发起设立大同斯麦肯轨道运输设备有限责任公司。公司注册资本：1700万元人民币，同车公司出资额为595万元人民币，占注册资本的35%；大同机车锻造公司出资额为227.8万元人民币，占注册资本的13.4%；大同机车设备制修有限责任公司出资额为141.1万元人民币，占注册资本的8.3%；大同机车实业公司出资额为141.1万元人民币，占注册资本的8.3%；印度SEMCO私营有限责任公司出资额为595万元人民币，占注册资本的35%。公司地址：大同市大庆路前进街1号。公司经营范围：主营各种机车、货车、客车轮对、非标准轮对及其他铁路轨道运输设备配件；代理机车车辆轮对及其他铁路运输设备配件的进出口贸易；技术咨询及进出口贸易服务。

(燕汉民　供稿)

运营监控考核

【综述】 2008年，中国北车认真组织落实与国资委签订的年度经营业绩责任书，做好对各事业部及所属企业的运营监控考核，做好对技术引进国产化目标责任制考核，确保各项经营指标的全面完成。建立健全相关规章制度，搭建三个层级的标准化内控制度体系框架，为运营监控考核提供制度支持。采取有效措施，继续加大节能减排工作力度。创新企业管理，运用现代化管理成果推进企业发展，主要指标均创历史新高。

【国资委经营业绩考核】 按照《中央企业负责人经营业绩考核暂行办法》要求，集团公司与国资委签订年度经营业绩责任书。年度经营业绩责任书基本指标有两项：利润总额目标值10.5亿元，净资产收益率目标值7.3%；分类指标两项：人均销售收入目标值30.54万元，成本费用总额占主营业务收入比重目标值99.20%。集团公司和所属企业抓住国家实施和谐铁路建设的良好机遇，克服整体改制上市和生产经营并行开展，改革发展稳定各项工作的压力和困难，积极适应股份公司成立后企业发展形势要求，对战略目标及2008年度主要效益指标作了必要的调增，各项工作均取得明显成效。销售收入和净利润指标实现较大规模的持续快速增长，全面完成了国资委下达的经营业绩考核指标。2008年，全集团实现利润总额13.91亿元，净资产收益率14.59%，人均销售收入34.91万元，成本费用总额占主营业务收入比重96.55%。完成的指标均创历史新高，且较2007年有明显提高。

【效绩目标责任制考核】 为适应改革发展形势的要求，中国北车修改了效绩目标责任制，下发了《2008 年效绩目标责任制考核补充规定》（北车企管［2008］63 号）调整了效绩目标指标权重。为保证股份公司整体上市目标要求，在年初下达效绩目标指标的基础上，7 月 18 日，股份公司与各事业部及成员企业签订了年度效绩目标责任书，对年度主要效益指标作了必要的调增，明确了调增部分的计分和奖励办法，9 月 12 日，又对部分企业的指标作了调整。继续实施动态考核、计分，按月通报。公司实行日常考核与年终考核相结合的方式，年终由效绩考核办公室组织各有关部门汇总形成效绩考核初步结果，经公司效绩考核领导小组审核，提交公司总裁办公会讨论审定后，以公司文件形式通报，并奖惩兑现。按照《中国北车集团公司效绩目标责任制实施办法》（北车企管［2007］79 号）和《2008 年效绩目标责任制考核补充规定》（北车企管［2008］63 号），对所属企业 2008 年效绩目标完成情况进行了认真考核。经综合考核，2008 年效绩目标责任制考核获得优秀的有 10 个企业：济南装备公司、四方所公司、齐齐哈尔装备公司、长客股份公司、同车公司、兰州装备公司、大连所公司、大连机辆公司、天津装备公司、南口机械公司；获得良好的有 6 个企业：永济电机公司、西安装备公司、太原装备公司、二七装备公司、沈车公司、长客装备公司；获得合格的有 1 个企业：唐山装备公司。按重点工作责任书对牡丹江厂实施了考核，考核等级为中等。唐山客车公司、哈尔滨装备公司分别由托管企业长客股份公司和齐齐哈尔装备公司对其进行考核。

【技术引进国产化目标责任制考核】 为全面落实铁路跨越式发展战略和技术引进国产化总体要求，确保全面兑现技术引进协议和采购合同，努力实现“三个一流”的技术引进国产化目标，中国北车依据《技术引进国产化项目责任制实施办法》和集团公司与企业签定的技术引进项目责任书，对大连机辆公司大功率交流传动内燃机车技术引进国产化项目、长客股份公司时速 200 公里动车组技术引进国产化项目、四方所公司技术引进国产化项目、唐山客车公司CRH3 型动车组技术引进国产化项目、永济电机公司技术引进国产化项目等 5 个技术引进国产化新验收项目进行了考核、奖励。同时对大连机辆公司六轴大功率交流传动电力机车技术引进国产化项目和同车公司八轴大功率交流传动电力机车技术引进国产化项目进行了经一年考核期后的考核奖励。

【固定资产投资项目责任书签订】 为加强固定资产投资项目管理，全面落实固定资产投资收益责任，确保完成固定资产投资项目目标，依据集团公司《固定资产投资项目责任制实施办法》，2008 年 1 月 16 日，集团公司对投资额在 5000 万元以上的固定资产投资项目，分别与齐齐哈尔装备公司、长客股份公司、长客装备公司、沈车公司、大连机辆公司、二七装备公司、同车公司、济南装备公司、西安装备公司 9 个企业签订了 11 项《固定资产投资项目责任书》。共涉及投资金额 46.11 亿元。（张　臣）

【内控制度建设】 根据股份公司自身发展和改制上市的工作需要，组织各职能部门着手对原有规章制度进行归纳、汇总、分析，共整理 193 项。从 8 月开始，对照《企业内部控制基本规范通知》（财会［2008］7 号）、《中国北车股份有限公司章程》和有关法律法规，对这些制度进行分析、讨论，初步形成了内控专项制度建议目录 100 余项。根据公司实际，经反复研究讨论，主要领导批准，搭建了三个层级的标准化内控制度体系框架。同时制定《内控制度管理办法》，规定不同层级制度的编制标准，以及提出、起草、审核、审定、批准和发布程序。第一层级为法人治理制度，共有18项，由董事会办公室归口管理。截至11月，已陆续由董事会批准发布。第二层级为内控基本制度，共有14项，由运营管理部负责组织制订，总裁办公会负责审定，最终由董事会批准发布。截至12月，已陆续由董事会批准发布。第三层级为内控专项制度，由运营管理部负责按计划组织制订。

（富荣彪）

【节能减排指标完成情况】 2008年，认真贯彻落实国务院对节能减排工作的要求以及《国资委关于印发〈关于加强节能减排工作的意见〉、〈中央企业任期节能减排工作管理目标〉的通知》(国资发考核[2007] 194号)精神、中央企业节能减排工作会议精神，以加强组织领导体系、统计监测体系、考核奖惩体系三大体系建设为主线，以实施产业、产品结构调整、优化工艺布局和技术设备更新改造为依托，继续加大节能减排工作的推进力度，取得良好成效。2008年，集团公司可比价万元产值综合能耗为0.1633吨标煤，比上年同期降低16.21%，可比价万元增加值综合能耗为0.7281吨标煤，比上年同期降低22.71%。2008年，集团公司在消化掉产量大幅增长带来的排放量刚性增加的因素后，保持了主要污染物排放量的持续降低，其中：SO_2排放量为2686.7吨，比上年下降3.39%。COD排放量为575.69吨，比上年下降34.95%。

【节能减排主要措施】 中国北车将节能减排指标纳入对所属企业实施的绩效考核评价体系中，进一步深化和完善节能减排的激励约束机制，促进节能减排长效机制的建立；各所属企业将节能减排指标量化分解到相关的责任单位，实行计划定额管理，加强各项能源指标考核。对主要耗能设备实行重点监控，及时查找问题，严控耗能超标，对超标现象及时进行认真分析和调研追踪，强化现场用能管理，有效地杜绝了能源损失与浪费。积极推广应用节能减排新技术、新材料、新工艺，加大用能设备设施更新改造力度，努力挖掘节能潜力。根据生产需要合理排产，进行局部工艺改造。实施节电节能技术改造，用新型节电设备替代原有高能耗设备，能耗降低效果明显。积极对污水处理站进行更新改造，采用新型污水处理设备，COD排放浓度进一步降低。加强中水回用系统建设，实现水的循环利用，有效节约了水资源。加强对节约资源重要性的宣传教育和培训，增强全员节能减排责任意识和法律意识，营造节约资源和保护环境人人有责的氛围。2008年6月15～21日，国家发改委等14个部门联合举办了全国节能宣传周活动，中国北车向所属各企业转发了国家发改委《关于2008年全国节能宣传周活动安排意见的通知》和国资委《关于开展2008年全国节能减排宣传周活动的通知》，提出了具体要求。各所属企业积极行动，开展了能源自查与问题整改、能效对标以及多种形式的节能减排知识宣传和群众性节能减排活动，取得良好效果。 （刘丽萍）

【企业管理现代化创新成果】 为总结推广中国北车企业管理创新经验，建设“活力北车、实力北车、凝聚力北车”，努力打造具有国际竞争力的新北车，组织了企业管理现代化创新成果的申报、推荐与审定工作。共有86项成果被审定为“集团公司级企业管理现代化创新成果”，其中，一等成果13项，二等成果33项，三等成果40项。公司对这批优秀管理成果进行了表彰奖励。在中国企业联合会组织的第十五届全国企业管理现代化创新成果评审中，经集团公司评审、推荐的唐山客车公司成果《以时速350公里高速动车组制造为载体的企业管理平台建设》获国家级一等奖，这是中国北车历史上第一个管理创新成果国家级一等奖。齐齐哈尔装备公司的《铁路装备制造企业诚信建设与管理》和永济电机公司的《电传动装置制造企业的供应商管理》两项成果获国家级二等奖。（张　臣）

财　务　管　理

【综述】 2008年,中国北车财务工作以改制上市为第一要务,以提高经济效益为中心,紧密围绕生产经营开展工作。集团公司整体改制取得实质性突破,相关财务工作扎实有效;销售收入快速增长,成本费用管理进一步加强,经营业绩再创历史新高。积极开展“四清两降”,资产运转效率明显提高;融资渠道与规模进一步扩大,资金管理进一步规范。强化内控管理,制定财务相关基本内控规范,认真执行新准则,会计信息质量进一步提高;加强财务队伍建设,人员素质明显提高。

【主要财务指标完成情况】 2008年，面对国际金融危机带来的不利影响和复杂的经营环境，中国北车认真分析形势，积极研究对策，努力开拓国内外市场，大力发展生产经营。所属企业顾全大局，主动承担经营压力，采取有力措施，挖潜增效，增收节支，集团公司继续保持了又好又快发展的局面，销售收入和效益指标在上年快速增长的基础上再次实现了较大幅度的增长。根据集团公司合并报表的有关数据，全年实现营业收入368.9亿元，较上年增长25.1%；实现主营业务收入331.3亿元，较上年增长22.4%；实现利润总额13.91亿元，较上年增长169.1%；实现归属于母公司所有者的净利润10.84亿元，较上年增长108.1%。全面超额完成了国资委下达的经营业绩考核指标。2008年末，总资产、归属于母公司所有者的权益分别为479.9亿元、98.2亿元，比上年末分别增长73.4亿元、15.3亿元。净资产收益率为14.6%，扣除客观因素后，国有资本保值增值率为117.3%。

【集团整体改制上市】 以2007年12月31日为改制基准日，组织毕马威会计师事务所、所属企业，完成了对集团总部和所属企业拟上市部分资产2005~2007年及2008上半年的财务报告。股份公司成立后，根据上市需要组织了以2008年6月30日、9月30日为时点财务报告的编制与审计工作。以2007年12月31日为改制基准日，配合中企华资产评估事务所完成了对集团总部和所属企业拟上市部分资产的评估工作。6月向国资委递交对资产评估结果进行核准的请示，国资委于6月下旬组织了核准首次会议，7月组织了核准二次会议，9月下发文件进行批复。组织完成所属企业开展土地、房产的确权工作，向国土资源部递交对土地资产处置方案与土地估价报告备案的请示，取得了国土资源部的土地授权经营核准的批复文件。6月，开立股份公司验资账户，拨入集团公司首期投资款，配合股份公司其他股东汇入投资款和会计师事务所进行验资。建立股份公司会计账目，开始进行会计核算；完成了股份公司在丰台地区的税务登记、增值税一般纳税人资格申请工作。9月，因股份公司的成立，在国资委办理完成74家子企业的产权登记工作；12月，根据国资委批复，组织完成股份公司所属二级企业二次出资的批复、集团公司和股份公司的资产交接工作、二次验资及出资人变动的工商登记工作。9月，按照股份公司上市要求，组织股份公司及所属企业完成了2008年度盈利预测报告的编制，并配合毕马威会计师事务所进行核实。

【资金管理】 以股份公司成立为契机，与各商业银行沟通洽谈，为股份公司办理综合授信额度245.5亿元，进一步扩大融资渠道与规模。2008年9月，成功发行27亿元短期融资券，期限为1年，发行综合利率为5.01%。按照董事会决议，在第三季度完成对股份公司所属子公司现金增资26.897亿元。同时还完成对子公司贷款主体从集团公司到股份公司的变更，共向各子公司办理委托贷款76.13亿元。为了加速资金周转，降低资金成本和财务风险，同时改变报表结构，在中信银行办理应收账款保理业务18.54亿元。为满足上市要求，以9月30日为时点，组织完成了股份公司与存续企业非正常经营业务资金往来的清理工作；12月，组织股份公司内部企业进行两次往来欠款的清理，实际清理往来欠款16.6亿元，有效盘活了资金。

【贯彻新会计准则和新所得税法】 集团公司及所属企业从2008年1月1日开始执行新的《企业会计准则》，实现了平稳过渡，执行情况良好。1月，组织集团公司及所属企业业务岗位骨干人员参加国家税务总局举办的新税法学习会议，全面提高办税人员对新税法的理解和掌握。结合新的《所得税法》和《所得税实施条例》，制定下发了《对2007年度所得税汇算清缴工作的指导意见和2008年新企业所得税法主要变化》的文件，指导所属子企业的纳税筹划工作。

【预算管理、考核与财务分析】 1月，各子企业以集团公司下达的绩效考核指标为目标，结合市场预期销售收入为起始，编制完成2008年度预算，在此基础上完成集团公司2008年度预算的编报工作，并上报国资委。3月，根据对各子企业上报的2007年度财务数据的审核认定，完成对各子企业2007年度绩效考核中财务指标的认定和评分工作。4月，完成对各子企业2008年度绩效考核相关财务指标的测算和确定。7月，通过对股份公司及所属企业面临经营形势的分析，结合股份公司的战略发展规划，重新测算并调整了各子公司2008年度绩效考核财务指标。8月，对唐山客车公司等8家企业进行了经营工作调研。从7月开始，每月编制月度财务运行报告，为股份公司月度运营评价分析会提供材料。

【“四清两降”工作】 为提高运营效率和效益，年内启动了“四清两降”工作，中国北车股份有限公司成立了“四清两降”工作组与督导组。“四清”是指清理高额贷款和高额存款并存情况，清理应收款项过高，清理存货过高情况，清理不良长期投资；“两降”是指降低产品成本，降低期间费用。“四清两降”工作设立四个阶段目标：第一阶段，以2008年10月末为基数，到2008年底股份公司应收账款降低20亿元、贷款降低20亿元、存货降低20亿元，集团公司资产负债率达到75%以内，股份公司所属企业应收账款、贷款、存货均降低20%以上，资产负债率降低3%至5%。第二阶段，到2009年底，使相关指标略优于同业水平，健全制度体系，形成高效率低成本的长效机制。第三阶段，到2010年底，相关指标达到机械制造业领先水平。第四阶段，到2011年底，相关指标达到国际较好水平。中国北车财务系统积极推进“四清两降”工作，组织所属企业总会计师与财务部长认真讨论，部署落实，下发通知要求所属企业上报“四清两降”指标，同时下发“四清两降”工作安排，制定了工作计划，共七大项26小项，12月12日向所属企业下达2008年底“四清两降”指标。据

2008年12月财务快报数据，第一阶段工作取得初步成果。

【年度财务决算】 2008年4月，完成集团公司2007年度合并财务决算的编制，并上报财政部、国资委等相关部门。因集团公司整体改制上市，部分二级企业分立成立新公司，集团公司所属二级企业户数大增，2007年度财务决算合并范围包括42户二级子企业、93户三级子企业，主审会计师事务所为北京中洲光华会计师事务所有限公司。8月，国资委下发《关于中国北方机车车辆工业集团公司2007年度财务决算的批复》（国资评价［2008］814号），对集团公司上报的财务决算进行了批复和确认。

【资产管理】 2008年，完成长客股份公司锻造生产业务调整、对重庆地铁投资、永济锻压公司辅业改制、同车公司与社区资产置换项目的审核备案工作。根据国资厅发产权［2008］12号文件精神，组织所属企业对国有企业产权登记情况进行自查，下发了《关于进行国有企业产权登记自查的通知》。完成长客股份公司及长客装备公司的资产评估项目的初审、复审及批复工作；完成北京铁工货车租赁、牡丹江三星钢购、长客装备公司等5个项目资产评估的备案。

【财务会议】 3月11～12日，集团公司在北京召开2008年度财务审计工作会议，会议主要内容是总结2007年财务工作，部署2008年财务工作，研究子企业2008年度效绩目标责任制财务指标值。集团公司总会计师高志在会上作了题为《开拓创新，适应发展，开创集团公司财务工作新局面》的工作报告。11月28～30日，在北京召开了2008年度财务决算工作暨2009年度财务工作会议，对集团公司及所属企业总会计师、财务部长和决算人员进行了新所得税法的培训。对2008年度财务决算报表进行了讲解，制定下发了集团公司2008年度财务决算编报工作方案和工作安排，会计师事务所制定了审计方案。会议布置了2009年度财务预算编报工作。（王　健　供稿）

审　计　工　作

【综述】 2008年，中国北车各级审计部门紧紧围绕企业中心工作和年度经营目标，充分发挥内部审计在风险管理、内部控制和公司治理中的能动作用，扎实做好资产负债损益审计、管理绩效审计、工程项目审计和采购合同审计。共组织实施资产负债损益审计80项，经济责任审计118项，管理绩效审计92项，以及上万份物资采购合同审计及工程项目预决算审计。审计查处违规金额8000多万元，挽回资产损失289万元；审减采购资金652万元，审减各项工程费用3663万元，共促进企业降低成本、节约资金4884万元。通过揭示企业经营管理中的薄弱环节和潜在风险，促进被审计单位完善内部控制，自觉规避风险。内部审计还在集体企业改制、绩效考核、内控制度建设以及法律事务等方面发挥了应有作用和影响。

【经济责任审计】 坚持离任必审的原则，2008年共实施所属企业法定代表人离任审计2项（哈尔滨装备公司、兰州装备公司）。审计结果充分肯定了企业在搬迁改造、铁路产品开发、改制分流方面取得的成绩，同时揭示企业产品结构单一、长期债权存在坏账风险等共性问题，对离任者和继任者都起到警示和激励作用。各所属企业审计部门认真执行国家和集团公司关于经济责任审计的要求，严格按审计程序规范操作并不断拓展创新，开展了同步实施经济责任和绩效审计，推行审计承诺制度和审前公示，吸收职工代表参加审计见面会，将职务消费情况纳入审计范围，对消化处理前任遗留的潜亏事项给予肯定，避免新官不理旧账的情况等。太原装备公司和大连机辆公司对经济责任审计发现的问题，认真清查原因，落实整改措施，处理相关责任人，使审计结果得到充分利用。

【资产负债损益审计】 组织对齐齐哈尔装备公司、天津装备公司、二七装备公司、南口机械公司4家所属企业进行了资产负债损益审计。结果反映部分经营困难的企业存在严重潜亏问题，资产质量和运营状况低下的情况比较突出，而经营良好的企业因压力较小，普遍存在招标采购比例偏低、采购职能分散、改制分流推进缓慢等问题，提升盈利能力的潜力较大。对个别企业违规外借资金问题加强跟踪审计，督促企业主动清欠，避免了资金损失。齐齐哈尔装备公司、大连机辆公司、长客装备公司审计部门重点开展改制单位资产负债损益审计，分析其经营成果、资产使用效率和企业发展愿景，为企业领导决策提供了翔实资料。

【管理审计】 探索内部审计工作转型，结合“四清两降”工作要求，通过对比、分析同行业企业数据，对一家所属企业的存货和债权管理进行了专项管理审计。审计报告对被审计单位采购和债权管理流程进行评价，并认真分析影响管理效果的主要原因，提出改进意见。审计意见在被审计单位引起很大触动，已在制度建设、招标采购及合同管理方面采取措施，落实审计结果。各所属企业根据集团公司年度审计工作要点要求，将工作重点向管理领域转移，开展专项管理审计，推进精细化管理。

【固定资产投资项目审计】 2008年，审计部抽调工程审计人员对总部新办公楼装修改造工程进行全程跟踪审计，历时半年时间，整个审计过程分为现场审计、市场调研和预算审计三大部分。通过审计，审减金额511.21万元，审减率10.57%。

【绩效审计】 2008年，对济南装备公司开展绩效审计。针对该公司近年来经营绩效逐年大幅攀升的情况，从盈利能力、资产质量、市场开发、劳动生产率、装备水平、产品开发、管理创新、员工素质等方面进行总结评价，重点对其多元化产品开发的经验进行推广。齐齐哈尔装备公司对异地子公司改变以往单一财务审计模式，复合财务、采购、工程等多种审计手段，多领域、深层次、多角度深入开展绩效审计，并召开绩效审计结果通报会议，公司多个部门组成推进组，专门就审计发现的问题整改情况进行调研，提高了审计结果的运用效率。

【总部控股经营实体审计】 鉴于3家总部控股经营实体近年来经营绩效难以提升，资本结构不适应公司整体改制上市的要求，集团公司通过调整资本结构，对原有的管控模式进行重新梳理。2008年，对大连华铁公司和大同煤炭运销公司进行了资产负债损益审计，对货车租赁公司进行了清算审计，确认被审计单位的资产价值和盈利水平，为公司推进控股经营实体改制重组提供依据。

【物资采购、工程项目审计】 2008年，中国北车各所属企业审计部门与专业管理部门密切协调，形成合力，审减采购资金和工程费用4315万元，有效降低了物资采购和工程项目成本。物资采购审计抓住招标关键环节，规范招议标及合同管理制度，通过集团内部对标、网上询价等手段搭建价格信息交流平台，降低采购成本。工程审计坚持源头参与、过程控制，从项目概算确定、工程招标、主要建材选点采购、合同签订、现场核实、进度款签认等各阶段实施全过程审计监督，取得显著效果。

【审计制度建设】 为适应股份公司管理要求，对原有的审计制度进行了全面修订，共计6项：《内部审计工作规定》、《企业领导人员任期经济责任审计规定》、《资产、负债、损益审计规定》、《经济合同审计规定》、《专项管理审计办法》、《绩效审计办法》。组织人员编制资产负债损益审计工作流程，从符合性测试、实质性测试两个方面对审计内容、程序进行详细规定，形成初稿。所属企业根据改制上市的要求，对原有的规章制度进行了相应修订。

【审计队伍建设】 按照国家审计署的要求，中国北车对2004年以来各所属企业的审计工作进行评估，对8个内部审计先进集体进行表彰，评选出33名审计先进个人。坚持每年统一组织所属企业审计人员接受中国内审协会后继教育，2008年有41名审计人员参加了中国内审协会新会计准则的培训。所属企业审计部门采取多种方式加强审计人员思想教育和业务学习，通过工作写实、月度总结和年度考核，突出审计工作业绩考评，激发审计人员工作积极性。组织内部交流、外部培训和参加执业资格考试，提升审计人员业务水平。太原装备公司、大连机辆公司审计部门分别被山西省、辽宁省审计厅授予“内部审计工作先进单位”称号。

（刘　宁　供稿）

法律事务与风险管理

【综述】 2008年7月7日，中国北车股份有限公司设置独立的法律事务部，明确了法律事务部的岗位职责。同年，法律事务部根据国资委有关规章要求和部室职责开展工作，对总部的合同、规章制度进行法律合规性审核，审核率达100%。法律事务部编制了股份公司2008年至2010年法制建设工作规划并组织所属企业落实。完成了相关规章制度的法律审核、制度建设和股份公司改革改制相关工作。

【三年法制建设规划编制】 按照国资委要求，2008年，编制完成股份公司三年法制建设规划并上报国资委。该规划对股份公司三年的法制建设工作目标、计划、实施步骤等进行了总体设计安排。按照国资委要求，对股份公司法律队伍建设、工作机构设置等均作了统一安排和部署，为在股份公司系统内组织落实并实施三年法制建设规划奠定了基础。

【规章制度法律审核】 按照股份公司有关工作进度安排，及时从合法、合规的角度对股份公司基础管理制度进行集中审查，共审核基础管理制度13项。与外聘律师事务所共同审核齐齐哈尔装备公司C70货车技术转让合同、唐山装备公司曹妃甸项目框架协议。审核企业文化部拟对外签署的新办公楼装修合同、纪委监察部的信息平台建设协议、人力资源项目咨询等合同文本，维护了股份公司的合法权益。

【规章制度制定】 法律事务部作为独立的新组建部门，完成《法律事务基础管理规范》、《股份公司总部合同管理办法》、《股份公司合同管理办法》等部门规章，为法律事务部进一步开展工作打下基础。完成法律事物规章制度编制、完善、修订工作。

【风险管理】 组织开展全面风险管理讲座。聘请国资委改革局领导到股份公司总部作全面风险管理知识普及讲座，为全面推行此项工作打下基础。开展全面风险管理调研，了解企业风险管理情况。2008年试填了国资委版《全面风险管理报告》。

【法律服务】 2008年，完成股份公司电力牵引研发中心注册登记备案工作。按照工商管理相关规定，股份公司大连研发中心注册完成后，及时到国家工商管理总局作股份公司分公司备案登记工作，促进股份公司研发中心依法、合规设立并运行。完成集团公司的工商变更登记工作。配合其他部室，提供相应的法律服务。

【改革改制法律工作】 2008年是集团公司整体改制上市关键年。在推进集团公司整体改制上市过程中，完成了《集团公司整体重组改制并境内上市的请示》报批工作，获得国务院和国资委审批。完成中国北车股份有限公司（筹）国有股权管理的报批工作。完成设立中国北车股份有限公司的相关工作及中国北车股份公司的注册登记工作。完成与华融资产管理公司有关债转股股权处置的谈判，维护了集团公司利益。完成少数股东股权清退和资产划转的经济行为审批等后续工作。推进二级企业少数股东股权回购；组织落实三级企业职工股、职工持股会持股清退工作。协调国地评估公司进行土地评估和国土资源部一审工作。克服困难，按时完成了企业内部控制自我评价报告，提交给中介机构外部审核并获得通过，有力地支持了上市材料准备。配合集团公司整体改制上市工作，对企业章程进行总体审核把关。参与股份公司招股说明书的审核工作。重点对风险因素、法律事项披露、商标事项披露等部分内容进行审核把关，提出修改意见。对股份公司上市法律意见书相关部分进行了总体审核把关。完成了股份公司实收资本二次缴资、工商变更登记工作。

积极与国资委产权局沟通，确保股份公司股权管理方案的12个报批要件一次审查通过，在预期内取得了《国有股权管理方案的批复》。完成集团公司持有的北京铁工机辆租赁有限公司的股权转让工作，消除了集团公司与股份公司就租赁业务存在的同业竞争。

（王怀忠　陈晓毅　供稿）

人力资源开发与管理

责任编辑　王正民

人事(干部)管理

劳动工资管理与职工培训

人事(干部)管理

【综述】 2008年，中国北车人事人才工作紧密围绕公司改制上市、股份公司设立运作主线，深化干部人事制度改革，竞聘选拔领导干部。根据股份制改革要求，对所属单位领导成员进行调整，进一步规范领导人员任职工作。强化培养培训，落实各项措施，夯实基础管理，进一步加强领导班子、后备干部队伍和专业技术、经营管理人才队伍建设，为公司持续快速发展提供组织保证和人才支持。

【干部人事制度改革】 2008年，中国北车采用竞争上岗方式进一步完善和推广选拔领导人员机制。3月，首次在全公司范围内，通过自愿报名和严格的笔试、答辩、组织考评，招聘任用了1名总部部门副职领导人员。股份公司成立后，对总部部室副职和内设处处职28个岗位人选，也采用竞争上岗方式进行选拔，35人报名应聘，通过答辩、考评等规定程序，聘任27人。公开选拔领导人员的范围进一步扩大，并取得较好效果。

【领导班子建设】 中国北车根据所属企业领导班子的具体情况，有针对性地采取措施，加强领导班子建设。年内，对14个所属企业领导班子进行了16次考察；在齐齐哈尔装备公司、长客股份公司、沈车公司、大连机辆公司、天津装备公司、同车公司、太原装备公司、永济电机公司、济南装备公司9个单位，实施了竞争上岗选拔企业副职领导人员；对齐齐哈尔装备公司等14个单位的领导班子成员进行了组织调整，共调整任免47人，其中，党政正职18人（新提拔任职6人，异地交流任职3人，岗位交流5人，兼职3人，退出班子1人），党政副职29人（新提拔任职17人，异地交流任职1人，岗位交流1人，兼职2人，退出班子7人，其他职务变动1人），领导班子的知识和年龄结构进一步得到优化。根据股改要求，对12个新设一人公司党委领导人员和14个存续企业领导人员进行了任用和调整。办理了172人的任职事宜，领导人员任职工作进一步规范，在组织上为公司上市作了充分准备。

【后备干部队伍建设】 中国北车认真落实企业后备干部管理规定，加强对所属企业后备干部队伍建设的督促和指导，各企业的后备干部队伍逐步健全，后备干部数量增加，素质能力通过培训和锻炼进一步提高。年内新提拔进入企业领导班子的人员，绝大部分出自后备干部，对调整优化领导班子起到积极作用。

【人才工作报告制度】 制定下发中国北车《关于建立人才工作报告制度的通知》（北车人函［2008］34号），对近年来所属企业人才队伍建设情况进行调研、分析，建立人才工作报告制度，畅通人才队伍建设信息渠道，加强了对企业人才工作的沟通交流和协调，并按季度编发《人才工作动态》。

【博士后科研工作站建设】 组织完成中国北车设立博士后科研工作站申报。根据人力资源和社会保障部《关于批准中国北方机车车辆工业集团公司等345个单位设立博士后科研工作站的通知》（人社部发［2008］43号），批准集团公司设立博士后科研工作站（后更名为“中国北车股份有限公司博士后科研工作站”），开展博士后科研工作。为加强和规范博士后科研工作站的管理，制定下发公司《博士后科研工作站管理暂行办法》（北车股份人［2008］84号），标志着公司博士后研究工作正式启动。

【专家人才管理】 继续贯彻落实集团公司“十一五”人才队伍建设规划和高层次人才建设实施计划。针对时速 350 公里 CRH_3“和谐号”动车组项目，在唐山客车公司组织开展集团公司专家人才选拔评审工作。经过申报推荐、初审、面试、复审、公示及终审等程序，共选拔评审首席专家 2 名、资深专家 5 名、专家 62 名。规范和加强首席专家的薪酬管理，制定下发集团公司《首席专家薪酬指导意见》（北车人［2008］56 号），统一核准首席专家 2008 年度薪酬标准。

年内，齐齐哈尔装备公司于跃斌、朱文韬，长客股份公司王炎金、高国星，大连机辆公司刁培松、毛正石，唐山客车公司王必耕、刘春海，太原装备公司程平，永济电机公司姬惠刚，四方所公司李国平以及公司总部崔殿国共 12 人被批准享受 2008 年国务院政府特殊津贴。其中，高技能人才系首次纳入政府特殊津贴人员选拔范围，此次批准享受政府特殊津贴的高技能人才为朱文韬、高国星、刁培松、毛正石、王必耕、刘春海 6 人。经詹天佑科学技术发展基金会专家评审组初审、奖励评审委员会复审和基金会一届六次理事会终审，大连机辆公司孙喜运获第九届詹天佑铁道科学技术奖成就奖；齐齐哈尔装备公司于跃斌、同车公司杨东平获第九届詹天佑铁道科学技术奖青年奖。经“茅以升铁道工程师奖”评审委员会评审和公示，长客股份公司常振臣、二七装备公司王春元、四方所公司刘保明以及公司总部谢步明 4 人获 2008 年度“茅以升铁道工程师奖”。

【人才教育培训】 围绕集团公司“十一五”人才队伍建设规划的落实，制定 2008 年度培训计划，突出了企业领导人员、后备干部、专业技术和经营管理骨干以及外语专业人员的培训。全年共举办各类培训班 29 期，培训 1034 人次。其中，围绕集团公司加强基础管理、改制上市等工作重点，在上海交通大学举办集团公司及所属企业领导人员参加的先进制造运营管理知识专题培训班 2 期，培训 69 人；举办青年干部培训班 1 期，培训 22 人；举办分厂（车间）中层领导人员岗位培训班 2 期，培训 74 人；在中南大学举办英语、德语等 6 个紧缺语种培训班，培训 61 人；在西南交通大学、中南大学等高校举办机械、电气工程转岗培训，车辆轻量化技术研修，国际铁路标准、质量管理等培训班 5 期，培训 256 人；协调组织参加部委调训 45 人次和总部有关部室相关业务培训班 17 期，579 人次。

【职称评审】 深化职称改革，完善评审政策，强化评审管理。按照人力资源和社会保障部通知要求，组织完成集团公司近年来职称工作情况调研总结及上报。全年共组织评审通过各类专业技术职务任职资格 428 人，其中：教授级高级工程师 52 人、各类副高级专业技术资格等 244 人；评审政工专业职务任职资格 132 人，其中：高级政工师 67 人、政工师 65 人。

【高校毕业生接收】 中国北车加强和改进高校毕业生接收工作，注重扩大集团公司及所属企业整体形象的宣传和影响，全年共接收应届高校毕业生 1531 人，其中，硕士研究生 180 人，大学本、专科生 1351 人。

【出国审查审批】 中国北车继续以技术引进培训、技术交流及商务考察为重点，坚持外事工作有关规定和审批程序，严把组团申报、领导审批、业务审核和人员审查、外事纪律教育等环节，不断提高外事工作成效。2008 年，共审批出国（境）团组 362 个，审批出国（境）人员 1876 人次，涉及 40

多个国家和地区。其中，技术引进出国（境）培训团组 74 个，478 人次；邀请外方技术业务人员来华团组 151 个，333 人次。

【人才资源统计】 根据国资委人才资源统计工作要求，做好集团公司人才资源统计工作。截至 2008 年底，集团公司拥有各类经营管理和专业技术人员 21840 人，其中，具有高级职称 3403 人、中级职称 6362 人、初级职称 9149 人；具有大学本科及以上学历 10268 人、大专学历 8552 人、中专及以下学历 3010 人。

【总部人事管理】 围绕股份公司设立和总部机构设置调整，明确了各部室职责，根据职位设置和工作需要，组织了领导人员竞争上岗，调整了人员配置，为股份公司的正常运转奠定了基础。制定了 2008 年度部室绩效考核办法，将考核结果与年度绩效奖励挂钩，加大了考核与分配挂钩力度。启动了管理流程编制工作，为使总部管理更加规范、工作效率更高作积极努力。截至年底，总部人员总数为 116 人（含进出口公司和物流公司人员），比上年末减少 1 人。

（人事部　供稿）

劳动工资管理与职工培训

【综述】 2008 年，中国北车劳资工作以提高劳动生产率和人力资源竞争力、提高经济效益为目标，紧紧围绕集团公司改制和生产经营工作，重点做好贯彻《劳动合同法》以及研究与上市公司运行模式相适应的劳资管理体系和管理模式等工作。加强人工成本调控和动态监控，完善分配制度改革，建立工资正常增长机制和适应现代企业制度的薪酬体系，逐步建立有效的激励和约束机制；依法规范用工，控制职工总量和调整用工结构，构建有效用工机制；推进高技能人才工程，积极开展技术工人技能培训，提升人力资源竞争力。到 2008 年末，职工人数持续减少，劳动生产率显著提高，人均工资稳步增长，高技能人才比例提前实现“十一五”规划目标，各项工作取得显著成效。

【劳资工作会议】 8 月 3 ~ 5 日，中国北车股份公司在哈尔滨召开劳资培训工作会议，副总裁赵光兴在会上作了题为《适应新体制，开创新局面，为打造具有国际竞争力的新北车作出更大贡献》的重要讲话，重点分析当前劳资培训工作所面临的新形势、新任务、新问题，研究部署了下一步劳资培训要做的七项重点工作：适应新体制新机制，超前谋划劳资相关工作；围绕整体改制上市，做好劳资相关工作；继续加强工资总量调控和人工成本监控；完善分配制度，健全薪酬体系，构建有效的激励约束机制；认真贯彻劳动合同法，进一步完善用工制度；加强职工总量和人员结构调控，为企业发展提供人力保证；深入推进高技能人才工程，不断完善培训体系建设。会上，济南装备公司、齐齐哈尔装备公司、西安装备公司、长客股份公司就薪酬制度建设、企业年金建立、新形势下企业用工以及职工培训等工作作了大会专题发言。会议对 2007 年人力资源竞争力基本指标完成情况进行了讲评；就公司制定的企业年金指导意见（征求意见稿）听取了与会代表的意见。

【改制上市工作】 根据中国北车公司改制安排，对截至 2007 年 12 月 31 日纳入到改制范围所属企业离退休 54766 人、内退人员 10781 人未来所需企业支付的费用，聘请美世咨询公司进行了精算。折现后共预留费用 3093901 千元，预留费用获得了国资委批复。

到 2008 年末，股份公司纳入精算范围的人数为68037人，比2007年末减少1590人。其中：内退8765人，比2007年末减少2016人；离休1608人，比2007年末减少127人；退休53813人，比2007年末增加782人；遗属3851人，比2007年末减少229人。

2007年末三类人员预留费用余额30.94亿元，2008年收益1.23亿元，实际支付三类人员的费用3.65亿元，2008年末余额28.52亿元。2008年收益的1.23亿元从股份公司当期成本费用中列支。

根据改制人员划分的变动，纳入改制的企业及时与划入职工办理了劳动合同变更工作。同时根据改制要求，对各企业截至2008年6月末和截至2008年末参加各项社会保险的证明材料进行了收集。到2008年末，所属企业全部参加并按时缴纳了基本养老、失业保险；除永济电机公司外，其他企业均参加并按时缴纳了医疗保险；大部分企业参加了工伤保险，部分企业参加了生育保险。

【企业劳动用工】 2008年，中国北车各企业认真贯彻《劳动合同法》，修订完善劳动用工管理配套制度，并逐步规范劳动合同管理。职工劳动合同签订率达到100%，劳动合同期限构成为：5年及以下的占17.12%；5年以上的占11.43%；无固定期的为71.45%。未来五年劳动合同到期人数为：2008年2463人；2009年3934人；2010年3544人；2011年6390人；2012年3911人。对重大项目新增用工进行了调研和评估。长客股份公司、唐山客车公司由于实施技术引进要求批量增加用工。公司组织相关部门进行调研，并通过对两家公司职工队伍年龄结构、文化和技能结构、劳动效率等三个方面的分析，综合考虑高速动车组项目采用新技术、新工艺、新质量管理标准等方面的实际情况，同意两家公司高速动车组项目增加用工，对项目实施起到有力的支持作用。

【分配制度改革】 根据对所属企业2007年效绩考核结果，按年薪制办法规定计算并兑现了企业党政正职的绩效年薪，对企业副职的绩效年薪进行了审核备案。根据国资委对公司2007年考核结果，提出了集团公司负责人2007年绩效薪酬兑现意见。撰写了2007年企业经营者薪酬分析报告，从对2004年到2007年公司企业经营者的薪酬水平跟踪分析来看，经营者的薪酬水平与企业规模和业绩是基本匹配的，起到了强有力的激励和约束作用。

根据2008年对企业效绩考核补充办法，修订了对所属企业负责人年薪制办法，核定了各单位2008年企业负责人基薪。并为所属企业领导班子成员及总部员工办理了组合商业保险。在总保费略有下降的情况下，扩大了保险理赔范围和赔付额度。

制定印发《建立企业年金指导意见》根据公司年金指导意见对四方所公司、济南装备公司、齐齐哈尔装备公司、太原装备公司的年金方案进行审核。初步拟订了“企业经营管理者单项特别奖励办法”和“公司薪酬管理办法”。

对所属企业离休人员参加所在地医药费统筹等有关情况进行了调查，集团公司所属企业基本没有拖欠离休人员医疗费情况，有3家企业参加了所在地离休人员医药费统筹，其他企业均按实际发生额报销。根据财政部要求，对2006、2007连续两年亏损的牡丹江厂、二七装备公司两企业离休人员医疗费申请补助了资金367万元。

组织完成了离退休人员养老金情况调查工作以及典型企业部分职位薪酬调查工作。截至2007年12月31日，集团公司所属企业（不含两个研究所）共有离休人员1998

人，企业负担统筹外养老金人均23523元/人·年；退休人员61251人，企业负担统筹外养老金人均1860元/人·年。两个研究所共有离休人员23人，企业负担统筹外养老金人均20055元/人·年；退休人员648人，企业负担统筹外养老金人均4685元/人·年。

【工效挂钩和工资预算管理】 2008年，国资委继续对集团公司工资总额管理实行工效挂钩办法，工效挂钩方案和工效挂钩指标基数由公司提出建议，国资委审核批复。根据国资委对公司2008年工效挂钩方案的批复，2008年集团公司可提取工效挂钩工资总额35.91亿元。实际发生工资总额30.33亿元，其中：从当年成本费用列支28.85亿元，从三类人员改制预留资金支付1.48亿元。实际发放和提取低于可提取挂钩工资总额。

按照集团公司“四位一体”考核原则，根据2008年效绩目标责任制补充办法以及2008年实施的《所得税条例》和新《企业会计准则》中有关薪酬核算的变化，对所属企业的工效挂钩办法进行了修订完善。根据挂钩办法，按照“效益决定工资和强化人工成本控制”原则核定下发了各单位2008年工效挂钩指标，核定所属企业2008年销售收入工资含量系数平均为9.04%，比上年下降1.77个百分点，增加值工资含量系数平均为39.54%，比上年下降5.4个百分点。根据挂钩办法及核定的销售收入和增加值含量系数，对所属企业2008年挂钩工资总额进行了结算。2008年各单位可提取挂钩工资总额共计32.25亿元，实际提取28.85亿元，比可提工资少3.4亿元，提取工资控制在工效挂钩可提工资范围内。

2008年，根据管理需要，公司首次对所属企业工资总额预算进行了审核，并作为动态监控指标下达企业执行。中国北车纳入工资预算管理企业2008年工资总额预算为29.99亿元（2008年初下达工资预算28.37亿元，10月份按企业效益情况和实际工资需求，对齐齐哈尔装备公司等9个企业调整工资预算，合计调增1.62亿元。）。各单位实际发放工资总额（含在岗工资、非在岗生活费、其他从业报酬）29.84亿元，其中股份公司26.23亿元，存续企业3.61亿元。实发工资占全年预算工资的99.49%，控制在预算工资总额范围内。

【工资总额与人均工资】 年内，职工工资随企业效益适当增长，工资发放符合“两低于”原则。2008年北车集团实发职工工资总额（含在岗工资、非在岗生活费）29.26亿元，比上年增加4.54亿元，增幅18.36%，低于销售收入、增加值和利润增幅。其中：北车股份公司实际发生职工工资总额25.59亿元。2008年，北车集团职工人均工资比上年增长20.95%，低于劳动生产率增幅。其中，北车股份公司实际发生职工人均工资31873元。

【工业劳动生产率】 2008年，中国北车实现总产值劳动生产率416789元/人，比上年增长86274元/人，增幅26.1%，实现企业增加值劳动生产率94729元/人，比上年增长23964元/人，增幅33.86%。

2008年，股份公司实现总产值劳动生产率436036元/人，比集团公司上年增加105521元/人，增幅31.93%；实现企业增加值劳动生产率100740元/人，比集团公司上年增加29975元/人，增幅42.36%。

【职工总量控制】 按照继续控制职工总量的思路，编制下达了各单位2008年职工人数计划。在对长客股份公司和唐山客车公司2008年增人报告进行调研分析的基础上，考虑两家公司实际情况，原则同意企业增人，并在编制2008年用工计划中给予了考虑。职工人数计划以新设公司和存续企业合并口径编制，包括二级企业的在岗职工人数和非在岗职工人数。

年末中国北车全部合并报表单位职工人数96176人，比上年减少545人，其中股份公司81350人，存续企业14826人。职工人数中在岗职工84287人，非在岗职工11889人。

2008年，股份公司录用复转军人、大中专技校毕业生3876人，是增人最多的一年，其中长客股份公司、唐山客车公司两企业增加1889人。年末，全部合并报表单位职工81350人（在岗职工71444人，非在岗职工9906人），比上年末增加1249人。其中：主体企业职工74158人，比上年末增加462人；全部与主体企业保留劳动关系78692人，比上年末增加1223人，职工总量控制基本适度。

【职工构成】 年末，集团公司全部职工96176人中，在岗职工84287人，非在岗职工11889人。在岗职工按照岗位进行分组的情况为：工人和生产人员57650人，占比68.40%，比上年上升0.4个百分点；学徒237人，占比0.28%，比上年下降0.23个百分点；技术人员8864人，占比10.52%，比上年下降0.22个百分点；管理人员11602人，占比13.76%，比上年上升0.05个百分点；服务人员5370人，占比6.37%，比上年下降0.22个百分点；其他人员564人，占比0.67%，比上年上升0.22个百分点。非在岗职工中：待岗职工506人，内退职工10736人，集体劳务输出51人，因病因伤长期休假596人。

年末，股份公司全部职工中，在岗职工71444人，非在岗职工9906人。在岗职工按照岗位进行分组的情况为：工人和生产人员49448人，占比69.21%，比上年上升1.22个百分点；学徒234人，占比0.33%，比上年下降0.19个百分点；技术人员8101人，占比11.34%，比上年上升0.6个百分点；管理人员10133人，占比14.18%，比上年上升0.47个百分点；服务人员3142人，占比4.4%，比上年下降2.2个百分点；其他人员386人，占比0.54%，比上年上升0.09个百分点。非在岗职工中：待岗职工396人，内退职工9017人，集体劳务输出50人，因病因伤长期休假443人。

【人工成本管理】 进一步加强人工成本监控，对各单位2006、2007年人工成本、劳动生产率等7项指标进行整理和对标，在劳资工作会议上下发各单位，并进行说明和点评，以此引导各单位寻找差距和不足，改进工作。从企业实际发放人工成本的角度看，2008年北车集团实发职工人工成本总额45.25亿元，比上年增加8.69亿元，增幅23.77%，职工人均人工成本47692元/人，比上年增加10001元/人，增幅26.53%。股份公司2008年实发人工成本41.91亿元，职工人均人工成本48750元/人。从企业当年成本负担（计入2008年成本费用）的角度看，2008年股份公司全部合并报表单位人工成本总量为37.28亿元；人均人工成本44332元/人，2008年企业负担与实际发放的人工成本差异较大的主要原因是三类人员费用在改制时进行了预留，不再从当年成本中列支。

按照企业负担的人工成本计算，2008年股份公司全部合并报表单位百元销售收入人工成本含量为11.35元，比集团公司上年的12.73元减少1.38元；人工成本占总成本比例为11.65%，比集团公司上年的13.39%下降1.73个百分点；实现劳动分配率34.51%，比集团公司上年的38.07%下降3.56个百分点；人均销售收入39.01万元/人，比集团公司上年的27.38万元/人增长11.63万元/人，增幅42.48%；实现人工成本利润率42.98%，比上年的11.96%上升31.02个百分点；人工成本占增加值比率50.85%，比2007年的58.5%下降7.65个百分点。（王铁瑛）

【职业技能鉴定】 2008年，集团公司圆满完成鉴定计划，全年共组织鉴定考试31次，近7100人参加各等级鉴定，5792人获得职业资格证书；集团公司向鉴定量大的企业派质量督导员对鉴定过程进行现场督导，以保证鉴定质量。

【劳动定额管理】 继续推进企业劳动定额标准化和企业劳动定额管理工作，到部分企业就新产品开发生产和加强劳动定额管理进行调研，指导企业完成新产品劳动定额的制定及使用。健全劳动定额统计年报和对标制度，切实加强基础管理工作。全年从事产品生产实际用工11241190工日，完成劳动定额12916163工日，定额平均完成率114.90%，全部产品综合换算产品产量154460个标准换算单位（以C64型货车制造为标准换算单位），直接生产人员实物劳动生产率1.75个标准换算单位。修订轨道交通装备制造业劳动定额标准13个，并报全国劳动定额定员标准化技术委员会审批。

（刘福文）

【高技能人才培训工程】 2008年，中国北车认真贯彻落实党中央、国务院《关于进一步加强高技能人才工作的意见》（中办发［2006］15号），积极采取有效措施推进高技能人才培训工程，探索建立新型高技能人才评价体系和激励机制，高技能人才培养工程继续取得丰硕成果，为企业生产经营任务的完成和持续发展提供了有力支持。

12月26日，中国北车股份有限公司高技能人才队伍建设推进会在北京隆重召开。会议全面总结了过去五年中国北车高技能人才队伍建设工作情况，分析了当前高技能人才队伍建设所面临的形势，提出了下一步中国北车高技能人才队伍建设工作的指导思想、工作目标和落实措施。会上，有100名“中国北车拔尖技术能手”、5家“中国北车技能人才培育先进单位”和25名“中国北车技能人才培育先进个人”受到表彰。股份公司总裁奚国华、副总裁赵光兴、中国北车集团公司党委副书记林万里等领导、各单位主管领导、受表彰的100名拔尖技术能手和部分高技能人才代表等360多人分别在主会场和分会场参加了大会。在主会场参加大会的“中国北车拔尖技术能手”代表向全公司广大技术工人发出了“立足平凡岗位创造一流工作业绩，把北车建设成轨道交通装备行业世界级企业”的倡议。培养新一代轨道装备制造大师成为中国北车高技能人才队伍建设的新目标。

2008年，中国北车有6名高技能人才获得国家首次向高技能人才颁发的政府特殊津贴；有2人获得“全国技术能手”荣誉称号，有2人获得“中央企业技术能手”荣誉称号，有1家企业获得“国家技能人才培育突出贡献奖”。

年底，中国北车高技能人才占技术工人比例已提高到42.8%，提前实现了中国北车“十一五”高技能人才队伍建设规划目标；中国北车金蓝领总人数已增加到85人；全系统技术工人职业资格持证率提高到84.4%，其中：技师、高级技师占比为5.26%，高级工占比为37.5%，中级工占比为36.8%，初级工占比为4.8%。全系统技术工人队伍的平均受教育年限已经提高到12年。

【职业技能大赛】 2008年“五一”前，由中央宣传部发起，中央电视台与国务院国资委联合举办了CCTV“2008劳动榜样”大型电视推广活动，中国北车作为中央企业机械行业的代表承办了天车工比赛，来自长客股份公司的8位天车女工参加了比赛。比赛实况在中央电视台数次播出，女工们、特别是参加决赛的2名选手精湛的操作技能和沉稳扎实的工作作风，赢得了全系统广大员工的赞誉，在全国产生广泛影响。为此，中国北车分别授予天车工比赛前2名选手“中国北车集团公司技术标兵”和“中国北车集团公司技术能手”称号。年内，中国北车集团公司获得国资委颁发的“2008年中央企业职工技能大赛优秀组织奖”。全年有9066人次参加了所属企业或所在地（市）组织开展的技能竞赛和岗位练兵活动。

【技师资格评审】 2008年，中国北车根据国家相关职业标准和中国北车的《技师管理办法》规定，经全系统统一组织的本职业鉴定、所属企业技师评审会评审、中国北车核准和中国北车高级技师评审会评审通过，有242人取得本职业技师资格，91人取得本职业高级技师资格，25人被评为中国北车金蓝领。

【员工培训】 2008年，中国北车继续推动企业培训管理体系的规范化建设工作，组织开展“十一五”重点技术引进项目培训工作总结，企业培训体系建设和员工培训工作取得明显成效。全面推行ISO10015（质量管理—培训指南）国际标准，促进了企业质量管理水平的提高。在企业ISO9000质量体系等外部审核和铁道部引进技术项目产品质量检查工作中，评审专家对企业健全的培训管理体系给予充分肯定，部分单位的培训工作因此成为免检项目。经综合考核，全公司有70.6%的企业取得了90分以上的优秀成绩，其员工培训体系建设达到了规范化运作的要求。全系统取得各等级企业培训师资格人数已经增加到150人。2008年度所属企业员工培训率及培训经费使用情况如下表所示：

培训率/人均培训次数						
全员	管理人员		技术人员		技术工人	
86.1%	82.3%	2.1次	87.7%	2.7次	89.5%	2.3次

经费支出占工资比例/经费流向			
经费占比	用于管理人员比例	用于技术人员比例	用于技术工人比例
2.16%	17.4%	16.2%	41.7%

为巩固企业在“十一五”技术引进、消化吸收再创新工作中取得的成果，中国北车组织相关企业，对技术引进培训工作的主要情况进行全面总结。学习、借鉴国际先进管理经验，组织开展《CNR技能培训规范》编制工作初见成效，规范初审工作基本完成，有23个职业899项技能的培训规范通过初审。

【员工培训基地建设】 2008年6月11日，国家人力资源和社会保障部下发《关于公布第一批国家高技能人才培养示范基地名单的通知》。中国北车在已有8个国家高技能人才培训基地的基础上，又有6家单位成为国家首批高技能人才培养示范基地，长客股份公司、西安装备公司、齐齐哈尔装备公司、同车公司4家企业和大连、唐山2所技校榜上有名。中国北车继续实行“两级培训”原则，以高新技术操作技能和复合操作技能为主，开展高技能人才集中培训工作。2008年，共有1333人参加培训，是年初计划的133%。 （刘继斌）

党群工作

责任编辑　王正民

组织工作

宣传思想工作

纪检监察工作

统战工作

企业文化建设

工会工作

共青团工作

科学技术工作者协会

企业联合会

体育协会

党建思想政治工作研究会

总部党委工作

定点扶贫工作

组 织 工 作

【综述】 2008年，集团公司各级党组织以科学发展观和构建社会主义和谐社会战略思想为指导，深入学习贯彻党的十七大精神，认真落实集团公司工作会议和党委扩大会议的总体部署以及集团公司第一次党代会提出的目标任务。组织召开了集团公司第二次党代会。围绕进一步转变发展方式、推进改制上市、实现集团公司又好又快发展的基本思路，统一思想，改进创新，突出实效，做好所属企业党委换届改选、“双培”主题实践活动、创先争优、党务公开、党内民主、抗震救灾等项工作，较好发挥了党组织的政治核心作用、战斗堡垒作用和党员的先锋模范作用，为集团公司改革、发展和稳定提供了坚实的组织保证。

【集团公司第二次党代会】 12月8日至9日，集团公司第二次党代会在北京隆重召开，来自集团公司所属企业的165名党员代表出席大会。出席大会的上级领导有：国务院国资委党建工作局副局长谢俊、国务院国资委党建工作局组织处副处长钟吉昌、国务院国资委纪委一室副主任张振顺、国务院国资委党委驻中国北车集团公司监事会办公室工作人员冯利成。中国北车股份公司独立董事秦家铭、邵瑛、张忠，原集团公司老领导彭振凤、王玉文、孙桐、赵润生，中国北车集团公司党委第一届委员会委员刘应果、周鉴于、肖胜贺，人民铁道报记者赵中庸也应邀出席大会。崔殿国主持会议并致开幕词，国务院国资委党建工作局副局长谢俊作了重要讲话。王立刚代表中国北车集团公司第一届党委作了题为《贯彻落实科学发展观，加强党的先进性建设，为把中国北车打造成为轨道交通装备行业世界级企业而奋斗》的工作报告；林万里代表中国北车集团公司纪委作了题为《全面履行党章赋予职责，整体推进反腐倡廉建设，为中国北车又好又快发展提供有力保证》的工作报告。与会代表肩负着全集团公司4万3千名党员的重托，以高度的政治责任感，充分行使民主权利，对两委工作报告进行了热烈讨论。大家一致认为，报告提出的中国北车“三步走”的发展目标、今后四年的战略任务、党的工作指导思想和重点工作，符合党的十七大精神，符合轨道交通装备行业的发展要求，符合中国北车改革发展的实际，是今后一个时期集团公司党委团结带领全体党员和广大干部职工，在新的发展起点继续奋勇前进的行动纲领，为集团公司未来发展提供了前进的指南。大会经过充分酝酿，按规定程序，以无记名投票方式，直接采用候选人多于应选人数的差额选举办法，选举产生了中国共产党中国北方机车车辆工业集团公司第二届委员会和纪律检查委员会，并一致通过了两委工作报告的决议。大会之后，分别召开了中国共产党中国北方机车车辆工业集团公司纪律检查委员会和中国共产党中国北方机车车辆工业集团公司第二届委员会第一次全体会议，选举产生了纪委书记、副书记和党委常委、书记、副书记。

中国共产党中国北方机车车辆工业集团公司第二届委员会

委员（计21人，以姓氏笔画为序）

王立刚　王雁平　石晓丁　刘克鲜
孙　锴　孙喜运　何凤华　邹　涛
张　岩　张双成　林万里　赵光兴
贾世瑞　徐印平　奚国华　高　志
崔殿国　董晓峰　程冬然　谭晓峰
魏　岩

常务委员会委员

王立刚　崔殿国　林万里　奚国华
赵光兴　孙　锴　高　志

书　记　王立刚

副书记　崔殿国　林万里

纪律检查委员会委员(以姓氏笔画为序)

王　勇　王光建　王怀忠　朱三华　陈之瑸　陈方平　林万里

书　记　林万里

副书记　陈方平

【所属企业党委换届选举】　集团公司各级党组织认真贯彻《中国共产党章程》和《中国共产党基层组织选举工作暂行条例》，严格执行集团公司党委下发的《召开党代会换届选举工作程序规定》，高度重视认真做好基层党组织的换届选举工作。通过召开党代会，进一步明确本单位改革发展的总体目标和党委工作的主要任务，优化两委班子的年龄、知识、专业结构，同时，使广大党员受到一次深刻的党内民主的再教育。年内，同车公司、唐山装备公司、大连所公司党委召开了党员代表大会（党员大会），圆满完成党委换届选举工作。任期届满的齐齐哈尔装备公司、沈车公司、济南装备公司、牡丹江厂4个单位党委，经同意推迟召开党代会。

【抗震救灾工作】　四川汶川地震发生后，中国北车各级党组织按照集团公司部署紧急动员，迅速行动，组织基层党组织和党员在抗震救灾工作中发挥作用，全系统3万多名党员缴纳特殊党费440余万元，党员的先进性得到充分体现，其中在京企业党员交纳特殊党费316352元，由组织部分别上交中组部和国资委。集团公司党委号召党员立足岗位，以实际行动支援抗震救灾，连续转发《关于迅速动员组织中央企业广大基层党组织和党员干部投入抗震救灾工作的通知》、《关于在抗震救灾中进一步发挥各级党组织战斗堡垒作用、各级领导干部模范带头作用和广大共产党员先锋模范作用的通知》、《关于抗震救灾的宣传教育提纲》、《关于做好在抗震救灾第一线发展党员工作的意见》等一系列上级文件。各级党组织认真贯彻落实通知要求，组织广大党员干部学习在抗震救灾斗争中涌现出来的模范集体和先进人物的事迹。围绕集团公司确定的中心工作，全力推进改制上市，推动企业改革发展，进一步发挥党员的先锋模范作用，以实际行动支持了抗震救灾工作。根据国资委党委关于开展“共产党员和中央企业在抗震救灾中的义务和责任”专题组织生活会的通知精神，集团公司党委组织所属企业基层党组织召开了“共产党员和中央企业在抗震救灾中的义务和责任”专题组织生活会。各基层党组织围绕抗震救灾中如何更好地发挥党组织和党员的作用进行了讨论，对个人在抗震救灾中的思想和工作进行认真的回顾总结。在抗震救灾工作中，涌现许多先进典型，其中唐山客车公司内饰件厂党支部、济南装备公司徐文凯分别获得中央企业抗震救灾先进基层党组织、优秀共产党员称号。

【“双培”主题实践活动】　中国北车各级党组织以“把党员培养成骨干、把骨干培养成党员”主题实践活动经验交流现场会为契机，把“双培”活动作为贯穿集团公司基层党组织“十一五”的一项长期重要的工作，作为新形势下集团公司各级党组织紧扣第一要务有效发挥政治核心作用、战斗堡垒作用和党员先锋模范作用的最佳切入点，作为市场经济条件下保持党员先进性的具体内容，紧密结合自身实际，研究制定骨干标准，选择确定培养对象，检查落实工作方案，总结推广典型经验，创造性地开展活动。长客股份公司党委对2007年度“双培”活动16个先进党组织和66名先进个人进行了表彰，进一步推进“双培”活动的开展；大连机辆公司从注重抓好骨干员工和党员的培养、注重抓好发展骨干员工入党工作、注重抓好中层领导人员的培养工作三个方面推进“双培”活动的开展；西安装备公司深化“双培”活动，针对生产经营新形势下发指导意见；哈尔滨装备公司党委以“我是排头兵”主题实践活动深化“双培”活动。通过开展各种形式的活动，使“双培”主题实践活动成为党员充分发挥先锋模范作用和展示作为的广阔舞台，为推动生产经营工作任务全面完成，为产业技术全面升级、实现集团公司发展目标提供了保障。

【讲党性、重品行、作表率活动】 中国北车结合学习贯彻党的十七大和全国组织工作会议精神，开展向冯理达同志学习活动，落实中组部《关于在全国组织系统开展“讲党性、重品行、作表率”活动的意见》，集团公司党委在组织干部系统开展了“讲党性、重品行、作表率”活动。所属各企业党组织把活动的开展作为推进组干工作、不断开创工作新局面的必然要求和建设高素质组织干部队伍的有效载体，及时制定年度活动方案，认真组织实施，保证了活动质量和效果。通过活动的开展，组干部门适应集团公司和企业发展要求的意识得到增强，组干部门人员的思想政治素质、业务能力素质得到提高，为企业改革发展提供了有力的组织保障、人力保障和智力支持。

【创先争优】 结合纪念建党 87 周年，“七一”前夕，所属企业开展了先进基层党组织、优秀共产党员和优秀党务工作者的评选表彰工作。经集团公司党委向国务院国资委党委推荐上报并参加中央企业“一先两优”评选，西安装备公司党委、四方所公司党委荣获“中央企业先进基层党组织”称号，长客股份公司常振臣、齐齐哈尔装备公司黄凤龙荣获“中央企业优秀共产党员”称号，沈车公司党委书记、副董事长石垒荣获“中央企业优秀党务工作者”称号。

【专题民主生活会】 按照中纪委、中组部《关于以“学习和实践科学发展观”为主题开好县以上党和国家机关党员领导干部民主生活会的通知》（组通字［2008］27 号），以及国务院国资委就开好 2008 年度党员领导干部民主生活会提出的要求，集团公司和所属企业党委以“学习和实践科学发展观”为主题，召开了 2008 年度民主生活会。10 月 20 日，集团公司党委常委会组织召开专题民主生活会，国资委纪委一室一处徐锋处长到会指导，集团公司党委组织部、办公室和总部机关党委负责同志列席了会议。按照“学习和实践科学发展观”主题民主生活会的要求，班子成员在生活会上，紧密结合自身的思想、学习和工作情况，对照征得的意见和建议，围绕集团公司的改革和发展，严肃认真地开展了批评和自我批评。

【发展党员工作】 中国北车各级党组织深入贯彻中央“坚持标准、保证质量、改善结构、慎重发展”的发展党员工作十六字方针，认真落实《中共中央组织部关于进一步做好新形势下发展党员工作的意见》，注重在生产、科研、经营一线、青年和知识分子中发展党员，切实加强对入党积极分子的教育培养。2008 年，发展新党员 1023 名。发展的新党员中，生产、工作一线党员 753 名，占发展总数的 73.61%；工人党员 544 名，占发展总数的 53.18%；35 岁以下青年党员 566 名，占发展总数的 55.33%；高中以上文化的党员 950 名，占发展总数的 92.86%。发展的新党员中各类先进模范人物 101 名，占发展总数的 9.87%。发展优秀团员入党 159 名，经团组织“推优”的 159 名，“推优”率为 100%。年末，集团公司党员总数 43226 名，其中在岗职工党员 30028 名，占 69.47%；离退休（退职）党员13161名，占30.45%；其他党员37名，占0.08%。

【党务公开】 中国北车所属企业深入贯彻集团公司《党务公开实施意见》，制定实施方案，发现典型，总结经验，推进党务公开工作的实施，推动和发展党内民主，增强党组织的凝聚力，进一步加强集团公司党的先进性建设。西安装备公司党务公开工作经集团公司组织部推荐，被列为国资委政研会调研内容，申报了立项课题，年内企业两次派人参加了国资委组织的课题研讨会。11月中旬，西安装备公司党务公开工作以《关于构建企业党务公开长效机制的实践与思考》为研究课题，由集团公司党委组织部向国资委申报了中央企业党建思想政治工作优秀研究成果。

【党内关怀工作】 中国北车各级党组织贯彻落实党的十七大精神，建立健全党内激励、关怀、帮扶机制，构建和谐企业，充分体现党组织对生活困难党员和老党员的关怀。按照国务院国资委党委关于春节前慰问生活困难党员和老党员有关工作的通知要求，春节、元旦期间，以建国前入党的生活困难老党员（1949年9月前入党）、下岗失业职工中生活困难党员和获得集团公司以上各种荣誉称号的生活困难党员为重点，各级党组织开展了走访慰问生活困难党员和老党员活动。集团公司党委组织部转发了国资委党委致中央企业老党员和生活困难党员的《慰问信》；集团公司7名党委常委全部深入到基层单位走访慰问生活困难党员和老党员；所属企业由党政领导带队，组织、工会等部门参加走访困难党员、建国前老党员。集团公司党委组织部下拨党费补助款12万元。按照国资委党委要求，对困难党员进行调查，确定帮扶困难党员对象。所属企业建立困难党员档案，建立了定期报告制度，形成党内帮扶机制。

【党费收缴工作】 各级党组织认真贯彻中组部《关于中国共产党党费收缴、使用和管理的规定》，在对所属企业摸底调查的基础上，向国资委提交了有关单位工资基数和党费收缴情况的报告。各级党组织切实加强对党费收缴使用的管理，党费管理整体水平不断提高。第一季度，向国资委上报了集团公司党委《关于2007年党费收缴、使用和管理的报告》。

【党内统计工作】 第一季度，根据国务院国资委党委通知要求，对集团公司所属国有资本相对控股和持大股的多元投资主体企业党建工作的有关情况进行调查统计，提交了中组部制发的《2007年国有资本相对控股和持大股的多元投资主体企业党建工作有关情况统计表（中央企业）》和情况报告。第二季度，在统计汇总基础上，向国资委提报了《在抗震救灾第一线发展党员工作数据统计报表》、《中央企业系统人大代表、政协委员统计表》及情况说明。组织所属企业圆满完成集团公司年终党内统计和党费收缴工作，并分别向国资委提交了报告。

（张之明　供稿）

宣传思想工作

【综述】 2008年，集团公司宣传思想工作根据集团公司党委一届七次和一届八次全委会议精神，紧密结合集团公司改革发展稳定重点工作，积极发挥宣传思想工作的优势，把握工作重点、认真谋划全局、夯实工作基础、持续提高水平，各项工作取得积极进展。

【党委中心组学习】 集团公司党委理论学

习中心组坚持以“受欢迎、起作用、有实效”为目标，切实将理论学习与统一思想结合起来，与研讨工作结合起来，与改进管理结合起来。全年中心组学习紧紧抓住学习贯彻十七大精神、推进集团公司整体改制上市、研究应对当前金融危机以及纪念改革开放30周年四大主题，确定并适时调整年度学习计划，全年举行集中学习25次，其中扩大学习6次，理论学习贴近企业改革发展的需求，取得明显成效。结合《中华人民共和国劳动合同法》实施，系统组织了法律条文的学习，并邀请劳资部负责人为总部中层以上干部作了《劳动合同法》专题讲座。邀请国资委企业改革局周放生辅导《中央企业风险管理指引》及《企业风险管理报告解读》，对企业树立全员风险意识，尤其是领导人员强化风险意识起到很好的教育作用。结合集团公司改制上市工作，邀请有关中介机构对股份制改革有关问题进行了集中辅导。

【对内对外宣传】 中国北车继续按照“聚焦新闻热点，整合新闻资源，开展连续报道，形成舆论氛围”的总体思路，抓好外宣工作的组织，取得较好的效果。组织并策划了CRH3型动车组下线、中国北车服务奥运五种城轨车批量生产、出口中东3.6亿欧元地铁和双层客车签约、和谐D2、和谐D3型电力机车、CRH5型动车组服务春运、中国北车支援抗震救灾等专题报道，中国北车和谐N3型内燃机车下线、深圳地铁A型车下线、中国北车与大连市人民政府签署战略合作协议、中国北车向香港提供国际一流水准的城轨车等专题新闻宣传，经过国内主流媒体广泛报道，取得很好的社会反响。在网络媒体宣传方面，公司门户网站新闻实现每天更新，访问量持续上升，全年发布信息近600条。继续以国资委网站为重点，全年发布信息近200条，大量新闻被中央人民政府网站、中央主流媒体和众多网络媒体转载，在中央企业中名列第八。加强与基层的工作交流，编辑《宣传思想工作信息》40期。在对内宣传方面，《中国北车报道》编辑发行工作继续取得突破，今年发行量首次突破1万份，实现班组全覆盖，《中国北车报道》作为集团主流媒体的作用日益得到强化。加强重点题材的报道，组织时速350公里动车组下线、北京奥运城轨车、抗冰救灾、多元经营、抗震救灾、大反思大检查、安全生产月等多个专题的系列报道。第四季度，全面开展了迎接党代会专题宣传，系统宣传全集团先进基层党组织和优秀党员的事迹，及时刊发党代会的消息和评论，组织系列访谈，起到了良好的导向作用。与此同时，还编辑出版《中国北车》画报——和谐D2型专刊和城市轨道车辆专刊，制作中英俄西四种语言的电视宣传片，编辑中国北车年报，有力宣传了中国北车形象。

【形势任务教育】 按照集团公司党委要求，在全系统布置学习宣传贯彻第二次党代会精神的活动，使每一名员工都了解和掌握第二次党代会的主要精神。针对企业改革发展面临的主要问题，及时组织和协调形势任务教育。开展十七大精神的学习宣传，编发系列宣传手册，组织了系列宣传和学习活动。应对铁路“4·28”事故，配合有关部门，在全集团组织开展“大反思大检查”教育，进一步强化员工的质量和安全意识。结合改制上市和企业发展，指导所属企业，以质量和安全为主题，确立本单位的年度专题教育活动主题，开展“我的行为讲规范”、“质量与命运”、“六个讲清楚”等一系列具有企业特色的教育活动。

【文明创建活动】 按照集团公司党委关于深入开展群众性和谐创建活动的要求，指导所属企业深入开展和谐企业、和谐社区、和谐家庭创建活动，开展扶贫济困、志愿服务和节能环保活动，文明和谐理念在企业蔚然成风。以“和谐劳动关系”为主题，开展年度和谐企业系列活动，组织员工深入学习《劳动合同法》，进一步强化企业和员工的法律意识，明确企业和员工之间的权利义务。以迎接奥运为主题，在全系统深入开展迎奥运、讲文明、树新风活动，联合集团公司团委，在全集团开展“迎奥运讲文明树新风”礼仪知识学习活动，引导员工以健康向上的精神风貌迎接北京奥运会。及时宣传中国北车奥运志愿者在服务北京奥运中展现的风采和形象。在推进企业文明建设的基础上，做好各级文明单位的申报工作。推荐永济电机公司和齐齐哈尔装备公司参评“全国文明单位”。指导两个企业按照文明单位创建的细则和标准，对近年来企业文明创建工作进行系统总结和回顾，提炼形成文明创建工作的经验，两个单位在考核中取得了优异的成绩，均被推荐为“全国文明单位”。在此基础上，推荐北京二七机车公司参评“首都文明单位标兵”，推荐集团公司总部参评“首都文明单位”。特别是总部的文明创建工作，以“五型总部”创建为主题，体现了特色，得到了好评。

【宣传队伍建设】 健全新闻管理机制，加强新闻宣传内部管理机制建设，集团公司依托网络，建立每周新闻协调例会制度，集中研讨和协调一周新闻宣传重点。着力加强内部管理，建立每周交班会制度，对重要事项进行集中研讨并对需要协调事项进行磋商。组织开展年度通讯员培训班，文字和摄影记者骨干得到专题强化培训。健全工作考核制度，做到工作有布置、有检查、有评价、有考核，宣传工作团队的合力大幅度提升。

【反邪教和综合治理工作】 以最大限度维护企业稳定为目标，反邪教和综合治理工作平稳推进。在反邪教工作方面，打破地域分割，主动将京外企业反邪教工作一并纳入集团视野。按照中央企业610办公室主任会议精神，布置、组织了机关总部、在京两企业的北京奥运会期间反邪教工作，奥运期间所属企业没有发生一起法轮功分子闹事事件，确保了奥运期间企业的稳定。所属各单位进一步加强企业安全保卫工作，加大预防和处置紧急突发事件的能力，有效做好奥运和各个重要时期企业安全保卫工作。

（刘海奇　供稿）

纪检监察工作

【综述】 2008年，中国北车各级纪检监察机构认真贯彻中央纪委二次全会和国资委中央企业纪检监察工作会议精神，落实集团公司工作会议暨一届七次党委（扩大）会议工作部署，紧密结合公司改革发展、党风建设和反腐倡廉工作实际，以科学发展观为指导，以推进惩防体系建设为重点，加强反腐倡廉建设。通过教育防范和强化监督检查，狠抓工作落实，纪检监察工作保持了良好势头，在推进公司改革发展，确保整体改制顺利进行和完成生产经营任务中，较好地发挥了保证监督作用。

【纪检监察工作会议】 3月8日，集团公司在北京召开纪检监察工作会议，深入贯彻党的十七大、中央纪委二次会会和中央企业纪检监察工作会议精神，落实集团公司工作会议暨一届七次党委（扩大）会议工作部署，总结2007年党风建设和反腐倡廉工作，研究安排2008年纪检监察和反腐倡廉工作任务。集团公司副总师以上领导、总部党群部门负责人和所属企业党委书记、纪委书记、监察部长参加会议。集团公司总经理崔殿国主持会议，党委副书记、纪委书记林万里作题为《加强党风建设和反腐倡廉工作，为集团公司又好又快发展提供有力保证》的工作报告，党委书记王立刚作了重要讲话。王立刚就落实党的十七大精神进一步增强作风建设和反腐倡廉建设的使命感、紧迫感，深入推进惩防体系建设进一步加强反腐倡廉建设，强化领导干部作风转变进一步密切党群干群关系三个问题作了深入阐述，进一步强调了反腐倡廉重点工作。崔殿国在主持会议中强调要把惩防体系建设、领导人员廉洁从业、效能监察三项工作作为反腐倡廉建设的重点，认真抓紧抓好，抓出成效。

【惩防体系建设】 年内，中共中央发布《建立健全惩治和预防腐败体系 2008—2012 年工作规划》，国务院国资委下发《关于贯彻落实〈建立健全惩治和预防腐败体系 2008—2012 年工作规划〉的实施意见》。落实中央要求和国资委部署，结合公司整体改制、强化内控制度建设以及党风和反腐倡廉建设面临的新情况、新变化，把中央和国资委对党风和反腐倡廉建设、中央企业领导人员廉洁从业和反商业贿赂的新要求、新部署，纳入到构建惩防体系建设的工作规划中，研究起草《中国北车股份有限公司贯彻落实〈建立健全惩治和预防腐败体系 2008—2012 年工作规划〉的实施方案》。为保证反腐倡廉建设的各项工作要求与公司各项管理业务紧密结合，文件起草过程中，认真征求总部有关部门意见，进一步明确业务部门在推进惩防体系建设中的责任和工作。为使《实施方案》提出的工作目标和任务切合企业实际，召开所属企业纪委书记座谈会听取意见建议，增强《实施方案》对企业惩防体系建设的指导作用和可操作性。11 月 11 日，公司党政联合下发《中国北车股份有限公司贯彻落实〈建立健全惩治和预防腐败体系 2008—2012 年工作规划〉的实施方案》，标志着全公司惩防体系建设进入新阶段，为全面推进党风和反腐倡廉建设打下坚实基础。

【领导干部廉洁自律】 中央纪委二次全会重申并提出国有企业领导人员廉洁自律七项要求（简称“七项要求”），按照国资委要求，集团公司党委下发《关于认真做好贯彻落实国有企业领导人员廉洁自律七项要求有关事项的通知》，统一部署所属企业及公司总部贯彻落实“七项要求”和自查自纠工作。所属企业及公司总部组织中层以上领导人员，对照“七项要求”进行自查。对个人是否从事营利性经营活动情况进行自查，并按照要求将兼任职务及领取兼职报酬和补贴情况、个人投资持股情况（按国家规定在证券交易所购买的股票除外）以及配偶、子女从业情况进行登记，填写自查登记表并经有关部门和领导签字审核认定。全公司 3309 名中层以上领导人员填报了国资委落实“七项要求”的 5 张表格。公司纪委制定《关于落实国有企业领导人员廉洁自律七项要求纠正兼职取酬有关问题的通知》，明确公司和所属企业负责人原则上不得在所出资企业兼职取酬的规定。全公司有 62 人次上交礼品、礼金、礼券和有价证券 47.53 万元。

【效能监察工作】 结合集团公司销售收入、利润大幅提升和实施整体改制、保持企业稳定的要求，指导所属企业把效能监察的重点放在成本控制、质量管理、规章制度执行和职工关注热点问题上。全公司效能监察年初上报立项 48 项，年内追加立项 10 项，实际实施 58 项。其中围绕成本控制、质量管理 17 项；涉及主辅分离改制分流、干部纪律作风、职工关注热点等问题 12 项；有关技术改造、节能减排和资产管理的 19 项；强化执行力建设的10项。通过开展效能监察，全公司纪检监察部门发现案件线索4个，立案3个，给予党政纪处分10人，处理违规人员2人，提出监察建议193条，作出监察决定15个，整章建制50个，避免经济损失1977.9万元，节约资金5019万元。按照公司“四清两降”工作部署，制定下发《关于深入开展“四清两降”效能监察工作的通知》，组织全公司纪检监察机构和人员，运用监察手段和形式，督导企业有关部门按照“四清两降”要求，查找影响企业经济效益的因素和环节，挖掘企业内部潜力，消除管理缺失造成的减利因素，推进精细管理，提升管理效能，增强企业的盈利能力。监察部向4家企业发出降低应收款额度的监察建议书，强力推进“四清两降”工作，确保公司年底实现“四清两降”第一阶段目标。

【案件检查与审理】 注重发挥惩治在建立健全惩防腐体系中的重要作用，坚持查案与专题教育、专项整治、建章立制有机结合，有效发挥查办案件工作的治本功能。认真开展上年查结案件和处分执行情况质量检查，在全公司进行通报。坚持实行办案工作半年通报与全年分析制度，使所属企业纪检监察部门及时了解全集团查办案件工作的总体趋势，把握倾向性问题。对8个单位、15个案件和24名受处分党员的基本情况进行全面检查，进一步摸清所属企业办案工作情况，被检单位和参检人员均从中学到了好的做法和经验。依据国资委纪委、监察部驻国资委监察局《信访举报工作暂行办法》，起草制定《行政监察信访举报工作暂行办法》，为规范工作程序提高案管质量打下良好基础。组织全公司23名软件操作人员参加国资委纪委培训班，对所属企业信访和案管软件操作人员进行升级培训，编制两个软件的操作指南，提高培训的效率和质量。建立统计工作数据库，实行动态管理，随时登记有关数据，随时调用各类信息资料。公司纪委接待上访15人次，处理来信来访电话举报投诉和上级转办信件54件；全公司全年立案25件，结案25件，处分党员干部38人，其中，党纪处分21人，政纪处分23人。

【反腐倡廉教育】 坚持把反腐倡廉教育纳入党委中心组学习和党员组织生活，组织所属企业和总部部门助理以上领导人员学习十七届中央纪委二次全会精神、国有企业领导人员廉洁自律七项要求。通过党课教育、专题报告、参观展览等多种形式，深入开展理想观、荣辱观、法制观教育，不断提高各级领导人员廉洁从业自觉性。全公司对领导人员任职谈话680人，诫勉谈话41人，述廉议廉2363人，有2331名领导人员作出廉洁承诺。所属企业对廉洁文化建设的认识进一步深化，结合企业文化建设、惩防体系建设，围绕完善管理积极推进廉洁文化建设，通过专题调研、征集理念和宣教活动，促进廉洁文化进班子、进部门、进班组、进岗位、进家庭。全年开展廉洁文化建设教育活动150场次，主要领导讲党课或作反腐倡廉报告35人次，受教育人数达35620人次。

【纪检监察基础工作】 按照公司整体改制要求，在对原有制度进行修订的基础上，制定《中国北车股份有限公司监察工作暂行规定》；根据国资委颁布的《中央企业效能监察暂行办法》，制定《中国北车股份有限公司效能监察暂行办法》，规定监察机构在公司管理部门中的定位和监察工作在总部管理业务中的职责、任务、权限和方式，明确了效能监察的原则、内容和工作程序。编制完成《公文办理》、《案件查办》、《信访处理》等23个内部工作流程，为规范程序、保证质量和提高效率打下良好基础。集团公司拨专款建设惩防体系管理信息化工作平台，制定下发《纪检监察信息管理工作暂行办法》，对所属企业纪检监察信息收集、报送、保证渠道畅通提出要求，明确考核内容，促进纪检监察信息工作规范化。全年编发纪检监察信息42期。参加公司第二次党代会筹备工作，在深入调研征求意见，总结工作，深刻分析面临形势和任务的基础上，起草纪委工作报告。组织全公司纪检监察干部开展专项调研，完成专题调研报告15篇。长客股份公司关于贯彻落实国有企业领导人员廉洁自律七项要求的工作经验被国资委纪委采用。（纪委办公室　供稿）

统战工作

【“爱祖国、献良策、做贡献”主题活动】 2008年，中国北车继续以“爱献做”活动为抓手，认真做好统战工作。规范“爱献做”工作流程，对统战人士提出的意见和建议进行深入的研究和负责任的对待，广大统战人士的积极性得到充分保护。推荐魏亦南、李海滨、王平、张思庆为中央企业党外重点人选。对集团公司所属企业统战代表人士和侨情进行统计。抗震救灾期间对统战人士捐款情况进行分类专项统计，统战人士共捐款307127.7元。

【政协委员推荐】 2008年，在国家和地方人大政协换届过程中，经集团公司党委协调，二七装备公司总工程师李海滨继续当选十一届全国政协委员，南口机械公司总工程师魏亦南当选北京市政协委员。集团公司所属企业共有45名统战代表人士担任人大代表、政协委员或被各级法院、检察院、各民主团体聘请担任特邀职务及基层民主党派副主委以上职务。在中央企业首届优秀海外归国学子评选活动中，大连机辆公司副总工程师张峻巍受到表彰。（刘海奇　供稿）

企业文化建设

【综述】 2008年，适应集团公司整体改制上市对企业文化建设的要求，按照集团公司领导关于企业文化建设要“尊重历史、继承创新”的指示精神，深入推进企业文化建设的各项工作。按照继承性、前瞻性和体现行业特色的原则，调整形成了中国北车企业文化中使命、愿景、核心价值观和团队建设目标等核心理念，在此基础上，提出《中国北车企业文化核心理念使用规范》；面向各个利益相关方，提出中国北车六项承诺；征集并评选出《中国北车之歌》，进一步规范了北车员工誓词，在此基础上，编辑形成了《中国北车企业文化手册—理念文化分册》。启动Ⅵ的调整改进工作，在继承原有标识核心元素的基础上，对中国北车LOGO进行合乎国际化规范的重新设计，并在调研的基础上，对形象系统的基础部分、办公系统应用部分和环境应用部分进行详细的规范，编辑形成了《中国北车企业文化手册—形象文化分册》。颁布《中国北车企业文化管理体系建设方案》和《中国北车企业文化建设三年规划》，并对所属单位企业文化建设第一阶段工作提出了明确要求。经过股份公司上下的共同努力，中国北车企业文化已经得到所属各企业的认可，理念文化初步得到宣贯，形象整改第一阶段目标基本落实，中国北车文化实现初步的统一。

【中国北车企业文化核心理念】 2008年6月4日，经集团公司总经理办公会批准，颁布中国北车企业文化核心理念。包括：中国北车使命：接轨世界，牵引未来；中国北车愿景：成为轨道交通装备行业世界级企业；

中国北车核心价值观：诚信为本，创新为魂，崇尚行动，勇于进取；中国北车团队建设目标：实力、活力、凝聚力。

【中国北车使命】 2008 年 6 月 4 日颁布的中国北车使命：接轨世界，牵引未来。接轨世界——接轨先进理念：学习世界依靠企业的思维方式及文化特色，不断促进思想解放和观念创新，加快北车变革发展。接轨一流科技：瞄准世界一流科技，全面增强自力创新能力，努力开发应用领先技术，创造北车特色的产品和服务。接轨全球市场：融入国际市场，打造国际品牌，在全球范围内寻求合作，为世界提供更多选择。牵引未来——推动社会进步：发展轨道交通，促进世界商旅和物资流通发展；善尽社会责任，做优秀企业公民。牵引行业进步：领先创造先进的管理、科技、文化及全球品牌，带动全行业共同繁荣发展。引领员工进步：秉承员工为本，融个人发展与企业发展于一体，打造业内一流团队，培养业界精英人才。

【中国北车愿景】 2008 年 6 月 4 日颁布的中国北车愿景：成为轨道交通装备行业世界级企业。国际知名品牌：将中国北车打造成为全球闻名、客户信赖、行业尊崇的一流品牌。国际市场地位：到 2020 年成为国际市场主要供应商之一，销售额和市场份额名列前茅。国际市场竞争力：持续增强核心竞争力，在人力资源、自主创新能力和运营效率等方面，具有世界性竞争优势。

【中国北车核心价值观】 2008 年 6 月 4 日颁布的中国北车核心价值观：诚信为本，创新为魂，崇尚行动，勇于进取。诚实守信，是北车生存发展的根本，是全体北车人做人做事的根本准则。变革创新，是引领北车前进的旗帜，是推动北车持续发展的不竭动力。崇尚行动，是北车工作风格的特质，是北车人踏实勤奋的写照。勇于进取，是北车人生生不息的精神境界，是发自生命的奋争和事业激情的体现。

【中国北车团队建设目标】 2008 年 6 月 4 日颁布的中国北车团队建设目标：实力、活力、凝聚力。建设实力团队——打造具有国际视野的管理队伍：管理团队必须具备国际视野和统一意志，弘扬企业家精神，从而带动北车的跨越发展。打造行业顶尖水平的专业领军人物，带动整体成为国际一流的技术人才队伍。打造世界一流水平的蓝领队伍：全力培养一大批“金蓝领”和高级技能人才，带动提升蓝领人才队伍的素质提升与职业水准。建设活力团队——激发热情：激发广大员工的创业激情，塑造活泼向上的团队氛围。人尽其才：将合适的人放在合适的岗位，让每位员工充分施展自己的才干。公正回报：对员工给予公正的评价，基于业绩和能力给予公正回报。建设凝聚力团队——共同的理想：以共同的理想和事业追求凝聚每个事业单元、每位员工，为实现北车的远大目标而团结奋斗。共同的价值观：以价值观统领管理决策、制度设计和工作标准，形成清晰、一致、具有北车特色的价值标准和工作风格。弘扬团队精神：基于整体评价团队，基于团队评价个人，实现整体协同的顺畅高效和最终结果的尽善尽美。

【中国北车企业文化管理体系建设】 2008 年 8 月 15 日，印发《中国北车企业文化管理体系建设方案》。北车企业文化管理体系包括决策层、推进层和实践层三个有机结合的层面。中国北车企业文化建设委员会是北车企业文化建设领导决策的最高机构，由公司核心领导层全体成员组成。组长崔殿国、王立刚，成员奚国华、林万里、赵光兴、孙锴、高志。北车企业文化建设工作小组受建设委员会领导，由公司企业文化部牵头，总部各部室、各事业部负责人联合组成，全面负责北车企业文化建设的统筹推进。实践层是指北车各职能部门、事业部、成员企业及全体员工，具体参与企业文化建设，是北车企业文化建设的主体。

【中国北车企业文化建设工作会议】 2008年8月19日，中国北车企业文化建设工作会议在大连召开。党委副书记林万里作题为《打造优势“牵引”文化，叫响“中国北车”品牌，为实现“三步走”战略目标提供强有力的文化支撑》的工作报告。总裁奚国华宣读关于发布《中国北车企业文化手册》理念文化（MI）分册和形象文化（VI）分册两个通知，董事长崔殿国和党委书记王立刚亲自向所属企业主管领导颁发两个分册，为股份公司企业文化建设提供了统一标准。崔殿国在讲话中就推进北车企业文化建设谈了几点意见：要站在北车整体发展的战略高度来认识和把握企业文化建设工作，要着力打造统一规范的中国北车文化，要全力抓好企业文化理念的落地工作。王立刚主持会议并发表重要讲话，特别强调指出：新的理念文化和形象文化颁布后，立即停止旧标准的使用。所属企业必须从严掌握标准，在理念文化方面，无论是北车还是所属企业旧的理念体系，一律从新标准颁布之日起停止使用；在形象文化方面，北车和所属企业原有的标识及VI体系也应立即停止使用，这是硬性规定。要从紧掌握进度。必须在9月底前完成形象文化基础部分的全部内容，同时应用部分的全部内容也要分别在9月底和年底之前执行到位。

【中国北车企业文化建设规划实施】 2008年8月15日，中国北车股份有限公司党委和公司联合印发了《中国北车企业文化建设三年规划》。北车企业文化建设基本原则：遵循共性，尊重个性；全员参与，领导垂范；齐抓共管，协调推进；闭环管理，持续完善。北车企业文化建设总目标：融铸共同理念，打造发展“核动力”；服务经营管理，促进持续改进；服务团队建设，提升队伍素质。北车企业文化建设主要措施：规范文化体系、健全保障体系、健全培训机制、建设传播体系、强化激励机制、优化制度体系、策划文化仪式、丰富主题活动、固化经验交流、评估建设成效。规划分三个阶段：2008年9月至2009年8月为基础建设、宣贯传播阶段，2009年9月至2010年8月为建章立制，全面推进阶段，2010年9月至1011年8月为良性循环、品牌提升阶段。9月27日，股份公司下发通知，10月组成3个检查组，对所属单位企业文化建设第一阶段工作进行平推式检查，并发布了检查通报。至年末，第一阶段工作基本落实，第二阶段各项工作已全面启动。

（谭晓峰　供稿）

工会工作

【综述】 2008年，集团公司工会组织本着融入中心、服务大局、突出重点、体现特色的总体要求，认真贯彻党的十七大和中华全国总工会十五大精神，按照集团公司工作会议暨一届七次党委扩大会议的部署，适应集团新的体制，融入发展第一要务，认真履行工会职能，全力推进整体改制，全力确保经营目标，全力维护大局稳定，发展协调劳动关系，深化职工民主管理，提高职工队伍素质，健全完善帮困救助机制，提升工会工作水平，在促进企业和职工协调共同发展中作出新的贡献。

【理论学习和宣传教育】 上半年，重点宣传集团公司工作会议暨一届七次党委扩大会议精神；下半年，根据新的效绩目标责任制签订情况，全面开展实现年度经营指标建功立业活动和“降本增效”活动。紧贴企业实际，有针对性地抓好职工思想引导和稳定工作，持续强化标准化意识、规则意识和质量法制意识教育。主动配合党政，做好奥运期间来信来访工作。组织开展学唱中国北车之歌，宣传中国北车使命、愿景、核心价值观活动。

【创争活动】 举办《感动北车》首发式，集团公司党委书记王立刚作重要讲话。该书印刷6.3万册，覆盖全集团60%以上职工，向全总、国资委、铁道部和150家中央企业、18个铁路局进行赠送。央视国际网站选登部分案例。开展“学感动、谈感动、做感动”活动。协助央视拍摄播出《状元360》和《榜样之夜》五一特别节目。召开集团公司创争活动推进小组第一次会议。对17家企业班组创建进行调研。评选表彰一批创争先进集体和个人。全集团有3894个班组参加创建活动，投入创争经费844万元。

【集团公司第二次职代会】 6月20日，在北京圆满召开了集团公司第二次职工代表大会。全集团135名职工代表，除8人因事请假外，其余127名职工代表全部出席大会。大会投票表决通过了《中国北车集团公司整体改制职工安置调整方案》，投票选举产生了中国北车股份公司职工董事和职工监事。

【职工民主管理】 中国北车所属20个企业共召开25次职代会。15个企业审议通过了年度福利费、劳动保护费和业务招待费收支报告。10个企业采用票决制通过17项涉及职工切身利益的重大事项。集团公司党委把职代会评议领导人员工作纳入“四好班子”评比。15家企业通过职代会评议领导人员156名，评议率较上年度明显上升。把职代会作为厂务公开主渠道，探索推行厂务公开管理标准化。贯彻落实《劳动合同法》，7个到期和4个过期企业签订了新一轮集体合同，女职工专项集体合同快速推进。对民主管理基础制度开展研究。

【群众生产活动】 开展创名牌劳动竞赛。全集团共采纳合理化建议6274件，开展技术攻关立项2362项，推广先进操作法238项。3名个人荣获全国五一劳动奖章，3个集体荣获全国工人先锋号。3个集体荣获全国铁路“工人先锋号”，3个集体和19名个人分别荣获火车头奖杯和奖章。推荐7名中央企业劳动模范和4个先进集体。为一批先进集体和个人颁发了北车劳动奖状和奖章。奥运会开幕当晚，对奋战在京津城际奥运服务第一线的唐山客车公司职工进行慰问。针对严峻的安全生产形势，着重狠抓工会系统安全信息反馈和报告机制、职工代表安全巡查机制和工会保安全专项基金“三个机制”的建立与完善。

【生活保障工作】 集团公司工会筹集148万元送温暖专项资金下拨各企业，副总师以上领导深入20个企业30户职工家庭走访慰问。各企业班子成员共慰问职工5000余户。全集团共筹集扶贫帮困资金678万元，其中，帮困救助394万元，救助1.5万人次，595户特困家庭全部得到救助；爱心助学54万元，资助932名困难职工子女，全集团没有发生职工子女因贫辍学现象；医疗救助230万元，资助3234名患重病职工。参与5·12汶川特大地震灾害救助。全集团共捐款1300万元，其中九万名职工个人捐款近1000万元。举办小型多样的文体活动。

【工会自身建设与改革】 3月20~22日，召开集团公司工会二届三次全委（扩大）

会议，期间套开二届三次经审委和女工委会议。集团公司党委书记王立刚参加会议并作重要讲话。为适应整体改制，对13个企业和总部工会进行名称变更。哈尔滨装备公司工会划归齐齐哈尔装备公司领导。大连所公司工会按期换届改选。6个改制分流企业建立工会组织，17个建立职代会制度。6个改制企业工会组织关系移交地方。集团公司工会举办了4个培训班，共培训125人次。19名干部参加全总十五大培训班。各企业共培训专兼职工会干部2822人次。

【女职工工作】 深入推进巾帼建功竞赛和女职工素质提升工程。11个企业签订了女职工专项集体合同，累计覆盖女职工总数超过80%。12个企业为9800名女职工开展妇科病普查，普查率达到56%，普查中新发现的110名患病者及时得到住院治疗。开展姐妹献爱心活动，积极推进“三不让”活动，全集团276名单亲女职工家庭均得到及时帮扶。开展形式多样的女性知识讲座和文体活动。

【工会信息工作】 各企业向集团公司工会上报信息调研711篇（条），采用195篇。共编发《中国北车工会信息》70期。集团公司工会向全国铁路总工会和国资委群工局报送信息调研23篇，被采用14篇，在《中央企业群工通讯》上稿率达到平均每期一篇以上。主要涉及整体改制的民主程序履行情况、北京奥运期间的职工队伍稳定情况、职工安全生产情况等信息。

【工会财务经审工作】 组织完成全集团工会经费收支2007年决算和2008年预算。完成全集团工会资产产权登记。完成所属各企业工会经费独立核算情况调查。加强工会经费审查工作，对7个单位进行了工会经费审计，实现“三年对所属企业全面审计一次”的目标。 （工会办公室 供稿）

共青团工作

【综述】 2008年，集团公司各级团组织以党的十七大和团的十六大精神为指导，以“我与北车同发展”主题实践活动为主线，深入推进“思想筑基、学习成才、创新创效、文明先锋、团建创新”五大行动，各项工作在继承中创新，在创新中发展，呈现出影响广、效率高、成效好的特点，在服务青年成长成才、服务企业生产经营工作中取得了新成绩，展示了新作为。

【学习宣传贯彻团的十六大精神】 集团公司团委按照中央企业团工委的工作安排，经集团公司党委批准，所属企业认真开展团十六大代表候选人和中央企业系统（在京）团代表会议代表的推选工作。以通讯投票的方式选举产生12名代表参加了中央企业系统（在京）团代表会议。在3月14～16日的中央企业系统（在京）团代表会议上，集团公司团委书记魏东当选共青团第十六次全国代表大会代表。团十六大胜利闭幕后，6月25日召开集团公司团的二届四次全委会，对学习贯彻团十六大精神作出具体安排。各级团组织通过专题会议、座谈讨论等形式，迅速学习宣传贯彻团十六大精神。沈车公司、哈尔滨装备公司、南口机械公司等单位团委举办了团干部学习团十六大精神专题培训班，提高了团干部的思想政治素质。

【学习贯彻集团公司第二次党代会精神】 集团公司团委把学习宣传贯彻集团公司第二次党代会精神作为形势任务教育的主要内容，专门下发学习文件，在各级团组织和广大团员青年中迅速掀起学习宣传贯彻集团公司第二次党代会精神的热潮。各级团组织结合企业改革发展实际，通过集中学习、邀请党代表授课等形式，使团员青年统一了思想，振奋了精神。

【青年文化创建活动】 集团公司团委在团员青年中开展学习宣传贯彻企业文化理念活动。所属企业团委积极响应，通过在团的网站、板报橱窗、团讯刊物等媒介宣传介绍中国北车企业文化核心理念。举办征文、演讲、知识竞赛等活动，使团员青年了解中国北车使命、愿景、核心价值观的内涵，增强了团员青年对企业的归属感和自豪感。紧密围绕企业党政中心和青年需求，不断活跃青年文化生活。齐齐哈尔装备公司团委开展“我的行为讲规范”DV作品大赛，尝试青年思想教育的新方法。同车公司团委把满足青年精神文化需求与兴趣爱好相结合，使“炫舞同车”、“舞文弄墨”、QQ群等青年组织成为共青团工作的新阵地。二七装备公司、唐山装备公司、永济电机公司等单位团委充分利用飞信等短信平台，捕捉广大青年关注的问题，及时加以引导，开辟了与青年交流的新途径。

【团的宣传思想工作】 集团公司团委加大在中央企业青年网等媒体上的对外宣传力度，全年上报中央企业团工委信息245篇，继续保持前三名的好成绩，进一步扩大了中国北车及中国北车青年的影响力。集团公司党委副书记、纪委书记林万里对集团共青团信息工作作出“信息工作名列前茅，继续努力!”的批示，使大家备受鼓舞。不断加强各级团组织工作情况交流，完善信息工作考核办法，继续认真办好《中国北车青年工作通讯》，全年编发工作通讯67期。

【第二届中国北车十大杰出青年颁奖仪式】 4月25日，隆重举行第二届中国北车十大杰出青年颁奖仪式，集团公司党政工主要领导出席。集团公司党委书记王立刚发表重要讲话，对活动形式给予充分肯定，对杰出青年典型积极进取、勇于奉献的精神给予高度评价，对广大青年提出了勇做集团公司改革发展时代先锋的希望。所属企业团委也广泛开展青年典型评选活动，并通过报纸、广播、电视、网站等媒体大力宣传先进青年典型事迹，对广大青年成长成才起到了重要的导向和示范作用，进一步调动了团员青年建功立业的积极性和主动性。2008年，集团公司共有15名团员青年获得等省级以上荣誉。

【抗震救灾工作】 四川汶川地区重大地震灾害发生后，集团公司团委迅速下发《关于组织动员团员青年积极投身抗震救灾工作的紧急通知》，各级团组织和广大团员青年积极响应，踊跃参与，在灾区救助和灾后重建等公益活动中发挥了积极作用。通过“缴纳特殊团费”、“奉献一日工资”等形式，捐款88万元。同时，开展“扬起希望——汶川大地震专项救助基金”的募集活动，向中国青少年发展基金会捐款25万余元。地处震区的西安装备公司、兰州装备公司团委组织团员青年沉着应对，积极投身企业灾后恢复生产的工作中，维护抢修设备，确保生产资料安全，为抗震救灾工作作出了贡献。集团公司团委连续刊发8期《中国北车青年工作通讯——抗震救灾专刊》，反映了团员青年抗震救灾的情况并及时在中央企业青年网等媒体上进行宣传报道，展示了中国北车青年战胜灾难的坚定信心和精神风貌。

【服务北京奥运会工作】 经过层层选拔、严格审核，集团公司总部、二七装备公司、南口机械公司的7名员工成为北京奥运驾驶员志愿者。他们严格遵守纪律，热情投入服务，取得“零违章、零事故、零投诉”的好成绩，展示了中国北车良好企业形象和青年的良好风貌，得到中央企业团工委、奥林匹克公园场站的好评，均被授予“中央企业系统北京奥运会金牌驾驶员志愿者”的称号，集团公司获得优秀组织单位称号。南口机械公司团委推荐14名奥运城市志愿者担任岗亭咨询、自行车比赛赛道服务工作，圆满完成服务工作。奥运会期间，集团公司团委开展“迎奥运讲文明树新风”礼仪知识学习竞赛活动，为基层团组织配发了学习资料，普及奥运基本知识和文明礼仪常识，并选派4名青年参加国务院国资委组织的礼仪知识竞赛。所属企业团委开展丰富多彩的迎奥运树新风活动，二七装备公司团委举行“迎百年奥运，树二七新风”毽球等体育比赛，长客股份公司团委举办“加油中国，唱响奥运”首届青年歌手大赛，沈车公司团委举办了“迎奥运、知团情”知识竞赛活动，为奥运会的召开营造了良好氛围。

【青年志愿者工作】 各级团组织主动参与和谐企业、和谐社会建设，广泛开展志愿者活动，以“爱心奉献、礼仪服务、智力咨询”为主要内容，参加扶贫济困、礼仪服务、社会公益等活动。“两节”期间，大连机辆公司、西安装备公司团委配合党政做好“送温暖、献爱心”活动，通过走访慰问患病青工、帮助包保对象等方式开展献爱心活动。沈车公司团委积极向地方团组织争取到1万元青少年重大疾病大额救助金。各级团组织结合企业实际，组织团员青年广泛开展生产突击、环境治理、现场整顿等义务奉献活动，为服务企业生产经营发挥了积极的作用。

【“我与北车同发展”主题实践活动】 集团公司团委组织开展“我与北车同发展”主题实践活动。各级团组织结合企业实际，团结带领广大团员青年在各项工作中解难题、挑重担、争先锋、做贡献。以“学身边劳模，在岗位成才”为活动载体，组织青年学习劳模先进事迹，引导青年学习成才、实践成才、岗位成才。在“保指标，我能行”劳动竞赛活动中，大连机辆公司团委针对时间紧、任务重、指标高的形势，开展“凝心聚力促发展，立足岗位做贡献”实践活动；长客股份公司团委开展“青年文明号促发展”节约示范行动；太原装备公司团委开展“大干三季度、青年勇争先”、“创建降耗提效青年示范岗、创建降耗提效青年示范班组”活动，为企业各项任务的顺利完成作出了贡献。

【青工技能振兴活动】 各级团组织紧紧围绕企业中心工作，把全面提高青工素质作为共青团工作的重要内容，深入推进青工技能振兴计划。通过举办青工质量月、技能竞赛和青年职业生涯导航等活动，为加快培养一批技术技能型、知识技能型、复合技能型青年人才搭建起良好平台。太原装备公司团委开展先进操作法征集活动，将各工种先进作业法收集整理、编成教材后，在青工中进行推广。济南装备公司团委组织团员青年认真学习岗位操作规程，不断增强青工遵守工艺纪律和操作规程的自觉性。

【质量安全大反思大检查活动】 针对铁路“4·28”特别重大事故，集团公司团委按照党委的要求，及时下发开展质量安全大反思大检查活动文件，组织广大团员青年积极参与质量安全大反思、大检查活动。通过开展质量意识、责任意识宣传教育，开展质量安全竞赛、“五小”科技攻关等主题活动，发挥青年在质量、安全工作中的生力军和突击队作用，使活动落到实处，取得实效。同车公司团委在团员青年中开展“强化责任意识，提高产品质量”大讨论活动，使广大团员青年牢固树立起质量第一、质量至上的意识。兰州装备公司团委在团员青年中开展“青年安全示范岗”和“青年质量之星”评比活动，使“青工手中无次品”、“青工质量零缺陷”、“安全在我手中”等成为广大青工追求的目标。

【青年文明号、青年岗位能手评选活动】 开展中国北车青年文明号和青年岗位能手评选活动，授予济南装备公司青年技师徐文凯等5人为“中国北车杰出青年岗位能手”，27人为“中国北车青年岗位能手”。命名天津装备公司精机分厂数控一组等5个青年集体为“中国北车杰出青年文明号”，24个青年集体为“中国北车青年文明号”。继续认定69个青年集体为“中国北车青年文明号”。2008年，经集团公司团委申报，1个青年集体获得全国青年文明号称号，集团公司所属企业全国级青年文明号达到18个。9个青年集体获得中央企业等省级青年文明号称号，7名青年获得中央企业等省级青年岗位能手称号。

【青年技术创新百点计划活动】 各级团组织紧密结合技术引进和自主创新，大力开展青年技术创新活动，引导激励青年在推进企业技术创新中展示才华、发挥作用。抓住企业产品研发、工艺改进、提升管理等方面的重点难点，继续深化青年技术创新百点计划活动。9月初，集团公司团委、科协联合下发文件，开展2007年度青年技术创新百点计划优秀成果评审和2008年青年技术创新百点计划立项申报活动。所属企业上报2007年度青年技术创新百点计划成果项目112项，上报并经审核确定了2008年新立项项目148项。

【青年科技论文征集活动】 6月，集团公司团委会同科协、研究院，启动第七届青年科技论文征集活动。为提高基层青工的学术水平，本届科技论文征集活动继续扩大参与者的范围，将35岁以下的青年技术工人纳入到青年科技论文征集的范围中，提倡青年技术工人与青年科技人员联合撰写论文，进一步调动了基层青工参与企业科技创新的积极性和热情。论文征集活动在集团公司所属企业和青年中得到积极的响应和踊跃的参与。所属企业团委、科协广泛开展论文征集动员活动，共征集近1000篇青年科技论文。经所属企业组织专家初评和筛选，向集团公司团委上报161篇青年科技论文，比去年提高了12个百分点，其中，青年技术工人撰写论文6篇。

【争做最佳青年技术创新团队活动】 集团公司团委为发挥青年技术团队在产品开发、工艺研究、工装设计、生产制造、市场营销、售后服务等方面作用，开展了争做最佳青年技术创新团队活动。所属企业团委按照集团公司团委部署，结合企业实际，积极开展、不断探索，使活动初显成效。齐齐哈尔装备公司团委在青年集体中推广5S管理模式，增强了青年集体的建设水平和整体实力。唐山客车公司、永济电机公司团委围绕新产品研发试制，组建了青年技术服务小队，提升了青年技术人员服务生产一线的综合能力。

【团的二届三次全委(扩大)会议】 集团公司团委3月25～27日在兰州装备公司召开团的二届三次全委（扩大）会议。会议总结了2007年集团公司共青团工作，研究部署了2008年重点工作任务，对3位委员的职务卸免进行确认，通报了团委委员、常委增选情况，所属企业团委交流了工作经验。集团公司党委副书记、纪委书记林万里出席会议并作重要讲话，对共青团工作提了四点要求：以统一思想和明确任务为出发点，深入进行形势任务教育，凝聚青年力量，切实服务于集团公司改革发展稳定的大局；以贯彻落实科学发展观为着力点，全面加强党的十七大精神学习，努力用党的最新理论成果武装青年，指导团的工作实践，使广大团员青年成为科学发展观的拥护者、实践者和推动者；以岗位建功和组织育人为切入点，坚持高标准求实效，广泛开展各种活动，有效服务于企业生产经营中心；以制度建设和作风建设为突破点，坚持党建带团建原则，不断提高团干部工作水平，为推动集团公司团的工作稳步发展夯实基础。林万里副书记还就转变作风，狠抓工作落实要求团干部做到“三要三有”：抓落实要突出重点有方法，抓落实要具体细致有过程，抓落实要持之以恒有结果。

【团的二届四次全委(扩大)会议】 集团公司团委于6月25日召开集团公司团的二届四次全委会，传达、学习、贯彻团十六大精神。集团公司党委副书记、纪委书记林万里出席会议并作重要讲话，代表集团公司党委对上半年集团公司共青团工作给予充分肯定，简要介绍了当前集团公司改革发展面临的形势，就各级团组织和团干部学习贯彻落实好团的十六大精神，做好集团公司共青团工作，提出了希望和要求：要深入学习党的十七大、团的十六大精神，切实加强青年思想政治工作；要广泛开展各种活动，切实加强青年人才队伍建设，使广大青年树立正确的成才观，练就适应企业改革发展的过硬本领，成为企业改革发展的时代尖兵；要坚持党建带团建原则，切实加强团组织自身建设，发挥好团的各项职能。

【党建带团建工作】 集团公司团委对所属企业贯彻落实《关于进一步加强和改进共青团工作的意见》精神情况进行了调研。从调研的总体情况看，各单位党委高度重视团的工作，团的外部工作环境得到进一步优化，团组织活动经费有所改善，团干部政治待遇得到进一步提高。2008年，集团公司6个团组织获得省部级以上荣誉称号。

【团的制度建设】 集团公司团委积极贯彻落实团中央《关于进一步加强团的基层组织制度建设的意见》精神，在调研论证、征求意见的基础上，制定下发了《关于进一步加强集团公司团的制度建设的意见》(以下简称《意见》)。《意见》明确加强团的制度建设的指导思想，阐明了重要意义，提出六个方面的重点内容，并对贯彻落实好《意见》提出要求。《意见》下发后，各级团组织积极响应，大力推动团建创新，突出重点领域，狠抓薄弱环节，有效完善了企业新型基层共青团和青年工作网络。运转有序、管理规范、充满活力的坚强集体正在中国北车逐步形成。

【团员和团干部队伍建设】 年内，集团公司有团员10960名，发展团员62名，超龄退团1092名。有专兼职团干部1362名，其中专职团干部57名，女团干部333名，少数民族团干部28名。加强团干部培训工作。年内，举办各级各类团干部培训班31期，1001人参加了各级各类培训。8月，组织所属企业团委书记在厦门大学进行集中培训，选派部分团委书记参加集团公司组织的新加坡、香港培训考察，通过学习培训，使团干部开阔了视野，提高了综合素质。

(刘海涛　供稿)

科学技术工作者协会

【科协年会】 集团公司科协2008年年会10月28～30日在唐山召开。北车集团公司党委书记王立刚、科协常务副主席傅纯力等领导及有关部门负责人、集团公司所属各企业科协秘书长和科协工作者参加了会议。本次年会的主题是：感受北车技术进步成果；学习贯彻中国科协、国家发改委、科技部、国资委关于在企业深入开展“讲理想、比贡献”活动的精神与有关规定，交流开展“讲、比”活动经验，更好为企业技术进步服务；贯彻学习实践科学发展观，提高认识、统一思想，为开创科协工作新局面、增强企业技术创新能力而努力。会上，集团公司党委书记王立刚作重要讲话，集团公司科协常务副主席傅纯力作题为《持久深入开展“讲理想、比贡献”活动，为增强企业技术创新能力服务》的工作报告，唐山客车公司、齐齐哈尔装备公司、大连机辆公司、西安装备公司等企业的与会代表在年会上发言交流经验。

【“讲理想、比贡献”活动】 中国北车所属企业科协多年坚持组织开展“讲理想、比贡献”活动，努力贯彻“经济建设必须依靠科学技术，科学技术工作必须面向经济建设”的方针，以促进企业技术进步、提高经济效益为目标，组织动员科技人员开展科技立项攻关活动，为技术引进消化吸收和国产化、新产品开发、提高工艺技术水平和产品质量、加强经营管理、增加效益、推动两个文明建设、促进企业发展发挥作用。在中国科协、国家发改委、科技部、国务院国资委联合开展的“2007～2008年度全国‘讲、比’活动评选表彰”工作中，齐齐哈尔装备公司科协获全国“讲理想、比贡献”活动先进集体称号。齐齐哈尔装备公司于连友、唐山客车公司侯志刚、兰州装备公司杜学琨3人获全国“讲理想、比贡献”活动优秀组织者称号。年内，集团公司科协认真学习贯彻胡锦涛总书记在“中国科协成立50周年纪念大会”上的重要讲话，持续深入开展“讲、比”活动，并取得明显成效。

【技术交流和论文征集】 集团公司科协为科技人员参加中国科协、铁道学会等全国性学术交流与论文发布活动创造条件。组织所属企业科协参加“国际重载大会”、“中国科协2008年会”、“中国铁道学会牵引动力委员会”等征文活动。四方所公司、哈尔滨装备公司、济南装备公司、齐齐哈尔装备公司、永济电机公司、大连机辆公司、天津装备公司积极参加，共推荐较高水平的论文19篇。开展多种形式的科技活动，为拓宽科技人员视野，加强学习交流和展示科研成果创造了条件。

【技术服务】 为适应技术引进消化吸收与国产化和集团公司整体改制需要，集团公司科协配合相关部门对齐齐哈尔装备公司、长客股份公司、长客装备公司、同车公司、大连机辆公司、南口机械公司、二七装备公司、济南装备公司、四方所公司、太原装备公司、兰州装备公司、沈车公司、唐山装备公司、天津装备公司、永济电机公司等单位的较大规模技术改造项目的立项、可研报告、初步设计，邀请厂所院校有关专家组织28项次评审论证会。论证项目内容涉及200公里/小时动车组、300公里/小时动车组、大功率交流传动电力机车与内燃机车技术引进消化吸收国产化、工程车制造、资产重组整合、研发基地与工业产业园建设、合资企业建立、动能供应及污水治理等。积极配合股份公司研究院组织科技项目的成果验收和鉴定，参加公司科技成果评审。先后对大连机辆公司、永济电机公司、唐山客车公司、南口机械公司、长客股份公司、哈尔滨装备公司、二七装备公司53项科技成果进行鉴定，按计划对15项科技成果进行了验收。

【青年技术创新百点计划】 集团公司科协会同团委、研究院联合组织2008年度青年科技论文征集活动和青年技术创新百点计划活动，参与评审并与团委联合发文表彰奖励

2007年度获奖青年论文和创新成果，通过《内燃机车》杂志出版2008年度《北车集团优秀青年科技论文》专辑。已连续开展7年的青年科技论文征集活动和青年技术创新百点计划活动，已成为各企业科协工作的重要组成部分，为青年科技人员的科技成果交流、岗位成才发挥了作用。

（科协　供稿）

企业联合会

【调研咨询】　2008年3～5月，企联围绕“一人公司与存续企业的关系”开展专题调研，先后走访了13个企业，针对集团公司改制为股份公司后如何理顺一人公司与存续企业的关系进行调研，分别撰写两份调查报告，提出7条建议。

【会议及培训】　4月14～19日，召开集团公司企联工作会议，所属企业企联主管领导和秘书长共33人参加会议。会议总结企联2007年度工作，布置2008年工作，交流了各企协上年度的工作情况、经验。7月25～27日在齐齐哈尔装备公司举办信息员培训班，所属企业企联通讯员和集团公司企联共25人参加培训。中国铁道报社副总编郭轮华讲授了相关知识。

【论文征集】　为推进集团公司和所属企业体制创新，不断提高企业管理水平，集团公司企联与企管部联合组织开展企业改革与经营管理论文征集活动。至12月底，共收到16个单位论文108篇。　（王文有　供稿）

体育协会

【综述】　2008年，集团公司体协和所属企业体协以体育健身与奥运同行为契机，大力宣传奥运精神、奥运理念。“同一个世界，同一个梦想”，“人文、科技、绿色”成为职工体育工作之纲。“迎奥运、我参与、我奉献”，“更高、更快、更强”成为广大职工的共同心声和自觉行动。职工体育工作主动服务于集团公司改革发展，体育健身活动不断深入开展。

【体育工作会议】　5月8日，集团公司在杭州召开2008年体育工作会议。集团公司工会主席兼体协主席董宇作工作报告，体协常务副主席王玉文、体协副主席曲川、工会副主席兼体协副主席张双成，集团公司所属企业的体协秘书长参加会议。会议总结和部署了年度体育工作，提出以“奥运精神、奥运理念”为主题的体育活动要求，重点安排了集团公司体协相关工作。

【重要活动】　6月17日，在太原装备公司忻州疗养院举行围棋、中国象棋比赛，集团公司本部及所属19个单位均派选手参加比赛，太原装备公司、唐山客车公司、齐齐哈尔装备公司、西安装备公司、长客装备公司、大连机辆公司、济南装备公司、长客股份公司分获团体前八名。8月，东协作区在长客股份公司举办花式台球比赛。10月，西协作区在三亚市召开了有体协主管领导、专职工作人员参加的专业研讨会。

【参与奥运】　在与奥运同行的工作中，长客股份公司屈伟建、大连机辆公司刁培松、同车公司用海军、邢绍军、永济电机公司贾秋君等劳动模范和优秀体育工作者参加了奥运圣火传递。二七装备公司、四方所公司组织多人次参与奥运服务工作，南口机械公司圆满完成奥运会公路自行车和残奥会爱心观众组织工作。集团公司总部派人参加了奥运会交通运输服务工作。

【集团公司体协理事会成员】

名 誉 主 席　王立刚
主　　　席　董　宇
常务副主席　王玉文
副　主　席　曲　川　张双成
秘　书　长　张双成（兼）
副 秘 书 长　姚旅军
常 务 理 事　董　宇　王玉文　曲　川
　　　　　　张双成　姚旅军　马明慧
　　　　　　权　亮

（姚旅军　供稿）

党建思想政治工作研究会

【课题研究】　2007～2008 年度，集团公司政研会确定了 21 项党建思想政治工作研究参考课题，各会员单位根据本单位实际进行立项研讨，共取得研讨成果 22 项。成立专门课题组，对中国北车文化进行研讨，形成《建立统一规范中国北车文化的探索与实践》理论成果，并报国资委政研会，参评中央企业党建思想政治工作研究成果。组织开展纪念改革开放 30 周年征文活动，收到征文 52 篇，评出一等奖 3 篇，二等奖 6 篇，三等奖 9 篇。获奖征文择优发表在《北车求索》第 4 期。党委书记王立刚撰写的题为“打造服务型、引领型机车车辆制造企业”的论文被收录在中国经济出版社出版的《改革开放三十年——中央企业纪念改革开放 30 周年论文集》中。

【《北车求索》】　2008 年共编辑出版《北车求索》4 期，刊发集团公司各单位在思想政治工作、企业管理方面所取得的宝贵经验和理论研究成果、国内思想政治工作动态以及其他单位的成功做法 80 多篇，有效发挥了提高理论水平和解决实际问题的载体作用。

（刘海奇　供稿）

总部党委工作

【综述】　2008 年，在集团公司党委的领导下，总部党委结合实际，紧密围绕集团公司改革发展和生产经营重点工作，深入学习党的十七大精神，全面贯彻落实科学发展观，充分发挥党的思想政治优势、组织优势和密切联系群众的优势，进一步增强总部党组织的凝聚力、号召力和战斗力，为高质量、高效率地完成总部所担负的各项任务提供了坚强的思想保证和组织保证。年末，总部党委有党总支 1 个，党支部 17 个，正式党员 181 名。

【干部理论学习】　组织处以上党员干部学习贯彻《建立健全惩治和预防腐败体系 2008—2012 年工作规划》，通过组织知识答题活动，对党员干部进行反腐倡廉教育。坚持周五学习日活动，组织学习贯彻集团公司年初工作会议及经营工作会议精神，组织学习《政府工作报告》、《新时期领导干部反腐倡廉教程》等专题辅导讲座。组织学习宣传和贯彻中国北车企业文化核心理念活动，就如何做好中国北车企业文化核心理念的学习、宣传和贯彻作出安排，组织全体员工参加贯彻企业文化核心理念知识答题活动。

【组织建设】　7 月 7 日，机关党委更名为总部党委。年内，根据股份公司人员及机构变化情况，调整了支部设置，完成 4 个党支部换届改选及 14 个新成立支部及离退休党总支的选举工作。筹备召开总部党员大会，选举产生 18 名出席集团公司第二次党代会的代表。按照集团公司党委的要求，发出倡议书，号召党员缴纳特殊党费，总部 104 名党员上交特殊党费 75600 元，其中缴纳 1000 元以上党费的党员 48 人，缴纳金额达

53300元。遵循“坚持标准、保证质量、改善结构、慎重发展”的方针，审批预备党员转正1名，发展新党员1名。开展纪念建党87周年活动，“七一”前夕，组织了新党员宣誓仪式。

【党支部建设】 按照集团公司党委的要求，组织各党支部召开民主生活会，结合学习贯彻十七大精神，对民主生活会的内容进行具体安排，总部党委委员分别参加了各党支部的民主生活会。组织各党支部开展“共产党员和中央企业在抗震救灾中的义务和责任”专题组织生活会，组织党员座谈在抗震救灾关键时刻的思想收获和受到的教育，增强为党旗添彩、为国旗增辉以及作为一名共产党员的光荣感和责任感。

【总部工会工作】 股份公司成立后，及时安排调整了工会组织设置，完成17个工会小组组长的选举工作。召开总部工会全委会，选举产生了工会主席、副主席。组织举办了总部2008年春节联欢会；走访慰问困难党员和干部职工46人次；组织147人次的员工生日慰问活动；配合北京2008年奥运会及股份公司挂牌，开展了以“迎奥运、强体魄、展风采、促和谐”为主题的总部全体员工室内运动会，举办有40多人参加的总部员工乒乓球比赛。年末，总部工会有17个工会小组，会员116人。

【公益活动】 响应集团公司党委的号召，组织总部抗震救灾捐款活动，总部155名员工捐款84500元。组织总部奥运驾驶员志愿者参与北京奥运志愿服务工作，确保了奥运驾驶员以良好的精神面貌服务北京奥运会，展示了中国北车良好形象，集团公司获得中央企业系统北京奥运会驾驶员志愿者工作优秀组织单位；魏东获中央企业系统北京奥运会优秀驾驶员志愿者管理人员；戴庆珍获得第29届奥林匹克运动组织委员会、北京奥运志愿者工作协调小组授予的“北京奥运会、残奥会志愿者工作先进个人”光荣称号；刘新华获得国资委授予的中央企业系统北京奥运会金牌驾驶员志愿者标兵称号；戴庆珍、王勇获得国资委授予的中央企业系统北京奥运会金牌驾驶员志愿者称号。

（戴庆珍　供稿）

定点扶贫工作

【综述】 中国北车参加定点扶贫工作后，坚持定点扶贫工作领导负责制，公司扶贫开发领导小组将扶贫开发工作体系建成稳定的实际工作体系；坚持单位领导调研考察制度，公司领导有多人次先后到天水市两县区实地考察、调研；坚持选派干部挂职锻炼制度，共选派8名干部先后到帮扶地区挂职县区副职；坚持为定点扶贫县办实事，六年投入扶贫开发资金达到2000万元，完成大小帮扶项目23个，在整村推进、产业化扶贫、教育科技扶贫和公益性扶贫方面取得一定成绩；坚持定点扶贫工作总结制度，集团公司每年都将扶贫领导小组工作会议的纪要作为文件下发，同时报国扶办和国资委扶贫办，每年都能及时按国扶办的要求及时上报统计资料。2007、2008年，国扶办两次转发了北车集团的扶贫领导小组会议纪要。11月，国资委主办的《国企》发表了《踏踏实实地做好扶贫开发工作》的专访中国北车文章。2008年12月28日，在全国扶贫工作会议上，中国北方机车车辆工业集团公司被评为国家定点扶贫先进集体。

【第八次扶贫开发领导小组会议】 2月3日，中国北车集团公司扶贫开发领导小组召开第八次工作会议。出席会议的有：集团公司扶贫开发工作领导小组组长、集团公司总经理崔殿国，领导小组常务副组长、集团公司副总经理赵光兴，领导小组成员、集团公司工会、办公室、规划发展部、财务部、企业文化部和服务中心负责人也出席了会议。会议听取并讨论了集团公司扶贫开发领导小组办公室负责人的工作汇报和设想。崔殿国总经理作了重要讲话。领导小组成员认真听取了集团公司扶贫办负责人关于2007年工作情况的汇报，对2008年的扶贫开发工作进行了认真的部署。

【扶贫开发资金筹措】 2008年扶贫开发资金筹措任务较好地完成。扶贫开发领导小组要求所属企业2008年继续按照上年企业销售收入的万分之二上交扶贫开发资金。企业上交扶贫开发资金25万元封顶。2007年度经营亏损企业可以暂不上缴。2008年收到的扶贫开发资金达到250多万元，是历年最高的。

【扶贫开发项目】 2008年完成扶贫开发项目6个。在甘谷县的项目：（1）甘谷县新兴镇大坪村水利工程建设项目，总投资60万元。2008年对该村一、二、三级3处提灌进行维修配套，保证了6300亩机灌地的有效灌溉，并在二级灌区新建优质苹果园1000亩。（2）杨家庄中国北车优质苹果基地后续建设项目（主体项目已经于2007年完工并投入使用）2008年后续项目，主要包括：从甘泾公路至杨家村新建通村公路1条1公里；硬化村间巷道6条3100米；在东庄二级提水灌溉区修建长13.5米、宽5米、高8米的涵沟桥北车惠民桥一座。（3）完善茅坪基地建设5万元。总计110万元。在麦积区的项目：（1）吴家崖南山提灌工程。马跑泉镇吴家崖南山苹果基地建设二级提灌工程一座，总投入60万元。（2）高家湾村引水工程。在花牛镇南山高家湾村建设二级提灌工程一座，总投资40万元。（3）帮扶北山中国北车葡萄基地建设10万元。总计110万元。

【抗震救灾特别支出】 5月12日汶川地震发生后，领导小组决定，特批抗震救灾特别资金20万元，派专人在震灾发生后的第四天赶到重灾区，帮助甘谷、麦积各一个村子抢修倒塌的房屋。这是中央企业帮扶天水市受灾人民的第一家。

【主要扶贫活动】 8月，国务院扶贫办在云南省文山州召开全国社会扶贫工作会议。参加会议的主要是各个省、市扶贫办主任和国家有关部委的负责同志。受国务院扶贫办的邀请，中国北车集团公司代表出席了会议并大会发言介绍了经验。8月，国务院扶贫办组织考察组，对中国航天科技集团公司在陕西宝鸡和汉中的扶贫开发项目进行考察，中国北车集团公司、中国石油有限公司等扶贫办主任参加了对若干扶贫开发项目的考察。

在2008年两会期间，全国人大代表、中共天水市委书记张锦辉、副书记马湘贤、副市长彭洪嘉等率市委、市政府代表团到中国北车进行访问。集团公司党委书记王立刚，总经理、集团公司扶贫开发领导小组组长崔殿国，副总经理、集团公司扶贫开发领导小组常务副组长赵光兴，党委副书记、集团公司扶贫开发领导小组副组长林万里等领导同天水市委市政府代表团进行了座谈。

（王　树　供稿）

事业部管理

责任编辑　韩长城

机车与动力事业部

轨道客车事业部

货车车辆事业部

机电产品事业部

工程机械事业部

海外事业部

物流事业部

研究院

机车与动力事业部

【基本情况】 2008年7月7日，根据《关于中国北车股份有限公司总部机构设置的通知》（北车股份人［2008］1号），机车与动力事业部正式成立。机车与动力事业部业务范围包括内燃机车、电力机车、城市轨道车辆、大型养路机械、蓄电池式交流传动工矿电机车、架线式交流传动电机车、柴油机、机车车辆配件的制造以及内燃机车、电力机车、铁路轨道起重机的修理。其实体由大连机辆公司、同车公司、二七装备公司、兰州装备公司组成，兼管太原装备公司、唐山装备公司的机车修理业务。近期主要职责是加强机车业务系统的战略研究，落实效绩指标，管理协调，保证股份公司工作上的连续性。机车与动力事业部建设目标是实现市场、技术、采购、信息化、财务统一运作，不断提升经营的效率和效果，成为真正的运营中心、利润中心。

【生产经营情况】 由于受到国内外市场环境变化的影响，机车与动力事业部各成员企业积极开拓国际、国内市场，深化“四清两降”、提升效益工作，增收节支，生产经营工作成效显著。2008年合计销售收入、利润两项指标均取得良好成绩，全年实现销售收入95.7亿元，实现利润合计3.61亿元。全年完成新造各型电力机车311台，各型内燃机车338台；检修电力机车217台，内燃机车548台。

【市场营销】 努力开拓国内、国际市场。组织所属企业参加铁道部组织的招标采购，并大力承接市场产品，先后签订钢轨打磨列车、自销机车、城市轨道车辆、船用柴油机等项目。积极扩大产品出口，签订刚果内燃机车、印度工矿电机车、缅甸电传动内燃机车、古巴机车、安哥拉机车等出口项目。

【技术引进与产品开发】 成功签订GMC96型钢轨打磨列车技术转让协议，构建轴功率1600千瓦六轴交流传动干线货运电力机车自主技术平台，引进EMD大功率交流传动内燃机车项目，研制金州线不锈钢城轨车辆，设计研发200公里/小时客运交流传动电力机车及HXD2B六轴大功率交流传动货运电力机车等项目。技术引进消化吸收和国产化项目取得显著成果。

【运营管理】 组织协调各成员企业主要产品和重要零部件的市场营销、科研开发及关键零部件的市场采购工作。组织各成员企业按月、按季度召开内部分析会，并在股份公司运营分析会上汇报。

【事业部建设】 根据股份公司对事业部的发展定位，制订事业部内部岗位职责，提高机构设置建议方案并上报股份公司。从基础工作入手进行事业部建设，保证事业部平稳运作，初步建立事业部层面的运营统筹协调机制，发挥事业部管理的最大效能。组织开展专题调研，分别从金融危机及国内外经济形势对业务板块的影响，生产经营形势分析、努力方向、目标与措施，贯彻"三步走"发展战略应采取的主要措施以及资源整合、优化配置、整体运作阶段性目标等几方面进行一系列的专题调研工作。

（曹卫东　供稿）

轨道客车事业部

【基本情况】 根据股份公司《关于中国北车股份有限公司总部机构设置的通知》，轨道客车事业部于2008年7月7日正式成立。轨道客车事业部的业务范围包括客车（动车组、城市轨道车辆、普通客车）制造和修理，下辖长客股份公司、唐山客车公司、长客装备公司、唐山装备公司、北车长客集团公司5个企业，并兼管西安装备公司客车修理和大连机辆公司城轨车辆业务。轨道客车事业部近期主要职责是开展客车业务系统的战略研究、业务整合、管理协调和事业部本部组织机构及财务体系建设，保证股份公司工作上的连续性，避免职责上的缺位。轨道客车事业部建设目标是成为运营中心、利润中心，以营销、技术、采购为重点，消除内部竞争，谋求经济效益。

【生产经营情况】 面对国际金融危机带来的不利影响，轨道客车事业部各成员企业认真分析形势，积极研究对策，奋力开拓市场，精心组织生产，增收节支，提质降耗，生产经营工作取得新成绩：2008 年合计销售收入、利润两项指标均创造历史最好水平，全年实现销售收入 85.4 亿元，实现利润合计 1.48 亿元。全年完成新造客车 1243 辆，其中动车组 264 辆，普通客车 564 辆，城轨车 415 辆；检修客车 1717 辆（含西安装备公司检修客车 396 辆）。

【市场营销】 轨道客车事业部大力开拓国内外市场，签订香港地铁、伊朗客车、朝鲜客车、哈萨克斯坦车转向架等出口项目；实现车轴出口；签订北京地铁 2 号线增购车，重庆单轨增订车，长春轻轨二、三期，深圳地铁 3 号线，天津地铁 1 号线增购车，上海高速磁悬浮车体，西安地铁 2 号线及广州地铁 3 号线等项目；开辟了钢构模板业务；密切跟踪京沪线高速动车组项目。

【技术引进与产品开发】 成功搭建 CRH_3 型、CRH_5 型动车组技术平台，CRH_5 型动车组批量投入运营，CRH_3 型动车组创造了时速 394.3 公里的“中国铁路第一速”。为奥运会提供优质的配套交通运输装备，“北车制造”京津城际高速列车和奥运机场线城轨车引起国内外广泛关注，胡锦涛总书记等党和国家领导人亲身体验，并给予高度评价和充分肯定，中国北车品牌形象进一步提升。重要零部件技术引进消化吸收和国产化项目取得显著成果。技术引进消化吸收再创新战略布局优势初步形成，再创新能力明显提升。

【运营管理】 轨道客车事业部以协调、服务为宗旨，初步建立事业部层面的运营统筹协调机制。组织各成员企业按月和按季度开展运营分析，并在股份公司运营分析会上汇报。积极配合集团公司推进整体改制上市工作，提供与上市有关的客车业务统计数据、合同文本和分析材料。发挥市场营销协调作用，强化与铁道部和城轨用户的车辆采购部门及中国南车股份有限公司市场部门的日常联系，保持信息渠道的畅通。组织开展 2008 年第二次厂修客车投标协调工作。创办内部信息资料——《市场动态》。参与中国北车总部组织的长春高速动车组生产基地建设、唐车高速车配套和高速列车系统集成国家工程实验室建设等项目的投资评审。

【事业部建设】 轨道客车事业部设立初期总计 5 人，下设综合管理部。根据股份公司［2008］71 号文件精神，结合轨道客车事业部的具体情况，增设市场部和财务部，形成长春、北京两地办公的格局，并按照共同建设、精干高效的原则，在原人员基础上从各成员企业新配备相应的专职工作人员 3 人、兼职工作人员 7 人。加强行政办公管理，建立轨道客车事业部 OA 系统，规范收文、发文流程；建立资料、档案管理体系。为北京、长春两个办公场所配备必备的办公设备、设施。按照股份公司体制改革的总体要求，推进轨道客车事业部体制建设。经过访谈和专题调研，拟定《轨道客车事业部筹建工作计划》，形成轨道客车事业部建设的总体思路和轨道客车业务发展的草案。为贯彻落实股份公司提出的事业部市场、技术、采购、信息化、财务统一运作的要求，确保京沪高速动车组研发工作顺利开展，就动车组研发体系整合进行专题研究，形成客车业务研发资源整合的基本思路及分步实施的初步设想。

【北车长客集团公司设立】 经股份公司总裁办公会研究和董事会批准，北车长春轨道客车集团有限责任公司于2008年8月8日在长春办理了工商登记注册。北车长客集团公司为股份公司投资设立的一人公司，注册资本4.8亿元，注册地点在长春市绿园经济开发区，法定代表人为董晓峰。经营范围：铁路客车、动车组、城市轨道车辆及相关部件产品的研发、设计、试验、制造、服务和相关产品销售、技术服务及设备租赁业务；与以上业务相关的实业投资；热力生产及供应；信息咨询服务。（唐凤玲　供稿）

货车车辆事业部

【基本情况】 根据股份公司《关于中国北车股份有限公司总部机构设置的通知》，货车车辆事业部于2008年7月7日成立，主要业务是货车制造、修理、配件及多元经营业务。下辖齐齐哈尔装备公司、哈尔滨装备公司、西安装备公司、济南装备公司、太原装备公司5个企业，兼管未纳入股份公司的沈车公司业务。近期的主要职责是：负责根据股份公司发展战略，研究拟定事业部及成员企业发展战略、战略目标、战略措施及对成员企业的管控模式；负责对成员企业投资计划、经营计划进行审核或参与审核；负责组织落实股份公司对事业部的效绩目标，并与股份公司一起将指标分解、下达到事业部成员企业，协调成员企业经营活动，参与对成员企业领导班子业绩考核、奖惩工作；负责协调事业部主要产品和重要零部件的市场营销，组织协调科研开发及关键零部件的采购；负责建立事业部本级财务核算体系及本部组织机构。

【生产经营情况】 2008年，货车车辆事业部所属各企业共计生产新造铁路货车22607辆，修理货车24497辆，实现主营业务收入131.62亿元，净利润5.8亿元，全面超额完成集团公司下达的经营指标。2008年，铁道部实际安排用于招议标采购货车的购置费103亿元，比上年增加3亿元，增长2.9%。其中，中国北车各货车企业中标总金额48亿元，比上年增加0.2亿元，增长0.3%。铁道部2008年招议标采购货车25000辆，比上年减少258辆，减少1%。其中，中国北车各货车企业共计中标11529辆，比上年减少469辆，减少3.9%，中标数量占铁道部招议标货车总量的46.1%。2008年，中国北车各货车企业向国内企业销售自备货车9316辆，比上年增加2675辆，增幅40.3%。

【新产品开发】 2008年，货车车辆事业部各企业在产品开发方面先后完成不锈钢精细化工品罐车、70吨级苯类罐车和对二甲苯罐车、23吨轴重活动棚专用平车、25吨轴重石灰漏斗车、KM_{70}增设侧开门煤炭漏斗车6种整机产品样车的部级技术审查；完成70吨级煤焦油罐车、食用油罐车、沥青罐车、不锈钢石碴漏斗车、粮食漏斗车，23吨轴重液化气、液氨、低压液化气体罐车3种车型及360吨落下孔车8种整机产品的样机试制；完成30吨轴重和40吨轴重转向架样机试制。研制80吨通用敞车、棚车、80吨载重煤炭漏斗车、石碴漏斗车、30吨轴重专用敞车、关节式集装箱车，95吨不锈钢专用煤车、110 吨级新型货车、370 吨凹底平车、450 吨钳夹车等一批新型货车。

【运营管理】 货车车辆事业部充分利用事业部平台,积极发挥统筹、管控协调的职能作用。全力做好货车的招标组织工作,积极协调各成员企业的市场营销行为,确保股份公司的市场份额。积极做好运营管理工作,组织各成员企业全力落实股份公司的效绩指标,确保股份公司上市需要。加强对各成员企业的质量、安全管控,对出现问题的企业实施监督检查,提出改进意见,并督促其采取措施迅速整改。

【事业部建设】 货车车辆事业部建设目标是成为股份公司的一个运营中心和利润中心;其核心职能是管市场、管技术、管采购,消除内部竞争,谋求经济效益。按照股份公司的指示精神,积极开展事业部建设推进工作。迅速搭建起事业部的组织机构,从成员企业抽调精干人员成立了综合管理部,明确事业部日常工作负责人和综合管理部门负责人,积极做好与股份公司总部和成员企业的业务对接,使事业部的日常管理工作快速步入正轨,为货车车辆事业部组织机构的进一步健全打下良好基础。着手事业部的长远发展规划,从各成员企业抽调管理专家成立货车车辆事业部组建和规划发展研究工作组,制定《货车车辆事业部组建和规划发展研究工作计划》,并按照工作计划,逐步推进事业部的建设工作。 (高文松 供稿)

机电产品事业部

【基本情况】 为适应股份制改革,推进战略目标的实现,中国北车股份公司对组织架构进行调整,7 月 7 日下发《关于中国北车股份有限公司总部机构设置的通知》,成立机电产品事业部。主要职能:负责根据股份公司发展战略,研究拟定事业部及成员企业发展战略、战略目标、战略措施及对成员企业的管控模式,经股份公司批准后组织实施;负责对成员企业投资计划、经营计划进行审核或参与审核、汇总并报股份公司批准;负责组织落实股份公司对事业部的效绩目标,并与股份公司一起将指标分解、下达到事业部成员企业,协调指导成员企业经营活动,参与对成员企业领导班子的业绩考核、奖惩工作;负责协调事业部主要产品和重要零部件的市场营销,组织协调和指导科研开发及关键零部件的采购;负责建立事业部本级财务核算体系及本部组织机构。机电产品事业部下辖永济电机公司、南口机械公司、天津装备公司、大连所公司、四方所公司 5 个单位,主要业务范围是牵引电传动系统集成、工业电传动、新能源、节能环保等市场开拓,以及机车车辆关键配件制造,组织协调和指导市场营销、技术开发以及大宗物资采购,消除内部竞争,谋求高新技术和产业链经济效益。

【生产经营情况】 机电产品事业部克服困难,高质量地完成股份公司下达的全年各项经营指标,其中,永济电机公司、四方所公司因贡献突出受到股份公司表彰。各成员企业合计实现销售收入 40.2 亿元,净利润 2.1 亿元,分别比上年增长 46.5%、76.9%。轨道交通产业蓬勃发展,实现销售收入 22.73 亿元,增长 50.98%。积极开拓路外多元化市场,非轨道交通产品销售收入达 15.73 亿元,增长 56.85%,超过轨道交通产品销售收入的增长率。积极开拓国际市场,国贸产品销售收入实现 1.67 亿元,比上年增长 30%,市场客户达 38 个国家。

【事业部建设】 依据《北车股份公司中长期发展战略纲要》,组织事业部中长期发展战略研讨,8 月 1 日在青岛召开事业部建设和发展研讨会,8月28日在永济召开事业部组织机构构建研讨会。组织并提出事业部“组织架构”、“研发技术整合管理规范”、“市场协调机制及规范”、“主要物资采购及管理规范”等方案。组织开展事业部“2009年经营形势预测与分析”,并提出了预测分析报告。按期完成成员企业月度经营活动分析,提出事业部月度运营分析报告,参与股份公司月度运营分析。协调、指导成员企业轨道交通重要配件的按时供应,参与永济电机公司技贸合作及并购等项目前期调研论证。

(冯　琳　供稿)

工程机械事业部

【基本情况】　根据股份公司《关于中国北车股份有限公司总部机构设置的通知》,2008年7月7日,工程机械事业部正式成立,标志着中国北车工程机械业务板块发展进入新的历史阶段。围绕股份公司确定的“运营中心、利润中心”目标,事业部将以“从铁路进入,向公路延伸,向海洋扩张”为战略指导,以集约化、规模化、专业化经营格局实现为方向,大力开拓铁路工程建设及相关领域市场;引进消化先进技术、优化现有资源整合,搭建高水平的工程机械产品技术平台,迅速组建多个工程机械生产基地,努力使股份公司成为铁路、公路、船运、海工领域工程机械设备的主要供货商。事业部的业务范围是:重点开发新的工程机械产业,管理和协调二七装备公司养路机械、太原装备公司工程车、兰州装备公司工程车、齐齐哈尔装备公司装备起重机等整车业务,负责管理其他企业的工程机械产品;负责新增业务的立项、建设和管理。主要职能:在事业部层面,逐步设立各管理部室及股份公司工程机械装备研发中心;在企业层面,针对不同产品,逐步建立完善生产制造基地。事业部通过对新增业务的企业进行直接管理,通过投资导向、专业整合、资源重组等方式对现有生产基地进行行业疏导、管理,逐步成为具有独立面对市场运作能力、具有市场和技术开发能力的业务利润中心。事业部设立若干职能管理部门。生产制造基地由股份公司下属企业的产品生产制造、研发、市场营销等业务部门组成,由所在企业管理,在制造能力扩充、技术平台发展、市场营销工作等方面接受事业部的协调指导。股份公司工程机械装备研发中心将负责从事工程机械产品平台的搭建,对当前已有的产品进行技术规范、产品系列的整理归类;负责组织外国先进技术引进消化、再创新工作;掌握事业部主要产品的系统集成能力;负责新开发产品的工程化工作等。

【工程机械合作开发】　7月,中国北车股份有限公司与中铁工程设计咨询集团有限公司签署技术合作框架协议,合作成立北京北车中铁轨道交通装备有限公司,并于2008年底基本完成企业注册,中国北车股份有限公司占51%的股份。公司是股份公司控股的二级子公司,归属工程机械事业部业务管理,主要从事股份公司工程机械及相关产品经营销售业务。

【事业部建设】　为掌握股份公司工程机械产品既有情况,探索向其他产品领域不断拓展的可能性,事业部成立后,组织有关人员开展一系列调研工作。7月11日,事业部组织召开股份公司工程机械项目发展座谈会。9月19日,事业部组织召开大型钢结构产品发展座谈会,与会人员围绕强化工程机械产品业务在企业生产经营中的地位,准确把握生产规模和经济效益关系,发挥股份公司整体资源、市场、技术优势,创新管理经营模式等内容进行了深入讨论。10月22日、12月16~17日,事业部分别组织召开2次轨道车、工矿车业务研讨会,促使永济电机公司、兰州装备公司、太原装备公司在统一市场销售行为方面达成一致。2008 年 12 月 30 日,股份公司决定成立工程机械装备研发中心,由工程机械事业部负责筹建,隶属其直接管理。作为股份公司科技创新体系的组成部分,其科研管理体系运行机制和管理程序保持与股份公司科研管理体系运行机制和管理程序一致,科研业务管理由研究院负责。

(陈明谦)

海外事业部

【基本情况】 2008 年 7 月 7 日,海外事业部正式成立,取代原国际业务总部。海外事业部的主要职责是:统筹协调、组织和管理公司海外业务,并依托轨道交通装备国际市场开展自营进出口业务;负责对所属企业效绩目标责任制中的出口指标进行年度考核。

【出口指标完成情况】 2008 年,中国北车全年实现出口成交额 11.09 亿美元,比计划成交额 8.5 亿美元超额完成 30.50%。出口销售收入 20.64 亿元,比计划 12.91 亿元超额完成 59.89%。自主经营出口签约 3.5 亿美元。出口成交内燃机车 80 台、地铁客车、轻轨车和动车组合计 535 辆,客车 234 辆,货车 1993 辆,工程车 1 台以及客车转向架、电机、轮对等配件产品。

【自营进口业务】 2008 年,在完成传统的提速客车配件采购任务的同时,把绝大部分精力放在股份公司所属企业技改项目中进口设备采购业务上,保证技改项目的顺利进行,降低了采购成本,提高了股份公司的经济效益。2008 年共签订进口合同 42 个,合同总金额 3024.6 万美元,主要有南口机械公司、长客股份公司、大连机辆公司、西安装备公司、大连所公司、唐山客车公司等企业进口设备以及阀、牵引变流器、底门等零部件。执行已签约进口设备合同 53 个,已进口报关 74 台设备,均顺利完成交接工作。为了增加收入来源,开展系统外替代进口项目投标业务,参加接触网零部件国际招投标,已中标并签约 2 个合同,合同总金额 238 万美元。

【基础管理工作】 2008 年,根据股份公司海外业务的年度目标,分解落实各主要出口企业的出口任务指标,并纳入效绩目标责任书,同时对任务指标进行动态监控。以消除同业竞争、发挥股份公司整体优势、一致对外为目标,组织、管理和协调股份公司的出口业务。代表股份公司参加商务部和机电商会的出口业务管理协调工作,维护股份公司利益。制作了包含中、英、俄、西四种语言的 2008 版产品宣传光盘,参加德国铁路博览会等铁路专业展览会。做好中国北车的英文网站及中文网站国际贸易栏目维护更新工作。

(杨雄京　供稿)

物流事业部

【基本情况】 2008 年 7 月 7 日,股份公司正式设立物流事业部,取代原物流管理中心。物流事业部的主要职责是围绕“走向社会、走向国际”的目标,以股份公司大宗物资采购为依托,发挥整体优势,积极向外扩张,以现代物流和融资租赁业为突破,创新经营方式,快速提升规模。物流事业部业务范围为大宗物资的采购、仓储和物流配送业务。企业构成为物流公司,并负责管理集团公司的租赁公司业务。

【主要指标完成情况】 2008 年,物流事业部实现销售收入 26.5 亿元,比上年增加 13 亿元,比计划销售收入 16 亿元超额完成 65.6%。全年采购耐候钢板 18.5 万吨,比上年增加 5.42 万吨,增幅 41%;采购乙字钢 3.15 万吨;采购 H 型钢和耐候槽钢 5020 吨;

采购冷弯型钢 5.7 万吨;采购不锈钢板 3.54 万吨;采购轴坯 5.7 万吨,其中货车轴坯 5.3 万吨,机车轴坯 3760 吨。

【物资供应】 为确保股份公司集中管理物资的供应,降低供应过程中综合采购成本,物流事业部及时收集分析各种信息,实施科学采购决策,并同主要钢厂建立长期战略合作关系,增强抗市场风险能力。物流公司与鞍钢、武钢、东北特钢、太钢、包钢、攀钢、汉轧等钢厂和冷弯型钢厂进行沟通与合作,组织乙字钢、H 型钢、轴坯 、耐候板、冷弯型钢、不锈钢等造车专用物资的资源落实与订货组织工作,确保供应及时,争取合理价格,努力降低采购成本。

在物资采购过程中,积极同钢厂协商,争取合理的采购价格。为适应价格变化较快的状况,及时同钢厂洽谈和传递信息,保证采购价格合理。11 月,对与鞍钢已经签订并部分交货的 12000 吨合同,又追加降价 936 元/吨,创造效益 1100 多万元。对于供应过程中出现的供应紧张和多余积压物资,统一进行协调,保证企业生产用料和减少储备资金占用。针对C80 型敞车出现的不锈钢板和冷弯型钢供应紧张状况,统一协调,保证企业生产用料;对出现的多余物资及时调剂。对于供应过程中出现的质量问题,及时解决,避免企业损失。全年共计处理 218 万元的有质量异议的物资,避免了企业损失。配合铁道部和钢厂对大秦公司用C80 型敞车用不锈钢由 TCS345 升级为 T4003 的采购供应工作。继续对同车公司和大连机辆公司新造机车所需钢板进行采购,全年为同车公司采购替代进口的欧洲标准钢板 1 万吨左右,为大连机辆公司采购 7000 吨,同钢厂洽谈多种订货结算方式,节约了财务费用支出。

【物资供应与管理会议】 2008 年 3 月,召开由有关企业物资处长参加的物资研讨会议,对上年物资工作进行总结,对今后物资工作提出建议,并交流了物资管理经验,对提高物资管理水平起到很好效果。4 月,召开有 15 个单位参加的 2007 年度集中管理物资核销及统计工作会议。由于各单位对集团公司集中管理物资工作在认识上的进一步提高,核销工作取得良好效果,并为各单位物资管理工作奠定一定的基础。10 月,组织有关企业物资处长和计划人员参加的用户座谈会,交流沟通集中管理物资的采购及储备数量、交货时间、产品质量、发货运输及使用等各方面情况。 (张艳霞 供稿)

研 究 院

【基本情况】 按照构建适合股份公司发展需要的技术创新体系,最大化发挥技术创新资源作用的原则,股份公司整合集团公司技术创新管理与大连电力牵引研发中心突破和掌握制约股份公司发展的核心、共性和基础性技术的职能,于 2008 年 7 月 7 日正式成立股份公司研究院。研究院的业务范围是技术管理工作,共性、核心、基础性、前瞻性技术研究开发的组织实施,高技术产品的开发经营,下辖大连电力牵引研发中心。研究院的职责包括:负责组织实施股份公司技术创新工作,持续提升股份公司技术创新能力;建立和完善股份公司技术创新体系并保持其高效运作;组织对股份公司发展有重大影响的基础性、共性核心技术研发。研究院由综合部、科技管理部、知识产权部、标准化部和电力牵引研发中心组成。综合部除承担研究院办公室相关职能外,还承担技术创新决策方面的职责和股份公司产学研联盟、博士后工作站、国家级企业技术中心、海外研究机构等建设与归口管理,国家重点实验室联系单位等职责。科技管理部承担股份公司产品技术平台构建、创新体系建设、创新能力建设等方面相关职责。知识产权部负责落实知识产权相关部分职责。标准化部负责标准化相关部分和计量、理化、无损检测的归口管理及相关服务等职责的落实。电力牵引研发中心主要负责股份公司电力牵引核心技术及相关产品的研发。

【主要业务开展情况】 研究院以建设股份公司三级研发体系建设为重点,建设与股份公司总体发展战略相适应的一体化技术创新体系。努力建设股份公司技术创新决策机构,形成股份公司技术创新战略,修改和完善股份公司技术创新制度体系。在消化吸收引进技术的基础上,建设和完善具有国际先进水平的三级产品技术平台。坚持自主研发和引进消化吸收再创新相结合,掌握核心和关键技术,努力培育系统集成供应商。加大相关多元产品技术研发和产品开发力度,研制一批具有市场前景的相关多元产品。利用政府支持等外部资源,加大技术创新投入,加强技术创新管理,做好知识产权和标准化工作,股份公司技术创新能力全面提升。

【"抢点占位"战略实施】 按照国家提升技术创新能力政策导向,积极组织所属企业加强配合,认真落实股份公司国家级创新型试点企业实施方案,争取进入国家和地方技术创新体系,承担国家和地方科研项目,努力完善和大力实施在国家技术创新体系中"抢点占位"战略。7 月,科技部、国资委和全国总工会在北京联合召开创新型企业建设工作会议,共同发布首批"国家创新型企业"名单,长客股份公司、唐山客车公司跻身国家三部委联合命名的首批 91 家"创新型企业"行列,为同行业仅有的两家企业。11 月,国家发改委同意依托长客股份公司联合有关单位共同组建高速列车系统集成国家工程实验室,国家安排投资 1500 万元。年内,积极组织申报"机车电力牵引与控制国家重点实验室"。科技部在唐山客车公司设立国际技术合作基地。电牵研发中心与北京交通大学正式签订产学研战略联盟协议书,形成对股份公司关键技术研发的重要补充。长客股份公司与西南交通大学签署战略合作协议,在国家高速列车自主创新及产业化联合行动计划中进行深度合作。

【一体化技术创新体系构建】 研究院按照一体化、同类资源不重叠、最大化利用外部资源和体系建设要适应股份公司总体战略的原则,以效率和效益为目标,着手构建股份公司一体化的技术创新体系。提出股份公司一体化产品技术研发体系建设总体方案,从承担不同职能的三个层级若干单元,按照股份公司事业部建设的统一部署,分步骤、有重点地进行各级研发机构的建设。研究院着重于落实中国北车技术创新体系的建设和管理职能,落实股份公司重大产品开发的组织协调和行业共性、基础性技术研发职责。事业部产品研发中心着重于落实市场需求的整车及相关系统部件的技术研发和产品开发职责。一般性事业部所属企业着重于落实产品的高质高效低耗实现,对于具有系统或部件制造优势的企业,考虑配置和建设股份公司相应系统或部件的产品研发中心。三个层级不同单元认真统筹内部资源和不同合作方式的外部资源,使其发挥最大效能。与捷克布拉格工业大学就大功率牵引变流技术合作,积极筹备建设北车海外研发中心等工作进行深入探讨。

【产品技术平台搭建】 按照股份公司的总体部署,承担引进消化吸收项目的企业全面深入消化吸收有形与直接技术,并注重无形与间接技术及管理理念与思想的消化吸收。在原有产品平台基础上充分融合和吸收,产品系列化程度进一步加大,产品技术的标准化、信息化、模块化程度进一步加强,企业的设计工艺技术生产和战略管理、项目管理水平全面提升，股份公司主要机车车辆产品具有国际先进水平的产品平台基本形成。

【新产品研发】 中国北车认真分析市场需求，采取政策引导、科技立项支持等方式，组织和引导所属企业在机车、客车、货车、城轨车等产品方面做好自主研发，提升企业竞争力，保证公司生产经营目标的实现。大连机辆公司和谐D3型电力机车在经济性、牵引性能和节能环保等方面都处于世界先进水平，已经成为铁道部订货最多的电力机车；同车公司和谐D2型电力机车与齐齐哈尔装备公司C80型敞车等重载货车，为2008年大秦线创造3.4亿吨世界铁路重载运输奇迹发挥了重要作用。国内首台国产化和谐N3型大功率交流传动内燃机车、自主研制的代表我国交流传动电力机车技术方向的和谐D3B型六轴9600千瓦大功率交流传动电力机车成功下线；装用北车完全自主开发牵引和控制系统的时速200公里客运电力机车实现落车目标。

CRH3、CRH5型高速动车组批量投入运用，长客股份公司CRH5型动车组成功实现长大编组运营，唐山客车公司CRH3型动车组创造时速394.3公里最高速度，为我国形成时速350公里高速铁路技术标准体系提供了重要支撑。完成时速250公里综合检测列车、通信信号检测车、会议车、接触网检测车、数据综合处理车、轨道检测车、信号检测车等一大批新型车辆的开发工作。持续领跑货车技术发展方向，23吨轴重低压液化气罐车、70吨级沥青罐车、载重350吨落下孔车、载重80～100吨的120公里/小时气动自翻车等一大批货车新产品研发成功，相继投入运营。

【核心技术研发】 经过努力，制约集团公司发展的关键和核心技术逐步突破，大连电力牵引研发中心研制的轻轨变流器在长春装车，运行状态稳定。通过完成200公里/小时电力机车网络控制系统研发，掌握了电力机车网络控制技术。通过完成为襄樊钢轨打磨车配套的网络控制系统的研发，掌握了大型养路机械钢轨打磨车网络控制技术，形成电力机车网络控制系统、钢轨打磨车网络控制系统的自主创新能力和相关产品配套能力。通过对外技术合作和自主研发相结合，努力掌握机车牵引变流控制技术。

（侯　波　供稿）

下属企业

责任编辑　李　伟　孙　敬

中国北车齐齐哈尔轨道交通装备有限责任公司
　中国北车集团齐齐哈尔铁路车辆(集团)有限责任公司

中国北车哈尔滨轨道交通装备有限责任公司
　中国北车集团哈尔滨车辆有限责任公司

中国北车集团牡丹江机车车辆厂

中国北车长春轨道客车装备有限责任公司
　中国北车集团长春客车厂

中国北车长春轨道客车股份有限公司

中国北车集团沈阳机车车辆有限责任公司

中国北车大连机车车辆有限公司
　大连大力轨道交通装备有限公司

中国北车唐山轨道客车有限责任公司

中国北车唐山轨道交通装备有限责任公司
　中国北车集团唐山机车车辆厂

中国北车天津机辆轨道交通装备有限责任公司
　中国北车集团天津机车车辆机械厂

中国北车北京二七轨道交通装备有限责任公司
　中国北车集团北京二七机车厂有限责任公司

中国北车北京南口轨道交通机械有限责任公司
　中国北车集团北京南口机车车辆机械厂

中国北车大同电力机车有限责任公司

中国北车太原轨道交通装备有限责任公司
　中国北车集团太原机车车辆厂

中国北车永济新时速电机电器有限责任公司
　中国北车集团永济电机厂

中国北车济南轨道交通装备有限责任公司
　中国北车集团济南机车车辆厂

中国北车西安轨道交通装备有限责任公司
　中国北车集团西安车辆厂

中国北车兰州金牛轨道交通装备有限责任公司
　中国北车集团兰州机车厂

中国北车大连机车研究所有限公司

中国北车青岛四方车辆研究所有限公司

中国北车齐齐哈尔轨道交通装备有限责任公司

董事长、党委书记　魏　岩

总经理　于连友

【企业基本情况】 2008年末，齐齐哈尔装备公司员工总数7623人，其中女员工1273人。固定资产原值13.61亿元，净值6.22亿元。占地面积159.32万平米，其中建筑面积45.63万平米。拥有各类设备3393台（套）。设置28个行政部室、8个生产车间、3个分厂、4个全资子公司、7个控股子公司、1个参股企业。公司紧紧抓住国内外铁路货车市场机遇，加大市场开拓力度，加速技术和管理创新，推进改革调整和战略重组，深入实施挖潜增效，企业经营规模和效益水平再次迈上新台阶，可持续发展能力进一步增强。公司形成了齐齐哈尔、牡丹江、大连、哈尔滨"两省四地"的生产经营格局。全年新造货车13个品种10561辆，修理货车2567辆，造修起重机5台，供外配件57.2万套件。新造货车年产量突破1万辆大关，其中11、12月份日产创出50辆的历史新纪录。全年实现销售收入48.54亿元，净利润2.8亿元，工业增加值劳动生产率117961元/人·年，完成中国北车下达的各项经营指标。公司荣获中国机电商会企业信用AAA级企业、"中央企业思想政治工作先进单位"称号，被评定为国家高新技术企业。

【改革改制】 按照中国北车区域化与专业化相结合的结构调整战略，公司获得大连机辆公司的平车和罐车生产资质，并托管哈尔滨装备公司和哈车公司。进一步深化分配制度改革，完善薪酬体系，实施操作人员和技管人员考工考绩和绩效津贴办法，企业主体员工年人均收入较上年进一步增长。按照中国北车总体改制方案，完成齐齐哈尔装备公司二次增资和部分子公司的股东变更。

【企业管理】 质量管理方面，坚持从严抓质量方针，树立"一次把事情做对"理念。根据铁道部和中国北车总体部署，全面深入开展质量"大反思、大检查"活动，共查摆出思想认识、技术管理、工艺装备、检测器具、"三检制"落实、原材料及配件控制、质量体系运行、人员培训等12个方面500余项问题，其中列入公司整改计划的126个项目全部完成。安全环保方面，发生1起死亡事故、7起轻伤事故，轻伤事故率为0.69‰。全年无重大或大的火灾、设备和交通责任事故发生。推进节能减排工作,万元产值综合能耗同比降低14个百分点,超额完成4%的计划指标。强化财务管理,加强资金、成本、费用控制,加速资金回笼,多渠道筹措资金,财务的管控作用得到有效发挥,保证了生产经营、重点工程建设和基建技改的资金需求。推进成本管理工作,全年降低成本980万元,降低可控费用430万元,主产品工时定额降低6.99%,物资采购资金降低2109万元,全年月均储备资金降低3586万元,活化资金710.9万元。管理创新工程有序实施,完成绩效标准和评价方法培训、内审员培训、6西格玛黑带绿带培训,以及自评报告编写等工作。启动SAP-ERP建设项目,完成现状调研、管理诊断、流程分析、蓝图设计等。实施转K6型转向架精准制造项目,通过了总体方案,并完成相关设备的招标。

【新产品新技术开发】 公司以“持续领跑货车”为目标,进一步巩固提升货车技术、丰富完善货车品种。国内产品项目,完成神华80吨级铝合金漏斗车改进及性能试验;完成70吨级粮食漏斗车、GQ_{70}型罐车、NX_{70}型平车样车试制和试验,完成70吨级不锈钢毒品车、动偏载检衡车工作图设计,丰富了70吨级货车产品系列。技术储备项目,完成30吨轴重漏斗车及配套转向架、155吨和360吨落下孔车样车试制和试验,完成30吨轴重运煤专用敞车、80吨级通用敞车、棚车及跨装式集装箱平车、关节式四单元集装箱平车工作图设计,进一步巩固技术领先优势。国际产品项目,完成哈萨克斯坦敞车、坦赞敞车、澳大利亚MK2型集装箱-矿石共用车、E3XG型集装箱-轨枕共用车、EKZ_{70}型石碴漏斗车、新西兰集装箱车样车试制和试验,并实现小批量生产。尤其是具有世界领先水平的澳大利亚力拓公司35.7吨轴重不锈钢矿石车的大批量出口和澳大利亚FMG公司40吨轴重不锈钢矿石车的研制成功,使公司重载货车技术实现新跨越、跨上新平台。“160~200公里/小时高速货车转向架及其配套系列货车研制”被列为国家科技支撑计划项目;“铁路货车整车疲劳振动试验台建设”被国家认定为企业技术中心创新能力建设项目,获得国家专项资金支持,被列入国家高新技术产业发展计划项目;“铁路大轴重货车转向架研制”项目获铁道部专题立项;“铁路30吨大轴重货车关键技术研究”通过黑龙江省杰出青年科学基金项目评审。上述4个项目累计获得国家及省、部专项科研资金2250万元,公司技术研发实力和水平迈上新台阶。公司被评定为国家高新技术企业,标志着公司由传统制造企业升级为高新技术企业。

【市场营销与售后服务】 深入实施大市场、大营销战略,围绕“货车新造、货车修理、起重机造修、货车配件”四大单元业务,大力拓展国内和海外两个市场,取得了较好的市场营销成果。国内市场营销,紧紧抓住和谐铁路建设机遇,继续实施大客户营销策略,合计签约额41.8亿元。获得国铁货车订单5019辆,市场占有率20.1%,实现20%以上市场占有率目标;获得国内市场车订单3188辆,获得修理货车订单2612辆,获得造修铁路起重机及特种货车订单14辆(台),供外配件50.2万套件。国际市场营销,继续实施积极出口营销策略,实现签约额12.3亿元。继年初与澳大利亚力拓公司签订720辆矿石车合同后,又获得澳大利亚1680辆矿石车、84辆粮食车、150辆集装箱平车订单。1680辆矿石车是迄今我国铁路货车出口的最大单笔订单。出口新西兰100辆集装箱平车,出口沙特60辆石碴漏斗车、30 辆轨枕车，出口哈萨克斯坦 2 辆敞车，公司货车产品首次进入新西兰、沙特、独联体国家；与刚果（布）签订 1 辆载重 80 吨凹底平车合同。继续以顾客为关注点，为确保产品运用安全和为重点用户提供及时、便捷的服务，调整大秦线售后服务组织结构，在湖东车辆段尝试建立铁路货车“4S”店服务模式。采取驻、巡结合的工作方式，构建了覆盖全线的货车运用安全技术保障体系。

【基本建设与技术改造】 公司投资 2.7 亿元的国债项目建设接近尾声，8000 吨模锻机、2500 吨高能螺旋压力机及配套设备投入生产；新产品试验室和车钩综合试验台投入运用；完成起重机改造、铸钢工艺改造和冲压工艺扩能改造等项目。完成 14 项安全环境改进项目，对起重机分厂、新试验室、老闸调器厂、宏兴公司等单位周边环境实施治理及部分道路整修。大连齐车轨道交通装备有限公司经过一年的建设，3 月下旬顺利投入生产。

【企业文化】 开展“我的行为讲规范”主题实践活动。通过宣传教育、自查反思和整改提高 3 个阶段，职工素质进一步提升。贯彻中国北车企业文化工作会议精神，对企业文化进行整合，制定《齐齐哈尔装备公司第一阶段企业文化整合实施计划》和《齐齐哈尔装备公司落实北车Ⅵ安排》。修订《企业文化建设责任制》，并继续纳入公司管理标准。11 月，股份公司企业文化建设检查组对公司落实股份公司企业文化建设第一阶段相关工作情况进行检查，公司的企业文化整合工作获得通报表扬。

【大连齐车轨道交通装备有限责任公司建设】 3 月 10 日，公司注册成立，地址在大连旅顺经济开发区广源街 21 号。3 月 28 日，大连基地项目一期工程历经 11 个月的建设正式投产，首批生产任务为 50 辆坦赞高边敞车的制造。全年新造货车 1317 辆，超计划 317 辆，各交验工序一次交检率指标均为 92% 以上，生产均衡率各月份均为 100%，实现产值 6.51 亿元，上交税金 388 万元，销售收入 4.03 亿元，实现利润 503 万元。完成 83 项管理制度的识别和编制工作，引入“5S”管理，有效提高了现场管理水平。11 月公司顺利通过质量、环境和职业健康安全管理三个体系认证。

【牡丹江配件基地经营发展】 全年实现主营业务销售收入 4.3 亿元，实现利润 304 万元，均超额完成计划指标。新产品开发取得新进展，开发完成的 FD-2 牵引杆、13B 车钩、澳大利亚 MK2 型粮食漏斗车整体上心盘、K6 摇枕加工、18-100 枕架以及 C_{80B} 型敞车冲击座和力拓车心盘座、冲击座均已形成批量生产和加工能力；开发研制了 L_{70} 型粮食车用整体心盘、澳大利亚 FMG 公司矿石车心盘座、FE 型牵引杆等新产品；完成整体铸造牵引梁、载荷谱摇枕及出口俄罗斯、新西兰、澳大利亚、哈萨克斯坦的摇枕、侧架生产试制。

【托管哈尔滨装备公司】 6 月 6 日，集团公司下发《关于委托齐齐哈尔轨道交通装备有限责任公司管理哈尔滨轨道交通装备有限责任公司的通知》，根据区域化和专业化相结合的结构调整战略，为充分利用有关企业生产、经营、研发、市场资源，做强做大优势业务，集团公司决定全权委托齐齐哈尔装备公司对哈尔滨装备公司和哈车公司进行管理，由齐齐哈尔装备公司代集团公司行使出资人权利。具体管理内容为战略规划、投资、技术研发、市场营销管理、效绩目标管理、财务管理、劳资管理和公文管理。2008 年，哈尔滨装备公司全面超额完成中国北车下达的各项经营指标，企业保持稳步发展。

【党群工作】 按照中共中央《关于加强党员经常性教育的意见》等四个长效机制文件要求，公司党委对保持共产党员先进性长效机制的运行情况进行检查和调研。围绕党管干部、党管人才在企业的实现形式，对中层以上经营管理人员以及所属子公司领导班子成员的选聘、任免，后备干部的管理，向控股、参股企业委派或更换股东代表、推荐董事会、监事会成员，中层及以上管理人员的奖惩等六方面的重要干部任免制度执行情况进行自查。开展“双培养、双提升”主题活动，围绕技术创新、工艺改进、产品质量、成本控制、管理创新和改革改制等重点、难点工作，党委确立28个攻关项目，以责任状的方式授予29个基层党组织实施攻关，各基层党组织确立攻关项目418项。全年接收新党员130名，预备党员转正150名。组织全体党员和部分入党积极分子向汶川特大地震灾区共缴纳“特殊党费”448477元。深入学习贯彻中共中央《建立健全惩治和预防腐败体系2008～2012年工作规划》，创新形式，强化教育，组织开展以《廉政中国》、《拒腐防变每月一课》为主要内容的系列警示教育活动，不断增强党员干部廉洁自律意识。公司领导班子成员按照“一把手”负总责，其他成员按职责分工各负其责的要求，分别承担32项党风廉政建设重点工作内容，制定188条对策措施，进一步明确班子成员党风廉政建设责任。将监督制约机制融入企业经营管理，围绕领导班子考核、重要岗位人员管理、招标采购等工作，加强监督约束，完善防范机制，不断加大监督力度。对9起信访举报全部进行初核，发挥纪检监察查办案职能。围绕十七大精神的学习贯彻、文明单位创建、形势任务教育、质量安全意识教育等主线，及时开展思想教育活动，促进公司生产经营工作的有效展开。国资委宣传局对公司精神文明建设工作进行全面细致检查及实地复查考核，破格推荐公司直接参与全国精神文明建设最高荣誉——全国文明单位的评选。各级工会组织以保质量、保成本、保配套、保工期为重点，开展多种形式的攻关竞赛、提合理化建议活动。积极参与关键设备、大宗物资招投标采购的监督工作，全年共参加招投标监督工作16项次。在“创争活动”中，公司共评定出AAA级班组68个，AA级班组83个，A级班组80个。在围绕提高工效和质量、节能利废及保障设备安全等方面，评出具有代表性的成果44项，并举办了职工创新成果展。组织“情系灾区献爱心捐助”活动，先后组织职工为汶川特大地震灾区捐款62.8万元。共青团创新开展了首届“公司十大杰出青年”评选活动。青年工人技术促进会成立电焊工、天车工、数控操作工三个学练基地，吸纳会员70人；成立312人参加的36个青工岗位学练小组，两个学练载体有效促进了青工技能快速进步。青年知识分子联谊会全年完成科技攻关成果56项，征集科技论文86篇，申报百点计划21项，征集合理化建议256项。深化“岗位建功，青年当先”主题实践活动，将“5S”管理模式导入青年集体建设之中，开展了青年集体“5S”建设竞赛活动。

【重要纪事】 1月21日，出口澳大利亚力拓公司720辆矿石车签约仪式在公司举行。1月，《铁路车辆制造企业技术创新体系建设》被评为第十届“国家级企业管理现代化创新成果”。2月15日，首批出口澳大利亚120辆力拓车发运出厂。2月28日，铁道部既有货车120公里/小时完善改造工作会议在公司召开。3月1日，240辆出口澳大利亚力拓矿业集团矿石车在青岛港装船启运。3月12日，公司与大连交通大学共建铁路货车重载快捷工程技术研究院签字仪式在公司举行。3月18日，澳大利亚力拓公司全球总裁斯科特·辛格、力拓公司亚洲区采购总裁查德·布鲁伊特、项目经理罗伯特·徐一行3人到公司进行商务访问。3月，公司职业技术学校晋升为国家高级技工学校。4月2日，D17A型落下孔提速改造车样车通过部级技术审查。4月3日，《科技日报》对公司研发转K2型转向架情况进行专题报道。4月7日，大连齐车轨道公司首辆出口坦赞高边敞车下线。4月，公司档案馆被授予“全国档案工作优秀集体”称号。6月11日，公司被评为国家首批高技能人才培养示范基地。6月17日，美国铁路协会（AAR）授予公司2008年银卡准会员证书，标志着公司成为美国铁道协会会员，公司铁路货车设计和制造水平得到国际铁路行业最高权威机构的认可。6月17日，公司出口澳大利亚的首批MK2型集装箱平车在大连港装船，发往澳大利亚。6月18日，公司在杭州承办铁道部国铁货车用户座谈会。7月10日，公司出口澳大利亚力拓铁矿公司1680辆矿石车签约仪式在大连齐车轨道公司举行。7月，公司“QRRS”及“QRRS+图形”两组商标在澳大利亚成功注册，公司结束了产品无商标的历史。8月18日，中国北车董事长崔殿国、党委书记王立刚、总裁奚国华、党委副书记、纪委书记林万里到大连齐车轨道公司检查指导工作。8月23日，公司生产的出口新西兰100辆集装箱平车发运出厂。9月3日，国资委副主任王瑞祥视察公司。9月17~18日，集团公司存续企业工作会议暨房改物业管理工作座谈会在公司举行。9月18日，公司和哈尔滨装备公司合作研制的出口澳大利亚钢轨轨枕共用车首批15辆车发运出厂。10月30日，公司通过俄罗斯铁路认证中心18-100枕架资质模拟认证。10月，公司研制的360吨落下孔车通过正线动力学试验。11月21日，大连市市长夏德仁到大连齐车轨道公司考察。11月，公司研制的出口澳大利亚40吨轴重矿石车样车及动力学试验大纲通过部级技术审查。11月，公司团委荣获“全国五四红旗团委创建单位”称号。12月，公司通过国家测量管理体系年度评审。12月，公司研制的C70型敞车被列入国家重点新产品计划项目，并获得国家财政拨款补助。12月，公司研制的25吨轴重铝合金运煤敞车通过国际科技合作项目验收。

【企业领导名单】

董 事 长　魏　岩
副董事长　高保江(11月21日离任)
　　　　　于连友(11月21日任)
总 经 理　魏　岩(11月21日免)
　　　　　于连友(11月21日任)
副总经理　于连友(11月21日免)
　　　　　丁作齐　朱立慧　谷春阳
　　　　　李　彦　张玉祥
　　　　　王子长(6月10日任)
　　　　　王　华(6月10日任)
总工程师　于连友(6月10日免)
　　　　　祝　震(6月10日任)
总会计师　董绪章(6月10日任)

党委书记　高保江(11月21日离任)
　　　　　魏　岩(11月21日任)
党委副书记　魏　岩(11月21日免)
　　　　　于连友(11月21日任)
　　　　　周凯明　孙志山
纪委书记　孙志山
工会主席　周凯明

（李　伟　供稿）

中国北车集团齐齐哈尔铁路车辆(集团)有限责任公司

【企业基本情况】 2008年末，齐车公司在岗员工总数1676人。固定资产原值2.2亿元，净值8500万元。拥有各类设备250台(套)。设置28个行政部室、1个生产车间、1个直属单位、7个全资子公司。全年新造货车960辆，修理货车82辆，实现销售收入10.16亿元，净利润-1000万元，工业增加值劳动生产率15260元/人·年。

【改制分流情况】 按照集团公司股改上市和“859”主辅分离改制分流方案，加快推进存续企业改革进程。按照优化、发展、统筹、稳定的原则，整合物业公司、环美公司、房建公司、招待所、车城公寓5家生活后勤单位，成立齐齐哈尔齐车物业有限责任公司，并与顺达公司一道做好改制分流准备工作。为进一步发展壮大改制企业，稳步发展相关多元业务，对齐斯公司、通汇公司、银鹤公司、爱恩公司和职业技术学校专用起重设备厂5家单位实施重组，将后4个公司并入齐斯公司，名称仍为“齐齐哈尔斯潘塞表面处理设备有限公司”。完成三益公司、齐兴公司、金缘公司和北车研发中心的股东变更及齐车公司的企业性质、法定代表人、注册实收资本和经营范围等变更工作。全年完成热处理总工时53934小时、铸铁件3403.9吨、球铁件2282.3吨、铸铜件55.5吨、铸铝件9.4吨。

【企业领导名单】

(1~7月)

董事长　魏　岩

副董事长　高保江

总经理　魏　岩

副总经理　于连友　丁作齐　朱立慧

谷春阳　李　彦　张玉祥

总工程师　于连友

(7月24日后)

执行董事、总经理　朱立慧

执行监事　孙志山

(李　伟　供稿)

中国北车哈尔滨轨道交通装备有限责任公司

董事长、总经理　张景伟

党委书记　张秀臣

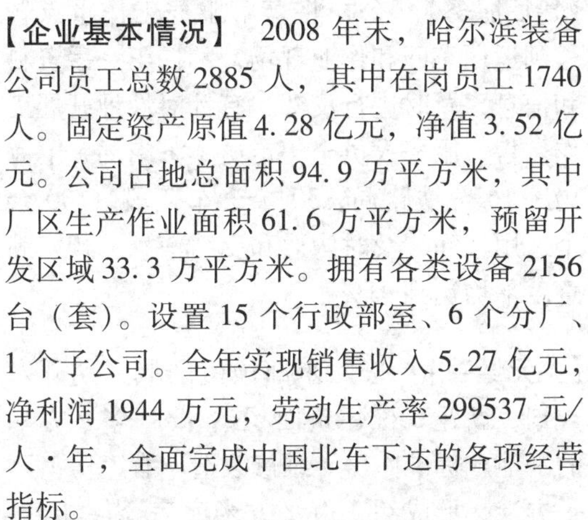

【企业基本情况】 2008年末，哈尔滨装备公司员工总数2885人，其中在岗员工1740人。固定资产原值4.28亿元，净值3.52亿元。公司占地总面积94.9万平方米，其中厂区生产作业面积61.6万平方米，预留开发区域33.3万平方米。拥有各类设备2156台（套）。设置15个行政部室、6个分厂、1个子公司。全年实现销售收入5.27亿元，净利润1944万元，劳动生产率299537元/人·年，全面完成中国北车下达的各项经营指标。

【改革改制】 2008年，公司进一步推进人事制度改革，优化人力资源结构，减少管理辅助岗位，组织人员分流安置。深化分配制度改革，完成岗位绩效工资的调整工作。按照中国北车整体上市要求和《关于委托齐齐哈尔轨道交通装备有限责任公司管理哈尔滨轨道交通装备有限责任公司的通知》，公司由齐齐哈尔装备公司比照三级企业进行管理，隶属中国北车股份有限公司，同时实施产权划转及资本结构的调整。年内，公司完成土地转换，即由划拨土地变更为授权经营。公司推进股改工作，及时办结新厂建筑工程项目备案证、土地证、产权证，完成企业出资人验资和工商登记变更手续等工作。

【企业管理】 加强企业战略研究，编制完成《2009～2011年三年滚动发展规划》。开展系统管理诊断和方针目标诊断。加强计划管理，试行《计划任务书》，改进了项目管理方式。推进财务会计基础工作规范达标，进一步完善财务基础管理制度。加强资金管理，积极回收货款，合理调度资金，使用效率得到提高。强化成本费用管理，实施新产品成本动态跟踪和写实分析，开发实施期间费用、大修、基建、更改费用刷卡管理软件，管理费用得到有效控制。严格《购销管理办法》，降低采购成本398万元。加强工程预决算审计，审减金额110万元。建立“三费”收缴包保机制，费用收缴总额368万元。深入开展全员性增收节支活动，仅第四季度就累计实现增收节支1160万元。加强质量管理，深入开展质量安全“大反思、大检查”和“三查三对”活动，强化关键工序质量控制。加强安全管理，完善安全规章制度，编制安全应急处置方案，建立健全应急救援管理体系，组织安全隐患排查整治和“整治隐患，杜绝违章”专项行动，开展“安全培训月”活动，强化现场安全监察，有效控制了各类事故的发生，实现连续安全生产1461天。加强物资管理，对在产品库存物资配件进行全面盘点清理。加强节能减排工作，加大资金投入，完成制造分厂厂房照明改造，40吨锅炉除尘改造进入实施阶段。

【生产发展情况】 公司克服检修车产量高、车型杂、程度大，新造车品种多、标准高、工期紧等诸多因素的影响，公司上下积极应对，以生产系统为主体，加强组织协调，全力配合，全年完成检修和改造车5629辆，新造车17个品种622辆，修造路内外市场车比上年增加592辆，同比增长10.5%。公司抓住铁道部破损车专项整治的有利时机，以平均日产30辆为目标，及时调整生产组织方式，整合修造车资源，采取一系列相应的激励和保证措施，创造月检修车790辆纪录，全面完成股份公司下达的效绩考核指标。

【新产品新技术开发】 公司扩大修造车品种，先后完成230吨、450吨平车、20吨自翻车设计和G_{18}型罐车、KF_{60Q}型自翻车提速改造等产品设计，完成L_{70}型粮食漏斗车、C_{70}型敞车、KM_{70}型煤炭漏斗车、E3XG型轨枕车4种新产品的图纸转化和样车试制。其中，厂修L_{17}型粮食漏斗车、G_{18}型罐车改造和新造KM_{70}型煤炭漏斗车样车通过部级生产质量资质认证，C_{70}型敞车通过专家组部级技术评审，全年新增修造车品种达十种之多，为公司改善产品结构，拓展修造车市场创造了条件。

【市场营销】 公司继续坚持以市场为导向，加强营销队伍建设，完善市场营销机制，强化营销人员业务培训，划分重点营销区域，落实目标责任，市场开发实现新突破。紧抓路内车辆市场，全年累计获得检修车和完善改造、破损车整治6777辆；新造X_{6K}型集装箱平车200辆。以新型80吨自翻车和60吨大容积自翻车产品推介为重点，充分发挥特种车研制优势，大力拓展路外车辆市场，全年累计承揽新造路外车辆产品438辆，改造G_{18}型罐车和KF_{60Q}型自翻车138辆，承揽路外产品合同额达1.08亿元。开拓国际市场，与多家外贸公司建立关系，参与孟加拉国集装箱平车项目投标，在国际市场开发上取得进展。

【售后服务】 公司将售后服务工作重点转移到运用车间和作业现场，掌握第一手资料和信息，及时进行反馈，有针对性地开展工作。售后服务人员全年走访了济南局、上海局等16个铁路局，30余个车辆段，100余个运用车间，及时沟通和反馈信息，顾客满意度平均达到91%。

【多元经营】 按照东部预留区域二期开发规划，新建6栋建筑面积达8300多平方米的平地式标准库房。维修改造原有库房1万平方米，形成约3万平方米库房仓储能力，区域仓储能力得到很大提升，库房租赁率达到85%。预留区域全年给公司上缴资产经营费用215万元。

【基本建设与技术改造】 公司加大新造车技术投入，加快技术改造和工艺基础建设步伐。实施新造车技术改造方案，完成粮食车淋雨试验等基础建设，增加适应新造车生产的工艺装备。实施检修车配件分流和转K2型转向架批量检修工艺改造，完成交验厂房标准道改造等工艺项目。按照铁道部“新制规”要求，制动阀类检修工艺调整和检测手段升级工作全部完成。推进信息化建设，远程访问等信息系统不断完善，广域数据专线和视频会议系统已经完成。

【110周年厂庆】 6月10日，公司隆重召开110华诞庆祝大会，哈尔滨市副市长丛国章、市人大常委会副主任、市总工会主席石磊、黑龙江省工商局局长孟祥君等省市区领导和集团公司总经济师刘克鲜等领导以及兄弟单位领导、公司离退休老干部等出席大会，黑龙江省省长栗战书给公司发来贺信。《哈尔滨日报》开辟了“老哈车，新轨道”专栏，在全市引起较大反响；哈尔滨电视台、《生活报》、《新晚报》先后对公司开展的系列活动给予专题播报；《中国北车报道》开辟4个专栏对公司进行宣传。公司开展厂史厂情知识竞赛、员工摄影书画展、员工环厂接力赛等一系列特色活动。公司建设了厂史馆；出版了《厂志》、《感动》、《百年沧桑》等书画及纪念邮册。

【党群工作】 公司党委按照“政治素质好、经营业绩好、团结协作好、作风形象好”的“四好”目标，加强领导班子建设，增强领导班子的政治意识、大局意识、责任意识和忧患意识，提高领导干部综合素质；围绕公司方针目标，以“我是排头兵”主题实践活动为载体，开展形式多样的党内活动。开展形势任务教育和宣传思想工作，增强企业向心力和凝聚力，调动广大员工生产工作积极性。深化党风建设和反腐倡廉工作，推动企业健康协调发展，加强企业文化和精神文明建设，努力构建和谐企业，以建厂110周年为契机，开展丰富多彩的文化活动。工会组织开展岗位练兵、技术比武、“安康杯”竞赛、“创建学习型班组、争做知识型员工”竞赛、“五好班组”竞赛活动。开展帮困救助和“送温暖”、为一线员工送清凉、为一线加班员工送食品、为中秋节在外工作人员送月饼和大学生联谊等活动。共青团组织以服务生产经营、服务青年成长成才为主线，围绕生产经营组织团员青年学理论、学技术，开展“五小”科技成果征集、“青年安全生产示范岗”、第三届“十佳青年”评选，为地震灾区献爱心捐款以及青年志愿者义务献血等活动，发挥了生力军和突击队作用。

【重要纪事】 1月25日，公司召开第一届三次职工代表大会。2月，公司与本溪钢铁公司签订44辆C64型敞车和15辆大容积自翻车订单，销售额总计约2000万元。2月，公司DA21型、DA25型凹底平车获得集团公司科技成果一等奖，并获黑龙江省机械工业科学技术二等奖。6月10日，集团公司副总经理孙锴到公司宣布关于委托齐齐哈尔装备公司管理哈尔滨装备公司的通知。9月21日，公司完成与齐齐哈尔装备公司首次合作生产出口澳大利亚的E3XG型轨枕集装箱共用车。10月28日，铁道部运输局副局长、装备部主任杨绍清等一行到公司检查工作。11月13日，省文明办检查组在省委宣传部副部长、省文明办主任陈永芳的率领下，对公司开展文明单位创建活动进行检查。11月25日，集团公司、股份公司党委书记王立刚到公司检查工作。12月21日，由齐齐哈尔装备公司主办、公司承办的铁道学会特种货车技术发展与需求研讨会在哈举行。

【企业领导名单】

董事长 房志坚(6月10日免)
张景伟(6月10日任)
副董事长 张秀臣
总经理 房志坚(6月10日免)
张景伟(6月10日任)
副总经理 范广吉
张景伟(6月10日免)
朱路德　张焕维

黄玉山(7月15日任)
总工程师　阴　雷
总会计师　高崇生

党委书记　张秀臣
党委副书记　房志坚(兼,6月10日免)
张景伟(兼,6月10日任)
刘松滨
纪委书记　刘松滨
工会主席　刘松滨

（贾传玉　供稿）

中国北车集团哈尔滨车辆有限责任公司

【企业基本情况】 2008年末，哈车公司员工总数110人，其中在岗员工110人。固定资产原值2929万元，净值1414万元。哈车公司没有设立组织机构，所有的业务统一由哈尔滨装备公司代管。下设哈尔滨双通铸锻有限责任公司（简称双通公司）和哈车劳动服务公司两个子公司。

【经营管理情况】 双通公司是具有独立法人营业执照的企业，执行哈尔滨装备公司制定的资产经营责任制。双通公司全年生产铸件1280吨、锻件698吨；生产机加、冲压焊接类及工具类产品75万余件；大修设备24台，实现销售收入3083万元，实现利润1.2万元

【改制分流情况】 按照中国北车转发国务院国资委《关于中国北方机车车辆工业集团公司第四批主辅分离辅业改制分流安置富余人员实施方案的批复》精神，《哈尔滨双通铸锻有限责任公司改制分流方案》得到正式批复，文件要求公司在2009年上半年完成改制。公司正在制定改制计划，待时机成熟后上报。厂办大集体哈尔滨哈车劳服有限责任公司，带资分流问题给企业带来较大负担，公司已向哈尔滨市政府提出改制申请，并积极与市政府沟通，力求寻找更好的解决方案。

【企业领导名单】

(1~7月)
董　事　长　房志坚
副董事长　张秀臣
总　经　理　房志坚
副总经理　范广吉　张景伟　朱路德
张焕维
总工程师　阴　雷
总会计师　高崇生

(7月24日后)
执行董事、总经理　范广吉

（贾传玉　供稿）

中国北车集团牡丹江机车车辆厂

厂长　闫玉贵

党委书记　姜海洋

【企业基本情况】 2008年末，牡丹江厂在岗职工100人。工厂设综合管理部、人事财务部、党群工作部3个职能部门。年内，经与牡丹江市有关部门反复协商，社会化职能移交地方工作取得新进展，由工厂承担的“二网”维护初步达成移交协议。进一步修订各项管理制度。制定《临时加班工作暂行规定》和《物质采购相关业务及资产管理中费用支出的有关规定》，为加强存续期间各项管理工作提供制度保证。强化基础管理工作，从严劳动纪律，重点加强工作计划性管理和各项费用支出管理，确保年度重点工作的完成。

【债权债务及长期投资清理】 根据集团公司要求，工厂在对三新钢结构公司股权转让进行细致准备工作的基础上，于11月12日在天津产权交易中心完成所持股权的挂牌交易程序，签署了转让合同，完成所持三新钢结构公司股权退出工作。成立企业清算领导小组和工作小组，研究制定工作计划和进度安排，对独资的工贸公司、建筑工程公司、圣格饭盒厂及参控股的远通公司、铁运公司、三新建材公司进行调研，上述公司清算或破产工作按照相关步骤向前推进。

【资产管理与处置】 为解决贷款问题，工厂在工商银行抵押了185项设备，净值6500余万元，并欠本息合计3600余万元，其中大部分设备现由金缘公司使用。为妥善解决这一历史遗留问题，5月12日，牡丹江华信拍卖有限公司依法对抵押设备进行拍卖，金缘公司竞得，顺利完成抵押设备依法回购工作。按照上市公司占用土地及房屋资产产权必须明晰的原则，积极推进与金缘公司占用土地及房产的受让工作。经多方协商，牡丹江市政府决定，返还政府收益部分出让金，减免相关税费，用于安置改制企业职工，形成的会议纪要下发相关执行部门，各项手续正在办理中。出台单元套房、非单元套房及平房出售方案，完成144户平房、8户楼房的公房出售工作。

【赖氨酸项目善后处理】 根据赖氨酸项目资产处置进程，集团公司通过黑龙江省高级人民法院申请查封评估的绿津公司资产

(动产)及牡丹江工商银行申请查封评估的资产(不动产)因无人竞买而流拍,分别于4月24日、5月16日由集团公司以流拍价接收。对于集团公司已接受的赖氨酸项目资产,工厂积极协助进行处置,并有了处置意向。为确保赖氨酸项目资产的安全与完整,绿津公司坚持资产定期巡检制度,完善落实由工厂保卫干部、保卫部专职人员及专职保安人员"三位一体"的工作联防体系,做到分工明确,职责任务明晰,保证资产完整。

【党群工作】 工厂组织开展学习实践科学发展观主题实践活动,加强党员和党组织先进性建设。通过开展"创优争先"活动,形成"一个支部一面旗帜,一名党员一盏明灯"的良好局面。全年有4名预备党员转正,12人加入党组织。深化党风廉政教育,深化廉洁自律工作,制定并组织学习《廉洁自律若干规定(试行)》等有关规定,工厂纪委定期对落实廉洁从业规定的落实情况进行监督检查,组织中层以上领导人员集中报告个人重大事项工作,杜绝违纪现象的发生。开展汶川大地震抗震救灾捐款活动,共捐款106607元。全厂共产党员以缴纳特殊党费的形式向灾区人民捐款,共缴纳特殊党费27032元。

发挥团组织和其他群众组织的作用。工厂团组织本着服务企业、服务青年的宗旨,以提高团员青年综合素质为着眼点,扎实推进青年"思想筑基、文明先锋、学习成才、创新创效、团建创新"五大行动。工厂工会围绕推进改革重组、加快资产处置、维护企业稳定、服务参股公司等中心工作,结合工会工作的特点开展各项工作。"两节"期间将走访慰问对象定位在待岗、内退、单亲、大病、长病长伤困难职工和困难劳模职工上,"两节"送温暖和全年帮困救助人数696人。开展"金秋助学"活动,共有8名职工的子女享受助学帮扶,计16000元。推进女职工权益保护工作,继续组织开展"团体女性安康保险"工作,全厂共有267名女职工参加保险。

【稳定工作】 巩固和落实稳定工作责任制,从各层面加强措施落实。组建工作小组,制定实施《信访工作制度》《预防和处置突发性群体上访事件预案》,有效阻止集体进京上访事件的发生。把稳定工作融入日常管理的各个环节,对来访人员分类别由各职能部门负责政策解释和解决问题,强调服务意识,以良好的态度和工作作风理顺、化解来访人员情绪,妥善解决问题。年内,共接待来信来访32件,召开对话会和座谈会7次,阻止闹访5次,没有发生大规模群访事件。

【重要纪事】 1月24日,集团公司总经济师刘克鲜到工厂参加厂领导班子民主生活会并走访慰问困难职工。3月5日,工厂召开十五届三次职代会,签订《集体合同》和《女职工权益保护专项集体合同》。5月12日,牡丹江华信拍卖有限公司对工厂在工商银行抵押的185项设备进行依法拍卖,金缘公司竞得,顺利完成抵押设备依法回购工作。9月19日,工厂召开党员代表会议,选举产生出席集团公司第二次党员代表大会代表。

【企业领导名单】

厂　　长　闫玉贵

副厂长兼总会计师　高福全(11月20日免)

党委书记　姜海洋

党委副书记、纪委书记　董公民

工会主席　董公民

(综合管理部　供稿)

中国北车长春轨道客车装备有限责任公司

董事长、总经理　娄彦君

党委书记　翁之罘

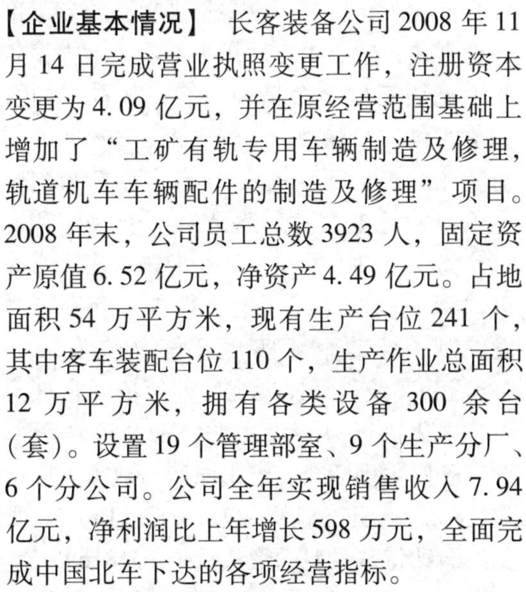

【企业基本情况】 长客装备公司2008年11月14日完成营业执照变更工作，注册资本变更为4.09亿元，并在原经营范围基础上增加了“工矿有轨专用车辆制造及修理，轨道机车车辆配件的制造及修理”项目。2008年末，公司员工总数3923人，固定资产原值6.52亿元，净资产4.49亿元。占地面积54万平方米，现有生产台位241个，其中客车装配台位110个，生产作业总面积12万平方米，拥有各类设备300余台（套）。设置19个管理部室、9个生产分厂、6个分公司。公司全年实现销售收入7.94亿元，净利润比上年增长598万元，全面完成中国北车下达的各项经营指标。

【改革改制】 按照股份公司整体改制上市要求，配合中介机构完成基准日调整后的土地、资产、经营评估和财务审计以及房屋、土地证等产权变更工作。规范公司的业务主体、组织结构、管理层次的权责，制定法人治理层面和内部基本制度层面一系列制度，建立公司化的管理体制和运行机制。

【企业管理】 推行精细化管理，强化公司制度体系和监督考核体系建设，制定、修订195项制度，调整和理顺各项管理流程。以效绩考评为载体，加强生产经营管理，确保各项经营指标的完成。建立公司副总师级以上领导干部重点工作月度考核机制，领导干部与生产单位建立联系点，管理工作沉到基层。在生产管理上重点抓好生产过程的精细化，科学组织生产，严格计划性。强化成本管理，建立销售收入初步预算和成本控制预算管理机制，落实成本管理责任制，产品成本指标得到有效控制。构建适合公司长远发展的管控模式，转变管控思路，调整组织结构，成立产品规划部、特种车车间、企业文化部、信访办公室、CRH5项目组、摆式列车项目组，撤销生活公司、广州办事处和宽城分公司铸造分厂，理顺价格管理、外事管理等管理职能。推进质量管理，细化质量标准体系，产品质量得到提升。完善原材料和配套配件检验报告、资质许可、能力审核工作程序，对供应商从生产到销售进行全面质量跟踪和监督，产品质量得到有效控制。大力开展管理创新、合理化建议活动，年内，管理创新立项25项，征集合理化建议297项。加快车辆轴扩能工程建设，7900平方米新厂房主体基建完工，内部水暖、电气及设备基础施工全面展开。锻造整合稳步实施，完成厂房新建，并实现暖封闭。弹簧项目的厂房改造、工艺调整、设备安装调试按计划完成，具备了试生产能力。

（梁　峰）

【生产发展情况】 公司客车修理系统针对多品种、小批量，生产周期短、技术要求高的生产特点，强化生产组织，严肃生产计划，全面完成年度生产任务。全年检修客车28个品种763辆，实现销售收入4.53亿元。车辆配件系统克服原材料涨价和国际金融危机带来的不利影响，采取措施，巩固稳定国内市场，全年生产车辆轴34994根、制动缸17601套/件、钩尾框10013件、轮对检修3139对，其他配件生产也有一定发展，共实现销售收入2.5亿元。配套服务系统利用加工强势和地域优势，围绕长客股份公司动车组和城轨车两大市场，提供配套配件加工和汽车运输服务，实现销售收入5600万元。

【新产品开发】 公司以构建系列化、多样化和梯次化的产品格局为目标，大力开发高档车、动车组和城轨车检修技术。掌握25C型不锈钢车A4修的结构特点和技术难点，完成25T型车A4修的技术研发和工艺储备，制定25T型车A4修技术标准。密切跟踪CRH5型动车组三级修项目。长春轻轨大修、天津轻轨转向架检修项目顺利实施，为后续批量检修提供了技术支撑。高速车国产化制动缸配件和新造货车轮对的开发工作取得进展，按照印度标准完成了印度车辆轴生产工艺的研发。

【市场营销】 在国内铁路客车市场上，全年签订562辆厂修客车合同。在地方铁路市场上共承揽车辆111辆，实现销售收入8500多万元。在城轨车和邮政车市场上取得突破，完成1列长春轻轨整车架修；承揽10组天津轻轨转向架架修项目，与上海、武汉、长春等地邮区中心局签订总额266万元的邮政车检修合同。在国际市场上，伊朗地铁、伊朗国铁的车辆配件出口项目取得成效，车辆轴出口创历史新纪录，共出口创汇6250万元。

【党群工作】 公司党委围绕企业中心任务，以确保完成各项工作和维护企业稳定大局为目标，深入开展党建宣传思想工作，加强领导干部队伍建设，深入开展党风廉政建设和反腐倡廉工作。公司党委重视提高领导干部理论素质，中心组先后组织学习十七大报告和十七届三中全会精神，集中观看《树立和落实科学发展观》、《转变经济发展方式与企业产权制度改革》、《自主创新与国际竞争力》等电教片，邀请省、市领导和专家，为中层以上领导干部作专题讲座。党委以“深入贯彻党的十七大精神，落实科学发展观，推动企业实现又好又快发展”、“学习和实践科学发展观，如何增强责任意识，强化执行力”为主题，召开公司级领导班子民主生活会。组织向四川地震灾区捐款，6343名员工捐款317313元，1505名党员以缴纳特殊党费的形式，捐款181695元。制定《2008～2009年“四好”领导班子创建活动实施规划》，修订、完善《副总师以上领导考核办法》、《中层领导干部经营工作目标考核实施细则》等规章制度4项，对26个基层领导班子进行考核，调整中层领导干部20名。制定中层后备干部管理办法，举办公司第一期中层后备干部综合管理培训班，建立中层后备干部管理考核档案。

开展“创新管理，提高效益”主题立功竞赛活动，确定攻关项目60项。开展“学党章、增党性、做表率”和“两整顿，两提高”、“质量与生存”专题教育活动。举办第二次“5S”现场管理活动图片巡回展、“大反思、大检查”及“质量与生存”专题教育图片巡回展活动。加强宣传思想政治和企业文化建设工作，下发《关于贯彻落实中国北车企业文化工作会议精神，建立健全企业文化管理体系的通知》，成立公司企业文化建设管理委员会和工作小组，制定第一阶段企业文化建设推进表，编写“贯彻落实中国北车企业文化理念和形象体系宣讲材料”，开展中国北车企业文化理念答题活动，举办学唱《中国北车之歌》学习班等。制定《关于贯彻落实国有企业领导人员廉洁自律七项要求的实施方案》、《党风廉政建设工作考核办法》。重新修订和完善《重大问题集体讨论制度》。开展“大局观念、发展观念、进取观念”教育活动。实施效能监察，参与设备、物资采购招议标18次，涉及金额3400余万元。

工会履行职工代表大会制度，维护职工民主权益，对公司出台的8项管理规章制度进行审议。调整厂务公开领导机构，开展厂务公开论文评选活动，有2篇论文获得铁总奖励。推进“创争”活动，确立6个试点单位。举办安装客车内饰件系统化培训、生产前的检验技能培训、200公里动车组牵引方面知识培训等。开展“自主创新五小攻关”活动，对基层单位申报的97个五小攻关项目进行评审、奖励。“两节”期间，走访慰问生产一线困难职工、长病重困及单亲妇女职工困难户850人次。举办“迎奥运，庆五一”全民健身环厂赛和迎奥运大众体育项目比赛。公司工会被吉林省总工会授予“模范职工之家”称号。团委开展“学习十六大，增强团员意识，创造新业绩”主题征文活动和《做最棒的员工》读书征文活动。举办第八届青年科技论文征集活动，共收到科技论文34篇，向集团公司团委推荐5篇。参加共青团长春市委组织开展的“传承五四精神，心系08奥运，万名志愿者长跑”活动。组织基层团干部参观长春解放60周年图片展。

【重要纪事】 1月22日，集团公司工会主席董宇到公司慰问困难职工。1月23日，集团公司总经理崔殿国到公司检查指导工作。5月，公司与铁科院机辆所合作开发的高速轨道车辆制动配件四类样件，通过铁科院和德国克诺尔公司的生产质量认证，获准批量生产。7月1日，铁道部财务司、装备部领导到公司检查指导25T型客车试修工作。7月9日，公司车轴通过北美铁路协会（AAR）M-101技术认证，取得进入北美市场许可证。8月10日，公司被评为2008年吉林省质量小组活动优秀企业。9月25日，AAR M-1003车轴质量保证体系通过北美铁路协会审核。10月16～18日，公司通过环境管理体系、职业安全健康管理体系外部审核。10月23日，公司测量管理体系通过中启计量体系认证中心吉林省分中心AAA认证。11月18日，公司与无锡万里公司合资成立长客环保设备公司，双方各占50%股份。12月9～12日，公司通过中质协质量保证中心质量管理体系复评审核。

【企业领导名单】

董事长	娄彦君		
副董事长	翁之罘		
总经理	娄彦君		
副总经理	张雅维	尹成文	赵金山
	路孝杰	江　涛	于　军
	李长林	陈　寅	
总工程师	董　恒		
总会计师	王志华		

党委书记　翁之罘
党委副书记　娄彦君　张　亚　邹常顺
纪委书记　邹常顺
工会主席　张　亚

（郝　霞　供稿）

中国北车集团长春客车厂

【企业基本情况】　中国北车集团长春客车厂是原长春客车厂与长机辆公司重组后的存续企业，分别以长客厂和长机辆公司两个独立法人企业存在。其中，长客厂注册资本为4.09亿元，经营范围为“工矿有轨专用车辆制造及修理，轨道机车车辆配件的制造及修理”；长机辆公司注册资本2.37亿元，经营范围为“铁路机车配件设计、制造与修理、销售，技术咨询，各类机械产品及非标机械设备制造、安装、调试、技术咨询，环保设备制造，固定资产租赁”。主要负责职工医院、长客宾馆和集体企业的管理以及部分非生产性房屋、场地等资产的管理工作，同时还托管原长机厂仓储公司、生贸公司、职工医院和集体企业。2008年末，长客厂员工总数1054人，其中在岗职工179人，固定资产原值4259万元、净值2726万元，利润总额－56万元；长机辆公司员工总数107人（含托管人员），总资产7200万元、净资产350万元，利润－73万元。

【改制分流情况】　与省市有关部门沟通协调，做好辅业改制后续收尾工作，办理了土地证和产权证。继续完善医疗制度改革，完成3967名职工基本医疗保险向地方移交，职工医院纳入长春市医疗保险定点范围和绿园区社区医疗服务体系。大力推进集体企业改制工作，年内，累计有18家集体企业实现改制，有2938名职工与原企业解除了劳动关系。原长机辆劳服公司、建筑公司破产清算工作进入实质性阶段。

【企业领导名单】

（1～7月）
厂　长　娄彦君
副厂长　路孝杰　赵金山　张雅维　江　涛　于　军　李长林　尹成文　陈　寅
总工程师　董　恒
总会计师　王志华

（7月24日后）
厂　长　尹成文

（梁　峰　供稿）

中国北车长春轨道客车股份有限公司

董事长、党委书记　董晓峰

总经理　卢西伟

【企业基本情况】 2008年末，长客股份公司员工总数10233人，其中具有高级专业技术职称432人，中级职称635人，高级工人技师60人，中级技师249人。公司设有10个职能部门，事业部按产品和客户设有铁路客车业务部、城轨客车业务部、海外业务部，各业务部均为利润中心，分别负责国内铁路客车市场、国内城轨客车市场以及国际市场的产品销售和项目执行监控；按产品结构设客车制造中心和转向架制造中心，均为成本中心，受产品业务部委托，负责公司产品的生产制造；1个技术研发及产品设计机构（技术中心），负责设计平台搭建、设计技术开发、产品设计以及项目执行全过程的技术支持；设有采购部、物流中心2个公共服务机构，分别负责各种物资的采购及生产物资的配送管理。公司固定资产原值23.23亿元、净值14.02亿元；设备总数为3878台（套）。生产用地57.12万平方米。全年实现营业收入57.06亿元，净利润2.28亿元。

【改革改制】 公司实施组织机构优化，通过管理咨询、框架设计、职责确定、方案优化等阶段，初步建立起以事业部为基础，以项目管理为主线的组织架构和管理模式，并对业务流程进行全面梳理和优化。新机构在支持层面上设立了10个职能部室，在执行层面上设置3个业务部、2个制造中心、1个技术中心以及采购部、物流中心。新机构10月开始运行。调整业务结构，转换经营机制。按强化主业，分离市场化产品的发展战略，推进公司结构调整。制定《冲压厂体制改革实施方案》和《内饰件厂体制改革实施方案》。7月1日，撤销冲压厂、内饰件厂，设立冲压件分公司、内饰件分公司。下放销售、采购、临时用工等经营管理权，促进其面向市场开展经营，以增强分公司的经营活力。

【企业管理】 公司面对执行项目日益增多、管理难度不断加大的复杂局面，集思广益，反复论证，对不适应企业发展需要的直线职能体制进行改制，对所有业务流程进行梳理优化。参照西门子等国际一流企业的质量管理模式，组织对现行的质量管理体系程序文件进行修订，增加新的质量管理流程，针对供应商质量保证能力评审、采购产品放行检验等制定多个供应商管理文件，进一步健全质量控制体系。借鉴西门子、阿尔斯通等企业经验，依照合同、图纸、技术规范和标准要求，制定质量控制工作程序和模板，并对供应商进行一次全面的清理整顿，重新确认，强化对外购外协产品的控制。加强首件检验、放行检验、入厂检验，对关键工序的人员资质、设备工装、现场管理、工序产品质量等方面开展质量督察，组织制定产品质量量化评价办法，在试点基础上全面推行质量工资，使实物质量得到进一步控制。开展动车组质量攻关、技术攻关、“质量大反思、大检查”、“质量与命运大讨论”等系列活动，供货质量得到外方认可。北京奥运所有车辆运行稳定，深圳地铁等车辆整机产品质量得到进一步提升。以CRH5 型车、CRH3 型车转向架等国内项目以及 EDI、BTS 等出口项目为重点，继续推进项目成本管理。先后开展合同分析、首列车成本分析和完工成本分析 14 次，有针对性地解决项目成本管理存在的问题。通过严格控制投产预算审批、推进制造费用预算标准化、建立设备备件及工装工具台账、加强生产剩余料及边角余料分析考核等一系列手段，强化成本控制。加强对技术开发费、售后服务费、出国经费、工装费等 12 项费用分析、规范，累计压缩费用预算 1.7 亿元。多渠道筹措资金，降低资金成本，保证资金流畅通。通过办理承兑汇票及争取办理承兑、保函时免交保证金等优惠，节约利息支出约 4067 万元；累计获得信贷额度超过百亿元；全年综合平均资金使用成本仅为 5.07%，远低于国家一年贷款平均利率水平。

【生产发展情况】 公司面对 200 公里/小时动车组技术引进、国内多个竞争对手的强势挑战和承担奥运用车、新厂区规划建设及 SAP 项目实施的任务压力，科学组织，全盘规划，确保全年生产任务完成。时速 250 公里综合检测车制造工期紧，技术条件高，质量要求高，公司组织攻坚、深入整改、系统消化，以高新技术手段解决CRH5 型车在运行中出现的各类技术、质量问题，确保自主研制的综合检测列车提前交付，填补了我国时速 200 公里及以上速度等级综合检测列车的空白，为CRH3 型车的启动创造了重要条件。年内，共销售新造客车（包括大部件）1264 辆，保持了企业稳步快速发展。

【新产品新技术自主开发】 为伊朗地铁公司研制 160 辆双层客车，其构造速度为 140 公里/小时；为伊朗国铁公司研制 50 辆双层客车，其构造速度为 160 公里/小时；为伊朗私营业主研制 64 辆单层车客车，其中包括硬卧、软卧、发电车、餐车，其构造速度均为 160 公里/小时。开发生产一系列不同形式的北京城轨车辆新产品，包括北京机场线直线电机车辆，北京 2 号线、5 号线、10 号线、13 号线地铁车等，保证了北京奥运会期间城轨交通的正常运行。进行长春轻轨二期车辆，深圳 2 号线、泰国 BTS、上海 6 号线、深圳 3 号线地铁车，伊朗 455 不锈钢车，重庆单轨车，国产化直线电机车辆等 10 多个项目产品的开发工作。完成首列国产化深圳 A 型地铁车开发、试制，9 月 19 日首列车正式下线；完成沈阳地铁车开发、试制，首列车 10 月 17 日正式下线。

【技术引进消化吸收和国产化工作】 以 CRH5 型动车组和CRH3 型动车组引进消化吸收为核心，以攻克动车组核心技术为工作重点，开展CRH5 型动车组国产化设计，针对动车组设计及运营等相关问题，进行专项研究，提出 300 多项改进方案并付诸实施，基本解决动车组在生产和运营中暴露出的问题，改进和提升了整车性能。开展CRH5 型动车组的国产化设计，共完成11 个结构区域的503 套图纸；重新编制104 个部件的技术规范和26 项调试大纲，并根据 SAP 系统的要求对每套图纸均编制 E-BOM，最终将国产化设计的全部文件和数据上载到 SAP 系统中。成立 13 个消化吸收技术攻关组，针对不同体系和项点开展系统消化吸收总结，形成文件。为普及CRH5 型动车组基础知识，对中层领导干部进行专题培训。开展CRH3 型动车组消化吸收、还原设计工作，完成 353 个设计规范、324 个调试文件、116 个客户指导文件的整理，学习引用的国际标准共341 个。以CRH3 型动车组技术平台为基础，制定时速250 公里长编组动车组的技术方案、CRH3 －350 动车组和新一代长编组动车组技术方案。在CRH5 型动车组技术平台上，研制生产一列8 辆编组、具有世界先进水平的时速250 公里综合检测车。在 EDI626 项目执行中，为消化吸收国外先进的不锈钢双层动车组的设计技术，成立专门团队，根据 EDI 的三维模型利用 UG 软件进行国产化设计，最终形成完整的工程图纸和设计文件。公司还派出设计师赴澳大利亚设计公司与 EDI 的设计师开展联合设计。

【市场营销】 在确保CRH5 型动车组正常运营以及受世界性金融危机影响的形势下，公司仍创造了历史上最好的营销业绩。在国内铁路客车市场上，取得 149 辆 25G 型铁路客车订单，总金额约2. 5 亿元。在国内城轨车市场上，相继取得香港、深圳、广州、北京、天津、西安、长春、重庆、上海等 10 个城轨项目订单，签约车辆966 辆，签约额74. 43 亿元。在国际市场上，取得德黑兰455 辆地铁项目和160 辆双层客车项目，改签了伊朗马沙德 60 组轻轨项目和伊朗私企 64 辆单层客车项目，签约车辆总数 761 辆，总金额达 49. 5 亿元。全年，三大市场上共计签约各类车辆（包括大部件）1856 辆，合同总金额 126. 4 亿元。

【售后服务】 公司成立“铁路客车业务部售后服务部”，明确工作职责和管理程序，搭建管理及业务平台。重新调配人员岗位和职责，全员竞聘上岗考评，提高服务质量和对高难故障的诊断解决能力。生产的动车组有 40 组在京哈和京广线上开通运营。服务部先后在哈尔滨、长春、沈阳、北京、北京西、石家庄、郑州、西安、青岛、济南等地设立 10 个服务站和行车服务点。根据动车组大批量开通运营中的新情况，组成电气网络、下体、内装等专业化作业组。有 159 名维修人员和 27 名添乘人员投入到CRH5 型动车组的入库检修整备和保障运营工作，同时组织技术专家组和现场诊断组对车辆出现的故障进行诊断、分析和处理。为确保动车组功能与结构的升级和改造，制定和落实技术通知管理制度，对公司下发的所有厂外执行通知分类汇编，实行业务主管责任制，从通知签收到监控执行，至执行完毕实现闭环管理，全过程控制。共执行技术通知 504 项，协助其他部门执行技术通知 260 项。为保证在全国性节假日、重大国事活动期间动车组安全运营，服务部全力解决已有的运行故障和新出现的技术问题。开展对 CW-2 转向架和 CW－200 转向架的安全普查及监控工作，向路局发出轴箱 1258 个。对已进行过 A2、A3 检修的 964 辆准高速车进行普查。对 25B 型客车电机吊座普查，共探伤 334 辆，按要求改造 704 辆，保证铁路客车的运行安全。售后服务涉及国外项目有巴基斯坦、孟加拉、斯里兰卡、伊朗共 4 个国家的铁路客车。在当地组建和完善售后团队，全面解决国外车辆在运行中出现的问题，赢得所在国家的认可和好评。增加平台化、网站式管理，开发《售后服务信息管理平台》，涵盖出厂车组当日运行状态和运行区间故障数据信息录入、汇总、整理、分析、对比、图形输出、车组故障预警、现场技术整改监控、报告生成和存档以及技术通知、公告、备品备件等，提高了信息的时效、透明和准确性。城轨客车依据《公司组织机构优化工作总体实施方案》，优化售后服务工作的业务流程，制定、修订、完善相关业务的管理制度和工作标准，保证售后服务职责完整、流程顺畅、业务连续。编制《城轨客车售后服务管理手册》，制作幻灯片，制定信息管理流程、车辆日运营信息平台、遗留问题信息管理平台，第一时间掌握各项目当天的运营情况并分析、统计、汇总及上报。同时为设计、工艺部门提供技术改造依据，为后续车质量控制提供理论依据。年内，城轨客车完成的服务项目有德黑兰地铁1号线、德黑兰地铁2号线技术转让车、德黑兰地铁1号线北延长线、伊朗30辆双层客车、长春轻轨、重庆单轨、天津地铁1号线等1347辆；完成天津滨海轻轨定修车116辆；完成258项技术通知改造项目。奥运期间，公司作为北京交通主要供应商，以“大事不出、小事减少、管理严格、秩序良好”平安奥运为目标，有效实施“十到位”，即规章制度到位、领导干部保障到位、人员保障到位、技术支持到位、奥运备品供应到位、信息管理到位、重要部位检查到位、工艺文件和救援办法编制到位、接口单位管理到位、检查考核到位。成功完成北京13号线加车、北京地铁2号线加车、北京地铁5号线加车、北京地铁2号线、北京地铁5号线、北京10号线、北京机场线等696辆车的奥运保障工作。获北京市保障委员会颁发的“光荣册”；北京地铁运营有限公司颁发了“荣誉证书”与锦旗。

【基本建设与技术改造】 完成建筑设施和动力配套改造项目56项，投资金额7000多万元。重点项目有：CRH5型动车组三级检修技改专项（包括钢材库、电镀厂房改造等）、原第一车体厂二车间厂房改造、焊接培训基地改造、中央锅炉除尘系统改造、高新开发区型材库房建设、氧气站储气罐及外敷管网改造、动修厂房翻建、采暖系统改造等。完成设备更新及改造项目153台/套（新增常规生产能力补充设备101台/套、更新及改造设备52台/套），投资2000多万元。主要项目有：CRH3型转向架制造能力补充设备27台/套；上海7/9号线焊接能力补充设备7台/套；转向架天车更新4台/套；FMT加工中心改造等。

【两大信息平台搭建】 1月，全面启动SAP项目，经过项目准备、蓝图设计、集成测试、用户培训、系统切换等阶段，10月正式上线，包括项目管理、产品生命周期管理、物料管理、生产管理以及财务会计等五大核心模块。SAP系统的应用是继组织机构改革之后公司与世界接轨的又一重大举措。同时还搭建与SAP系统配套的CATIA + VPM技术信息化平台，成功实现产品设计软件、协同平台和SAP之间的动态交互功能。这将是公司今后技术信息化的主流平台，担负着为SAP系统提供准确、唯一数据源的重任。

【高速动车组制造基地建设】 开辟与现有厂区面积相当的工业用地用于建设高速动车组制造基地。该项目于年初正式着手实施，已完成产业园区车体、表面处理、装配、调试等厂房的设计。完成产业园区所需40%设备的招标技术条件制定工作。锅炉房和中心库房的基础工作初步完成，部分厂房钢结构开始制作，牵引试验线的规划选址已经完成。

【优化人才结构】 为适应未来产品结构与人才结构相匹配的目标，在严格控制人员总量前提下，公司采取了引进、培养、考核、调整等一整套措施。全年共招聘大学本科及以上毕业生288人，其中铁路院校和国家211重点院校、重点专业学生达到94.3%。全年共考核领导干部285人，评聘各类专家、拔尖人才500余人，专家总量达72人、拔尖人才475人。针对员工队伍技术业务素质不等的实际，在全员中开展“双考”活动，促进员工技术业务素质的提高；采取校企联合培养方式，培训一批以电焊工为主的核心操作岗位人员，并先后派出300多名技术骨干和装配员工赴唐山客车公司学习CRH_3型车制造技术，为350公里/小时高速动车组生产做好人员储备。全年内部调剂各类人员165人，稳妥解决了锻造、电镀业务取消后人员分流问题。

【党群工作】 公司党委积极践行“培育精细品质，打造民族品牌”核心理念，主动融入生产，成立了精工细作巡视检查小组，累计编发《精工细作巡视简报》127期，解决问题350项。开展普及CRH_5型车基本知识培训活动，为提高动车组制造水平奠定了基础。制定并颁布《关于加强和改进基层党建工作的指导意见》，组织开展支部书记培训，坚持和完善“三会一课”、民主评议、党务公开等制度。在党员中广泛开展“学习新党章、增强党员意识”专题教育和向冯理达学习活动。全年共发展新党员26名，预备党员转正81名。全面落实党风廉政建设责任目标，加大对领导干部的履职考核和责任追究力度，开展反腐倡廉教育，组织学习《教程》。规范中层领导干部考核管理体系，坚持干部岗位交流制度，全年考核中层领导干部285人，岗位交流90余人次，选拔年轻领导干部23人。深入开展“四好”领导班子创建活动、“学技练功”活动和“双培”活动。开展“质量与命运”大讨论专题教育，增强员工的责任意识和质量意识。加大执法效能监察力度，制定《长春轨道客车股份有限公司合同管理办法》、《信访管理办法》、《关于加强工业园区建设服务与监督的几点意见》等十余项制度或规定。全年完成执法效能监察项目143项，审计各类合同1739份。在中央级媒体上刊发稿件36篇。按照“统一集团文化、打造统一品牌”的总体要求，宣传贯彻北车企业理念系统，规范企业视觉识别系统。以贯彻落实《长春轨道客车股份有限公司职工行为规范暂行规定》为重点，加强管理，树立了良好的队伍形象。

公司工会组织召开公司一届四次职工代表大会，审议公司年度经营计划、总经理工作报告和职工福利费用报告。召开三次职工代表团组长（扩大）会议，讨论通过《职工年休假管理办法》、《公司集体合同》、《女职工权益保护专项集体合同》和《公司加班工资管理暂行办法》。公司被评为全国厂务公开工作先进单位。组织开展“完成200公里/小时动车组，精工细作打造精品，攻坚克难立项攻关”立功竞赛活动。召开“十佳能工巧匠、十佳质量标兵”暨模范个人和先进集体表彰大会。举办第二届职工岗位技能竞赛。组织8454名职工向汶川地震灾区捐款835235元。与公司团委联合举办“质量与命运”演讲比赛。公司团委组织开展“学习团十六大精神，激扬青春奉献长客”主题实践、青年文明号节约示范、青年岗位能手、青年安全生产示范岗创建、第三届青年科技论文征集等活动。举办“精工细作从我做起”主题团日创意设计大赛和第三届英语演讲比赛，组织实施了技术创新百点计划等。

【重要纪事】 1月12日，公司举行深圳地铁二号线增购车辆签约仪式。1月29日，国家发改委副主任张茅等专程到公司视察。2月19日，公司举行长春轻轨二期、三期工程车辆采购合同签约仪式。2月，公司荣获“吉林省企业信息化示范单位”称号。3月4日，公司举行深圳市轨道交通二期3号线工程车辆采购合同签字仪式。3月6日，集团公司2008年技术工作会暨技术创新高层论坛在公司举行。4月11日，公司、唐山客车公司和西门子公司携手打造的国产时速350公里CRH3“和谐号”动车组在唐山客车公司下线。5月12日，国家发改委副主任、国务院振兴东北地区老工业基地领导小组办公室主任张国宝等到公司视察。5月25日，中国北车集团长春轨道客车股份有限公司高速列车制造基地暨工程试验中心开工仪式隆重举行。6月24日，法国驻沈阳总领事馆总领事孔宋龙专程到公司访问。7月14日，全国劳动模范屈伟建作为北京奥运会火炬手参加在长春的奥运圣火传递活动。7月22日，香港特别行政区行政长官曾荫权率香港特别行政区东北三省考察团到公司访问。7月，公司被确定为全国首批91家创新型企业之一。8月3日，中共中央政治局常委、中央纪委书记贺国强等到公司视察。8月15日，公司自主开发研制、具有自主知识产权的动态智能化250公里/小时综合检测车首次完成京沪既有线路6000多公里的检测试验。9月10日，全国人大常委会副委员长、中国科学院院长路甬祥等到公司视察。10月15日，泰国曼谷BTS地铁项目经过技术评审，正式开工投产。10月19日，中共中央政治局常委、全国政协主席贾庆林到公司视察。10月25日，全国政协副主席、科技部部长万钢等到公司视察。10月27日，公司申报国家发改委“高速列车系统集成国家工程实验室建设项目”获正式批复。11月23日，中共中央政治局委员、全国政协副主席王刚等到公司视察。11月25日，公司与西安市地下铁道有限责任公司签订22列132辆B型不锈钢地铁客车合同。12月10日，公司在北京人民大会堂举行“中国北车与香港铁路有限公司车辆采购合同合约仪式”。12月29日，公司被认定为国家高新技术企业。

【企业领导名单】

董 事 长　董晓峰
副董事长　那利明(8月27日免)
　　　　　卢西伟(8月27日任)
监事会主席　王世斌
总 经 理　卢西伟
副总经理　李丕庆　梁志超　余卫平
　　　　　陈孝敏　韩风武　李刚船
　　　　　周传河
　　　　　李景义(3月20日任)
财务总监　邸晋英
总工程师　牛得田
总经济师　王天福(8月9日任)

党委书记　董晓峰
党委副书记　卢西伟　李刚船　王世斌
纪委书记　王世斌
工会主席　王天福(8月9日免)
　　　　　安忠义(8月9日任)

(刘玉芬　供稿)

中国北车集团沈阳机车车辆有限责任公司

董事长　苗黄胜

党委书记　石　垒

总经理　房志坚

【企业基本情况】 2008年末，沈车公司员工总数7705人，在岗员工6359人，其中具有高级专业技术职称154人，中级职称336人；高级技师41人，技师163人。设有18个行政管理部室，20个分厂、2个合资公司。固定资产原值10.58亿元，净值6.29亿元，主要设备3716台。公司占地面积95.37万平方米。全年完成新造货车3322辆，比上年增加1131辆，增幅52%；完成国铁厂修车9129辆，国铁段修车669辆，K2型提速改造1638辆，完善改造1336辆，路外自备车检修兼改造2305辆；完成机车检修收尾产量16台；完成制动配件61750套；外销车轴7680根。实现销售收入23.49亿元，比上年增加20430万元，增幅9.52%；实现净利润5651万元，比上年增加2242万元，增幅65.8%。销售收入、净利润等主要经营指标再创历史最好水平。2008年公司荣获"辽宁省文明企业"、"中省直企业工委系统先进单位"称号。

【改革改制】 房产系统成功进行改制并于年初正式运行，针对房产系统的管理关系转移、资产处理、解除合同、社保转移、账户核销等问题，公司对收尾工作作出责任分工和进度安排，与工贸总公司、和鑫物业供暖有限公司签订三方协议，保证对改制企业扶持政策的落实。至此，2002年分立改制的存续企业工贸总公司完成全部后勤单位的改制分离。公司根据新厂建设规划和产业结构调整方案，认真研究搬迁改制的特殊性，提出取消辅助单位改制方案的建议，经公司研究并上报集团公司主管部门同意，从实际出发，公司调整了辅助单位改制计划，决定停止第四批改制方案的实施，以保证公司搬迁改造整体规划和新厂产业结构调整工作的顺利进行。3月18日公司决定将货修分厂整体并入北货分厂，组建北货分厂货修厂。

【企业管理】 公司强化质量管理，制定并实施《2008年主要产品质量控制计划》。货车制造系统按照工艺精湛、作业精细、控制精准的要求，实现提高车体钢结构制造，轮对、转向架、钩缓制动装置组装和整车油漆涂装质量五个分项目标，保证整车制造水平的稳步提高。货车检修系统紧紧抓住轮对、轴承、车钩、制动阀等质量关键环节和底架附属件焊接、转向架落成等提速改造的重点控制部位，落实检修标准，强化细节管理，检修质量水平明显提高。年内，货车新造一次交验合格率98.24%；货车检修一次交验合格率98.22%；铁道部产品质量监督抽查合格率100%；一般及以上事故为零。公司在全路检修货车工艺大检查中获得第一名的好成绩。加强成本管理和经营成果考核，由年度一次性考核改为分月度动态考核，严密监控公司月度销售收入、营业成本及费用的发生，较好完成了集团公司月度动态考核指标。加大对货车检修更换轮饼的监控和管理力度，轮饼更换率由12.04%下降到1.58%，全年降低成本1863万元。组织开展百项成本攻关和百项利旧攻关活动，立项225项，降低成本1800万元；制定并实施21大项36小项降低成本主要对策措施，取得良好实效。严格控制各项费用支出，采暖费、工装费、差旅费、维修费均比上年有所降低。加强安全管理，补充和修订安全制度、规程30余项。制定和实施重要危险源控制措施176项。重点实施起重设备、电器设施、压力容器、机动车辆等方面的专项整治，制定和实施安全整治标准235条。集中举办安全专项培训班25期，培训各类人员1230人次。“8·14”死亡事故发生后，公司成立安全专项整治领导小组，突出对重点场所、重点部位、重点工序、重点设备进行隐患排查整治，共排查和整改安全隐患352项，收到较好效果。加强人力资源管理，在调整岗位工资标准的基础上，实行岗位津贴，极大地调动在岗员工的工作积极性。实施《中层管理人员绩效风险工资实施办法》，建立起中层管理人员的工资收入与承担的责任、风险和工作业绩相挂钩的分配体制。全年举办各类培训班393期，培训各类人员18430人次。加强财务审计管理，完成新旧会计准则接轨工作，重新制定财务管理制度。进行华融资产管理公司股权回购工作，取得良好进展。开展“四清两降”工作，各项指标在原基础上有所降低。对新厂工程建设项目、报废和闲置设备处理及物资采购进行重点监控，收到良好成效。加强物资管理，除集采专供物资外，全部进行招标、比质比价采购，全年降低采购成本500万元。处理库存呆滞积压物资559万元，加速了库存资金周转。加强设备能源管理，在搬迁设备大修费同比压缩300万元的情况下，保证公司的正常生产经营，节能减排工作实现万元增加值综合能耗0.94吨标煤/万元。

【生产发展情况】 2008年，公司科学组织，重点寻找其他工厂检修能力和品种的空隙区域，最大限度争取车源。加强接车鉴定工作，全年实现扣车（厂修）9476辆。在生产组织中，北货分厂根据场地特点全力进行品种调配，解决工艺设备难题，逐步形成敞、平、罐车检修，长钢轨车新造和企业自备车检修兼改造批量生产能力，日产水平从10辆提高到27辆。南货分厂最大限度提高场地利用率，实现敞、平、棚、罐车交叉生产，日产量由16辆提高到20辆。长钢轨车生产周期由45天压缩到40天。新造分厂深挖潜力，调整班次，C_{70}型敞车日产能力由年初8辆提高到16辆，新造货车年产量创历史新高。

【新产品新技术】 全年共完成新产品鉴定30项。引进开发C_{80B}型不锈钢敞车、KM_{70}型煤炭漏斗车、70吨级焦炭运输专用敞车整车产品3种；开发交叉支撑装置、B+级钢K6摇枕、侧架及闸调器、转8B斜楔等车辆配件10项。自主研发的GH_{A70A}型23吨轴重对二甲苯罐车获得铁道部行政许可，取得货车研发新突破。完成液氯罐车、不锈钢保温罐车和铝制浓硝酸罐车的设计开发工作。主导完成GY40、GY95、GY100S型等共9种液化气罐车和GH17型等5种化工罐车的提速改造方案设计任务，各型样车通过铁道部技术审查并全面投入批量生产，首次实现向外厂和各铁路局转让设计方案。

【市场营销】 全年签订市场营销合同129份,合同收入总金额23.21亿元。签订国铁C70型敞车2168辆、长钢轨车344辆、X6K型集装箱平车100辆、C80B型敞车60辆、华能集团C70型敞车400辆、中石油C70型敞车500辆,合计3572辆。抓住路外自备车提速改造机遇,分区域分头负责,抢占市场,年度签订企业自备车检修兼改造市场订单2874辆,取得良好经营业绩。同神华集团合作项目进展顺利,全年检修货车1612辆,检修轮对5571对。2008年初中标1.83亿元桥梁支座订单,实体化运作各项工作取得突破性进展,至年末已累计完成供货1097组,并顺利通过中国铁路产品认证中心对桥梁支座生产资质的第一年度监督审核。

【售后服务】 公司售后服务按照“健全网络,迅速反应,妥善处理”的总体目标,不断加强服务队伍建设,配备业务精湛的专职人员,分片负责,扩大用户服务的现场范围,掌握更多更详实的运用信息。根据“深入现场、主动服务、加强反馈、改进提高”的服务工作标准,收集整理《用户意见征询单》,及时征求用户对公司产品质量的建议和意见。建立《突发质量问题应急处理预案》,进一步明确应急处理组织机构、相关部门和人员职责,确定质量信息传递和质量问题分析、处理、汇总等工作程序。

【基本建设】 公司新厂各厂房主体结构及办公楼、食堂综合楼、主大门外装饰幕墙工程基本完成；液氧站、丙烷站、动能中心、废钢堆场管理室、中心变电所、污水处理站、给水泵房等工程土建已完工。各厂房动力工程完成总量50%，设备基础施工完成总量30%，区域管网施工完成总量80%，电气工程施工完成总量50%。公司工艺、设备系统多次组织对新厂建设工艺进行深层次论证，重新审视和修订新厂设计方案，调减投资18827万元。经沟通协调，土地补偿金累计到位15.5亿元。厂区面积确定为86万平方米，其中56万平方米完成摘牌工作。集体企业新厂建设同步进行，部分企业厂房及办公楼建设基本完工。

【存续企业基本情况】 沈阳机车车辆工贸总公司成立于2002年6月26日，隶属于中国北车集团公司。公司职能部门有总经理办公室、人事劳资部、财务部，所属基层单位是沈阳沈机房地产有限公司，并代管劳动服务公司，共有在册员工7人。2008年末，沈机工贸总公司包括所属企业沈机房地产公司共有资产总额6779万元，其中流动资产5403万元，固定资产374万元，负债总额593万元。

【改制分流情况】 公司根据国家对国企改制方面的有关政策精神，对改制后新成立的沈阳和鑫物业供暖有限公司给予扶持。沈阳和鑫物业供暖有限公司于2008年1月1日正式运营，成为独立自主、自负盈亏、自我约束、自我发展，在经济与体制上完全独立的民营企业。改制后的沈阳和鑫物业供暖有限公司与原主体企业沈机工贸总公司不再具有行政隶属关系，与主体企业实现了实质性的改制分离。未改制的所属企业沈阳沈机房地产有限公司代表工厂继续作好房产管理和房地产开发工作。房地产公司积极妥善地解决改制企业遗留下来的历史难题，经过努力完成原改制企业搁置了近三年的700多户住户房改购房产权证的办理事宜，妥善解决

20世纪90年代建造的160多户门市房房屋产权证问题。逐步解决2002年工厂进行经济适用住房开发建设及竣工时，由于多种原因造成开发施工手续不齐全、住户产权证没解决及动拆迁和回迁安置遗留问题。与此同时，稳步推进房产管理、房地产开发、公有住房出售、房产更名过户、与所在地房产局对工厂住宅区实施动拆迁工程的配合等项工作。

【党群工作】 公司党委围绕公司一届七次职代会确定的奋斗目标，着力抓好党建和思想政治工作，充分发挥党委的政治核心作用。召开中共中国北车集团沈阳机车车辆有限责任公司第二次代表大会。组织广大干部党员重点学习党的十七大报告和《党章》，学习中宣部印发的《党的十七大精神宣讲提纲》。抓好“三个环节”，推动集中轮训工作的有效落实，组织公司所属各单位中层以上领导干部200余人参加集中轮训。深入开展创建“四好”领导班子活动，进一步加强领导班子思想政治建设、领导能力建设和作风建设，把提高战略谋划能力、决策执行能力、市场应变能力、组织指挥能力和经营管理能力，作为争创“四好”领导班子新的活动内容。公司领导班子召开以“学习和实践科学发展观”为主题的民主生活会。开展以创建“六好”党支部为主题的党支部达标升级活动，对公司67个基层党组织进行全面检查考评，评出一级达标党支部25个，达标党支部42个，提高基层党组织建设的整体工作水平。开展“创先争优”活动，进一步增强党组织凝聚力、战斗力。按照集团公司党委要求，坚持把“双向培养”作为搭建党员成才平台，优化党员队伍结构，提高党员和人才队伍素质，增强基层党建工作的活力。按照“扩大影响力，增强凝聚力，提高战斗力”的总体要求，结合生产经营实际，把“共产党员先锋工程”作为开展党内活动的主攻方向，组织党员立项攻关，共确立活动项目109项。根据生产组织的变化及时调整党员责任岗、责任区的设置，细化量化考核标准，提高党员的专业操作技能，解决生产经营关键，把党员培养成各岗位的骨干。加强党员教育管理，组织开展以“党员和中央企业在抗震救灾中的义务和责任”为主题的组织生活。在各级党组织和广大党员干部中广泛开展争做奋力拼搏、苦干实干的好党员好干部，争创工作一流、群众满意的好集体好部门活动。全年发展新党员65名，推优率达100%。完成中国北车企业文化落地工作。公司通过广播站、厂报、板报、橱窗等多种形式宣贯中国北车文化，组织党、团员、干部员工开展企业文化答题活动。组织员工参与《中国北车之歌》的词曲创作和学唱，公司第一阶段开展的中国北车企业文化建设工作取得实效。坚持“以人为本”的发展理念，积极推进和谐沈车建设。围绕纪念改革开放30周年，开展征文活动。深入开展“迎奥运，讲文明，树新风”活动，用各种形式强化员工的“八荣八耻”教育，引导广大员工从自身做起，从小事做起，树立正确的人生观、价值观和社会主义荣辱观。围绕公司改革改制、生产经营、技术创新、合资合作、市场开拓、新厂建设等重大事项做好宣传报道工作。全年，《沈车新闻》出刊51期，广播站播出稿件308件。加强对外宣传报道，省市级报道16件、人民铁道报道5件、中国北车报道43件。把惩治和预防腐败体系建设工作作为党委工作重点之一，统一部署。拟定《公司惩防体系建设基础性制度构建规划表》和《公司惩防体系基础性制度名细表》，共建立和健全完善各方面相关管理制度77项。起草并下发《公司领导人员廉洁自律的若干规定》，从制度上对公司领导干部的从业行为进行规范。强化警示教育，组织党委中心组成员学习和观看廉政教育警示片，提高公司级领导干部廉洁从政意识，增强拒腐防变和抵御风险能力。

公司工会广泛开展群众性经济技术创新活动。在“我为建设实力沈车做贡献”、“降成本、增效益”等立功竞赛活动中，取得竞赛成果342项。“安康杯”竞赛活动持续深入，完成安全隐患检查96项，安全“四无班组”和“十岗百哨”活动作用不断加强。认真落实职代会各项职权，民主管理工作不断深化，厂务公开、班务公开工作向纵深发展。加强员工思想道德素质和技术技能素质建设，开展员工读书活动和“练兵比武选状元”技术大比武活动，创争活动不断深化。加强员工生活保障工作，帮困救助等三项机制建设取得实效，工会组织自身建设得到加强

公司团委加强青年思想政治工作，深入开展创新创效活动，加快培养合格青年人才。组织开展“迎接团的十六大，青年争做新先锋”系列活动、“以优异成绩向公司第二次党代会献礼”主题活动、“迎奥运、知团情”青年知识竞赛。组织广大团员青年募集“扬起希望——汶川大地震专项救助基金”，积极向团组织缴纳“特殊团费”。

【重要纪事】 1月13日，由公司和中铁科学技术开发公司共同研制的电气化铁路接触网H型钢柱、硬横跨、钢柱系列产品通过鉴定。3月14日，公司试修的P62T型棚车120公里/小时完善改造样车通过部级生产质量认证。3月15日，公司试制生产的KM70型煤炭漏斗车通过部级生产质量认证。3月25日，公司自主研发的23吨轴重对二甲苯铁道罐车通过铁道部技术审查并具备批量生产能力。4月25日，公司实施既有GY100S型液化气体铁道罐车大批量提速改造，首辆罐车通过动力学性能试验。5月18日，公司与美国西屋制动公司《合资经营合同》签约仪式在沈阳举行。5月21日，公司荣获全国“安康杯”竞赛优胜企业称号。5月22日，铁道部专家组对公司货车转向架摇枕、侧架进行专项质量检查。5月29日，公司通过质量、环境、职业健康安全管理体系监督审核。6月6日，公司C80B型不锈钢运煤敞车通过部级认证。6月，公司试制生产的交叉杆组成零件通过部级认证。7月，公司工会荣获“全路模范职工之家”称号。9月16日，沈阳北车西屋轨道制动技术有限公司举行成立大会并召开首届董事会。9月，公司入选2007年辽宁省100强企业。11月20～23日，沈铁公司铁路桥梁支座通过CRCC现场审核。12月9日，公司整体芯B+级钢转K6摇枕、侧架工艺通过铁道部专家组评估。

【企业领导名单】

董事长	苗黄胜
副董事长	石　垒
总经理	苗黄胜(6月免) 房志坚(6月任)
副总经理	潘洪建　王剑秋　韩连仲 汪茂成　郭永强　王宏伟
总工程师	孙英俊
总会计师	陶　阳
党委书记	石　垒
党委副书记	苗黄胜(兼) 房志坚(6月任) 富建华　贾世元
纪委书记	富建华
工会主席	王洪涛

（总经理办公室　供稿）

中国北车大连机车车辆有限公司

董事长、党委书记　孙喜运

总经理　闵　兴

【企业基本情况】　2008年末，大连机辆公司员工总数8103人，其中在岗员工7780人；具有高级技术职称348人，中级职称679人。固定资产原值13.83亿元，净值5.64亿元。设备总数4318台。占地面积140.6万平方米，其中厂区占地面积91.5万平方米，厂房建筑面积41.1万平方米。公司设20个行政管理机构、9个党群工作机构，20个车间（分厂）。全年完成产品销售收入44.43亿元，全员劳动生产率53.5万元/人·年，利税总额2.36亿元，利润总额1.78亿元。净资产收益率31.38%，资产负债率82.47%。公司全面完成中国北车资产经营责任制指标，主营业务收入、利润总额、现价工业总产值、现价产值劳动生产率等主要指标再创历史新高，公司生产经营规模进入一个新阶段。

【改革改制】　中国北车与大连市签订了《战略合作框架协议》，通过对公司改造，在大连建设世界级的、国内最大的、技术最先进的轨道交通装备和通用动力机械研发和制造基地。加快公司改制工作，实现土地资产管理方式转变，适应中国北车整体改制上市需要。存续企业完成全部员工的劳动合同变更，办理了企业工商变更登记。加快铸锻分公司的资源整合，建立健全管理机制，为逐步形成以铸锻产品为龙头的机械重工产业奠定坚实基础。稳妥推进厂办集体企业改制重组，探索厂办大集体与民营企业股份制改革方式，拓宽了厂办大集体改革发展新思路，6个集体企业全部实现盈利和减亏，销售收入增长33%。

【企业管理】　大连机辆公司以工艺、质量、成本和物资管理为重点，强化基础工作。工艺管理通过消化、固化、优化引进的国际先进制造工艺，加快向公司所有作业岗位推广“三标准作业”，创建“六三八”全过程工艺管理模式（六个工艺管理程序、三个工艺制造时期、八项重点工作），公司产品制造水平再上新台阶。质量管理通过强化内审、严格考核，完善质量运行体系；推行“记名造、记名修、记名检”制度，加强工序间质量过程控制；开展质量安全大检查，完善检验规范，机车交验一次合格率比上年提高2个百分点。

成本管理通过制定、分解并下达目标成本,建立分级责任制,全程跟踪目标成本落实情况,严格考核,扩大招标范围,降低采购成本,百元销售收入成本费用比上年降低1.42个百分点。物资管理通过周密计划、合理组织,化解短线物资影响,确保物资供应的及时、准确和完整。主要生产设备完好率97.2%,设备利用率73.8%。有效运行职业健康安全与环境管理体系,全年工伤重伤率为零,轻伤率为0.46‰。万元产值耗标煤0.14吨,比上年下降12.5%。

【生产发展情况】 组织20种车型交叉生产,制造和谐D3型电力机车192台,电力机车产量比上年增长18.4%。制造各型内燃机车213台,其中东风4D型货运机车43台,东风4D型调车机车19台,东风10D型调车机车27台,GKD0型调车机车16台,GKD0A型调车机车16台,GKD1A型调车机车43台,其他各型内燃机车49台,内燃机车总产量比上年增长44.90%。新造城市快轨车辆7列、C62B型敞车40辆、船用柴油机59台。修理各型内燃机车106台,比上年减少2.75%,其中大修97台、中修9台。制造配件66994件,其中路用柴油机3台,柴油机机体91台,曲轴143根。生产钢水19507吨、铸钢件10025吨、铸铁件8280吨。

【新产品新技术自主开发】 公司在重点进行技术引进消化吸收再创新的同时,研制成功GKD0A型炉前专用遥控调车机车,装用4240ZJ型柴油机,标称功率735千瓦,最高运行速度30公里/小时,司机可在远离机车400米之内通过手持机对机车进行牵引、制动等控制。成功研制两种出口刚果(金)的内燃机车,一种是用于干线货运的CKD7C型内燃机车,装用CAT2512B型柴油机,装车功率1340千瓦,轴式C0－C0,最高运行速度100公里/小时;另一种是用于调车作业的CKD5型调车机车,装用CAT3508B型柴油机,装车功率735千瓦,最高运行速度70公里/小时,两种机车均设计了适应非洲应用条件的滚动抱轴转向架。研制成功出口沙特阿拉伯的东风10DDB型内燃机车,装用12V240ZJD型柴油机,装车功率1880千瓦,轴式C0－C0,最高运行速度100公里/小时,采用微机控制系统。对公司现有6种调车机车进行模块化设计改进,完成200公里/小时六轴交流传动客运电力机车、出口巴基斯坦内燃机车、出口新西兰内燃机车方案设计。开发铸铁机体8240ZD/ZC型发电和船用柴油机、2760千瓦铸铁机体12V240ZJH型柴油机、3240千瓦船用16V240ZC型柴油机和240系列重油柴油机,进一步拓展柴油机市场。

【技术引进消化吸收和国产化工作】 2008年,和谐D3型电力机车按计划完成主变压器、牵引变流器、辅助变流器、异步牵引电动机、驱动装置、高压电压互感器、避雷器、重载牵引的机车车体和转向架技术等部件的国产化工作。后续400台机车的改进方案、机车交流传动控制、空气制动系统集成、DC100V电源装置等国产化部件已完成并落实到生产制造中,首台机车于7月中旬下线,至此,和谐D3型交流传动电力机车引进技术的国产化工作全面完成。公司掌握了交流传动系统、交流传动控制、微机网络控制系统的调试技术和检测技术,掌握了主变压器、转向架、驱动装置、辅助系统、车体、牵引变流器、辅助电源等产品的制造、检测和控制技术,掌握了整车集成技术与制造、调试和质量控制技术等。和谐N3型内燃机车完成转向架、车体、电子燃油表、司机室钢结构、液位显示系统等国产化研制及装车,完成辅助电机、部分系统管路、接头等国产化研制，完成部分国产化部件样件的试制。阶段性完成EMD机车控制系统、车载微机网络控制系统、交流传动控制系统(辅助电源变换器、主发励磁斩波器)、大功率牵引变流器、空压机逆变器、牵引整流柜、电阻制动装置、冷却风扇逆变器、冷却风机、散热单节、机油热交换器、系统部件和各种小部件的国产化研制。公司基本掌握EMD的机车总成、轻量化车体、承载式油箱及隔离式司机室、辅助系统、牵引变流器、微机控制及网络通讯、交流传动技术等转让技术的设计、检测及试验技术。加快16RK270柴油机国产化步伐，完成首台国产化样机研制并进行台架试验。

【市场营销】 公司与铁道部再次签订400台和谐D3型电力机车采购合同，总金额近60亿元人民币。采取有效措施，抓住重点企业，大力推介新车型，努力开拓路外市场，全年承揽内燃机车11种100台。城轨车辆继沈阳和大连市场后，成功中标天津地铁2号线项目，总量23列、138辆，金额7亿多元。加大国际市场开发力度，跟踪招标信息，与沙特阿拉伯签订5台内燃机车供货合同，与2个国家达成机车出口协议。船用柴油机市场通过完善营销网络，瞄准目标市场主动出击，全年共签订船用柴油机、发电机组59台（套）。配件市场承揽13.5万余件，合同金额达2.4亿元，实现销售收入1.4亿元。

【售后服务】 完成质保期内1154台机车的售后服务，其中新造机车路内用户5个铁路局7个单位450台，路外用户151个单位17种车型419台；大中修机车路内用户15个铁路局36个单位，路外用户18个单位，共12种车型285台。重点做好和谐D3型电力机车的售后服务，随车添乘确保机车处于良好的运行状态。全年派出服务人员1016人次，对用户做到简单问题及时答复，复杂问题48小时给予答复、72小时内到达服务现场，坚持24小时全天候服务。对用户反馈质量信息做到件件有着落，封封有回音，事故处理率100%，事故处理满意率96.5%，售后服务满意率99%，实现了PDCA闭路循环。举办21期司乘培训班，其中铁道部机车运用干部培训班6期368人，机车调度员培训班3期182人，地方铁路8种车型司乘技术理论培训班12期437人。

【多元经营】 公司所属集体企业有配件分厂、配件二分厂、配件四分厂、工贸公司、粉末冶金厂、增压器分厂。2008年末，员工总数3976人，其中集体员工3725人，国有员工251人。固定资产原值9883万元，比上年增长3.52%，净值2905万元，比上年增长4.01%。集体企业以公司生产经营为中心，强化企业管理，提高产品质量。增压器分厂与湖北登峰换热器有限公司联合，成立大连铁峰动力换热设备有限公司；粉末冶金厂与民营企业共同出资组建大连惠腾机车焊材有限公司，探索集体经济改革的新路。全年集体企业销售收入5.35亿元，比上年增长23.32%；上交税金2485万元，比上年增长11.94%；从业人员年人均收入22485元，比上年增长24.42%。

【基本建设与技术改造】 “提高大功率机车国际竞争能力技术改造项目”完成全部24台/套（进口17台、国产7台）生产和检测设备的采购，已投产使用。“扩大机车车辆产品出口技术改造项目”完成机车称重试验台施工，新建铁路试验线于年底开工。“六轴大功率交流传动电力机车技术引进消化吸收及国产化技术改造项目”完成数控车床的招标采购。“提高机车、货车焊接工艺水平技术改造项目”完成中梁装配、总风缸、敞车转向架侧架、机车侧架、构架焊接、底架枕梁、端部装配、端墙与后墙、横梁焊接9台（套）焊接机器人采购、安装并投产。“企业技术中心内燃机车研发试验条件建设项目”完成2号台位改造并投产使用，完成全部国产控制及数据采集系统、废气排放测试仪等设备仪器的招标采购。“大功率交流传动内燃机车技术引进消化吸收及国产化技术改造项目”完成数控落地镗铣床等150余台（套）设备的招标采购。“9600千瓦大功率交流传动电力机车技术改造项目”和“大功率柴油机专业化建设基地建设项目”完成立项。为建设不锈钢城轨厂房、车体和构架总组焊、车体“五大部”进口焊接机器人等进行工艺调整。完成大修工程和厂房改造40项，厂房维修102项。全年完成基本建设投资1.53亿元，更新改造投资4003万元。

【400台大功率交流传动电力机车合同签订】 2月18日，公司第三次与铁道部签订大功率交流传动7200千瓦六轴货运电力机车合同。按照国务院“引进先进技术，联合设计生产，打造中国品牌”的总体要求，公司引进日本东芝公司的先进技术，以快速形成国产化产品和批量制造能力为重点，按照国际标准组建专业分工和项目负责相结合的研发设计团队，按照国际先进的机车生产布局和工艺流程，高水平实施工业化改造，形成年产各类机车500台的制造能力，初步具备世界一流机车装备制造基地的规模。8月底前400台和谐D3型电力机车全部交付。公司成为国内制造和谐型电力机车最多的企业，获辽宁省优秀新产品一等奖。

【首台和谐N3型大功率交流传动内燃机车下线】 7月2日，公司与美国EMD公司合作研制的首台和谐N3型大功率交流传动内燃机车成功下线。该型机车装用美国EMD公司265H型6400马力低排放柴油机，采用先进、成熟的交流传动及控制技术、可靠的CCBⅡ电控制动等技术，具有持续牵引力大、低油耗、低排放以及运行速度高、可靠性高的特点，可满足双机牵引5000吨、在平直道上达到120公里/小时的要求，并具有三机重联功能。由于机车采用先进技术，以高可靠性技术及部件耐久性试验为依托对整车集成优化设计，使大修周期延长至180万公里，整车及部件的技术水平、耐久可靠性、经济性均达到国际先进水平。

【首台9600千瓦大功率交流传动电力机车下线】 12月29日，由公司自主设计、生产，拥有完全自主知识产权，世界知名企业庞巴迪公司提供技术支持的和谐D3B型9600千瓦大功率交流传动电力机车成功下线。该机车采用大功率IGBT组成的变流器、大功率牵引电动机和轮盘制动等先进技术，运用成熟的驱动装置和微机网络控制系统，总功率9600千瓦，单轴功率达1600千瓦，牵引5000吨货物最高速度120公里/小时，起动速度、持续牵引速度等性能指标均创国内同类产品之最。该车是铁道部确定的重点发展目标产品，也是实现中国铁路干线货运重载、快捷运输的主型机车之一。

【内燃机车第三次出口缅甸】 10～12月，公司第三批出口缅甸的20台CKD7B型内燃机车在大连港装船启运。此次出口的机车更先进，广泛采用DLC微机控制技术。满足机车恒功率、电阻制动和辅助发电等控制功能；采用免维护的电机滚动抱轴技术，机车走行部配置3台结构相同可互换的二轴转向架；双端司机室、内走廊、底架承载结构，装用CAT3516B型电喷柴油机，装车功率1360千瓦；装用JZ-7型空气制动系统，配置双塔干燥器、电阻制动系统。采用模块化设计手段，改善和简化机车制造工艺，提高了机车零部件的通用化、标准化、系列化程度。

【新建轨道装备基地战略合作框架协议签订】 12月4日，中国北车股份有限公司与大连市人民政府就通过扩建改造大连机辆公司，在大连打造现代化轨道交通装备和通用动力机械制造基地等相关事宜达成共识，正式签订战略合作框架协议。根据协议规定，中国北车把大连作为发展机车与动力业务的重要基地，计划投资80亿元，扩建改造大连机辆公司，用三至五年时间达到年制造各类机车1000台、城市地铁车辆1000辆、中高速柴油机1000台，实现年销售收入200亿以上，各项主要经济指标比现在增加5倍以上，并且在大连形成相关的产业链和产品配套体系。同时，中国北车将整合所属相关企业资源，以大连机辆公司为主体，组建机车业务集团，谋求更大发展。

【党群工作】 公司党委以党的十七大精神为指导，认真贯彻落实科学发展观，组织中层以上领导人员集中轮训。深化“四好”班子创建活动，加强领导班子和领导干部考核，召开以“深入贯彻党的十七大精神，推进公司实现又好又快发展”和“学习和实践科学发展观”为主题的民主生活会。以先进性建设为主线，加强基层党组织和党员队伍建设，深入开展“学习实践‘三个代表’，争做促进公司跨越式发展模范”、“共产党员标准化作业示范岗”等活动，基层党组织完成立项99项，共产党员完成立项877项。深入开展“把党员培养成骨干，把骨干培养成党员”活动，发展党员110名，培训新党员123名，培训入党积极分子118名。开展向汶川地震灾区缴纳“特殊党费”活动，3212名党员缴纳特殊党费115.76万元。落实廉洁从业规定，推进惩防体系建设，以党员领导干部为重点，深入开展“学法纪，守清廉，促发展”主题教育活动，加强廉洁文化建设。参加78次、1860余项招议标工作，实施有效监督。深入开展“养成好习惯，形成好文化”专题立项活动，扎实开展文化实践活动。公司工会加强维护职工合法权益，组织职工开展劳动竞赛，征集合理化建议235项。完善以“送温暖工程”为龙头的扶贫帮困机制，组成134个送温暖小分队，筹集慰问金和物资264万元，安排健康疗养1468人，1326人次享受职工互助合作保险基金89万元。公司团委组织32个单位47个工种2463人参加青年岗位能手活动，28个单位113个青年班组参加“青年文明号”创建活动，实现“五小”成果276项，征集青年科技论文98篇，规范116个学雷锋青年志愿者队(组)，28个单位对青工进行392次技术理论培训，26个单位开展97次技术大赛。

【重要纪事】 1月30日，在中央电视台主办的“倾国倾城，最值得向世界推介的中国名城”年度庆典晚会上，和谐3型电力机车模型成为庆典礼品。4月6日，公司引进消化吸收重点项目270船用柴油机首件曲轴实现国产化生产并通过中国船级社CCS船检。5月，公司获2006~2007年度辽宁省文明企业标兵称号。7月10日，公司荣获2007年度辽宁省思想政治工作先进单位称号。9月，铁道部在公司召开东风$_4$、东风$_7$系列机车大修规程修订会。10月20日，国资委监事会主席季晓南到公司检查指导工作。12月5日，在北京召开的全国高技能人才和农村优秀人才表彰大会上，公司获“国家技能人才培育突出贡献奖”。

【企业领导名单】

董 事 长 孙喜运
副董事长 孙永才(11月21日调出)
闵 兴(11月21日任)
监事会主席 张仁祥
总 经 理 孙喜运(11月21日免)

闵　兴(11月21日任)
副总经理　孙永才(11月21日调出)
连家余　茹　明
闵　兴(11月21日免)
张小军
张志穹(10月7日任)
马延臣(10月7日任)
刘会岩(10月7日任)
总工程师　梁圣童
总会计师　马　力
党委书记　孙永才(11月21日调出)
孙喜运(11月21日任)
党委副书记　孙喜运(兼,11月21日免)
张仁祥
闵　兴(兼,11月21日任)
纪委书记　张仁祥
工会主席　毕　毅

(尹宝雨　供稿)

大连大力轨道交通装备有限公司

【企业基本情况】　大连大力轨道交通装备有限公司（简称大力轨道公司）下设大连机车天源实业公司、大力房屋开发公司、物业管理中心、汽车运营部、大连机车技师学院、大连机车医院和机车商厦。至2008年末，固定资产原值1.04亿元，净值4643万元。资产总值4.71亿元。员工总数504人，其中在岗员工502人，员工总数比上年减少230人。年内完成全部员工的劳动合同变更，办理了企业工商变更登记，企业经营平稳运行。7月24日，根据中国北车集团公司通知，大力轨道公司对法人治理结构进行调整，不设董事会，设执行董事1人；不设监事会，设监事1人。

【经营管理情况】　房地产开发“菁英汇”住宅项目进行收尾工作;“橄榄季”住宅项目35栋楼全部封顶,12月27日开盘销售;“机车佳苑”住宅项目开工建设,举行开盘仪式。天源实业公司在旅顺新建生产基地,拓展经营项目。物业管理完成大维修工程和其他维修项目375万元,完成维修2985户次,承诺维修310户次,接待住户满意率98%,房屋维修合格率98%。汽车运输完成1750万吨公里,节约柴油2.67万公斤。技师学院毕业学生1253人,招收新生1336人,在校学生7115人,为中国北车集团公司开办7个培训班,为15个单位培训153人。机车医院接收门诊97254人次,住院患者7068人次,出入院诊断符合率99.89%,治愈好转率97.3%,危重病人抢救成功率94.74%。机车商厦继续实行经营承包责任制,为客户提供良好的经商环境,取得较好的经济效益。大力轨道公司全年实现工业总产值4646.1万元,主营业务收入7653万元。

【企业领导名单】

(1~7月)
董事长　孙喜运
副董事长　孙永才
监事会主席　张仁祥
总经理　孙喜运
副总经理　孙永才　连家余　闵　兴
茹　明　张小军
总工程师　梁圣童
总会计师　马　力
(7月24日后)
执行董事、总经理　连家余
执行监事　张仁祥

(尹宝雨　供稿)

中国北车唐山轨道客车有限责任公司

董事长　余卫平

总经理　侯志刚

党委书记　陈孝敏

【企业基本情况】 2008年末，唐山客车公司员工总数6458人，其中具有高级技术职称132人，中级职称270人。固定资产原值15.90亿元，净值12.69亿元。设备总数3131台（套）。下设18个部室，10个生产单位。全年新造普通客车531辆，制造完成CRH3型动车组4列，实现主营业务收入13.08亿元。公司跻身国家首批91家创新型企业行列。被河北省确认为高新技术企业，被科技部授予“国际科技合作基地”称号。

【企业管理】 公司按照生产经营工作的需要，将动能公司与配件厂合并，成立独立经营的机电厂，将检测中心与质量管理部进行职能合并。为确保CRH3型动车组安全正点运行，将售后服务职能从市场部中划分出来，成立售后服务中心。公司继续强化企业内部管理，各部门按照标准化、计量、信息、规章制度、培训、定额、班组管理七项内容开展工作，通过PDCA循环督促考评，形成闭环，基础管理工作得到进一步夯实。公司的市场、技术、物流、财务、质量、设备、人力资源等管理已经纳入SAP系统，实现各业务流共享的管理平台。结合公司实际，对效益考核办法作了较大幅度修订，有效调动各单位增收节支的积极性。相继制定职业技能鉴定、技师管理、公司内部专业职业资格认证管理、教练管理、员工再培训管理等办法，管理政策趋于健全并实现有效运行。对CRH3型动车组相关技术资料进行系统整理，编辑完成CRH3型动车组操作岗位系列教材，覆盖了CRH3型动车组全部技术工序。在总结培训成果的基础上，对铝合金线操作岗位培训方案进行固化，形成指导铝合金线培训的标准文件，制定下发《操作岗位教练管理暂行办法》和《碳钢质量攻关项目培训实施方案》，将质量攻关培训与持证上岗工作、操作岗位教练管理工作、操作人员技能提升工作统一起来，全面实施碳钢线操作技能提升培训。人才队伍建设坚持务实创新的理念，对CRH3型动车组操作人员培训效果进行现场督察，共选拔、培育近300名实做教练。先后对车辆电工、车辆钳工、油漆工、铝电焊工等10个急需工种进行培训，共培训2770人。下发并实施《清洁革命八化建设管理办法》、《班组现场管理标准》、《车上作业清洁生产标准》，将管理主体下沉到班组和员工。

【生产发展情况】 公司为确保春运用车，科学组织，合理排产，实现日产6辆，在不足90天时间内，完成首批318辆25G型客车阶段性生产任务，较上年同比增长59%。全年完成碳钢车531辆，25T型车27辆，25G型客运车548辆。为保证奥运用车需要，完成26组52辆北京13号线地铁车辆，完成15辆黑河地方铁路客车生产任务。完成出口朝鲜的空调客车5个品种和出口非洲加纳铁路的米轨内燃动车组（2动4拖6辆编组）。完成中低速磁悬浮列车及特种车辆的生产任务。

【新产品新技术自主开发】 公司搭建CRH3型高速动车组设计技术平台。建立以SAP-PLM为核心、基于三维和网络技术的协同研发设计平台，并以PROE三维设计平台为依托，对高速动车组进行三维模型重建，对高速动车组电路图进行分析、整理，在EL-CAD软件中重建电气原理图。通过对西门子高速动车组进行还原设计，学习西门子的设计理念，系统掌握动车组各系统的结构组成和功能、组装与调试方法；掌握车体结构设计方法；掌握内装、车门、空调、给水卫生、车窗、座椅、车钩、风挡、受电弓、车内电气的设计原理和设计参数选择。搭建CRH3型高速动车组制造技术平台。建立并完善设备通用化、工装柔性化、工具专业化的高速动车组生产线，建立并完善适应高速动车组生产的工艺技术文件体系，通过技术消化固化，掌握了铝合金车体制造技术、涂装及粘结技术、组装集成技术、集成调试技术、质量管理和检测技术。制定CRH3型高速动车组优化方案。对CRH3型动车组制造和运营中出现的问题进行系统的梳理和分析，制定新一代高速动车组优化方案，为新一代高速动车组自主设计打下良好的基础。先后完成出口朝鲜空调客车和出口加纳铁路米轨内燃动车组的研发。完成铁路G、T型车产品（25T、25G）的研制开发。完成铁路宿营车和自备车等特种车辆产品的研制开发，形成了适应性较强的系列化特种车平台。与北京控股磁悬浮技术发展有限公司和国防科技大学等合作，研制出时速100公里中低速磁悬浮列车，还完成黑河地方铁路客车设计开发。年内，CRH3型高速动车组现代集成制造系统通过河北省科技成果鉴定。公司全年申报专利45项，拥有授权专利24项，其中发明专利1项。

【市场营销】 公司依据总体发展战略，对轨道客车市场进行有效开发，销售收入和市场占有率均有较大增长。全年签订612辆新造普通客车销售合同，销售收入约13亿元。与朝鲜签订8辆25G型客车合同，与伊朗签订200辆客车散件的意向合同。与北京地铁公司签订68辆地铁车合同。特种车市场继续保持领先地位，市场占有率达到95%。对碳钢车生产线进行工艺改造和升级，对碳钢系统员工进行了系统的培训。

【售后服务】 通过与用户的良好沟通，碳钢车产品的新形象在用户中树立起来。公司为更好地服务用户，确立为用户提供全方位“保姆式”服务的售后服务理念，建立完善的售后服务体系，抽调专业技术人员和重要岗位的管理人员，组建优秀售后服务团队，保证公司产品可靠运行。为北京地铁13号线生产的68辆地铁列车，在奥运期间经受住了高密度、大负荷、长时间运行的严峻考验，受到用户好评。

【基本建设与技术改造】 完成资本项目CRH3设备335台（套），投资额1792.2万元；技改项目中设备新增876台（套），投资额2401.6万元；完成新建、改建基建项目16503平方米，投资额9390万元。

【CRH3 项目推进】 4月11日，首列国产化CRH3型动车组下线，6月24日，在京津线试运行中创出394.3公里/小时的中国铁路第一速。7月7日，前三列CRH3型动车组出厂，保证了奥运用车及京津城际铁路开通运营的需要。CRH3项目技术转让工作进展顺利，技术转让协议中所有国内外技术培训、技术文件的交付和项目出国团组的培训及效果评估工作全部完成。通过导入SAP系统，对生产流程进行全方位控制，实现了管理的信息流、物流和资金流的一体化集成，逐步转为物流信息化、高效化、可视化和跨地域的管理，为高速动车组项目执行奠定了基础。年内，公司完成铝合金车体可视化工艺图纸、组装可视化工艺图纸并下发，调试可视化工艺图纸已进入审核阶段。铝合金车体生产已达到月产2.5列的生产能力，实现了司机室国产化的既定目标。

【公司举行首列CRH3 型动车组下线仪式】 4月11日，公司国产化首列CRH3型动车组下线仪式隆重举行。铁道部部长刘志军，河北省委副书记、代省长胡春华，国家发改委副主任刘铁男，国资委副主任王瑞祥等共同为首列国产化CRH3型动车组剪彩。集团公司总经理崔殿国在下线仪式上致辞。在首列国产化时速350公里CRH3型动车组下线之际，中共中央政治局常委、国务院总理温家宝，中共中央政治局委员、国务院副总理张德江，中共中央政治局委员、国务委员刘延东，分别对时速350公里动车组下线作出重要批示，科学技术部部长万钢发来贺信。温家宝总理在批示中指出：“具有完全自主知识产权和世界先进技术国产350公里动车组下线，标志着我国铁路技术装备水平取得重大突破。”

【党和国家领导人乘坐CRH3 型动车组】 6月25日，中共中央总书记、国家主席、中央军委主席胡锦涛乘坐公司制造的首列国产时速350公里CRH3型动车组考察了我国第一条时速300公里以上高速铁路——京津城际铁路，并充分肯定了国产时速350公里动车组制造取得的成绩。7月14日，中共中央政治局常委、全国人大常委会委员长吴邦国在中共中央政治局委员、全国人大副委员长王兆国等陪同下乘坐公司制造的CRH3型动车组到天津考察。8月，李长春、李克强、贺国强、周永康等中央领导乘坐CRH3型动车组视察。9月27～28日，中共中央政治局常委、国务院总理温家宝两次乘坐公司生产的CRH3型动车组往返北京至天津滨海新区，对京津城际铁路进行考察，对CRH3型动车组优良的性能给予称赞。7月21日，中共中央政治局常委、全国政协主席贾庆林乘坐公司制造的CRH3型动车组考察京津城际铁路。7月8日，全国政协副主席、科学技术部部长万钢在京津城际铁路乘坐CRH3型动车组，并对CRH3型动车组操作人性化的设计和舒适的旅行环境给予高度评价。

【党群工作】 公司党委深入开展“双培”、党员立项攻关、脱胎换骨论坛等活动，全年培养党员骨干136名，培养非党员骨干150名，59名骨干员工被发展为党员。加大领导班子、干部队伍建设力度，大胆启用年轻优秀干部，建立了102人的后备干部队伍，选拔了一批机关干部到基层挂职锻炼。在公司两级领导干部中进行廉洁自律承诺活动，共有7名公司级领导和156名中层领导干部签订了廉洁自律承诺书。宣传工作围绕CRH3型动车组和碳钢车生产经营中心工作，全年共出版《唐车报道》49期，播发电视及广播新闻（栏目）748 条，推出典型人物 100 多名。开展“提升职业素养 实现脱胎换骨”主题教育活动，广大员工职业素养稳步提升。成立思想文化中心，组织开展思想文化课题研究工作。

工会组织以提升员工素质为重点，积极开展“教学练比”等学技练功活动，在一线班组（工序）共开展“教学练比”培训 112 场次，有 109 道工序（班组）2367 名员工参加了培训活动。组织首列CRH3 型动车组下线仪式庆祝慰问演出和“唱响和谐”歌手大赛活动；开展了员工篮球联赛、乒乓球比赛、拔河比赛等大型比赛 12 项。共青团组织开展了以岗位练兵、青年突击竞赛、创建青年文明号为主要内容的系列活动，充分发挥了青工在公司发展中的生力军作用。

【重要纪事】 1 月 4 日，铁道部副总工程师兼运输局局长张曙光到公司检查指导工作，提出要把公司打造成中国高速铁路移动装备重要制造基地。2 月 3 日，公司举行首列CRH3 型动车组首辆（BC04）车落成仪式。2 月 25 日，公司首列北京 13 号线地铁列车在高包车间开始进行上车装配，标志着北京地铁 13 号线项目正式开工生产。4 月 9 日。河北省委书记、省人大常委会主任张云川到公司进行考察。6 月 24 日，公司制造的首列国产时速 350 公里CRH3“和谐号”动车组在京津城际铁路的运行试验中创造出 394.3 公里的中国铁路第一时速。7 月 12 日，铁道部党组书记、部长刘志军乘坐公司生产的CRH3 型动车组检查京津城际铁路。7 月 28 日，全国政协副主席、科技部部长万钢向公司颁发“创新型企业”证书和牌匾，公司成为河北省唯一一家获此殊荣的企业。8 月 1 日，京津城际铁路正式通车运营，公司制造的两列时速 350 公里CRH3 型动车组成功完成京津两地首发任务，中共中央政治局委员、国务院副总理张德江和刘淇、张高丽等领导为首发的CRH3 型“和谐号”动车组列车剪彩。9 月 12 日，集团公司党委书记王立刚到公司CRH3 型动车组生产线检查指导工作。12 月 19 日，国家科技部确定的唐车国家级轨道车辆制造“国际科技合作基地”揭牌仪式在公司举行。12 月 21 日，公司制造的CRH3 型动车组实现累计安全运营超过百万公里。12 月 31 日，公司圆满完成 2008 年 13 号线 52 辆城轨车制造计划，全部产品通过验收交付北京用户。

【企业领导名单】

董事长	余卫平
副董事长	陈孝敏(兼)
总经理	余卫平(8 月 28 日免) 侯志刚(8 月 28 日任)
副总经理	侯志刚(8 月 28 日免) 甄大伟　黄俊辉 周军年(8 月 12 日任) 陈　亮(8 月 12 日任) 张俊清(8 月 12 日任)
总工程师	孙帮成
财务总监	徐汝君
党委书记	陈孝敏
党委副书记	余卫平(兼)　侯宝凤
纪委书记	侯宝凤(兼)
工会主席	侯宝凤(兼)

（企业文化部　供稿）

中国北车唐山轨道交通装备有限责任公司

董事长、总经理　孙　凯

党委书记　郝树青

【企业基本情况】 2008年末，唐山装备公司员工总数3045人，其中高级专业技术职称68人，中级职称161人，高级工人技师9人，技师80人。设11个职能部、客车厂、机车厂、钢构制造中心、动力车间。资产总额8.33亿元，其中流动资产3.47亿元，固定资产净额2.39亿元。设备总数2282台（套），其中进口设备11台（套）。全年实现销售收入7.16亿元，净利润50万元，职工人均年收入超过25000元。

【企业管理】 2008年是公司为期三年的“精细化管理工程”的第一年。公司首先从完善组织机构建设，划小管理单元入手，先后实施分解检查集中管理、成立机车解体车间、客车预装配车间等，管理效率进一步提升。坚持以“员工职业化、技术标准化、生产系统化、交出商品化”为载体，以标准化、数据化、信息化为指导原则，在各项业务上开展精细化管理建设。开展员工技能鉴定、专家人才评定、不在岗位人员清理等工作；开展机客车主要工序的技术标准、工艺文件的修订等工作；实施SAP系统工程，初步实现销售订单、分解发单、生产排产、物料采购、生产调度、仓储物流、成本核算等主流程的贯通和系统控制，搭建起公司经营管理的统一平台。完善质量、周期商品化交出办法，加大上下游的责任考核力度，提高产品质量和生产效率。加强安全生产管理，以班组和现场为切入点，对影响安全的各项因素逐项落实责任、检查整改，全年安全生产实现无重伤以上事故，无火灾、火险事故，治安工作基本稳定，未出现恶性案件。工业三废排放达标率100%。

【生产发展情况】 公司检修机车业务从提升检修能力、强化基础管理入手，全年完成大修机车192台。在厂周期、质量管理、成本控制等均取得较大进展。在全路13家机车检修企业质量、周期、售后服务综合评比中，公司获得第三名，中国北车内排名第一。检修客车生产以商品化交车管理为载体，以实现均衡生产为目标，突出精细化管理，强化生产动态管理与考核，整体管理水平不断提升。在华达公司搬迁、钢构项目两线生产的情况下，全年交车631辆。在全路

8 家客车检修企业质量、周期、售后服务综合评比中，公司获得第四名，中国北车内排名第一。5 月，钢构项目立项开工，全年共承揽高速铁路墩柱、箱梁等 1400 余吨，实现收入 1137 万元。同月，机车厂交出检修机车 25 台，再次刷新机车检修月产新纪录，机车厂各主要工序均已形成日产一台车的生产能力。6 月 29 日，客车厂经过连续奋战交出 11 辆集通车。10 月，客车厂经过精心筹备，成功试修 25T 型行包车 1 辆，为后续 25T 型客车检修打下坚实基础。

【新产品开发】 在既有产品开发方面，客车检修继续提高双层客车、25T 型客车的检修能力，年内试修 25T 型行包车和保鲜车各 1 辆；机车检修继续坚持“内电并举”的原则，在成功检修韶山 3B 型电力机车的基础上，又完成了韶山 4G 型电力机车的试修技术准备工作。在相关多元产品方面，高铁钢构模板项目已正常运作，全年共承接 67 套墩柱模板，1 套箱梁模板。曹妃甸基地项目于 9 月底正式与曹妃甸管委会签订投资协议书，股份公司专门成立了项目调研小组，要求按照“充分调研、科学规划、分步投资、锁定风险、相关多元、进退有度”的原则，加快曹妃甸基地项目的推进。溅射靶材新型材料项目开始运作，与技术合作方初步签订合作协议，确定产品发展方向和项目总体操作原则。

【市场营销与售后服务】 公司的市场销售工作围绕“富民强厂”的企业宗旨，在巩固、稳定既有市场的同时，较大幅度地扩大机车厂修的市场份额。全年完成销售收入 6.9 亿元，其中检修机车实现销售 192 台，实现收入 3.39 亿元，市场占有率为 9.3%；检修客车销售 631 辆，实现收入 3.88 亿元，市场占有率 14.17%；销售配件 1580 万元。年内完成货款回收 6.82 亿元。集中力量完成了 2007 年工厂重组以前遗留账款的回收及确认工作。售后服务及时高效，坚持对出厂车辆进行跟踪检查，及时协助用户处理发现的质量问题，受到用户好评。

【信息化建设】 公司加快信息化建设步伐，推动企业精细化管理工程，对机房的软硬件设备进行改造。6 月份正式启动 SAP 项目，成为中国铁路装备检修行业第一家推行 SAP 项目的企业。公司 SAP 一期项目的实施范围是 SD（销售管理）、PS（项目管理）、PP（生产管理）、MM（物料管理）、FI（财务管理）、CO（成本管理）六个模块，主要实现销售订单、分解发单、生产排产、物料采购、生产调度、仓储物流、成本核算等主流程的贯通和系统控制，搭建起公司经营管理的统一平台，为企业实施精细化管理提供保证。12 月末，SAP 项目组已完成业务调研、蓝图设计、系统实现、集成测试四个阶段，设计 126 个主流程，开发独有的生产发单系统和 120 张报表，收集机车检修近 10 万条数据、客车检修近 9 万条数据，并对旧用友系统的 5 万条数据进行清理，组织技术、生产、采购、质检、仓储等系统 388 人的培训和上线考试。SAP 项目将于 2009 年 1 月 1 日正式上线。

【企业文化建设】 按照中国北车企业文化建设的要求，组织进行文化理念、形象标识等多方面的企业文化宣贯工作。投资 70 余万元进行硬件、软件建设，落实中国北车理念文化、形象文化。通过制作“理念文化手册”、不锈钢灯箱、宣传牌等，宣传中国北车核心理念。制定并出台《企业文化管理体系建设方案》、《公司企业文化建设三年规划》、《关于落实中国北车企业文化建设工作的通知》等文件，全面推进企业文化建设工作。加强形象文化建设。在Ⅵ基础部分，标识、标准字、色彩、辅助图形、专用字体、基本要素全部按中国北车Ⅵ标准重新制作；Ⅵ应用部分，办公事务、旗帜、环境系统中办公环境、媒体宣传、车体系统、包装系统、网页系统、厂区环境、服装系统等已全部改造完成。

【党群工作】 公司党委深入学习贯彻党的十七大精神，以召开公司第一次党代会为契机，以“提质量、降成本、保安全”为工作主线，以深入开展“双培”和“四好班子”创建活动为载体，围绕公司生产经营、改革发展中心任务，丰富党内活动。进一步践行“和谐、诚信、发展、富裕”的经营理念，为实现“富民强厂”提供强有力的政治保证和组织保证。根据公司组织机构调整需要，公司党委先后对机车厂解体车间党支部、客车厂预装配车间党支部、华达公司党委、南厂管理中心党总支、钢构制造中心党支部等进行换届选举（补选）；根据中国北车党委精神，对原唐山机车车辆厂存续单位5个基层党组织关系进行理顺。全年发展党员35名，预备党员转正36名。公司党委认真贯彻中央纪委十七届二次全会精神，按照中国北车党风建设和反腐倡廉工作要求，以完善惩防体系为重点，扎实推进反腐倡廉建设，落实“廉洁自律七项要求”、“三重一大”、查办案件等重点工作，党风建设和反腐倡廉工作取得新进展。公司工会以创争活动为主线，突出抓好职工技能大赛、星级班组创建、群众性合理化建议三项重点工作，强化工会组织的参与职能、维护职能、组织职能和服务职能。共青团组织紧密围绕党政工作重点，深入开展“两个创建”、“增产提效、节约降耗”等活动，全年共有15个单位的19个集体参加创建“青年文明号（岗）”活动，15个单位的20个集体参加创建“青年安全生产示范岗”活动。

【重要纪事】 1月4日，铁道部副总工程师张曙光、运输局装备部副主任刘刚，集团公司总经理崔殿国、副总经理兼总工程师奚国华等到公司检查指导工作。1月29日，集团公司总经济师刘克鲜到公司检查指导工作，并慰问部分特困职工和劳动模范。3月6日，公司召开2008年工作会议暨职工代表大会。5月，公司交出检修机车25台，再次刷新检修机车月产纪录。6月11日，为支援四川抗震救灾重建家园，公司党委启动“立足本岗位、创造新佳绩、支援震灾区、迎接党代会”主题活动。7月1日，公司党委召开纪念建党87周年暨“两优一先”表彰大会。8月5日，中铁快运新时速运递公司总经理张宁等一行4人到公司考察。9月11~12日，中国共产党唐山轨道交通装备有限责任公司第一次党员代表大会隆重召开。

【企业领导名单】

董 事 长　孙　凯
副董事长　郝树青
总 经 理　孙　凯
副总经理　柴秋生　李　宁　杨　光
总工程师　尹叶红
总会计师　王克勤

党委书记　郝树青
党委副书记　孙　凯(兼)　孔学云
纪委书记　孔学云(兼)
工会主席　孔学云(兼)

（宋焕民　赵　明　供稿）

中国北车集团唐山机车车辆厂

【企业基本情况】 2008年末，唐山厂员工总数873人，其中在岗员工573人。固定资产原值3351万元，净值1566万元。工厂下设设备工作部，负责处理企业改制、企业办社会职能的移交等工作，有医院、培训中心、康泰公司3个拟改制单位。全年实现销售收入4367万元，其中工厂收入2613万元，子公司收入1754万元。

厂办集体企业唐山华达总公司从业人员近2000人。资产总额1.54亿元，所有者权益5332万元。主要产品有客车铺椅、车窗、行李架、不锈钢制品、精密铸造、铝制品、通风器等。全年实现销售收入1.06亿元。

【改制分流】 按照集团公司主辅分离、辅业改制工作的统一部署，唐山厂辅业改制工作取得阶段性成果。伙伴公司国有资产产权交易工作已完成，12月底正式挂牌；上海唐车、唐山通德、唐车宾馆、伙伴公司4家单位的国有股权退出工作得到北车集团批复；成田公司的国有股权转让已经完成；康泰公司的国有股权交易正在进行；技工学校和医院的改制工作积极推进，医保从2009年1月1日起进入唐山市医保中心。工厂积极协调唐山客车公司、唐山装备公司与各改制单位间的关系，联合发布了《关于重新公布对改制单位扶持政策扶持项目的通知》，加大对改制单位的扶持力度。通过协调推进，已改制单位和拟改制单位努力开拓市场，严格内部管理，经营效果明显改善，员工收入稳定增长，较好地实现改革、稳定、发展的协调推进。

【住宅区社会化管理】 年内，工厂已完成丰润区二、三小区燃气系统的整体移交工作和刘屯住宅小区电力系统的整体移交工作；供水系统整体移交的前期准备工作正在进行。根据唐山市《关于2008年度既有居住建筑节能改造和大型公共建筑节能运行管理工作安排的通知》精神，工厂完成所辖住宅小区总建筑面积41.88万平方米既有居住建筑节能改造费用的审核工作。

【稳定工作】 按照《信访条例》，加强信访接待制度建设，畅通信访渠道。耐心接待来访者，听取意见，做好工作记录，协助有关领导和业务部门研究、解决、处理信访提出的问题，及时化解矛盾，按期结案。全年共接待188人次，来信10件，厂内立案37件，上级交办19件，上访接待率达到100%，上访结案率100%，保证了企业经营秩序的稳定。

【企业领导名单】

(1~7月)

厂　　长　孙　凯

副 厂 长　柴秋生　李　宁　杨　光

总工程师　尹叶红

总会计师　王克勤

(7月24日后)

厂　　长　柴秋生

（赵　明　供稿）

中国北车天津机辆轨道交通装备有限责任公司

董事长、总经理　宗保全

党委书记　问增杰

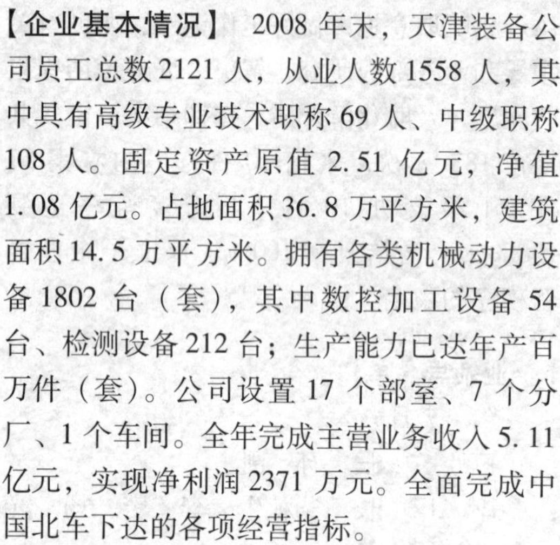

【企业基本情况】 2008年末，天津装备公司员工总数2121人，从业人数1558人，其中具有高级专业技术职称69人、中级职称108人。固定资产原值2.51亿元，净值1.08亿元。占地面积36.8万平方米，建筑面积14.5万平方米。拥有各类机械动力设备1802台（套），其中数控加工设备54台、检测设备212台；生产能力已达年产百万件（套）。公司设置17个部室、7个分厂、1个车间。全年完成主营业务收入5.11亿元，实现净利润2371万元。全面完成中国北车下达的各项经营指标。

【改革改制】 按照股份公司整体改制上市工作要求，按时完成土地使用权的类型变更和房屋产权的转移登记，补办了历史上遗漏的相关手续和证件。在对厂办大集体实行“并户”处理的基础上，又有12名员工与原工业公司解除劳动关系并得到妥善安置。进一步分离企业办社会职能，厂区和5片职工住宅区供热实现与社会并网，全面实现“三供”（供水、供电、供暖）社会化。做好存续企业的管理工作，成立存续企业办公室和房屋改革办公室，并制定出三年退出市场的工作计划，为房改工作和住宅管理移交地方政府创造了条件。合理安排营业外收益，减少企业成本支出，确保职工合法权益，制定了在实施有关企业办社会资产剥离时，出让土地使用权、房屋所有权、职工安置方案等配套实施细则，对人事外包政策和方案进行新的探索和尝试。

【企业管理】 公司根据发展目标，制定年度经营综合发展计划，并进行分解落实和检查考核。制定并实施《生产经营单位领导班子年度奖励试行办法》、中层干部《月度重点工作考核办法》和《年度风险抵押金考核办法》，把月度工作、当月工资与年终考核挂钩。生产单位分别实行计件工资和超利分成政策。增加大专以上毕业生的工资待遇，注重蓝领队伍的建设，激发了员工的潜能和积极性。在销售管理上，采用新型系统模块进行销售管理，分别将财务部、供应部、质量保证部等实行联网运作和管理，实现数据共享，且传递及时、信息快捷。物资采购管理利用市场信息，加大合同采购、招标采购比重，预测价格走势，规避价格风险，对大宗物资实行招标采购，有色金属、铁合金、耐热钢、弹簧钢等重点物资均列入招标采购范围，招标结果由招标评审组最终评定，在保证生产进度、原材料质量的同时，节约采购成本。推进财务物流一体化工作，实现企业采购和销售等管理流程的一体化，从合同订立、物资采购、物资收发存到销售完成，实现了资金、成本、预算的全面管理。有效控制成本费用，把降低成本、费用目标、措施内容、实施进度纳入两级领导班子的责任书中，按照计划实行考核。在改制工作中，积极与地方政府部门沟通，利用政策争取支持，被免除房屋转移登记手续费220万元、房产土地产权变更契税费437万元、新产品研发所得税费330万元，办理货车修理业务减免税费63万元。充分利用低价“谷电”降低用电成本，通过改进工艺降低原材料消耗。全年实现百元商品产值成本80元。

【生产发展情况】 全年主产品销售各型缓冲器41274套,货车改造弹簧11853辆份,货车新造弹簧5675辆份,各型调速器313台,各型制动机4009套,各型滤器1380套,各型活塞环68088道,各型增压器新造422台、增压器修理1089台。拓宽经营领域,提高产品修理能力和规模,增压器修理由上年每月70台,提高到每月91台。加大客车弹簧的市场开拓力度,实现客车弹簧销售收入663万元,比上年增长67%。巩固出口美国缓冲器箱体、出口澳大利亚等国的弹簧,继续拓展海外客户,同巴基斯坦JEFFER公司建立合作关系,在巴基斯坦铁路市场推广企业的增压器以及其他铁路配件产品。为庞巴迪公司生产的转向架弹簧通过该公司的弹簧体系认证,并开始小批量供货。

【新产品新技术开发】 加快新品开发速度，增强市场活力，对产品开发系统的体制与机制进行调整，改变现有产品结构。组建研发中心，完善新产品开发管理手段，配备新产品开发的必要设施，制定以路内产品、关键配件国产化和路外需求产品为重点的开发课题，采取项目负责制、与高等院校联合开发等多种方式，加快产品开发和市场导入进程。以时速200公里、300公里动车组弹簧的国产化为切入点，加快产品创新。按照股份公司B类项目合同计划，相继完成中低速磁悬浮列车制动系统、140T铁水罐车盘型手制动装置和引进机车车辆弹簧国产化的研制以及特种车变刚度弹簧的试制。签订10台ZN310-2型增压器小批量销售合同；HM-1型缓冲器获得铁道部装车使用资质。作为1.5兆瓦风力发电机研制项目组的成员单位，发电机制动器的研制已通过样机试制，并加快改进推广。通过四新攻关技术，完成缓冲器堆焊修复外固定板、斜板锻造模具的应用和制动机产品煮腊工艺的改进试验，完成联合调速器匀速盘组装结构和增压器主轴热处理工艺的改进。

【党群工作】 公司党委贯彻落实党的十七大精神，学习实践科学发展观，围绕改革发展稳定大局，加强和改进党的建设和思想政治工作。贯彻集团公司第二次党代会精神，举办学习党的十七大精神党支部书记培训班，20个党支部的书记和组织委员参加培训。继续开展创建基层“四好班子”建设活动，有10个党支部达到“四好班子”标准。支援四川汶川地震灾区，组织员工募集赈灾款102098元，接收党员特殊党费54002元。以落实“双培”工作为重点，全年发展党员31名。全面推行中国北车企业文化理念，制定并实施《贯彻落实北车企业文化建设的通知》、《公司北车Ⅵ导入推进方案》，以中国北车使命、愿景、核心价值观、团队建设目标、员工誓词和承诺等塑造员工理想和志向。加强党风建设和反腐倡廉工作，不断完善“惩防体系”。对新轮岗的和新提拔的中层以上领导干部100%地进行廉政谈话；对中层以上领导干部和生产经营重要岗位人员，分别签订廉洁承诺书。加大纪检监察审计的效能力度，对38项大宗物资采购招投标项目进行招标监督，参加4次闲置资产处置拍卖活动，对基建工程项目实施跟踪审计，基建工程项目结算送审金额1659万元，审定1543.4万元，核减金额为115.6万元。全年接待信访8次、收到举报信4封，均及时接待、回复和查办处理。

工会组织员工全面开展以“解放思想，干事创业，我为增收节支做贡献”为主题的合理化建议活动，征集合理化建议785条，评出优秀合理化建议10项，在采纳的97项合理化建议中，实现经济效益36万元。在“双增双节”活动中，完成项目72项，实现经济效益230万元；在“五小”活动中，完成项目27项，实现经济效益20万元。工会与公司双方平等协商，续签2009~2011年度集体合同。开展送温暖活动，自筹资金5万元慰问职工，其中重病伤残职工115人、劳动模范及遗属18人、离退休老同志及孤老户200多人。开展“金秋助学”活动，出资6900元资助23名困难职工子女就学。

团委结合企业经营广泛开展团的建设工作。在集团公司青年技术比武活动中，2人获岗位技术能手称号；在集团公司青年科技论文征集活动中，1人获科技论文二等奖；在中央企业青年文明号评选活动中，公司机加工分厂数控一组获“中央企业青年文明号”称号。

【重要纪事】 1月30日,公司与北京控股磁悬浮技术发展有限公司就中低速磁悬浮列车机械制动器,举行研制生产合作协议和销售合同签字仪式。7月22日,集团公司党委常委会研究决定,撤销中共中国北车集团天津机车车辆机械厂委员会,成立中共天津机辆轨道交通装备有限责任公司委员会。其党委会成员由原中国北车集团天津机车车辆机械厂党委会成员组成。9月2日,国务院国资委派驻中国北车集团国有企业监事会主席季晓南一行到公司检查工作。9月3日,公司申报的客车侧式缓冲器获国家知识产权局颁发的实用新型专利证书。9月24日,公司申报的紧急放风阀获国家知识产权局颁发的实用新型专利证书。10月28日,公司与天津市河北区政府举行供热并网移交签字仪式。11月26日,公司申报的摩擦胶泥缓冲器获国家知识产权局颁发的实用新型专利证书。

【企业领导名单】

董事长　宗保全
副董事长　谢纪龙(7月23日免)
　问增杰(9月11日任)
总经理　宗保全
副总经理　问增杰(兼)　刘建国
　戚建人(7月23日免)
　王彦明　张展福
　邓奎天(9月1日任)
总会计师　王国廷
总经济师　邓奎天(3月1日任,9月1日免)
　赵　歆(9月1日任)

党委书记　谢纪龙(9月5日免)
　问增杰(9月5日任)
党委副书记　宗保全(兼,7月28日任)
　刘京男(7月28日任)
纪委书记　刘京男(兼,7月28日任)
工会主席　刘京男(兼,10月13日任)

(吴建志　供稿)

中国北车集团天津机车车辆机械厂

【企业基本情况】 2008年末，天津厂员工总数392人，其中在岗员工377人；具有高级专业技术职称4人、中级职称16人。固定资产原值5441万元，净值1775万元。拥有各类机械动力设备600台（套），其中数控加工设备2台、检测设备25台。工厂设置3个生产车间。全年完成主营业务收入6303万元，利润-45万元。

【经营管理情况】 根据年度发展目标，制定经营综合发展计划，其中包括经营指标、生产、销售、各项费用、工艺质量管理、安全环保指标、技术改造、设备更新、设备修理和职工教育培训等各项专业计划，并对年度经营综合发展计划进行分解落实和检查考核。在销售管理上，采用新型系统模块进行销售管理并成功运行，做到数据共享，信息传递及时、准确，保证产品销售，提高了市场占有率。在物资采购上，严格执行物资采购管理办法、物资招投标管理办法。对大宗物资实行招标采购，有色金属、铁合金、废钢等重点物资均已列入招标采购范围，招标结果由招标评审组最终评定。在保证生产进度、原材料质量的同时，尽力做到招标采购价格均为同一时点的市场较低价格，最大限度地降低采购成本。在财务管理上，按照集团公司自1月1日起全面执行新《企业会计准则》的要求，在原有会计科目的基础上修改、删除、合并已停用或暂不需用的科目，根据修改后科目进行重新审核，顺利完成新旧会计科目的转换。在改制工作中，资产无偿划转后，为核实企业资产情况，盘活账面资金，对存续企业账目进行清理。根据经营战略整体发展要求，对存续企业的多经实体进行清产核资等工作。在降低成本上，减少贸易环节，实施招标采购，控制采购成本；在产品、产成品的储备资金定额上加快资金周转；开展技术进步活动，优化工艺，控制废品，提高产品的成品率、合格率，压缩材料消耗定额；加强设备管理，提高设备完好率，降低设备维修费用；完善成本分析制度，加强成本分析管理。规范物流程序，加强系统审核，建立相应的考核制度，减少流程中的漏洞，进一步控制成本。

【改制分流情况】 按照集团公司主辅分离、改制分流和减员增效的总体部署，做好资产管理、投资股权、房改医改、资产盘活等各项工作。根据股份公司改制上市的工作部署，按照工作内容做好配套工作。为解决好厂办大集体遗留问题，对工业公司下岗职工进行情况摸底，已有47名职工办理了解除劳动合同手续，尚有11名职工等待办理。对工业公司拖欠职工内债等遗留问题进行清理，医药费报销金额达111.42万元。成立存续企业办公室，做好后续改制工作。

【企业领导名单】

（1~7月）

厂　　长　宗保全

副 厂 长　问增杰　刘建国　戚建人

　　　　　王彦明　张展福

总会计师　王国廷

（7月24日后）

厂　　长　王彦明

（吴建志　供稿）

中国北车北京二七轨道交通装备有限责任公司

董事长、党委书记　王东明

总经理　刘晓平

【企业基本情况】 2008年末，二七装备公司员工总数3546人，其中具有高级专业技术职称151人，中级职称268人。拥有机械动力设备3000余台（套），占地面积43万平方米，厂房建筑面积15.2万平方米。固定资产原值8.48亿元，净值4.77亿元。公司下设14部3室1中心、12个分厂（分公司）、7个党群部门。2008年，公司电力机车引进消化吸收项目如期进行，大规模技术改造已完成，基本形成“两区七线一库”格局，和谐3型7200千瓦电力机车开始批量生产。公司引进的两个铁路大型养路机械项目正式启动。全年共完成新造电力机车15台，内燃机车125台；大修内燃机车79台，实现主营业务收入8.2亿元，利润总额3903万元。

【改革改制】 根据中国北车《关于全面落实国务院批复加快推进整体改制上市工作的通知》等文件要求，完成二七装备公司投资人变更的工商登记注册等工作。按照辅业改制工作进程，先后撤销长铁运输公司、宏铁工贸公司、热加工分厂、设备维修安装公司、技工学校、铁路小学、铁路中学等组织机构设置。根据公司产品结构变化成立大型养路机械分厂和科研管理部。在金属结构分厂设立工程机械工段。编制《组织机构定员管理办法》。

【企业管理】 完成87项规章制度的整理、修订和补充完善。完成《生产能力调查报告及阶段性生产能力平衡方案》，制定《生产法则》。编制并实施重点设备配件储备计划。制定以计件工资为基础的实物量计件工资分配办法，并在机车分厂、金属结构分厂、机械二分厂和传动分厂进行试点。制定《大型养路机械分厂项目工资分配办法》，并开始实施。对技术、研发等部分关键岗位进行岗位工资调整。完成15项质量目标。制定并执行古巴机车、电力机车、铁路大型养路机械等产品质量控制计划。完成在职员工两个批次498人的技能鉴定工作，并培训中青年管理人员23名。电力机车生产关键工序、关键岗位的40名员工经过培训和理论、实作考试，取得电力机车生产岗位操作证。修订《采购招标管理办法》等制度，规范物资、设备、工装等招标采购程序，对50万元以上的项目全部实施招标采购。规范价格体系、资金占用额度、合同审核、委外加工管理工作。在财务部、技术中心、物资供应部分别成立定额室。完成电力机车材料消耗定额初稿，并装人公司ERP系统运行。成立节能减排工作组，通过节能审计、能源计量检测、节能监察和取消锻造生产等措施，提高能源综合利用水平，全年万元增加值综合能耗降低率为5%。

【生产发展情况】 全年新造内燃机车125台，全部为出口和路外市场订单。其中：东风7G型14台、东风7C型23台、GK型31台，出口古巴40台、安哥拉15台、刚果（布）2台。完成电力机车15台；完成大修机车79台；完成路用配件约2000万元，加工出口韩国曲轴117根。电力机车车体、构架、司机室等大型钢结构已形成月产10台份的能力。

【新产品新技术自主开发】 对电力机车转向架构架进行静强度和疲劳试验。完成电力机车整车型式试验，达到技术标准和规范要求。基本完成路基处理车和钢轨打磨列车首列车钢结构主体制造，初步形成技术引进产品制造体系。完成出口古巴东风7G-C型机车的改进设计，开发并出口古巴东风7K-C型机车。完成安哥拉内走廊机车的设计开发，对出口安哥拉外走廊机车和越南机车进行改进设计。柴油机通过CCS船级社认证。

【技术引进消化吸收工作】 年内，路基处理车和钢轨打磨列车项目前期已经实施，成立四个专项工作组，形成工作体系，开展土建工程、工艺布局调整和相关设备工装的采购招标，金属结构分厂铁路大型养路工段的工装已陆续投入使用。按照技术引进合同，分5批接收路基处理车的5个主车架等图纸以及分工明细、制动系统原理图、焊接工艺标准等技术文件，完成图纸审核、工艺分析，编制的工艺文件已应用于钢结构生产；完成制动系统国产化方案，并由中铁咨询公司进行国产化可行性专题技术论证。接收了钢轨打磨列车方案图、打磨小车外形图、集尘装置技术规范等图纸资料。完成动力车和6节打磨车的国产化设计和钢结构生产工艺文件；接收福伊特液力传动箱图纸及文件资料，全部完成了翻译转化。举办铁路大型养路机械项目培训班57期，培训1255人次。60名电焊工获得《铁路大型养路机械钢结构焊接上岗证》，其中12人在哈尔滨焊接技术培训中心取得EN287-1碳钢国际焊接证书。派员到北京机械段参加检修和线路作业现场培训。

【市场营销】 年内，签订路外新造内燃机车合同57台，新开发的用户25家。按照《路外机车最低销售限价和销售指导价》办法，与各厂家沟通，使机车销售价格向符合市场价值规律的水平回归。按照新价格签订三种型号路外机车30台。路外机车的预付款达到70%，降低了财务费用。在配件销售方面，制定2573项配件销售指导价。

【售后服务】 全年派出售后服务人员600人次，处理电报12份，电话信息306件，电话传真30个，用户满意率为91%。按期完成出口古巴、刚果（布）、安哥拉调车机车和国内路外市场车的售后服务工作。

【基本建设与技术改造】 年内，和谐D3型电力机车项目签订合同1056项，累计金额36139万元。完成厂房改造59688.31平方米，其中新建厂房6681平方米。基本建成“两区、七线、一库”，即：电力机车调试区和内燃机车大修区；机车组装流水线、电力机车电气化试验线、车体钢结构生产线、表面处理及涂装生产线、板材处理下料成型生产线、机车轮轴加工线、转向架加工组装生产线；机车配件立体仓库。路基处理车和钢轨打磨列车项目的部分先期项目通过评审并得到批复，资金规模为4000万元。完成大修机车车体检修和总装工序的搬迁。对工艺布局进行调整，投入400万元进行技术改造。

【党群工作】 公司党委开展“双培双保”活动，40个党支部围绕生产经营重点工作立项攻关142项，完成137项，完成率为96.5%。举办“纪念改革开放30周年党务知识竞赛”活动。举办培训班两期，集中培训入党积极分子111名。发展党员41名，预备党员转正34名。制定企业文化建设实施方案，建立健全公司企业文化建设工作体系。开展“迎奥运，讲文明，树新风”系列活动。组织部分员工完成残奥会文明观众任务，被奥组委评为“优秀组织单位奖”。团委被授予“优秀组织奖”。在汶川地震募捐活动中，全公司员工为灾区捐款243135元。公司1030名党员共缴纳“特殊党费”160863元。

【重要纪事】 2月18日，在和谐D3型7200千瓦大功率交流传动电力机车第三批400台招标采购中，公司获得100台订单。6月17日，公司第三批出口古巴60台机车项目合同签字仪式在集团公司总部举行。10月25日，公司第二批出口古巴40台机车生产全部完成。11月6日，公司大型养路机械分厂成立。

【企业领导名单】

董 事 长 王东明

副董事长 刘晓平

监事会主席 杨少波

总 经 理 刘晓平

副总经理 孙建军 闫建华 马建勋 高维寅 刘纯义 李海滨

总工程师 杨修伟

总会计师 刘嘉华

党委书记 王东明

党委副书记 刘晓平(兼) 杨少波

纪委书记 杨少波(兼)

工会主席 王玉麟

(姚春立 胡跃平 供稿)

中国北车集团北京二七机车厂有限责任公司

【企业基本情况】 二七厂公司下设综合管理部，所属工业公司、电器公司、广厦建筑安装工程公司、医院4个单位。2008年末，公司在岗职工132人，厂区占地面积8.62万平方米，固定资产原值1.22亿元，净值4672万元。年内，公司通过ISO9001国家质量体系认证、OHSAS18001职业安全卫生认证、ISO14001环境管理认证、ISO10012计量管理体系认证。按照集团公司《关于明确集团公司新设一人公司与存续企业管理关系等有关问题的通知》规定，主要管理范围是：组织落实859号文件，推进改制分流，安置富余人员；企业办社会职能移交和水、电、暖转供管理或移交；非上市资产的管理与处置；内退职工管理；土地资产、使用权管理；办理与上市业务关联交易；厂办集体企业管理和集体企业的改制等。

【改制分流情况】 公司按照集团公司总体改制方案，做好存续企业的各项管理工作，并为存续企业提供良好的发展空间。年内完成北京二七宏丰机械有限责任公司的工商登记注册工作；提供优惠政策，确定相关改制单位的产品价格，顺利与上述单位签订《企业合作协议》。二七宏丰、二七宏泰、二七宏铁、二七长铁等几家辅业改制单位均已运作，并呈现出良好的发展态势。完成第三批辅业改制单位资产核减的准备工作。公司依据国家的有关规定和集团公司的工作部署，对车城物业公司、设备维修安装公司、技工学校和热加工分厂进行辅业改制，有关工商登记注册等后续事项已完成。

【企业管理情况】 根据《中国北车集团公司加强存续企业管理的指导意见》，公司召开专题会议研究分析存续企业的相关问题，按照资产、人员、财务、机构、业务“五分开”的原则，研究制定《北京二七机车厂有限责任公司管理办法》，明确管理机构、管理范围、管理职责，提出今后的工作目标。《管理办法》经总经理办公会研究决定并提交公司董事会同意后已正式执行。按照《管理办法》，二七装备公司综合管理部已整建制划归二七厂公司，行使存续企业内部的管理职能。

【重要纪事】 1月22日，铁总生活保障女工部部长钟利军一行到二七厂公司慰问困难职工。2月2日，二七厂公司第一届职工代表大会第二次会议召开。5月13日，按铁道部铁运函［2008］508号文规定，二七厂公司企业资质对应转入二七装备公司。5月29日，公司荣获2007年度北京劳动关系和谐单位称号。

【企业领导名单】

（1～7月）

董 事 长　王东明
副董事长　刘晓平
监事会主席　杨少波
总 经 理　刘晓平
副总经理　孙建军　闫建华　马建勋
　　　　　高维寅　刘纯义　李海滨
总工程师　杨修伟
总会计师　刘嘉华

（7月24日后）

执行董事、总经理　高维寅
执行监事　杨少波

（姚春立　胡跃平　供稿）

中国北车北京南口轨道交通机械有限责任公司

董事长、总经理　宋治贵

党委书记　王振雄

【企业基本情况】 2008年末，南口机械公司员工总数1232人，其中具有高级专业技术职称53人，中级职称96人。固定资产原值3.83亿元，净值2.38亿元。占地面积96万平方米。拥有各类设备897台（套）。设有行政部室15个、党群部门4个，主产品生产车间（分厂）7个，控股公司1个。全年实现主营业务收入2.81亿元，比上年增长52.8%。其中，轨道产品实现销售收入1.5亿元，比上年增长89.6%；民用产品实现销售收入7231万元，比上年增长107%。实现劳动生产率17.84万元/人·年，比上年提高62.6%。实现利润总额2009万元，全面完成中国北车下达的各项绩效指标。

【改革改制】 公司根据股份公司整体改制上市工作部署，所属北京南口南机机电设备有限责任公司全部资产无偿划入南口轨道机械公司，完成产权移交。按照北京市相关政策，完成国有划拨土地出让合同预签和后续土地上市备案资料上报。存续企业占有斯凯孚及克诺尔合资公司股份完成产权移交。根据生产经营需要，对有关部室职能进行调整和业务整合，成立风电制造基地指挥部和组装试验车间，组织结构得到进一步优化。

【企业管理】 公司贯彻落实安全生产责任制，规范安全生产秩序，轻伤事故率为1.71‰，控制在2.6‰指标以内，未发生重伤以上工伤事故。开展查漏堵漏、节能降耗工作，减少水资源漏损5万吨、节约用煤400吨，实现综合节能效益123万元。根据市场变化完善成本控制体系，完成56项产品对外销售价格调整，347项产品内部核算价格以及48项新产品价格的制定、修改工作。质量管理体系有效运行，通过了庞巴迪公司、EMD公司、阿尔斯通公司、开利公司等国际知名企业现场审核；开展国际铁路行业标准（IRIS）认证，修订、新增文件76个；对主要供方进行现场审核，避免公司产品因供方原因出现质量问题；开展QC小组活动，铸造车间十字头QC小组、三机车间E型下体偏心槽QC小组分别获得铁道部、股份公司优秀成果奖。

【生产发展情况】 公司完成主要配件品种

239项、产量20.06万件套。实现交库收入2.02亿元，比上年增长66.7%。完成轨道产品NPT5空压机580台、2.4空压机83台、1.6空压机89台，和谐2型技术引进机车主动齿轮804个、从动齿轮706个、轴箱铸件2056个、抱轴箱铸件1067个、上齿轮箱铸件773个、下齿轮箱铸件758个，和谐3型技术引进机车从动齿轮453个，长客齿轮箱200个，东风4型机车主动齿轮1754个、从动齿轮3738个，东风7G型机车主动齿轮168个、从动齿轮104个，其他电力机车主动齿轮970个、从动齿轮754个，二七伞齿轮104对，出口古巴机车主动齿轮116个、从动齿轮124个，出口安哥拉机车主动齿轮118个、从动齿轮113个，各型主机油泵693台，各型喷油泵上体装配8000套、下体装配8350套，各型喷油器3600套，各型喷油器偶件33328副，各型柱塞偶件18444副。完成民用产品70DB型油田齿轮箱6套、油田机械主动齿轮235对、齿圈292对、齿圈及齿轮轴10对、十字头1530个；完成20立方螺杆泵机头30台，出口法国阿尔斯通公司电机机座88个，出口美国英格索兰公司转子1222对、开利公司转子147对。

【新产品新技术自主开发】 公司完成新产品新技术自主开发项目8项。其中，与西重所联合开发试制的70DBⅠ型、Ⅱ油田齿轮箱顺利通过宝鸡石油机械厂联机调试运行试验，在温升、漏油和噪音等方面全部达到试验要求，有关技术指标高于同类企业产品，获得用户高度评价，实现小批量供货。试制的20立方螺杆式空压机机头样机经上海尤耐特斯公司使用，通过了性能测试，排气量、比功率等主要性能指标与国外进口主机产品相同，振动、噪声指标优于进口产品，投入小批量生产。为美国开利公司研发的TT3型、TU3型转子产品批量供货，拓展了国际市场。为济南柴油机厂试制生产的船用偶合器齿轮等部分产品装机运行，技术指标达到用户要求，效果良好。完成电喷产品工艺工装设计和试验调试，喷油性能达到进口同类产品先进水平，进入组装和产品耐久性检验阶段。240E型高压油管产品在北京机务段、石家庄电力机务段装车投入运用考验的基础上，通过耐高压试验，产品性能满足运营要求。“引进大功率内电机车牵引齿轮国产化”等4项科技成果通过股份公司专家组鉴定，其中引进大功率内电机车低温球墨铸铁箱体技术填补了我国的空白。申报技术专利21项，其中镗床端铣刀、内半球浮动刀、铰链式杯形圆球车刀等8项专利技术获得国家实用新型专利证书。

【技术引进消化吸收国产化工作】 公司积极推进技术引进消化吸收国产化工作，将技术引进成果运用到既有机车齿轮箱改造，实施再创新。试制完成2台份符合引进大功率机车和铁路既有机车技术要求的齿轮箱改造，得到铁道部运输局正式批准，在怀柔北机务段装车运用考验。

【市场营销】 年内，公司市场营销部承揽订单1.87亿元，比上年增长66.8%。市场拓展取得突破，E型泵嘴产品占有大连机辆公司新造车市场60%以上；油泵油嘴产品占有戚墅堰厂市场80%；齿轮、空压机、油泵油嘴产品进入资阳厂市场，一次签订合同500余万元。集中抢运北京“奥运”交通限行期间用户急需产品，制定紧急措施，满足市场需求，发送货物36车、实现销售收入1160万元。售后服务用户110次、累计750天，处理产品质量投诉198次，售后服务及时率达100%。民用产品部克服油价下跌造成油田产品市场严重萎缩等不利因素影响，重新启动青岛捷能市场，积压的15

对齿轮轴及齿圈全部销售。转子产品已形成英格索兰、开利和施耐德三个主要市场。销售空压机17台，其中40立方米以上空压机销售3台，实现空压机市场新突破。随着转子、机头和空压机整机进入市场，风源系统产品产业链基本形成。

【多元经营】 公司成功开发TT3型及TTU型螺杆转子、20立方螺杆压缩机主机、70DBⅠ型及Ⅱ型石油机械齿轮箱、济南柴油机厂14种系列齿轮、风电塔架法兰等多元产品。其中石油机械产品实现销售收入2204万元。大排量螺杆压缩机产品，大型螺杆转子产品进入施耐德公司、阿尔特公司等市场领域，实现销售收入993万元。全面做好对南口斯凯孚合资公司、克诺尔合资公司以及夏金宇公司、绿色金可公司、绿波金可公司、速原公司、宏福源公司、微纳公司等对外合作、租赁单位的风水气电动能转供和服务工作，实现各类转供收入4903万元。

【基本建设与技术改造】 公司投入1356万元，购置数控铣床、装载机、数控立式车床、龙门加工中心、探伤机、液化气储罐等急需生产装备。更新改造设备25项60台，大修设备25项25台。完善基础设施建设，完成厂房屋面防水大修、齿轮箱组装场地改造、锅炉运行系统改造、建设路改造、社区照明系统改造以及12号、13号住宅楼建设等10余项工程和中区综合服务楼前期规划申请及售房工作。节能降耗更新改造项目和环保项目获得政府补贴380余万元，获得北京市和昌平区财政供暖补贴157万元。实施环境治理，更换绿地3048平方米，拆除社区私搭乱建61处，硬化地面近2万平方米，社区基本面貌明显改观。

【人力资源建设】 公司招收高校毕业生89人，中专、技校生46人。修订《高校毕业生见习管理办法》，培养高素质人才队伍。调整关键技术岗位业绩突出员工67人工资待遇，评选“金蓝领”员工1人、高级技师5人、技师4人。提拔中层以上管理人员17人次，换岗交流38人次。通过多种形式对技术操作员工、专业技术人员、关键岗位管理人员进行工艺质量、安全意识与安全操作技能、技术攻关、管理创新等各类业务培训34项1839人次。

（陈宗河）

【党群工作】 公司党委开展“四好”班子创建活动评选交流活动，组织为期10天的中层管理人员学习十七大精神培训班。开展“情系灾区，奉献爱心”捐款活动，为四川汶川灾区捐款116534元，缴纳“特殊党费”80009元。开展“为奥运添彩，为党旗增辉”、“大干100天，完成年度经营目标”主题活动。进一步深化“双培”工作，全年发展党员35人。按照廉洁自律“七项要求”自查、检查中层管理人员77人，厂级领导班子成员9人。公司工会制定“创争”活动实施方案，全年征集立项34项，完成25项，创经济效益320多万元。组织开展“用好的产品质量及优异的生产成绩迎接北京奥运会”主题竞赛等系列活动。公司团委以促进青年成长成才为主线，提高团员青年综合素质，增强团组织活力和凝聚力。14名青年员工成为北京奥运会城市志愿者。300余名团员青年为地震灾区学生缴纳“特殊团费”11693.5元。全年征集科技论文15篇，征集青年技术创新百点计划成果7项。

（党委工作部、工会、团委、总经办）

【重要纪事】 3月6日，国资委监事会主席季晓南到公司检查指导工作。3月14日，公司与德国ZF公司举行北京南口·ZF轨道交通齿轮箱传动系统合资合作意向书签字仪式。7月2日，集团公司党委副书记、纪委书记林万里到公司检查指导工作。

【企业领导名单】

董　事　长　宋治贵
副董事长　王振雄
总　经　理　宋治贵
副总经理　谢传军　何金祥　曾建平
　　　　　李克山
总工程师　魏亦南
总会计师　纪　利

党委书记　王振雄
党委副书记　宋治贵(兼)　耿　刚
纪委书记　耿　刚(兼)
工会主席　耿　刚(兼)

(陈宗河)

中国北车集团北京南口机车车辆机械厂

【企业基本情况】 2008年末，南口厂在岗员工71人，固定资产原值3311万元，净值1541万元，负债总额515万元，所有者权益5399万元。下属生活物业公司、北京昌平南口经联汽车修理厂、北京佳达塑化制品有限公司3家企业。全年主营业务收入488万元，管理费用442万元，实现利润－304万元。

【经营管理情况】 南口厂所属北京昌平南口经联汽车修理厂、北京佳达塑化制品有限公司在市场变化、竞争激烈的情况下，对外开拓市场，对内加强管理，做好员工思想工作，稳定员工队伍。北京昌平南口经联汽车修理厂集资购买数控立车，改进工序流程，由单件整体加工改为程序加工，实现流水作业，提高工作效率；加工品种从东风4、东风7、古巴轮、客比轮扩展到油田齿轮箱内齿轮，产品技术含量、价值含量得到提高。

【改革改制情况】 南口厂贯彻落实《中国北车集团公司存续企业加强管理的指导意见》和集团公司存续企业工作会议精神，在推进存续企业改制、人员安置、资产处置、股权退出等各项工作中取得实质性进展。制定相关政策，加快房改政策与社会房产政策接轨步伐。做好房屋分配、出售、出租和违章建筑处理等管理工作。完成7292平方米危旧平房改造，并交付使用；办理9050平方米新建住宅楼开工手续，为住宅商品化和走向市场做好准备。组建存续企业综合管理部，实施《南口厂存续企业管理暂行规定》，建立存续企业资产台账、人员管理台账，存续企业管理和减资工作进一步深化。

【企业领导名单】

(1～7月)
厂　　长　宋治贵
副　厂　长　谢传军　何金祥　曾建平
　　　　　李克山
总工程师　魏亦南
总会计师　纪　利

(7月24日后)
厂　　长　王振雄

(陈宗河　供稿)

中国北车大同电力机车有限责任公司

董事长、总经理　杨永林

党委书记　邹　涛

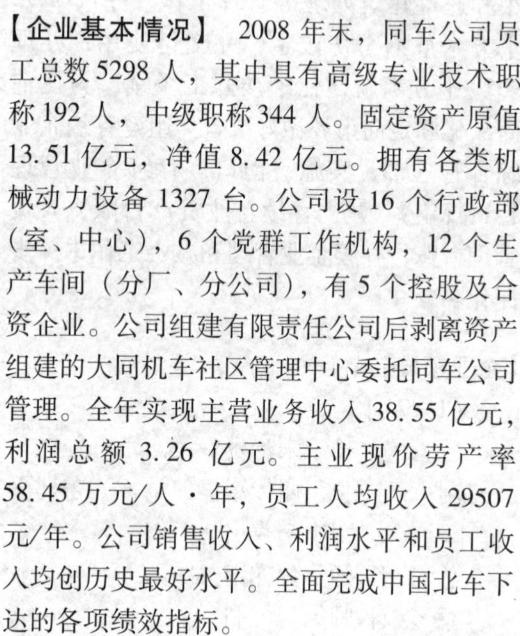

【企业基本情况】 2008年末，同车公司员工总数5298人，其中具有高级专业技术职称192人，中级职称344人。固定资产原值13.51亿元，净值8.42亿元。拥有各类机械动力设备1327台。公司设16个行政部（室、中心），6个党群工作机构，12个生产车间（分厂、分公司），有5个控股及合资企业。公司组建有限责任公司后剥离资产组建的大同机车社区管理中心委托同车公司管理。全年实现主营业务收入38.55亿元，利润总额3.26亿元。主业现价劳产率58.45万元/人·年，员工人均收入29507元/年。公司销售收入、利润水平和员工收入均创历史最好水平。全面完成中国北车下达的各项绩效指标。

【改革改制】 进一步加强对控股企业、改制分流企业和集体企业的经营监控管理，制定《关于加强控股企业、改制分流企业和集体企业经营监控管理的规定》，加大扶持力度，严格监控和考核，不断提高企业经营效绩，促进企业经营规模和效益水平快速增长，保证国有资产的保值与增值。

【企业管理】 公司牢记“1·14”事故教训，借鉴法国阿尔斯通公司先进的管理理念、控制方法，深入开展质量安全“大反思、大检查”活动。公司加强供方管理，强化三级质量控制，发挥质量工程师作用，以满足机车质量安全特性为突破，加大过程质量控制，确保质量安全有效控制。和谐D2型机车生产工艺、质量控制始终保持与原装进口机车同等水平，既有机车、配件等产品质量也逐步与和谐D2型机车质量接轨，全员安全意识、质量意识、责任意识显著增强。和谐D2型机车产品质量得到用户的高度评价。公司积极探索产品质量工作新思路，确立产品质量工作新目标，提出“四个一样”（国产车和进口车一样，既有车与和谐车一样，大修车和新造车一样，配件和整车一样）的工作要求和“三个一致”（同车公司外购配件、关联企业供件与自制产品质量一致）的工作目标。以产品质量安全工作为核心，以巩固创新质量管理理念和方法为内容，加大工作力度，持续提升产品质量，实现质量工作新发展。安全生产持续保持良好态势，实现安全生产3136天，创造第31个“安全生产百日竞赛”新纪录。坚持“节能减排、清洁生产”的环保工作目标，推进建设环境友好型企业步伐，环保工作成绩显著，成为大同市唯一取得排污许可证的企业，荣获大同市面上“环境行为绿色企业”荣誉称号。公司对效绩目标责任制实施办法进行补充和完善。以机车成本控制为工作重心，从严格效绩目标管理、健全保障制度、强化监督控制，落实责任体系等方面入手，加强内控制度建设，强化奖惩激励机制，落实责任制度要求，公司基础管理工作不断向标准化、规范化迈进。以“降低制造成本、提升经营效益”为重点开展全员、全方位、全过程降成本增效益活动，制定出16个方面24项措施，全年共降低各类成本费用2.36亿元，确保公司经营效益创历史最好水平。加快信息化建设步伐，完成PDM系统数据库升级与功能扩展，实现ERP系统、VPM系统与PDM系统深度集成，满足了产品数据库管理高效率、规范化、精细化的要求，实现信息化与工业化的有机融合。信息化建设实现全面指导、应用于和谐D2型机车生产，其他既有机车、配件产品等均纳入ERP系统进行管理，生产管理不断向精益化、科学化、现代化迈进。公司荣获国家“最佳企业资源计划应用奖”、“最佳产品管理应用奖”，“2008年中国制造信息化工程产品创新奖”等。

【生产发展情况】 面对采购配件供应不及时、机车成本压力巨大等不利情况，公司加强生产组织，强化供应链管理，加强国产化工作，积极组织做好机车生产，生产经营取得显著进展。6月，和谐D2型机车生产超出月产13台的设计纲领要求，达到15台的高水平。精心组织，合理调整工艺流程，科学安排部署市场机车、轻大修机车、路用配件等产品的生产，进一步提高了并行生产能力。圆满完成180台和谐D2型机车项目合同。轻大修机车累计完成10台，修理进度和产品质量达到历史最好水平。积极拓展路外和国际市场，全年共完成韶山4改型机车14台，韶山3B型重联机车2台，轮轴等出口产品实现销售收入3亿元，创历史新高，进一步提高了地方铁路市场的占有率，拓宽了路外机车市场的销售领域。充分发挥轮轴出口、轮对加工的能力和优势，冶金炉工业产品生产取得突破，全年签订产品订单6159.7万元，并成功实现冶金工业炉产品的首次出口。

【新产品新技术自主开发】 公司加大与铁道部、阿尔斯通公司的协调力度，全力推进和谐D2B型机车项目步伐。完成机车总体设计工作，积极进行工艺准备工作，供阿尔斯通首件试制工作全面结束，供阿尔斯通配件发往欧洲。200公里/小时客运交流传动电力机车项目研发工作取得进展，首台样车于12月提前下线，进入调试试验阶段。积极与东芝公司就新六轴机车项目展开洽谈，加快新战略合作步伐，在机车主变压器、主变流器、制动系统的合作谈判方面取得进展。展开机车网络控制、辅变流系统核心技术的试验研究。4月，北京同车研发中心成立运行，加快机车核心技术的研究与掌握，为进一步消化吸收引进技术，加速自主创新步伐，凝聚行业高端人才，提升核心能力奠定了基础。按照“完善一个机车平台，建立两套标准体系，力争培养三个供应商，覆盖四种基本车型，全力突破电传动技术”的工作要求和总体思路，加快国产化工作步伐。通过和谐D2型机车供应链培育，初步建立能够满足大功率交流传动电力机车生产的供应商体系。全年，和谐D2型机车国产化工作降低成本3.6亿元。积极争取省、市地方政府资金支持，全年共取得省、市政府

1280万元项目资金无偿支持，其中八轴车技改项目获得山西省发改委补助资金400万元，企业信息化建设项目获得山西省发改委补助资金300万元，技术中心创新项目获得省级国家高技术发展项目资金支持300万元，信息化工程“双甩”（甩图纸、甩账表）项目获得山西省科学技术发展计划工业项目资金支持100万元，发生炉煤气窑炉置换天然气节能技术改造项目获得山西省节能项目财政以奖代补资金支持180万元。同时，积极争取到大同市2700万元免税优惠支持。公司全年成功申报60项专利，其中发明型专利9项。4项发明型专利和6项实用型专利通过国家专利局授权。申报铁道部科研项目4项、集团公司科研项目6项，圆满完成集团公司下达的科研任务。加强技术中心创新体系建设，成为山西省高新技术企业。

【多元经营】 为保证多元经营的快速发展，公司加大多元经营管理力度，制定《加强控股企业、改制分流企业和集体企业经营监控管理的规定》，推进多元经营工作步伐。公司投资和控股的大同爱碧玺铸造有限公司、大同ABB牵引变压器有限责任公司、北京赛德高科铁道电气科技有限责任公司、大同斯麦肯轨道运输设备有限责任公司等业务规模进一步扩大，销售收入持续增长。明确多元经营发展目标，促进多元经营市场占有率进一步提高，实现了从过去车间的管理模式、单一满足同车公司需求向独立经营、体制创新，向国内外其他市场的扩张迈进，部分企业的生产能力及企业形象达到了行业一流水平。

【售后服务】 公司积极贯彻铁道部“大秦线保安全运输专题会议”精神，按照“处理故障能力优、服务及时效率优”的标准，进一步加大售后服务工作力度。成立以公司总经理为组长的和谐D2型机车售后服务工作领导组，确保做好和谐D2型机车售后服务工作。进一步细化和谐D2型机车售后服务工作计划及应急预案，加强机车售后服务力量，储备数量充足、种类齐全的机车配件，为大秦线和谐D2型机车可靠运行提供保证。认真贯彻落实党中央、国务院保电煤、保运输的指示精神，为大秦线日运电煤100万吨目标圆满实现、抗灾救灾工作的顺利开展作出贡献。积极肩负起和谐D2型机车终身维护重任，制定和谐D2型机车终身维护修理规程。同时深入机车配属机务段开展全面的安全件、关键件大检查工作，累计完成所有在段机车走行部安全件的检查，确保在段机车运行安全、可靠。

【人才队伍建设】 公司以青年人才、高层次专业技术人才和高技能人才队伍建设为重点，积极推进人才队伍建设，全面提升员工整体素质。贯彻“人才强企、人才兴企”战略，制定专家人才管理办法，规范专家人才选拔机制，充分发挥专家人才的领军作用。坚持“能者上，平者让，庸者下”的竞争机制，对10个单位29个管理岗位进行内部竞聘和岗位公开招聘，发挥了岗位晋升的激励作用。开展员工培训和岗位练兵、技术比武活动，全年组织厂级培训3500人次。以车间（分厂）为单位，创建了一批专项技能培训基地，提升员工岗位技能。54人获得EN287国际焊工资质，9人通过计量、理化检验试验认证。6月，公司被国家人力资源和社会保障部评为第一批国家高技能人才培养示范基地，为实现公司创新发展、增强实力提供了支撑。

【党群工作】 公司党委紧紧围绕生产经营中心工作，充分发挥党组织的政治核心作用，确保公司生产经营工作的快速推进。9月，召开公司第二次党代会，将“打造多元化国际化百亿产业集群新同车”确定为同车公司下一步发展的行动纲领。党委坚持把党建工作质量管理体系作为加强公司党建基础工作的有效途径，以《2008年党建工作质量管理体系运行工作要点》和《审核计划》为依据，扎实推进体系运行。围绕降本增效中心工作，党委在全体党员中深入开展“立足岗位做贡献，降本增效我争先”主题实践活动，共收集合理化建议近2000条，确定70项党支部立项攻关项目，增强了员工成本效益意识。加强“四好”班子队伍建设，通过开展“以军事化的工作作风，确保生产经营任务全面完成”活动，有效转变了领导人员工作作风，领导班子凝聚力、战斗力显著增强，协调配合、团结协作、敢打硬仗的工作作风得到贯彻执行。开展形势任务教育，营造良好的思想和舆论氛围。围绕和谐D2型机车生产，广泛宣传员工在生产中的先进事迹，开展“我自己从事的工作与质量安全的关系”大讨论活动。加大对外宣传力度，与《铁道风采》杂志合作，邀请记者到公司实地采访拍摄，宣传通过技术引进公司发生的巨大变化，树立企业良好形象。按照中国北车企业文化建设总体要求，对公司Ⅵ识别系统进行设计更新。坚持开展“党团员月月为民服务”活动等传统社区服务活动，精神文明、共建和谐车城活动卓有成效。四川汶川特大地震灾害发生后，党委号召全体党员积极缴纳“特殊党费”支援抗震救灾，共缴纳“特殊党费”210589元。及时组织全体员工向地震灾区奉献爱心，公司全体员工捐款（含特殊党费）共计97.9万元。党委始终把各级领导人员作为反腐倡廉教育的重点，坚持把反腐倡廉教育与实现经营目标、推进改革改制和技术引进紧密结合，强化中纪委十七届二中全会精神、廉洁自律“七项要求”和“三重一大”制度等有关内容的学习，加强廉洁文化价值理念宣传，有效提高了领导人员廉洁意识。公司工会围绕全面完成生产经营任务，深入开展“三创两保一提升”劳动竞赛，适时开展“保大秦、保电煤、保指标”和“全体总动员，大干五十天，坚决打赢生产经营任务攻坚战”立功竞赛活动，调动了广大员工的积极性、主动性和创造性，保证了公司机车生产任务的全面完成。公司团委扎实开展“双岗、双创”活动和“我与北车同发展”主题实践活动，提高了青年员工的技术业务能力、创新能力和整体素质，推动了公司各项工作的顺利开展。开展青年志愿者活动，加强精神文明建设，深入开展共建和谐车城活动，充分发挥共青团的生力军作用。（梁永刚）

【重要纪事】 1月16日，公司和谐D2型机车大秦线2万吨重载组合列车牵引试验圆满成功。2月23日，公司被授予“山西省文明和谐单位”称号。2月28日，国资委监事会主席季晓南到公司考察调研。3月23日，公司入选2007年度中国企业信息化500强。4月1日，大同市委副书记、代市长耿彦波一行到公司检查调研。4月28日，公司北京研发中心正式挂牌。5月23日，大同ABB公司第300台变压器下线。7月9日，公司和谐D2型机车辅变流柜、系统柜、通用柜技术转让通过铁道部验收。8月17日，和谐D2型机车车体、转向架技术转让通过铁道部验收。8月17日，公司实现连续安全生产3000天。8月19日，公司被山西省确定为知识产权百强企业培育工程第一批企业。9月16日，公司召开第二次党代会。10月，公司被评为2008年山西省企业100强。11月15日，公司《六轴大功率交流传动电力机车技术引进消化吸收和国产化技术改造项目资金申请报告》通过国资委评审。11月23日，山西省委副书记、代省长王君到公司检查指导工作。12 月 4 日，山西省委书记、省人大常委会主任张宝顺到公司检查指导工作。12 月 9 日，股份公司重点科研项目 200 公里/小时交流传动客运电力机车提前成功落车。

【企业领导名单】

董 事 长　杨永林
副董事长　邹　涛
总 经 理　杨永林
副总经理　邹　涛　宁如斌　吕　海
　　　　　郭胜清　李贤有
　　　　　黄启超(4 月 18 日任)
　　　　　王东海(4 月 18 日任)
　　　　　张志宏(4 月 18 日任)
总工程师　宁如斌

党委书记　邹　涛
党委副书记　杨永林(兼)
　　　　　黄启超(4 月 18 日免)
　　　　　韩亚东(4 月 18 日任)
纪委书记　韩亚东
工会主席　范志远

(张贵强　供稿)

中国北车集团大同机车社区管理中心

【企业基本情况】　大同机车社区管理中心（简称社区管理中心）是原大同机车厂在 2003 年实施债转股之后，对辅助后勤资产进行剥离组建成立的国有企业法人单位。集团公司授权同车公司对社区管理中心进行管理。社区管理中心注册资本 5397.6 万元。资产主要由同车公司社区资产以及投入在大同机车工贸物业公司、大同机车高级技工学校、大同机车幼儿园、大同机车医院、大同机车新型材料制品有限责任公司、大同机车设备制修有限责任公司等改制单位资产构成。2008 年集团公司整体改制上市工作实施后，社区管理中心纳入集团公司存续企业。社区管理中心有职工 122 人，主要负责对社区资产进行经营管理，对同车公司生活区设施进行维护改造，同时，还承担为同车公司职工办理规范住宅产权相关手续等多项社会管理职能。社区管理中心主要业务收入来自资产管理与处置收益和履行社会职能收取的各项服务管理费用。

【经营管理情况】　2008 年，社区管理中心主要围绕资产经营、社区改造、房屋管理等内容开展工作。以服务同车公司及职工家属为目标，管理经营社区资产，盘活不良、闲置资产，提高经营收益水平。年末，社区管理中心全部资产总额 5913 万元，负债总额 4012 万元，所有者权益总额 1901 万元。社区管理中心推进社区改造工作，多方筹措资金，加大资金投入，对同车公司社区基础设施进行更新改造，加快推进了物业管理社会化进程。实施集中供热改造工程。先后完成职工医院旧楼室内采暖管道更换工程、5 栋员工住宅楼 330 户住户的分户供暖改造工程、2 栋员工住宅楼屋面大修工程。完成同车社区 1600 平方米道路改造和楼宇间道路面硬化工程，筹措资金完成 703 户社区住户住宅磁卡电表改造工程。积极与大同市华润天然气有限责任公司进行协调，完成 452 套员工住宅生活天然气改造工程，使同车公司社区居民生活燃气使用全部社会化。2008 年社区管理中心实现销售收入 815.9 万元，净利润12.8万元。

【改制分流情况】 2008年，社区管理中心职工医院被列为集团公司第三批实施主辅分离改制分流的单位。在获得国资委批复后，4月开始实施主辅分离改制分流工作。先后起草完成《大同机车社区管理中心职工医院主辅分离改制分流实施方案》和《扶持政策》等有关文件。11月社区管理中心职工医院职工大会表决通过改制分流实施方案。截至年底，职工医院改制工作基本完成，实现医院经营机制和管理体制的转变，社区管理中心在集团公司范围内率先完成全部主辅分离改制分流工作。

【企业领导名单】

(1~7月)

总 经 理 杨永林

副总经理 李贤有

(7月24日后)

总 经 理 邹 涛

（张 宇 供稿）

中国北车太原轨道交通装备有限责任公司

董事长、总经理　张毅力

党委书记　霍艳军

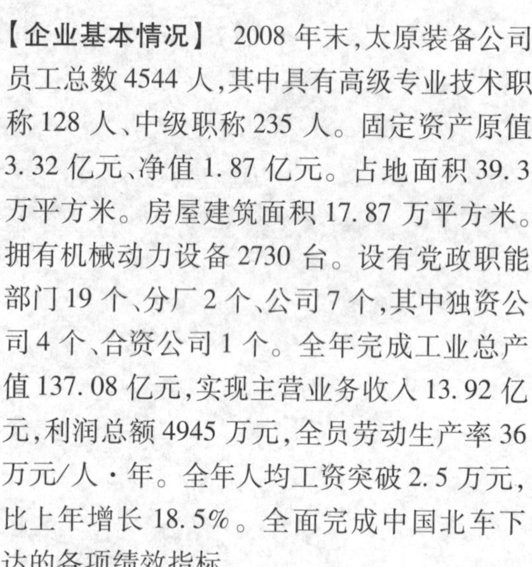

【企业基本情况】 2008年末,太原装备公司员工总数4544人,其中具有高级专业技术职称128人、中级职称235人。固定资产原值3.32亿元、净值1.87亿元。占地面积39.3万平方米。房屋建筑面积17.87万平方米。拥有机械动力设备2730台。设有党政职能部门19个、分厂2个、公司7个,其中独资公司4个、合资公司1个。全年完成工业总产值137.08亿元,实现主营业务收入13.92亿元,利润总额4945万元,全员劳动生产率36万元/人·年。全年人均工资突破2.5万元,比上年增长18.5%。全面完成中国北车下达的各项绩效指标。

【企业管理】 以质量、安全和成本三大基础管理为重点,全面提升企业基础管理工作,并取得显著成效。质量工作注重强化过程控制,全面推行“记名造、记名修”和“周、月检”质量工作制度,职工质量意识得到增强,产品实物质量得到提高。持续强化安全管理,年底顺利通过安全质量标准化一级企业复评。全面落实预算管理制度,开展重点效绩指标目标管理与过程控制,实行动态监控与考核,促进了经营指标的完成。加强领导,制定措施,“四清两降”阶段性工作初见成效。加强物资采购与厂内物流管理,优化采购模式,有效降低物资占用资金,提高了资金周转速度。强化审计监督和效能监察工作,全年审减金额303万元。继续开展降耗提效工作,通过优化产品设计和生产工艺,提高利旧率,有效降低了生产成本。深化三项制度改革,优化劳动组织结构,完善分配机制,职工收入实现较大增长。建立健全改制企业法人治理结构工作条例,规范经营行为,加快发展步伐,市场竞争能力持续增强。

【生产发展情况】 制定《机车检修生产周期控制考核办法(试行)》,将机车生产周期与相关部、处室直接连锁考核,为机车检修创造便利条件。着力解决长期影响和制约机车生产的物资配件供应。针对映丰铸造公司搬迁后,轮芯短缺问题严重影响机车开工和进度的情况,多次与成凯公司联系,督促解决机车轮芯生产、供应问题。针对扬帆锻造公司厂房拆迁形成的能力不足,积极协调联系厂外有资质的锻造厂生产配件,同时积极协助技术部门在厂内进行产品扩散，保证生产的正常进行。8 月，机车月交车 25 台，创公司检修电力机车月产量新高。车辆生产着重抓好配件的计划、协调和管理，根据生产计划分析负荷，争取做到科学合理安排配件计划生产，督促检点各单位配件生产和交接，特别是在交接问题上，严格要求交接双方清点数量，注明日期，双方签字，杜绝责任不明确、有事推诿扯皮现象的发生，配件生产供应较以往有了很大改观。积极督促、协助车辆分厂上能力、上产量，C80B 型敞车日产量连续保持 6 辆，最高达 7 辆，KZ70 型漏斗车日产量连续保持 6 辆，车辆检修日产量达 15 辆。全年完成电力机车检修 205 台，比上年增长 60%；货车新造 1597 辆，比上年增长 27%；货车检修 3483 辆，比上年增长 2%；全年完成新造工程作业车 63 台(辆)，比上年增长 133%。公司三大产品经营业绩均呈现良好增盈态势。

【新产品新技术自主开发】 一批关键技术的研发取得新成果。完成国内首台韶山 3C 型固定重联机车大修改造，重载机车技术改造取得新突破；完成韶山 4B 型机车大修改造工作，韶山 6B 型电力机车大修技术图样消化吸收和韶山 9G 型、韶山 7D 型机车大修技术准备取得阶段性进展；围绕提升机车运行可靠性，既有机车检修产品开展的大修技术改造工作也取得较好成绩。漏斗车产品的改进和完善工作全面铺开，完成转 8B 型转向架提速改造；成功开发 70 吨级铁矿石漏斗车、石灰石漏斗车和不锈钢石碴漏斗车等一批新型专用货车；70 吨级煤炭漏斗车的改进设计顺利通过铁道部技术审查；完成 C70X 型焦炭运输专用敞车的技术准备及样车试制；C80B 型不锈钢运煤敞车实现批量生产；围绕铁路运输发展方向和市场需求，25 吨轴重横开门煤炭漏斗车的研发设计取得阶段性进展。全面完成 TY 系列新型作业车的设计工作，其中 TY13B 隧道牵引车、TY290B 重型轨道车已试制成功，工程作业车向多品种、规模化方向迈出了坚实步伐。全年申请国家新产品发明及实用新型专利权 12 项，为提高产品竞争力发挥了积极作用。

【市场营销】 机车销售部积极开拓营销思路，拓宽营销渠道，加大营销力度，签订电力机车检修合同 222 台、配件合同 1000 余万元。同时，积极与铁路局及各机务段加强联系，加强沟通，并且派遣专人到机务段进行催车使其尽快入厂，使机车能够均衡入厂，保证机车在厂检修数量，全年销售收入比上年增长 15.7%。车辆销售紧紧围绕铁路政策，牢牢抓住市场需求，全年签订新造货车合同 1666 辆(含上年转入)、签订修理货车合同 3097 辆、转 K2 型转向架改造 213 辆。全年车辆(含配件)销售收入占公司总销售收入的 60% 以上。工程作业车实施多范围、多方向、多元化营销策略，与多家企业建立了供应关系，当年产品产量和销售收入均创历史新高。

【售后服务】 进一步完善售后服务管理制度及工作程序。严格执行《公司售后服务工作管理办法》，以质量体系文件的形式将售后服务的信息反馈、处理程序、事故分析及制定的预防措施程序化、规范化。根据用户反馈的质量问题，及时进行分析，拟定处理方案。及时组织有关人员赴段，从时间上保证了质量事故处理的及时性。

【基本建设与技术改造】 按照“优化结构、合理布局”的原则，继续加大技术改造力度。新建货车第二条柔性生产线，为较好解决小批量产品生产和新产品试制提供新的平台；对既有敞车侧墙生产线、端墙生产线及货车关键零部件制造的工装、设备进行升级改造，完善配套的工艺装备。货车基本实现敞车装备齐、效率高、转产快、兼容广、质量可靠的生产目标。为缓解工程车日益紧张的生产形势,按照3.3亿元技改项目,先期启动实施工程作业车联合厂房改造项目,工程主体已基本完工并投入使用。

【党群工作】 公司党委认真抓好两级班子建设、党员队伍建设和职工队伍建设。有计划、有重点地组织开展"降耗提效、从我做起"主题活动,各单位结合实际,修订管理制度,实施立项攻关,推进技术改造,为完成公司全年各项经营指标发挥了重要作用。汶川特大地震发生后,在全公司范围内组织开展"伸出您的援手,奉献您的爱心"捐款活动,两天时间汇集善款40余万元。广大党员缴纳"特殊党费"合计16.5万元。工会组织积极履行"双维护"职责,逐步推进公司民主管理,维护了职工的合法权利。千方百计帮助职工解决实际困难,全年救助困难职工572名,共支出扶贫帮困救助基金18.3万元。共青团组织开展"先进作业法征集、推广"活动,提炼出机车电工、电机钳工、铆工、电焊工、探伤工、车工、钻床工7个工种的先进作业法,形成7万余字、40余张表格、70余幅图形及部分影像资料的理论教材和实作教材,并积极组织培训加以推广。

【庆祝建厂110周年】 9月28日,公司隆重召开建厂110周年庆典大会。公司领导、特邀原工厂老领导与全公司职工和家属一起共庆盛典。公司董事长、总经理张毅力致辞,回顾公司发展历程和取得的成绩,展望公司的美好未来。大众广播体操表演拉开群众艺术表演的帷幕。工会干部威风锣鼓响彻云霄,离退休人员太极拳、中国功夫扇表演精彩纷呈。党委宣传部用10个版面展出历史照片,从不同角度回顾了公司的发展历程,吸引了众多职工家属和来宾驻足观看。

【"退市入园"工作】 公司紧紧抓住政府应对全球金融危机,实施"保增长、扩内需、调结构、促发展"的机遇期,以扩大生产规模,实现可持续发展为宗旨,积极与太原市政府就合作建设太原铁路装备工业园重大工程项目进行磋商,从战略合作目标、工业园定位、配套措施,优惠政策等方面进行深入研究。12月23日,太原市政府与中国北车股份公司签订合作建设太原铁路装备工业园框架协议。积极开展工业园建设前期工作,完成项目备案,有关规划也在积极进行当中。

【重要纪事】 1月14日,由公司试改的G_{60TA}、G_{60T}、G_{60H}型罐车换装转K2型转向架提速改造样车通过铁道部技术审查。2月28日,国资委监事会主席季晓南到公司考察调研。4月6日,公司无中梁罐车暨GF_3型氧化铝罐车换装转K2型转向架提速改造通过铁道部生产质量认证。5月7日,公司研制的25吨轴重石灰石漏斗车、KM_{70}型煤炭漏斗车增加下侧门和装用压紧式快装管接头样车通过铁道部技术审查。5月12日,公司整体芯B+级钢转K6型摇枕侧架工艺通过铁道部评估。5月23~24日,古巴铁道部及镍矿公司代表到公司参观考察。6月6日,集团公司党委副书记、纪委书记林万里到公司检查指导工作。6月12日,公司C_{80B}型不锈钢运煤敞车通过铁道部生产质量认证。6月19日,公司平车-集装箱共用车通过铁道部生产质量认证。10月10日,公司举行首批新造C_{80B}型货车竣工剪彩仪式,庆祝货车新产品开发取得重大突破。11月17日,太原市市长张兵生到公司考察,提出公司"退市入园"构想。12月22日,公司通过中国机械工业安全卫生协会一级安全质量标准化企业评审。

【企业领导名单】

董 事 长 张毅力
副董事长 霍艳军
总 经 理 张毅力

副总经理　马　凡(7月23日免)
　　　　　秦忠义　张小林　郑宇平
　　　　　李兴钊(9月5日任)
总工程师　孙　勇
总会计师　杨永孝
党委书记　霍艳军
党委副书记　张毅力　南选义
纪委书记　南选义(兼)
工会主席　南选义(兼)

(苏小良　供稿)

中国北车集团太原机车车辆厂

【企业基本情况】 2008年末,太原厂员工总数125人,全部为企业托管人员。下设工业公司、配件厂、福利厂。年内,根据集团公司要求,原统计在存续企业的非在岗内退职工划归太原装备公司。

【改制分流情况】 对居民生活区供水、供电、供暖系统移交社会所需费用进行调研,为物业公司自主经营、自负盈亏并逐步走向市场奠定了基础。本着"积极推进、扎实稳妥、分步实施"的原则,在15家改制单位完成工商注册之后,统一为其制定并下发了董事会、监事会和总经理工作条例。与太原铁辆经贸有限公司、太原市杏花岭区金童幼儿园(原机车幼儿园)、太原机车医院三家改制单位签订服务协议书,明确双方的权利和义务,理顺双方的关联交易,保障了公司生活后勤工作正常运行。

【经营管理情况】 工业公司继续加大技术投入,以持续的工艺技术改造和工艺装备投入,提高产品制造能力和实物质量。先后完成落锤实验机、压吨实验机的安装调试;组织完成空气干燥器实验台的安装测试,已投入使用,运转正常。紧跟太原装备公司产品发展规划,抓紧产品结构调整,加快新产品开发步伐,先后开发出机车单塔、双塔干燥器(检修),气囊式受电弓(检修),货车C_{80B}型下侧门组成(新造),ST缓冲器(检修)等项目,全年实现销售收入4633万元,利润20万元。福利厂面对生产任务紧张的形势,精心组织,动员全体员工大干快上,创造出年产值2000余万的历史最高纪录。与上年相比产值增长22%,利润指标也顺利完成。配件厂在新产品开发和降低检修成本方面取得重大突破,TQG15B速度传感器、QH20切换阀、NPT5空压机、TSA-230A螺杆泵相继通过厂级鉴定,形成新的经济增长点。新产品开发实现了辅助电机、制动电阻装置、刮雨器、空气压缩机、控制变压器等机车关键配件的系列化检修,市场产品形成了以螺杆泵电机新制和检修、韶山型电力机车电阻元件等为主的市场开发格局。锁铁座、斜撑、水平撑杆等车辆配件加工已形成规模,从而使机车配件形成以三大系列产品为基础的产品制、修结构。

【企业领导名单】

(1~7月)

厂　　长　张毅力
副 厂 长　马　凡　秦忠义　张小林
　　　　　郑宇平　李兴钊
总工程师　孙　勇
总会计师　杨永孝

(7月24日后)

厂　　长　霍艳军

(苏小良　供稿)

中国北车永济新时速电机电器有限责任公司

董事长、总经理　徐印平

党委书记　王勇智

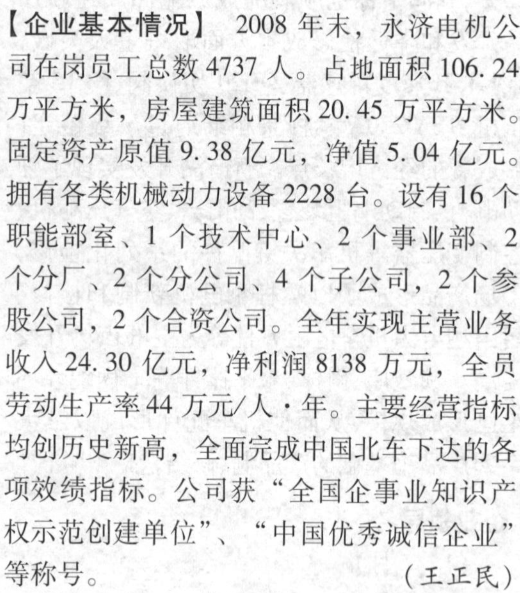

【企业基本情况】 2008年末，永济电机公司在岗员工总数4737人。占地面积106.24万平方米，房屋建筑面积20.45万平方米。固定资产原值9.38亿元，净值5.04亿元。拥有各类机械动力设备2228台。设有16个职能部室、1个技术中心、2个事业部、2个分厂、2个分公司、4个子公司，2个参股公司，2个合资公司。全年实现主营业务收入24.30亿元，净利润8138万元，全员劳动生产率44万元/人·年。主要经营指标均创历史新高，全面完成中国北车下达的各项效绩指标。公司获“全国企事业知识产权示范创建单位”、“中国优秀诚信企业”等称号。

（王正民）

【改革改制】 公司以机构改革、企业运行机制转换与管理方法创新相结合，对直线职能制的组织机构进行调整，建立全新的分权式内部运行机制，形成决策层、监督管理层、执行层三个层面，构建由16个职能部室、1个技术中心、2个事业部、2个分厂、2个分公司、4个子公司组成的网络型组织结构，企业运营效益和效率得到明显提升。先后成立电机事业部、机加事业部、西安电机分公司、永济电气锻压有限责任公司、永济立达电气配件制造有限公司。

（高旺胜）

【企业管理】 公司以现代化管理理念，结合信息化手段，不断提升管理水平和管理效益。基础管理上，在继续完善投资、招（议）标、原材料和配件核销等管理制度的基础上，建立《中层管理人员及职能部室（技术、服务）人员生产问责管理办法》、《员工奖惩管理办法》、《劳动定额管理办法》等17项管理制度，进一步规范企业管理。成本管理继续深入开展增收节支活动，将指标分解到各系统、各部门及具体责任人，每季度对完成情况进行小结审核，年终进行总结考核。完善财务物流一体化系统，全年新增新产品BOM库237种，累计达366种，实现对所有产品实施限额领料。改定额结算为实际成本结算。财务管理加大应收账款回收力度，当期回款率105.1%。生产现场及安全管理完成6500平方米现代化物流配送中心的建设及软件配置，建立起以物流为中心的集生产、物料配送、成本管理为一体的现代化物流管理体系，提升了现场管理水平和生产效率，降低了生产成本和资金占用。供应链管理重点对上游原材料和外协供应商以及下游用户企业进行培育和管理，对关键供方在产品研发、价格、服务等方面展开广泛合作，结成利益共同体，共同抵御市场风险，提高产业链的竞争力。质量管理在全公司范围内逐步推广实施以激励为主的质量等级工资制，加强过程质量控制，持续改进运行体系。信息化建设通过对财务物流一体化限额领料系统的升级，将生产订单模块、物料需求计划、成本核算程序、报价模块、物料配送、销售管理等6块信息管理业务整合为一体，形成统一联动的成本管理和生产管理系统。建立产品全生命周期管理平台，实现设计、工艺、制造过程的有限并行，为产品开发系列化、模块化、标准化提供支撑环境。（刘益民）

【生产发展情况】 全年完成各类产品总功率1068万千瓦，比上年增加42%；生产各类电机8531台，比上年增加30%；变流装置762台，比上年增加56%。其中技术引进产品2969台，主发电机258台，牵引电机1522台，油田电机1545台，新交流电机85台，风力电机2172台，启动及辅助电机743台。出口大部件347台件，工矿车电机117台。

【新产品新技术自主开发】 公司着力构建具有国际先进水平的电机、变流装置、电传动系统三大技术平台，坚持“消化、吸收、优化、再创新”的技术开发工作思路，全面提升公司技术创新能力。全年完成各类新产品试制105项，产品种类达到151个系列、531个品种、2189个规格，累计授权专利186项。牵引电机在技术引进项目消化吸收的基础上，完成国家科技支撑项目100%低地板车辆牵引电机的研制，着手开发70%低地板车辆牵引电机和香港有轨电车牵引电机。风力发电机完成1.5兆瓦直驱永磁电机及2兆瓦空空冷双馈异步发电机的研制，开始研制3兆瓦空空冷永磁型同步发电机。电力电子产品完成技术引进变流装置的消化吸收国产化工作，750千瓦定桨距失速型风力发电机组电控装置已挂机考核运行，合作研发的山西省科技创新项目2兆瓦变速恒频风电控制装置已进入样机试制，为公司由风电电机向风电控制系统延伸打下了基础。油田电机完善陆地石油钻井系列电机研制，完成31种海洋钻井平台电机组研制，其中4种石油电机、3种工矿车产品和3种防爆电机通过安标认证，获得中国船级社颁发的“安标证书”，使公司具备了高防护等级、海洋用钻井油田电机组设计制造能力。新市场产品研制55立方米交流电铲用开斗电机和20立方米开斗电机，为独家配套太重交流电铲车全部电机奠定了基础。研制成功集装箱起重机变频电机。明确电动汽车产业的产品市场定位及技术研发方向，与清华大学、西北工大等高校及企业合作，开展16米无轨电车交流系统、电动汽车驱动系统等6个项目的研发。（赵　华）

【技术引进消化吸收和国产化工作】 全年技术引进7个项目12种产品，共有4个项目7种产品完成批量供货，国产化率持续显著提高。完成大连东芝电机，长客阿尔斯通动车充电机、牵引电机、主辅变流器，四方日立动车牵引电机，大同阿尔斯通电力机车牵引电机、主变流器的批量生产和供货任务，累计向主机厂交付牵引电机3517台，变流器722台，充电机408台。完成唐山西门子300公里动车牵引电机样机试制，大连EMD内燃机车主辅发电机、牵引电机项目技术转让及工业化改造工作进入收尾阶段。

完成156次国外技术转让方的技术支持工作。技术引进项目国产化促进了产品结构实现由直流到交流、由电机到变流装置和电传动系统的历史性转变，提高了产品质量档次，拓宽了市场领域，同时在现场物流、供应链管理、信息化建设以及职工素质和观念等方面带来了全方位的提升。

（孔艳华）

【市场营销】 在2008年公司主营业务收入中，铁路市场实现销售收入比上年增长157.6%，风电市场实现销售收入比上年增长53.6%，国贸市场实现销售收入比上年增长44.9%，电力电子市场自营销售收入比上年增长27.6%，油田钻井电机实现销售收入比上年降低8.6%，工矿车实现销售收入比上年增长24.8%。（李小平）

【售后服务】 修改完善《服务人员作业指导书》，并组织服务人员集中培训；起草《售后服务实施细则》，指导、规范公司服务体系。技术引进动车的电机、变流器和充电机产品由服务中心统一专项服务，统一人员管理，统一服务理念，提升服务品牌。以铁道部技术引进国产化产品质量检查为契机，细化分解技术引进服务项点，夯实专项服务工作细节，并顺利通过铁道部检查。主要对和谐D3型机车、和谐D2型机车、CRH5型动车、CRH2型动车及北京“和谐长城号”机车等进行专项服务，坚持现场服务“零距离”，信息反馈“零报告”。建立主机厂电机产品配属档案和产品质量信息档案，为公司快捷处理故障、进行技术改进和市场分析提供第一手资料。收集各主机厂月度出车配属信息，全年530台机车配属公司牵引电机2836台，向公司反馈外部质量信息550条、公司质保期外质量信息25条。

（杜保平）

【基本建设与技术改造】 全年投入1.52亿元对永济本部和西安的基建装备进行更新改造。对西安电机分公司、修配公司、二机车间、冲压车间、工业公司等单位主要瓶颈工序进行工艺布局的调整和优化。对数控切割机、车床、镗床、钻床等61项关键设备进行大修，改造投用5.4米浸漆罐、大型旋转烘焙箱、冲槽机、切割机等设备330台（套），新装立式八面铣、单杆镗、深孔钻、浸漆中心、线圈涨型机等主要设备42台（套），改善了装备的技术状态。全年完成物流中心、修配公司新厂房及1万千伏安变电站更改等重点工程11项。其中新建修配厂房投资974.02万元、物流仓储中心投资925.68万元，已全部竣工投入使用。

（何　泽）

【党群工作】 公司党委以学习贯彻十七大精神为重点，深化两级中心组学习。制定《2008年“四好”班子创建活动工作计划》，将16项创建内容和40条创建措施，逐项逐条落实到公司班子成员和所分管18个职能部室的全年工作中，做到任务明确、责任落实。坚持夯实党建基础，制定并出台《永济电机公司党委工作制度》、《永济电机公司“三重一大”集体决策制度实施办法》和《分党委机构设置及工作职责规定》、《基层党组织选举及增补委员的程序规定》，修订完善《中层干部年度考核办法》、《公司领导干部组织谈话制度》。编发基层《党支部工作手册》，制定《基层党组织工作考评办法》，健全完善“以生产经营成果衡量党建和思想政治工作成效”为主要指标的支部工作考核评价体系。在党员中实行产品质量“免检免验岗”制度，有10个生产单位的60名操作岗党员被认定为免检免验岗，达到操作岗党员总数的20%。围绕生产经营的难点、改革改制的重点、员工关注的热点、发展成就的亮点，开展系列、专题、专版、专栏宣传报道。加强对外宣传报道，全年发表新闻稿件330篇（幅），较好地展示了企业发展成就。加强思想政治工作，开展“员工思想动态调查”和“员工质量意识状况调查”，形成了《员工思想动态调查报告》、《员工质量意识状况调查报告》。开展中国北车企业文化核心理念的宣传贯彻和形象识别系统的统一规范工作，制定《公司企业文化建设三年规划》、《企业文化建设管理体系方案》。组织全体员工向年初南方雨雪冰冻灾害和四川汶川大地震灾区献爱心捐助活动（含缴纳“特殊党费”），先后有18800多人次为灾区捐款71万余元。围绕企业改制、内部机构改革和生产经营规模扩大等实际，纪检监察部门加强对物资采购、设备采购项目招标工作的监督，在西安生产基地项目工程建设中实行阳光工程和廉洁承诺。积极开展效能监察工作，从健全制度、强化管理、增强企业执行力入手，先后组织开展7项效能监察，发现主要问题11条，提出整改建议13条，进一步促进和加强了企业内部管理。工会和共青团组织坚持“围绕中心，服务大局”，采取多种方式充分调动广大员工的工作积极性。工会在生产、技术、营销等系统中开展“单位创佳绩、岗位争最优”劳动竞赛。开展以“三改进”为主的经济技术创新活动，全年立项843项，完成312项，183项参加公司级成果评审，促进了产品制造工艺的提升。深化“创建学习型班组”活动，49个试点班组通过评审，参与活动的班组年末已扩大到150个。公司团委以“我为公司做贡献，我与北车同发展”为主题，深入推进青年学习成才活动，坚持每月开办一期“青年讲坛”，开展“学身边劳模、在岗位成才”活动。认真做好公司大学生员工的管理工作，开展“1+1”朋友制活动；深入推进青年文明先锋活动，富有成效地开展“保指标，我能行”劳动竞赛、争创青年文明号、青年志愿者活动等。（李跃新）

【重要纪事】 2月19日，永济新时速电机电器有限责任公司电机事业部成立。2月26日，国资委监事会主席季晓南到公司检查指导工作。4月8日，永济新时速电机电器有限责任公司机加事业部成立。4月15日，集团公司经营管理工作会议在公司召开。6月8日，集团公司副总经理孙锴到公司检查指导技术引进工作。7月19日，国资委宣传局局长杜渊泉等到公司进行全国文明单位检查验收。9月2日，山西省知识产权百强企业培育工程启动工作会议在公司召开。10月12日，公司与西南交通大学战略合作框架协议签字仪式暨在职电气工程硕士班开学典礼在公司举行。10月24日，山西省委副书记、代省长王君到公司调研。11月25日，西安地铁二号线一期工程地铁车辆及牵引制动系统采购合同签约仪式在西安市举行。（张淑琴）

【企业领导名单】

董事长　徐印平
副董事长　王勇智
总经理　徐印平
副总经理　王勇智（兼）　南秦龙
　许月法　高军武
　姚陶生（4月18日任）
总工程师　姬惠刚（4月18日任）
总会计师　董春梅

党委书记　王勇智
党委副书记　徐印平（兼）
　古长征（10月9日免）
　王义平（10月9日任）
纪委书记　古长征（10月9日免）
　王义平（10月9日任）

工 会 主 席　古长征（10 月 9 日免）
　　　　　　王义平（10 月 9 日任）

（任玉梅）

中 国 北 车 集 团 永 济 电 机 厂

【企业基本情况】 按照集团公司统一部署，永济厂原有主业资产及经营业务划入永济电机公司，永济厂为改制后的存续企业。2008 年末，永济厂员工总数 791 人，固定资产原值 2.34 亿元，净值 1.19 亿元，全年实现销售收入 1.36 亿元，净利润 -664 万元。工厂设有 20 个单位，其中厂属单位 6 个，厂属控、参股单位 5 个，辅业分离控、参股单位 8 个，辅业分离未参股单位 1 个。

【经营管理情况】 落实集团公司存续企业工作会议精神，确定永济厂 2009 ~ 2011 年发展规划和工作思路。围绕"改革改制、分流人员、处置资产、解决企业办社会的历史遗留问题，做好永济电机公司稳定的后方，并力争 2011 年办理注销"这一战略管理目标，加快带资分流，主辅分流，分离企业办社会职能；不再进行新的长期投资与融资；对资产进行清查，并将房改与房建情况向集团公司汇报；进行结构调整，成立存续管理部，专门负责协调存续企业与上市主体的关系；建立财务监管制度，关注存续企业经营，费用支出严格按预算执行，成本管理上按月检查指标落实情况。

【改制分流情况】 年内完成锻压公司、综合修造厂的主辅分离改制分流工作。共分流永济厂员工 192 人，支付经济补偿金 920.17 万元。两单位分别于 10 月 8 日、11 月 12 日挂牌运行。确定电机宾馆、电机医院、工业公司等单位的改制思路，为加快永济厂改制分流和厂办大集体改制分流奠定了基础。

【企业领导名单】

（1 ~ 7 月）

厂　　　长　徐印平
副　厂　长　王勇智（兼）　南秦龙
　　　　　　许月法　高军武
总 会 计 师　董春梅

（7 月 24 日后）

厂　　　长　许月法

（周春琪　陈建军　供稿）

中国北车济南轨道交通装备有限责任公司

董事长、总经理　贾世瑞

党委书记　初　军

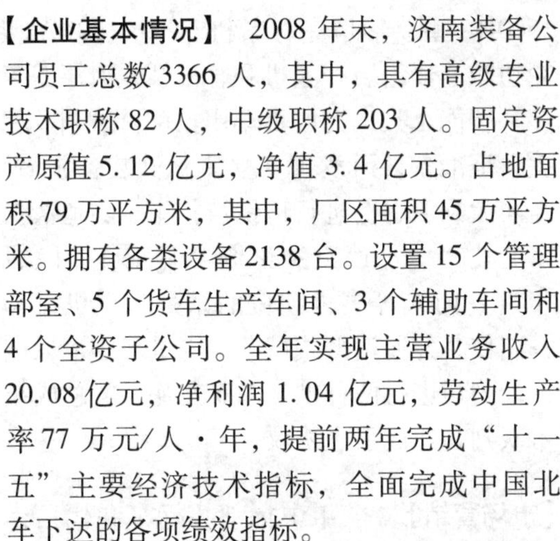

【企业基本情况】 2008年末，济南装备公司员工总数3366人，其中，具有高级专业技术职称82人，中级职称203人。固定资产原值5.12亿元，净值3.4亿元。占地面积79万平方米，其中，厂区面积45万平方米。拥有各类设备2138台。设置15个管理部室、5个货车生产车间、3个辅助车间和4个全资子公司。全年实现主营业务收入20.08亿元，净利润1.04亿元，劳动生产率77万元/人·年，提前两年完成“十一五”主要经济技术指标，全面完成中国北车下达的各项绩效指标。

【改革改制】 完善法人治理结构，实现存续企业与公司之间机构、人员、资产和生产资质转移。制定董事会、总经理办公会、监事会等议事规则，修订公司章程和规章制度。配合会计师事务所做好整体改制和申请上市财务审计与数据测算，按时完成公司注册资本变更。规范关联交易，协议双方实现共赢发展。整合研发资源，设立五个专业研究所和技术中心办公室。成立数控设备维修中心。12月，对同力钢构公司进行调整，将机电装备公司划归公司管理，撤销金属结构公司，成立钢构一和钢构二车间。成立风电项目部，在项目部下设置综合管理部、工艺技术部、质量保证部、采购部。

【企业管理】 创新生产管理模式，将风电塔筒纳入公司生产体系统一组织，强化集中调度指挥，充分利用各方优势，解决制约塔筒批量生产的瓶颈问题。推行精益制造，制动系统实现模块化制造与装车。通过科学排产、加强考核、堵漏挖潜，辆车动能费比上年降低19.76%。深化物流管理，货车系统物资、配件全部实行按期量计划进行配送。降低损耗和资金占用，制定46项市场车和多经产品的剩余材料后续利用计划，53种物资、配件实现零库存，6个月以上无动态物资按季通报分析，存货周转率达到7.3次，比年初计划加速1.3次。百元销售收入占用存货资金比上年下降23.32%。推行材料成本闭环控制，板材、主要型材利用率分别达到90.22%和96.7%，比上年分别提高1.01和0.77个百分点。加强货车和风电塔筒生产成本的核算与控制，百元销售收入成本费用94元。坚持实行5万元以上招标制度，全年共组织招议标233项次，降低采购成本2167万元。通过了中质协质保中心职业健康安全、环境管理体系复评认证。完成国家安全质量一级达标预复评。开展清洁生产审核，坚持污染物达标排放，被济南市评为首批“清洁生产企业”。提升管理信息化水平，组织轮轴工位升级和转向架流水线信息化改造，质量数据实现自动采集和工位录入。实施视频监控系统，提高技防管理水平。实现远程视频会议和OA异地办公目标。实施办公用品、计算机耗材等低值易耗品和劳保用品的超市化管理，有效控制办公费用。公司有6项管理成果分获股份公司一、二、三等奖，有2项管理创新成果分获山东省一、三等奖。根据“实施流程再造，搭建生产物流管理信息化平台”工作思路，取消车间级库房，将车间生产所需物资、配件由领用制改为配送制。制定《货车生产物流管理办法》，按定置、定量、定时要求实现货车用材料、配件配送。开发生产物流管理信息化软件，统一规范技术、生产、财务数据信息管理，货车、配件生产计划及物料配送计划实现网络下达、控制、调整和反馈。

【生产发展情况】 货车实现双线生产，形成日产34辆的生产能力，首次达到并超过转产设计纲领，全年新造货车4185辆，比上年增长23.67%，合同兑现率达到100%。合理调整工艺，加强生产调度，充分利用OA网络和MES生产制造执行系统优势，实现自制配件生产、发送和期量控制等方面的全过程组织控制。精心组织，货车生产制造周期缩短为6.8天/辆。新造C80B型货车1920辆。春节期间，为解决大秦铁路电煤运输急需车辆难题，突击生产C80B型货车100辆。

【新产品新技术自主开发】 自主研发的70吨级活动棚钢卷运输专用平车通过部级技术审查，定型为NP70。引进试制的C80型铝合金敞车和SQ6型双层小汽车专用车通过部级生产质量认证。参与设计的70吨级焦炭车和引进试制的GQ70型轻油罐车、GN70型粘油罐车先后完成样车试制。研制开发了JNZ-MG18型米轨转向架。出口马达加斯加米轨货车完成设计和转向架、车体试制。通过技术消化吸收，风电塔筒及相关配套产品实现规模生产。开发的电力机车牵引变压器油箱取得EN15085国际焊接体系标准认证，并实现批量生产。开发的船用、飞机用卫生间及地下集中排污处理系统，真空环保技术实现向路外市场拓展。开发试制了ZZB-1500DA型双轴坦克拧紧机、ZZB-150DA型轮边减速器组装拧紧机和管吊螺栓液压钳等多种智能工具，完成货车用拉铆钉试制及相关认证准备，研发进入立体仓储装备领域。与澳大利亚客商进行地铁清扫车、隧道清扫车的技术引进谈判和试制准备工作。完成50吨龙门式等多种吨位的系列起重机械装备制作，并通过型式试验。与世界一流风电设计公司进行两种型号1.5兆瓦风电总成技术谈判，达成引进协议。

【市场营销】 全年中标部招标车和代招标车3738辆。开拓货车大部件市场，全年销售收入突破1.97亿元，比上年增长31%。签订2台凝汽器及相关产品销售合同。与马达加斯加签订66辆货车制造合同，实现整车出口零的突破。参加柏林世界轨道交通装备展览会，同国际市场特别是欧盟客户进行广泛洽谈。全年实现吊板、拉带出口收入35万美元。集便器在内河船舶上装用，同时向航空领域推广，设计制造的移动式卫生间进入北京奥运会场馆。承揽烟台文化广场卫生间及污物集中处理系统项目。智能机械市场占有率不断提高，并成功打入路外市场，拉铆枪、拉铆钉快速形成批量生产能力。

【售后服务】 公司领导带队对重点用户进行走访，同用户进行交流和沟通。9名售后服务人员对全路18个铁路局、28个车辆段、78个运用车间进行四个轮次的走访。全年共完成湖东车辆段373辆C80B型车改造任务。开展春运服务值班、顾客满意度活动，及时掌握公司外运用车的有关信息，妥善处理厂外质量信息和质量问题，每周向公司汇报生产和相关质量信息情况。向18个铁路局40个车辆段发放顾客满意度调查表45份，对车体质量、转向架质量、钩缓质量及服务质量四个项目进行测评和分析，综合顾客满意度为93.75分。

【质量管理】 针对“4·28”胶济铁路特大交通事故，开展质量安全“大反思、大检查”活动，加强制度建设，完善质量体系，换版后的ISO9001质量管理体系、计量管理体系和“理化一级单位”通过审核。开展“信得过质量检查员”、“质量月”等专题活动，不断加强检查员队伍建设。完善产品质量等级管理制度，质量管理持续改进，实物质量不断提高，在春季部检车抽查中名列第三名。建立塔筒生产质量保证体系。

【多元经营】 公司大力发展多元经营产业，实施品牌战略，整合优势资源。将华腾、铁力公司进行整合，将原多经企业集团进行资源重组，新设置山东同力钢构有限公司，与华腾公司、同力达公司一起成为公司的全资子公司。突出做大做强以集便器为首的环保产品、以智能扳机为代表的智能工具产品和以大型钢结构为代表的金属结构产品等多元经营产业。打破主业和多经的界限，货车系统与非货车系统形成优势互补、资源共享的新型生产模式，多元经营逐步向产业化方向发展。全年，公司非机车车辆产品实现销售收入4.99亿元，比上年增长78.31%。

【技术改造与基本建设】 第二货车柔性生产线经过调整完善，顺利投入使用，货车小批量、多品种、快节奏生产能力得到提高。投资1025万元建成的货车拉铆钉生产线投入使用。投资5000余万元建成的2万平方米厂房和1万平方米露天跨正式投用。购置的数控龙门镗铣床、焊接机器人、数控激光切割机等一批大型精密装备陆续安装到位，建成4条风电塔筒流水线，公司装备水平和大型精密加工能力得到全面提升。

【风电塔筒生产】 3月8日同力钢构厂房竣工后，同时进行设备安装、基础环试制，用两个月时间，基本具备塔筒试制条件，先后攻克基础环法兰、筒节与法兰对接、防变形等技术难题，7月进行工艺线验证，8月达到批量生产条件并全面进行批量生产。用9个月时间，完成厂房设计施工、设备采购安装、工艺调整完善、产品试制和批量生产，形成4条生产线和日产2套的生产能力。创新生产组织模式，将风电塔筒纳入公司生产体系统一组织，强化集中调度指挥，自8月份实现批量生产后，共生产塔筒120套。全年签订塔筒生产合同近5亿元。

【人才工程建设】 公司贯彻“天下人才为我所用”的理念，引进社会成熟人才120人。拓宽人才培养渠道，与北京交通大学联合举办车辆工程硕士培训班，33名技术骨干参加学习。继续选派12名工程技术人员到西南交大、山东大学等高校进修。将外用工纳入技能培训范围。全年举办各类培训班53个，培训员工6275人次。加强劳动用工管理，细化定岗定编，对动能公司231名职工实行全员解聘，158名职工通过竞争重新上岗，73 名职工进行转岗培训和减员分流。

【党群工作】 公司党委深入开展“四好”班子创建活动，创新两级中心组学习模式。扎实开展“把党员培养成骨干，把骨干培养成党员”活动，通过党员立项，先后解决了美国磨床等进口设备国产化改造、C80B 型敞车侧墙斜撑胎位焊接立柱盲区、C80B 型敞车体倾斜等技术难题。全年发展党员 41 名。深入开展“转变思想观念和工作作风”活动，引入考核评价机制，在 1~4 季度测评中，基层对部室的满意度逐步提高。发挥舆论宣传和企业文化的导向、凝聚、激励、幅射功能，全年出厂报 43 期，制作电视新闻 45 期，制作专题栏目、专题新闻 40 期，广播站播出新闻 595 条，公司信息网刊登各类信息 1200 余篇。推进廉政建设，举办法制教育专题讲座。参与招投标工作监督检查。组织开展“心系灾区献爱心，义务劳动一日捐”、“多交一份党费，多送一份爱心”缴纳特殊党费等活动。职工捐款、捐物折合人民币 220 余万元，被济南市红十字会授予“抗震救灾突出贡献奖”。根据山东省、济南市灾区重建指挥部要求，紧急调拨 2 套拖挂式组合卫生间和 1 辆吸污车支援北川灾区。工会组织围绕生产经营中心，突出抓好主题劳动竞赛、导师带徒、学技练功、提合理化建议、“安康杯”竞赛活动等 5 项重点工作。以“喜迎奥运、构建和谐”为主题，举办形式多样的全民系列健身活动。共青团组织开展“青年技术创新百点计划”、“青年文明号创建”、“青年安全生产示范岗”、“导师带徒”等一系列特色活动。积极开展义务劳动、便民服务、文明市民等青年志愿者活动。在外用工团员中实施“蓝光”行动，制定《外用工团员青年暂行管理办法》，吸纳 110 余名外用工团员青年参加团委组织的各项活动。

【重要纪事】 1 月 21 日，中华全国铁路总工会副主席张岩到公司走访慰问。2 月 19 日，公司自主研发的“节水水冲型拖挂组合式卫生间”在北京“2008 年奥运场馆临时卫生间采购项目”中一举中标。3 月 18 日，公司中标马达加斯加 66 辆货车，国际货车市场实现零的突破。3 月 20 日，公司通过 DIN6700 焊接体系标准认证。5 月 7 日，国资委监事会主席季晓南到公司检查指导工作。5 月 16 日，公司通过济南红十字会，以企业和职工名义向汶川地震灾区捐款 100 万元。5 月 23 日，中共山东省委副书记、省长姜大明到公司考察调研。6 月 6 日，公司跻身 2010 年上海世博会船用真空卫生系统制造领域。6 月 16 日，济南市委副书记、市长张建国到公司考察调研。9 月 17 日，公司“可调整铁路货车车钩高度的心盘磨耗盘”和“铁路漏斗车整列同步卸货风动管路控制装置”两项专利获国家知识产权局授权。9 月 19 日，公司质量、环境、安全三个管理体系通过中质协质量保证中心认证审核。10 月 14 日，股份公司董事长崔殿国到公司检查指导工作。11 月 18 日，山东省委常委、济南市委书记焉荣竹到公司考察调研。11 月 22 日，公司试制的 SQ6 型凹底双层运输汽车专用车通过部级生产质量认证。12 月 30 日，北京奥组委交通部为公司特别颁发唯一的产品和服务感谢证书。

【企业领导名单】

董事长 贾世瑞
副董事长 初　军
总经理 贾世瑞
副总经理 夏　伟　于帮会　范永强
冯文泉（7 月 23 日免）
刘　溥
总工程师 杨知猛

总 会 计 师　时景丽（7 月 3 日免）
　　　　　　刘少印（10 月 8 日任）

党 委 书 记　初　军

党委副书记　贾世瑞（兼）　郑学军
纪 委 书 记　郑学军（兼）
工 会 主 席　郑学军（兼）

（及金梅　供稿）

中国北车集团济南机车车辆厂

【企业基本情况】 2008 年，济南厂作为改制后的存续企业，主要业务是房屋租赁、医疗、建筑安装以及非经营性资产、未出售产权的职工住宅等日常维护和管理工作。2008 年末，员工总数 108 人，其中，具有高级专业技术职称 9 人。固定资产原值 1780 万元，净值 1036 万元。下设职工医院、建筑安装公司、机具分厂三个机构。

【经营管理情况】 认真贯彻落实集团公司存续企业工作会议精神，研究制定了《中国北车集团济南机车车辆厂 2009 ~ 2011 年三年工作计划》，实施落实准备工作，确保存续企业各项工作有序、稳步、平衡开展。指派数名有经验、有能力的人员，专门负责组织开展存续企业的各项工作。通过中层人员风险抵押金办法、效绩考核办法，从制度上加强对存续企业的管理。年末，工厂所有者权益 483 万元，其中实收资本 10551 万元，未分配利润 -10065 万元。11 月，根据集团公司《关于“三类人员”预留费用核销净资产的通知》精神，核销因企业改制预留的“三类人员”费用 6221 万元，未分配利润较年初减少 6221 万元。全年净亏损 185 万元，主要是未出售产权职工住宅发生的维修费、非经营性资产折旧费以及其他应由工厂承担的管理费用。年末，资产总额 7923 万元，负债总额 7440 万元，净资产 483 万元。

【改制分流情况】 按集团公司要求对存续企业财务独立编制报表，业务分开核算。工厂取消对职工医院的补贴，对职工医院、建筑安装公司、机具分厂实行独立经营、自负盈亏，使其成为独立的经济实体。完成职工医院、建安公司实施“859”号文件改制的前期准备工作。

【企业领导名单】

（1 ~ 7 月）
厂　　　长　贾世瑞
副　厂　长　夏　伟　于帮会　范永强
　　　　　　冯文泉　刘　溥
总 工 程 师　杨知猛
总 会 计 师　时景丽

7 月 24 日后
厂　　　长　初　军

（及金梅　供稿）

中国北车西安轨道交通装备有限责任公司

董事长、总经理　陈　忻

党委书记　张向东

【企业基本情况】 2008 年末，西安装备公司员工总数 5022 人，其中在岗员工 4161 人；具有高级专业技术职称 105 人，中级职称 239 人。设有 16 个行政职能部室、10 个党群部室、3 个事业部、2 个分公司及罐车物流公司、测罐站。固定资产原值 5.08 亿元，净值 2.32 亿元。公司占地面积 58.19 万平方米，生产房屋建筑面积 22.09 万平方米，拥有各类设备 4481 台。全年实现主营业务收入 17.07 亿元，利税总额 9593 万元，净利润 8763 万元，全员劳动生产率 42.35 万元/人·年，技术投入比率 2.04 %。超额完成中国北车下达的各项绩效指标，荣获陕西省社会信用体系建设杰出单位、陕西省知识产权优势培育企业、中国企业数据库—中国优秀企业等称号，跻身中国机械 500 强和 500 大行列。（孙　敬）

【改革改制】 公司按照整体改制上市方案，制定《关于进行资产评估有关事项说明》，完成企业法制工作、企业商标持有情况的调查、统计及存续企业系统基本情况的调查、上报；完成土地证、房产证更名，货车制造、客货车修理及重要零部件部级生产资质转移；推进公司规范化运作，起草公司董事会、监事会工作办法，完善公司法人治理结构等；制定《西安轨道交通装备有限责任公司管控模式》，明确公司制管理模式。

【企业管理】 公司进一步强化企业基础管理，制定下发《加强基础管理工作实施方案》；建立公司制度体系，完成 10 项基本管理制度，114 项专业管理制度的制定，基本搭建起企业内部基础管理制度体系。加强财务管理，严格成本费用控制和资金运作，提高资金使用效率，降低资金成本和财务费用；配合股份公司整体上市，开展相应的资金运作业务。推进人力资源管理，落实人力资源规划，实施整体性人力资源开发；围绕生产经营，开展各种岗位培训和技能鉴定，并以分配调节为导向，建立活化分配机制。强化质量管理，进一步完善质量管理体系运行机制；完善生产过程质量控制，严把进货检验质量关，确保产品质量。加强生产安全管理，进一步强化生产协调职能，开展精益生产，精细仓储，减少运输和库存；完善职业健康安全管理体系，进行持续改进和内审工作；修订《相关方安全管理程序》文件，规范外出作业和外来施工作业安全管理问题；推进《安全质量标准化》复审换证工作。严格投资管理，拟定公司投资管理办法，继续实行企业投资项目负责制，确保投资项目质量和效果；对大型投资项目建立资金预算体系，控制投资规模。完善绩效管理，制定经营单位绩效管理办法，加强对经营单位重点效绩指标的监管，完备奖惩措施；加强经营动态跟踪，实施月度考核。推进信息化建设，对HMIS系统升级改造，进一步完善PLM系统，软件应用得到完善。

（孙　敬　林　辉）

【生产发展情况】　公司面对新造罐车市场持续下滑、订单不足；新造敞车生产任务急、期限短；货车修理品种杂、任务重及客车修理受春运影响等诸多困难，加强计划，科学调度，强化生产效能，实施三大生产系统滚动排产，全面完成年度各项生产任务。新造货车完成9个品种3036辆，其中：GQ_{70}型轻油罐车450辆、GS_{70}型浓硫酸罐车170辆、GJ_{70}型液碱罐车100辆、GN_{70A}型对二甲苯罐车173辆、GH_{A70}型醇类罐车70辆、GL_{70}型沥青罐车1辆、C_{70}型通用敞车1938辆、KM_{70}型煤炭漏斗车84辆、出口坦赞铁路轻油罐车50辆。新造货车与上年相比减少100辆，是上年的96.81%。修理货车完成厂修3852辆，段修917辆。其中厂修路内各型罐车2110辆、敞车699辆、平车150辆、箱车62辆。厂修路外车831辆。改装转K2型转向架47辆。厂修货车是上年的92.09%。客车修理完成396辆，其中空调客车：YZ_{25G}型硬座车91辆、YZ_{25B}型硬座车13辆、YW_{25G}型硬卧车123辆、YW_{25B}型硬卧车8辆、RW_{25G}软卧车17辆、RW_{25B}型软卧车12辆。普通型客车：YZ_{22}型硬座车32辆、YZ_{25B}型硬座车50辆、YW_{22}型硬卧车9辆、YW_{25B}型硬卧车26辆、XL_{22}型行李车8辆、XL_{25B}型行李车5辆，RZ_{22}型软座车2辆。客车修理是上年的87.03%。

（孙　敬　周　军）

【新产品新技术自主开发】　公司深入市场调研，把握市场动态，加大新型罐车研发和新技术开发。在国内市场，为适应装运不同介质的需求，继续推进70吨级罐车车型研发，其中，GL_{70}型沥青罐车通过铁道部技术审查，开始批量生产；23吨轴重液化石油气、液氨、低压液化气体罐车（均为有押运间和无押运间2种车型）、70吨级煤焦油和食用油罐车等8种车型已完成公司鉴定和各项型式试验；70吨级浓硝酸和三氯乙烯罐车2种车型完成施工图设计，其中浓硝酸罐车正在试制样车。80吨级轻油和粘油罐车完成5项配套关键技术研究，已进行方案设计。完成3种罐车专用阀件及配件研发；完成罐车用顶部开启中心排油阀和沥青罐车用保温旋塞阀研发及批量生产；完成不锈钢铸造人孔研发。GH_{70A}型乙二醇罐车、GH_{70B}型冰醋酸罐车、GH_{A70}型醇类罐车和A41X型不锈钢安全阀通过股份公司科技成果鉴定。在国际市场，实现坦赞铁路轻油罐车整车批量出口；完成出口罐车用控制型米轨转向架研发及批量生产；完成出口罐车用真空制动系统研发；拓展市场，完成古巴、博茨瓦纳、沙特等多个国家14种货车的方案设计。在重大技术改造和攻关方面，完成T_{64K}型等3种既有特种车提速改造和G_{17T}型、G_{70T}型等12种既有罐车完善改造工作。按铁道部和国家质量监督检验检疫总局要求，完成GY_{95S}型等6种液化气罐车安全附件改造。完成罐车车顶走板防脱、人孔盖结构优化、抽液管结构优化等完善改造工作。应用CAE仿真分析技术，开展罐车整车疲劳分析、动力学仿真分析、罐车静强度与试验数据对比分析和罐车可靠性评估工作。完成大自重罐车用旁承及装配间隙分析研究、新型铝+铝合金复合材料研发和疲劳试验研究工作。通过仿真分析和试验研究，进行罐车垫木替代材料研发。完成常压罐车内介质温度、压力、体积随环境温度变化规律的研究。完成罐车结构调整技术方案研究。实施并完善 PLM 全寿命周期管理系统，建立 4 种 70 吨级罐车二维、三维数据库。

（孙　敬　金耀辉）

【市场营销】　公司面对新造罐车市场形势变化，抢抓时机，确立“抓好路内敞车、企业自备罐车两个市场目标，实现市场和效益双赢”的营销策略。路内市场紧跟市场动态，全力做好投标工作；路外市场加强企业自备车市场走访、信息收集，特别是针对大的用户和在建项目，紧跟信息动态，了解用户产品需求，及时推介新型罐车产品。宏观上注重铁道部技术、管理政策的变化，适时调整营销策略。微观上加强市场分析预测，做好专题调研报告，及时调整产品价格，确保罐车市场占有率。大力推进多元化营销和第三方物流市场，强化预收款和应收账款管理，取得实效。年内，签订新造车合同 3179 辆，其中路内订货 1338 辆，企业自备车订货 1841 辆，新造货车销售收入超额完成 12 亿元的目标。实现出口坦赞铁路 50 辆轻油罐车销售合同。新造货车本期货款回收率达到 100%，超额完成“四清两降” 160 万元的应收账款余额指标。

【售后服务】　按照“以实施管理创新为手段，以打造精品服务为目标，适应铁路运输发展要求，满足用户需求变化”的总体工作思路，进一步采取售前、售后服务措施，全过程陪同为用户办理审批手续。密切关注市场变化，采取定期与不定期的方式，加强走访用户，促成利益、目标双赢。公司重视与铁路车辆管理部门、用户的沟通联系，及时获取质量改进信息，为快速反馈和处理质量问题、控制典型故障奠定了基础。采取各种方式及时协调处理在用车质量问题，确保车辆运行安全状态。

（孙　敬　谷永香）

【质量管理】　公司稳步推进质量管理，规范和完善质量管理制度，新制定适应公司体制运行的质量管理与考核、质量责任追究、质量损失索赔、质量信息等 7 个管理制度，确保质量管理体系有效运行。质量管理体系通过中国方圆标志认证集团陕西审核中心年度监督审核；压力容器设计、制造质量保证体系通过国家质检总局中国特种设备检测鉴定评审，完成压力容器设计和制造许可证换证工作。组织开展“质量立企”活动，举办“质量立企”演讲、“精品塑造”和质量图片展等系列活动，提高全员质量意识。组织开展质量安全“大反思、大检查”专项活动，强化生产过程控制，确保产品实物质量。年内，产品一次交验合格率平均为：新造货车 98.27%，修理货车 92.73%，修理客车 92.70%，全面完成股份公司下达的质量指标。在铁道部组织的两次铁路货车产品质量抽查中，新造货车分列排名第三、第四位，修理货车分列排名第十、第四位。全年三大主机产品未发生特别重大、重大、大质量事故、客车干线险性事故及批量返厂、批量质量事故。货车制造事业部冲压车间维修 QC 小组获“铁道部优秀 QC 小组”。

（孙　敬　徐　擘）

【基本建设与技术改造】　公司加快实施“十一五”发展规划，全年完成基建项目 5 项，完成投资 350 万元。完成技术改造项目 50 项，完成投资 7705 万元，其中更新改造投资 405 万元，“适应 25 吨轴重重大技术改造项目”即罐车生产线三期改造项目投资7300万元，年内生产线工艺布局已完成，工业实时成像及探伤设备安装完毕，关键设备数控切割机、滚圆机已进行产品试制，罐车对口器正在进行安装。执行新试规及“三化一互换”硬件设施投入项目已实施。年内企业投资计划中，重大投资项目有：25吨轴重重大技术改造项目、沥青罐车批量生产投资项目、敞车制动系统技改投资项目、货修执行新规技改投资项目、投资160万元动能分公司的燃煤锅炉脱硫改造项目等。生活东区改建项目二期工程已开工建设。

（孙　敬　张超兴）

【集体企业】 2008年，集体企业工贸总公司有10个独立核算法人实体，工业房屋建筑面积42814平方米，固定资产总值1259万元，在岗职工1210人，厂派职工24人。主要生产经营项目有：铁路罐车罐体、G17B型罐车加热管、风缸、转K2型和转K6型转向架支点座、斜铁贝铁等铁路产品制造，铁路罐车修理以及二氧化碳、混合气体、氧气、高纯氩等非铁路产品生产；兼营工业建筑、商业贸易和劳保用品等。年内，生产铁路罐车罐体23台，修理铁路罐车8辆，G17B型罐车加热管256套。实现销售收入1.11亿元，比上年增长28.51%，利润总额154万元，职工年平均工资14752元，比上年增长22.22%，主要经营指标创历史新高。（孙　敬　杨建春）

【党群工作】 公司党委加强民主集中制建设，多渠道参与重大问题决策，为企业发展护航。党委中心组创新学习形式和内容，引入哲学、先进管理理念等思想内涵，拓展领导艺术能力。加强人才队伍建设，落实人才队伍建设五年规划和“十一五”人力资源规划，建立高层次专业技术人才信息库。加强党风廉政和惩防体系建设，全程监督房屋改造和物资、设备、配件、医药采购招议标，强化效能监察，加强源头治理，全年受理来信、来访、电话举报10件次，办结率100%。组织开展向四川地震灾区伸出援助之手的缴纳“特殊党费”活动，职工、党员捐款和缴纳“特殊党费”78万元。加强党员队伍建设，开展“双培”主题实践活动，全年把党员培养成骨干163人，把骨干培养成党员66人。“双培”等活动创效314万元，节约成本逾千万元。开展厂庆70周年系列教育活动，提升员工敬业爱厂凝聚力。制定《2008～2011年企业文化建设规划》、《企业文化管理体系建设方案》等文件，全力实施Ⅵ系统落地工作。公司工会围绕企业中心加强自身建设，为企业和谐发展发挥职能作用。审议通过公司《劳动合同管理办法》、《自管公房管理办法》及员工增资方案，监督履行《集体合同》。推行四级厂务公开，实现内容公开、程序公开、按时公开和过程监控、效果监督。深入推进“创争”活动，举办班组长培训班，学习型班组逐年增加。广泛开展“学感动、谈感动、做感动”和班组建设征文活动，开展“安全生产、质量立企、节能减排”劳动竞赛活动，不断提升经济技术创新水平，职工经济技术创新成果立项321项。组织开展歌咏演唱会、职工书法展、职工健身跑及职工趣味文体活动，丰富职工及家属业余生活，增进员工凝聚力，促进企业和谐发展。共青团组织开展各层次青年学习教育活动19次，征集青年科技论文5篇、“青年科技创新百点计划”9项。组织团员青年开展“安全生产，青年争先”活动、“青年岗位能手节能减排示范岗”等活动，制定实施节能减排计划43项。不断深化“双岗”活动，广泛开展青年文体及文明创建活动，募集“扬起希望－汶川大地震专项救助基金”9877元。整合志愿者队伍，开展扶贫帮困、便民服务等系列活动。

（孙　敬　李耀辉　张革斌　马元斌）

【重要纪事】　2月25日，国资委监事会主席季晓南到公司检查指导工作。4月15日，公司举行建厂70周年庆典大会。4月16日，公司研制的23吨轴重沥青罐车通过铁道部技术审查。5月22日，公司被批准为“第一批国家高技能人才培养示范基地”。6月15日，公司出口坦赞铁路的轻油罐车在上海港启运。6月23日，公司研制的70吨级煤焦油罐车通过鉴定。9月9日，全国厂务公开民主管理调研检查组到公司检查指导工作。11月25日，公司四项科技成果通过股份公司成果鉴定，其中，23吨轴重不锈钢精细化工品罐车、GHA70型醇类罐车技术达到国际同类产品先进水平；A41X型呼吸式安全阀、W－GSY－873－I型铁路罐车罐体微控水压试验台技术达到国内领先水平。11月，公司研制的GQ70型轻油罐车获中国铁道学会科学技术二等奖。（孙　敬）

【企业领导名单】

董　事　长　陈　忻
副董事长　张向东
总　经　理　陈　忻
副总经理　李宝宝　杜忠科　杨建安
　　　　　　贾　晨　赵　勇
总工程师　韩志坚
总会计师　刘　毅

党委书记　张向东
党委副书记　陈　忻　高力佳
纪委书记　高力佳（兼）
工会主席　张升海

（孙　敬）

中国北车集团西安车辆厂

【企业基本情况】　2008年末，西安厂员工总数1268人，其中在岗员工1239人；具有高级专业技术职称15人，中级职称86人。设有8个分公司及印刷厂和医院。固定资产原值1.27亿元，净值5474万元。工厂占地面积57.41万平方米，其中厂区面积11.52万平方米，生活区45.89万平方米。生产房屋建筑面积5.28万平方米。拥有各类设备828台。主营铁路车辆配件的制造和修理业务。年内，全面完成销售收入、利税等各项经营指标，企业管理、改革改制和生产经营取得成效。

【经营管理情况】　工厂面对原材料价格大幅上涨、产品销售价格偏低等外部因素给经营成效带来的影响，强化企业基础管理，扎实开展“以设备良好保生产进度；以精益求精保产品质量；以安全生产保生产和谐，全面实现经营目标”活动，并取得实效。全年实现销售收入7.39亿元，利税总额2500万元。铸造分公司在原材料价格上涨、产品利润下滑的情况下，以整体芯转K6型转向架大件通过部级鉴定，投入批量生产为契机，挖潜节源，全面完成年度生产任务，实现销售收入1.14亿元，净利润67.7万元。锻造分公司以强化基础管理，提升锻造部件质量为立足点，生产经营取得成效，实现销售收入3589.9万元。弹簧分公司以主营产品为依托，开拓经营，实现销售收入3129.8万元。制动梁分公司加强成本控制，节能降耗，实现销售收入2646.1万元。一机械分公司、二机械分公司、机具分公司、运输分公司分别实现销售收入4727.3万元、4153.9万元、858万元、531.9万元，全面完成生产经营目标。

【改制分流情况】 工厂按照改制分流总体方案，推进企业改制。对职工医院实施主辅分离，改制成为民办非企业法人的非盈利性医疗机构。制定《撤销西安车辆厂子公司成立分公司改制方案》，决定撤销西安顺达车辆铸造有限责任公司、西安兴达车辆锻造有限责任公司、西安瑞丰弹簧有限责任公司、陕西华源铁路配件有限责任公司四个控股子公司，相应成立西安车辆厂铸造分公司、锻造分公司、弹簧分公司、制动梁分公司，理顺关系，形成相对自主经营、独立核算、自负盈亏的经营主体。制定《中国北车集团西安车辆厂管控模式》，明确工厂委托公司管理的管控模式。

【企业领导名单】

(1～7月)

厂　　长　陈　忻

副 厂 长　李宝宝　杜忠科　杨建安

　　　　　贾　晨　赵　勇

总工程师　韩志坚

总会计师　刘　毅

(7月24日后)

厂　　长　张向东

（孙　敬　供稿）

中国北车兰州金牛轨道交通装备有限责任公司

董事长、总经理　生春林

党委书记　陈北群

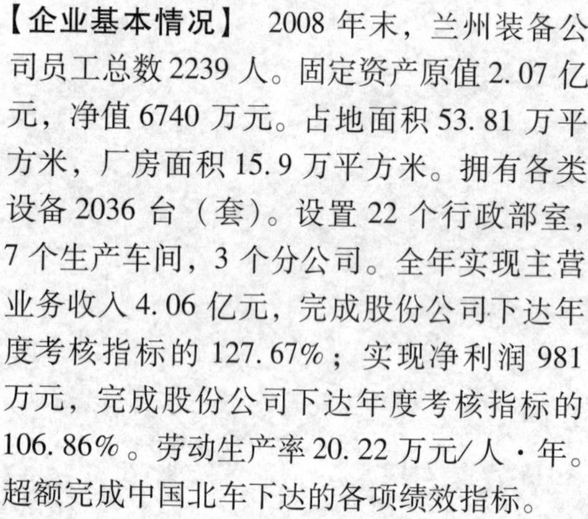

【企业基本情况】　2008年末，兰州装备公司员工总数2239人。固定资产原值2.07亿元，净值6740万元。占地面积53.81万平方米，厂房面积15.9万平方米。拥有各类设备2036台（套）。设置22个行政部室，7个生产车间，3个分公司。全年实现主营业务收入4.06亿元，完成股份公司下达年度考核指标的127.67%；实现净利润981万元，完成股份公司下达年度考核指标的106.86%。劳动生产率20.22万元/人·年。超额完成中国北车下达的各项绩效指标。

【改革改制】　撤销资金结算中心，进一步健全完善公司规范运作管理体系。按照现代企业制度要求，发布公司章程，管理大纲及董事会、监事会工作规则等制度文件。根据股份公司整体改制上市的统一安排和要求，扎实推进清产核资、财务审计和上市所需划转资产涉及的权证变更等相关工作。完成企业土地、房屋产权权属变更和“过户”手续。持续优化三项制度改革，进一步加大劳动用工方式的探索和尝试。

【企业管理】　重新制定10大类182个企业管理标准和制度文件，进一步加强企业管理基础工作。深入开展质量整治、“质量安全大反思大检查”和“质量月”等系列专题活动，开展工艺攻关，解决回手柄停机、柴油机碾瓦、机油管路和静液压系统清洁度差等惯性质量问题，编制完成理化计量软件，经过试运行计量系统管理运行正常。修订完善部分财务内控制度，合理调度有限资金，在库存资金不增加的情况下，确保应付账款余额不增加，使应付账款下降165万元。规范各类财务管理程序，通过采取银行承兑汇票结算的方式，有效缓解因机车大修货款严重拖欠造成的公司垫付大额资金困境。修订公司降成本考核激励政策，降低单位制造成本中的物耗比例。修订《物资、设备及基建工程招标管理标准》，不断扩大物资采购招标范围，年内物资采购招标达8500余万元，降低费用584万元。完成公司级工艺攻关项目和降成本项目32项，节约机车检修成本297万元。加强节能减排和环境保护工作，对企业锅炉烟尘排放、污水处理等设备设施进行更新改造。集中资金重点对故障发生频繁且直接影响生产的设备安排大修或局部修理。开展安全生产专项行动和冬季、春季安全生产大检查活动。完成职业健康安全管理体系年度监督审核，累计实现安全生产1582天。在广域网建立电子商业网站，配套制定相应管理办法。建成视频会议室，完成中国北车视频会议系统综合布线、网络设备的调试联通工作。启动实施“3133”高层次人才建设工程，组织开展首批专家人才、技术骨干选拔评审工作。完成23个职业（工种）鉴定，参加职业技能鉴定人数达320人次。开展技师考核评聘工作，评聘22名技师、高级技师。开展选树“金蓝领”、“首席技师”、“首席设计师”、“首席工艺师”等活动，至年末高技能人才数量占技术工人总人数的22%。

【生产发展情况】 公司面对机车入厂不均衡、检修货款不能及时兑付、原材料配件价格大幅上涨等困难，强力推行定点准时作业，使机车检修计划兑现率达到95%以上。加大对机车检修各品种生产周期的控制力度，内燃机车平均检修周期控制在29天以内，电力机车平均检修周期控制在30天以内。实施机车车体检修扩能改造，新建机车车体检修台位4个，新增机车总组装台位4个；购置58台套机车检修工装设备，以及轮对磁粉探伤机、机体振动时效仪等一批新的工艺装备，进一步提高机车检修能力。月机车检修数量持续保持在25台以上的水平，12月份创出大修机车24台、中修机车8台的月检修机车历史新纪录。全年完成机车大修206台，其中内燃机车198台、电力机车8台；完成机车中修12台；完成铁路起重机大修3台、中修4台，制造物流配送箱50个；完成工矿电机车制造105台，后配套110台。

【新产品新技术自主开发】 持续推进工艺攻关、技术创新和新产品开发工作，全年共完成公司级工艺攻关及降成本项目32项；完成东风8B型内燃机车辅助传动系统改造和牵引万吨重联东风8B型机车检修工作；对用户加装改造项目的实施提供技术支持。完成韶山7C型、韶山4改型电力机车检修及新产品开发工艺技术准备工作；完成新制NS1603型160吨全液压铁路起重机设计。成功研制ZK40－7(9)/750型交流变频窄轨架线式工矿电机车，完成首台铁路工程维护车改造任务。完成铁路起重机新的安全监控装置设计。

【市场营销】 公司开拓营销思路，加大营销力度，签订197台机车检修合同，创公司内电机车检修历史纪录。机车系统全年实现收入2.25亿元，完成年度指标的101.94%，比上年增长33.39%，实现模拟利润490.29万元，上交利润325万元，完成年度上交指标的100%。工程机械分公司实现销售收入980.62万元，完成年度指标的36.32%，比上年减少62.37%，利润－63.78万元。工矿机车分公司实现销售收入7510万元，完成年度指标的300.4%，比上年增长188.54%，实现利润253.5万元，上交利润120万元，完成年度指标的100%。

【售后服务】 公司完善售后服务信息化管理办法，通过办公自动化OA系统，每日对各局段质量信息进行通报，不断完善“厂外质量反馈统计分析”、“厂外质量反馈周报”、“厂外质量反馈月报”等栏目，对厂外反馈的质量问题，每周、每月进行统计、分析、公布。下半年向用户发放满意度调查表，“售后服务”、“用户咨询”满意度均为100%。工矿机车分公司在广州、上海等地派驻售后服务人员，与用户加强联系，帮助、指导用户对工矿机车进行日常维护和保养。机车系统加强对售后服务人员服务质量考核，对反馈信息均在 2 小时之内给予答复，用户反馈问题应答率为 100%。赴段处理故障人员兰州局 12 小时之内到达，其他路局最迟 24 小时到达，在最短的时间内恢复机车运用，确保用户满意。全年派出赴段人员 500 余人次，处理厂外质量 1270 余次。

【多元经营】 通过实施资源整合，优化产业结构，努力寻求新的经济增长点，公司实现机车检修与铁路起重机、工矿电机车制造协同并进、协调发展的多元经营格局。同时，加大机车检修相关多元产品的开发和规模经营力度，开展电力机车中修业务，积极推进整体轮对新制和大修上批量工作。整合企业内部工程机械产品研发、生产、销售等优势力量，成立工程机械分公司。在股份公司大力支持下，启动工矿机车新建扩能改造项目，为企业进一步做大做强工程机械产业创造了条件。

【基本建设与技术改造】 完成更新改造费 1734 万元，实施更改项目 116 项，主要有大联合厂房第三、四跨厂房搬迁改造，主要生产厂房采暖系统和照明系统改造，新增柴油机清洗碱锅等。完成大修费 614.57 万元，实施大修项目 81 项，主要有老厂 4 号锅炉大修，CW61125 车床大修，整备库生活间大修，小联合厂房屋面大修等。

【党群工作】 公司党委积极参与企业重大问题决策，推动决策方案实施。充分调研论证，研究制定企业 2009 ~ 2011 年战略发展规划。深化“四好班子”创建，命名表彰 5 个基层创建“四好”领导班子先进集体。制定党支部建设新的评价标准，促进支部工作科学化、制度化、规范化管理。围绕生产经营中心，开展以抓党支部建设、抓党员队伍建设、抓骨干队伍建设，全面提升党支部建设水平，始终保持共产党员先进性为主要内容的“双培”主题实践活动。完成修旧利废、节能减排、提高质量等内容的立项攻关项目 71 项。全年发展新党员 34 名。全体职工为汶川地震灾区捐款 12 万余元，全体党员缴纳“特殊党费” 17 万余元。大力宣传报道质量管理、遵规守纪等方面工作情况。开展系列文化宣传活动。完成公司电视台数字化平移工作。印发公司《企业文化建设实施意见》和《关于进一步加强中国北车企业文化核心理念应用规范》，开展中国北车企业文化核心理念学习活动，加大对中国北车核心理念的宣贯。公司纪委以建立健全和完善惩防体系为重点，加强制度建设，深化效能监察，强化责任监督，狠抓落实，不断推进公司党风建设和反倡廉工作。开展以原材料和配件公开招标采购、更改大修工程项目招标、自有资金检查为主要内容的效能监察工作，全年立项 5 项，发出执法效能监察通知书 7 份，提出监察建议 18 条。公司工会深入实施职工经济技术创新、职工素质提升和送温暖三项工程，积极推进企业民主政治、工会维权机制和工会组织自身三项建设，着力提高组织职工、引导职工、服务职工、维护职工合法权益四个能力。广泛开展以“立足岗位比贡献，又好又快促发展”为主题的职工经济技术创新和建功立业等活动。举办历时 5 个多月的“情系兰厂、我与奥运同行”职工体育系列活动。隆重举行纪念建国 59 周年暨建厂 50 周年庆祝活动。公司团委开展“青年安全示范岗”和“青年质量之星”评选活动，评出 3 个“青年安全示范岗”集体和 9 名“青年质量之星”。

【重要纪事】 1 月 21 日，集团公司党委书记王立刚到公司慰问部分劳模和职工。3 月 27 日，集团公司党委副书记、纪委书记林万里到公司检查工作。3月，公司制造的9台14吨工矿机车在印度交付使用。4月8～9日，越南铁路代表团到公司对铁路起重机进行考察。5月13日，集团公司副总经理孙锴到公司检查指导工作。6月20日，公司举行国内首台ZK40型交流变频架线式工矿电机车竣工仪式。9月1日，铁道部第二次大修机车合同签订会在兰州召开，公司获得88台机车检修定单。9月30日，公司举行庆“国庆”暨建厂50周年纪念大会。

【企业领导名单】

董 事 长 陈北群(9月4日免)
生春林(9月4日任)
副董事长 生春林(9月4日免)
陈北群(9月4日任)
总 经 理 陈北群(9月4日免)
生春林(9月4日任)
副总经理 生春林(9月4日免)
范俊生 王常智 詹余斌
总工程师 戴绍奇
总会计师 高永君

党委书记 生春林(9月5日免)
陈北群(9月5日任)
党委副书记 陈北群(兼,9月5日免)
生春林(兼,9月5日任)
李 丛
纪委书记 李 丛(兼)
工会主席 李 丛(兼)

(企业文化部 供稿)

中国北车集团兰州机车厂

【企业基本情况】 2008年末，兰州厂员工总数738人，其中在岗职工731人。固定资产原值6000万元，净值2000万元。下设配件分厂、锻造分厂、铸造分厂、铸造二分厂、热处理分厂、配件修复车间、工业公司、医院等单位。全年实现销售收入6400万元，净利润－21万元。

【经营管理情况】 全年销售挡铲板1380吨，轮芯4730吨，铸铁件780吨，球铁件780吨，铸钢件110吨，气缸盖1040组，气缸套3669组，锻件加工1369吨。铸造分厂实现收入2042.9万元，完成年计划指标的102.14%，比上年增长8.92%，利润－45.28万元。配件分厂实现收入1215.6万元，完成年度指标的143.01%，比上年增长41.02%，实现利润32.36万元。上交利润23万元。铸造二分厂实现收入1721.6万元，完成年度指标的137.73%，比上年增长20.6%，实现利润48.36万元，上交利润28万元，完成年度上交指标的100%。锻造分厂实现收入1039.1万元，完成年度指标的148.44%，比上年增长53.05%，实现利润38.89万元，上交利润20.5万元，完成年度上交指标的100%。热处理分厂实现收入374.85万元，完成年度指标的117.14%，比上年增长11.33%，实现利润14.48万元，上交利润12万元，完成年度上交指标的100%。配件修复车间实现收入217.92万元，完成年度指标的145.28%，实现利润6.44万元，上交利润5万元，完成年度上交指标的100%。工业公司实现销售收入4733万元，完成年度指标的112.69%，比上年增长11.54%，实现净利润75万元，完成年度指标的150%。

【改制分流情况】 积极推进主辅分离、改制分流各项工作，研究制定《三年工作规划及近期工作实施计划》，明确推进时间和工作要求。拟定存续企业效绩管理及工效挂钩考核办法，进一步加大经济政策的实施力度，按照效益决定分配，效率优先、兼顾公平原则，最大限度激励经营单位的生产积极性，对“效绩责任目标”、“领导班子”、“经营者风险激励”和“工效挂钩”进行全面考核。拟定一系列对物业、实业两公司实施辅业改制、带资分流后加以扶持的政策，积极与地方政府协商关于医院的移交事宜，协助土地房产权证的办理，进一步规范和帮助存续企业办理和变更营业证照，对存续企业产品价格管理进一步市场化进行经济政策引导，制定存续企业各主体单位和公司间的管理协调、存续收入分配政策及企业绩效考核管理措施。对铸造分厂因产量不足造成的富余人员，通过劳务输出的方式补充到机车检修系统，实现存续企业与公司之间人力资源的互补双赢。

【企业领导名单】

(1 ~7 月)

厂　　长　陈北群

副 厂 长　生春林　范俊生　王常智　詹余斌

总工程师　戴绍奇

总会计师　高永君

(7 月 24 日后)

厂　　长　范俊生

（企业文化部　供稿）

中国北车大连机车研究所有限公司

董事长、总经理　张　岩

党委书记　马　展

【企业基本情况】　2008年末，大连所公司在岗员工总数519人，其中具有本科及以上学历212人。固定资产原值1.53亿元，净值8054万元。占地面积37111平方米，建筑面积45349平方米。设有内燃机核心部件、电力电子、机车轻轨车、换热元件4个事业部、8个行政职能管理部室和试验检测中心、科技信息中心、标准化室3个行业技术服务部门，是铁道部产品质量监督检验中心内燃机车检验站和铁道行业内燃机车标准化技术委员会秘书处单位。主要产品有钢顶铝裙活塞、增压器、车载微机控制装置及软件、彩色显示器、辅助交流传动电机、机车冷却风扇、电力机车变压器油冷却器、变流器水冷却器、液力变矩器、液力偶合器和城市轻轨电车走行部及控制系统等。全年实现主营业务收入2.04亿元，利润总额1758万元，全面完成股份公司下达的各项绩效指标。

【企业管理与改革改制】　结合面临的新形势，对"十一五"规划未来三年的阶段目标和总目标进行修改和调整，制定并下发《"十一五"发展规划调整方案》，对事业部实行工效挂钩和经理层工资收入与经营业绩挂钩办法，激励约束机制日趋健全。坚持把质量、环境与职业健康安全管理体系贯穿到基地建设、厂房改造、生产制造、售后服务等各项工作中去，严格按照工艺、检验规程，开展实物质量审核。紧抓安全生产不放松，取得连续31年无重大安全事故的好成绩。在全公司各重点部位安装监控系统和报警系统，有效地加强了安全保卫工作。认真学习贯彻新颁布的《劳动合同法》，修改制定《职工考勤与休假管理规定》，加强公司职工的考勤与休假管理，切实保障职工和单位的合法权益，维护公司科研生产、经营管理的正常工作秩序。严格执行《职工培训制度》，开展各类培训30余班次，参加人数近800人次，组织完成出国培训46人次。修改完善《专业技术骨干人员评级及其津贴管理办法》，评选出新一年度的享受专业技术骨干津贴人员，激发了技术人员的工作积极性。制定《实行预算管理制度，进一步加强财务管理》的规定，以预算引导和控制各事业部经济指标。制定《企业文化管理体系建设方案》和《企业文化形象文化（VI）实施计划》，加大核心理念的宣传力度。完成大通、轴承和科服三个公司的规范化改制，注销销售部及洛克公司，进一步完善子公司法人治理结构。

【新技术、新产品与科研成果】 全年申报并获得科技部项目1项，大连市项目2项；股份公司A类项目4项，B类项目3项；新立公司级项目11项，延续项目11项；完成40项专利的申报，其中发明专利6项；3个项目通过股份公司鉴定；获“中国北车集团公司科技成果奖”一、二、三等奖各1项。推出新型ZN315F型增压器，并已装车运用，运用状况良好；与美国公司合作开展的轴承刚度和转子稳定性研究工作取得突破；美国GE公司压气机叶轮项目通过供应商审核，完成GE、EMD活塞样件的试制；构建形成了活塞模块模型库；铁裙活塞实现批量生产；建立船机活塞快速分析、设计工程技术平台，建立符合国际标准的设计规范和质量控制方法。自主研发的牵引变流装置在大连市DL6W型轻轨电车上装车调试完毕并开始上线试运行；完成城轨车辆交流牵引系统集成总体技术方案的设计和初步评审；技术引进钢轨打磨列车动力车用液力传动箱研制成功，并装车投入使用；为钢厂研制的大功率、低转速调速型液力偶合器和部分限矩型液力偶合器，已在钢厂装机运用。和谐D2型电力机车主变压器用油冷却器实现批量装车；9600千瓦电力机车冷却塔项目完成样机制造、性能试验和配套变压器的型式试验；和谐D2B型电力机车主变压器用油冷却器完成样件的设计、制造和性能试验；电力机车牵引变流器功率模块水冷基板完成样件的制造；GMC-96型钢轨打磨车冷却装置完成样机制造，并开始装车使用；完成襄樊金鹰公司的GCY300、GCY450型轨道车冷却装置的设计、制造，并交付客户进行配机试验，效果良好。成功举办第二届新技术、新产品发布会，展示了公司近年来在技术创新方面取得的最新研究成果，展示了公司先进的试验检测设备和设计分析软件。年末通过大连市高新技术企业认定管理工作领导小组组织的专家评审，经全国高新技术企业认定管理工作领导小组办公室审查并予以备案，成为大连市首批通过国家高新技术企业资格认定的企业之一。

【技术引进消化吸收和国产化工作】 开展公司承担的两个技术引进项目的资料交接、转化和技术培训工作；项目年度主要节点目标基本实现。EMD项目，组织完成机车微机网络控制装置出国技术培训60人日，完成图纸转化、工艺技术文件编制等工作，完成辅助系统斩波器样机试制。ALSTOM项目，通过与技术转让方协商，提前启动了资料交付和境外培训，组织完成出国培训120人日，同时与ALSTOM公司建立起每周电话会议制度和日常信息交流制度，ALSTOM公司还派驻现场代表，及时解决了项目实施过程中遇到的问题。

【基本建设与技术改造】 围绕发展规模产业、培育核心能力、提升产品质量目标要求，适应技术引进、消化吸收和国产化的需要，大力推进产业基地建设。年内，机械产品生产基地建设工程已全面竣工，并投产使用，形成了年新造增压器3000台、修理增压器2000台的批量生产能力；按照技术转让方ALSTOM公司和EMD公司的工业化要求，完成电子车间电路板贴装和插装两条生产线的建设，并顺利地通过ALSTOM公司工业化评估，为技术转让产品的试制提供了基础和保障；换热产品产业化基地一期建设工程已经完工并投产使用，二期建设工程厂房建设已经竣工，投产后将具备年产2000台铝制冷却器、500套冷却装置的生产能力。

【党群工作】 公司党委以学习贯彻党的十七大精神为重点，抓好党员先进性教育活动，建立党员先进性长效机制。在“5·12”抗震救灾工作中，公司党员两次捐款总额达11.2万元，占全公司捐款总额的75%。抓好党内主题实践活动，重点开展好以完成技术引进消化吸收任务为目标的“双培”活动。召开公司第一次党员大会，选举产生第一届党委会和纪律检查委员会，圆满完成党委换届工作。深化党风廉政建设，重点对生产基地建设中设备采购的招投标工作进行监督，全年参与各项招议标20余次，效能监督工作取得显著效果。公司工会组织开展“创建学习型班组，争做知识型职工”活动和“安康杯”竞赛主题教育活动。组织举办公司第十四届职工运动会，开展篮球赛、小足球赛等丰富多彩的文体活动。公司团委组织开展安全生产青年争先主题实践活动和青年职工“外语竞赛”等活动，与科协联合开展“讲理想比贡献”评比活动。

【重要纪事】 1月18日，大连市政府首次与公司签订安全生产责任状。1月22日，集团公司副总经理、总工程师奚国华到公司检查指导工作。1月25日，公司通过大连市高新技术企业资格复审。5月6日，公司被大连市工商行政管理局授予“大连市工商年检免检企业”。6月14日，公司“铁道部技术引进电力机车、动车组模块化冷却技术的研究和模块化冷却装置的国产化研制”项目获2008年大连市经委产业技术创新资金补贴支持。8月7日，集团公司党委书记王立刚到公司检查指导工作。9月17日，公司召开新技术新产品发布会。9月18日，公司举行机械产品制造基地落成典礼仪式。10月21日，集团公司党委副书记、纪委书记林万里到公司对企业文化建设工作进行检查。10月27日，公司荣获“2008年全国实施用户满意工程先进单位（产品类）”。12月25日，公司“调速型液力偶合器传动装置的研制”、“气体燃料内燃机用增压器的研制”、“我国铁路机车柴油机排放现状及标准、测试方法研究”三个项目通过股份公司科技成果鉴定。

【企业领导名单】

董事长	张　岩
总经理	张　岩
副总经理	迟兴国　姜　冬　马　展　王忠勋
党委书记	张　岩(7月31日免)
	马　展(7月31日任)
党委副书记	张　岩(兼,7月31日任)
	李宏峰
纪委书记	时亚光
工会主席	时亚光

（总经理办公室　供稿）

中国北车青岛四方车辆研究所有限公司

董事长、总经理　任玉君

党委书记　尹桂江

【企业基本情况】 2008 年末，四方所公司员工总数 633 人，其中具有大学本科以上学历 322 人。固定资产原值 2.09 亿元，净值 1.49 亿元。占地面积 18.95 万平方米，其中厂区面积 14.73 万平方米，拥有各类设备 2319 台（套）。年内，围绕“研发、运营、素质”3 项工作主题，有序组织动车组产品交付，持续进行企业能力建设；开展技术研发，不断拓展核心业务市场领域；扎实改善基础管理，以产品实现为核心的运营过程初步流畅；开展团队建设工作，员工职业素质获得相应提升。全年实现主营业务收入 4.84 亿元，利润总额 8221 万元，全面完成股份公司下达的各项效绩指标。

【改革改制】 根据国务院国资委《关于中国北方机车车辆工业集团公司授权经营土地转增国家资本金有关问题的批复》，公司将国有划拨土地作价人民币 1618.5 万元转增国家资本金，变更后注册资本为人民币 3.34 亿元。年内进一步调配资源，优化组织结构，成立机电配件事业部。

【企业管理】 根据生产特点，重新梳理生产管理过程中生产计划的制定和执行、库存管理、计划监控各环节，形成以产品实现为核心，科学规范的生产管理规则。完成 CPMS 系统调试和试运行。建立清晰可控的生产计划管理体系，形成完整的生产计划链管理。整体策划物流工作，改进物流器具，局部优化生产布局，取消部分产品生产的中间物流环节，加速物流周转，提高生产效率。引入生产现场 5S 管理，加强管理培训和指导，有效开展整理、整顿和清扫工作，生产现场管理明显改善。引入精益制造理念，初步掌握精益生产的核心理念以及操作方法。建立质量成本损失统计核算流程，确定质量损失统计和核算的方法和要求，进行质量损失的统计、核算和分析，改进产品质量，提高产品合格率。继续开展 RAMS 项目管理，全部新产品开发推广使用 FMEA 故障模式影响分析和 FRACAS 故障信息闭环管理工具，形成产品故障数据库，完成故障原因分析和纠正措施实施的闭环控制，增强产品实现过程的质量控制能力。加强产品生产过程的成本管理，完善 BOM 数据库，加强批次订单标准用料出库控制，确定清晰的所有物流过程成本状态。配合业务发展开展员工培训，提高技术人员的软件熟练掌握能力、产品可靠性的信息处理和工程化应用能力。运行新的职位体系管理制度，进行专家、中青年拔尖人才评选，引导和激励员工与企业共同发展。开展团队建设工作，通过培训和拓展活动等各种方式引入并使主要管理人员普遍接受团队建设理念，增强团队成员间的沟通，使员工从关注个人目标绩效开始向关注团队目标绩效转变。

【生产发展情况】 原计划在 2007 年交付的时速 200 公里动车组产品，延迟到 2008 年交付，同时时速 300 公里动车组产品进入交付期。年内，电气产品完成CRH5 型动车组列车网络控制系统，牵引辅助变流控制系统和中、低压控制柜，旅客信息系统共计 1 亿元产品交付。CRH5 型动车组中间车钩完成 8 列产品交付；CRH5 型动车组空气弹簧完成 17 列产品交付；完成CRH3 型动车组电气控制柜等项目共计 3962 万元产品交付。

【新产品新技术自主开发】 全年共承担科技研究开发项目 57 项，其中科技部项目 4 项，铁道部科技司项目 2 项，股份公司科技开发项目 11 项，公司内开发项目 40 项。电气业务在掌握列车网络控制系统技术基础上成功进入国家科技部立项的京沪高铁动车组项目，与中科院软件所、铁科院联合承担京沪高铁动车组列车网络控制技术的自主研发。深入进行动车组旅客信息系统自主研发，城轨 A 型车空气弹簧顺利销往欧洲市场，自主研发的沙漏式空气弹簧获得海外市场批量订单。加快汽车空气弹簧技术研发和工程化工作，开发出双曲囊式、袖筒式、膜式和混合式等空气弹簧，形成产品系列化，部分产品已装车运用。钩缓业务完成包括电气连接器及其控制装置等重要部件的开发，全自动车钩的全部功能模块均完成工程样机试制和试验验证。自主研发的机车压溃管产品获得批量订单。加大城轨车辆车钩研发力度，在北京地铁奥运消隐工程中，承担既有车车钩改造项目，以性能稳定、结构可靠的产品有效保证了奥运期间车辆安全运用。自主研发的钩缓装置成功进入 B 型地铁车市场，获得深圳地铁 3 号线等多个城轨市场订单。

【技术引进消化吸收和国产化工作】 电气业务在掌握引进技术的基础上，进行设计技术资源整合，建立列车网络控制系统的软件开发平台和测试平台，完成应用层的软件开发设计，具备底层软件和应用软件的开发和设计能力。掌握列车网络控制系统的系统集成技术和调试技术以及系统故障诊断技术，在CRH5 型动车组系统调试过程中协助进行故障分析和排除，为CRH5 型动车组正常运行提供了技术支持。全面实现动车组旅客信息系统自主研发产品装车运用，解决了 CRH5 型和CRH3 型动车组运用过程中的实际问题。掌握欧洲标准空气弹簧的设计、制造技术和橡胶材料设计、制造技术。自主研发的CRH5 型动车组空气弹簧通过用户首件鉴定，具备装车运用资质。通过CRH5 型动车组全自动车钩的技术研发，基本掌握满足欧洲标准的动车组全自动车钩系列技术，搭建起模块化的钩缓系统整体结构设计平台，全自动车钩的全部功能模块均完成工程样机试制和试验验证。半永久车钩已经形成国产化批量供货能力。配合主机厂进行动车组车体静强度试验、转向架构架疲劳试验、卧铺动车组通风试验和CRH3 型动车组空调运行等试验。

【市场营销】 干线铁路市场实现销售收入3.51亿元，占销售收入的67%；城轨市场实现销售收入7300万元，占销售收入的14%；工程装备业务实现销售收入6500万元，占销售收入的12%，并获得广州、上海动车检修基地架车机项目订单；研究试验业务实现销售收入3500万元，占销售收入的7%。空气弹簧及配件产品出口英国、法国、印度、朝鲜等国家，电气连接器产品出口日本，出口成交额累计达227万美元。

【售后服务】 实施春运动车组产品、奥运以及冬季售后服务方案,人员和配件在规定的时间内到位,满足现场工作需要。根据质量安全"大检查、大反思"活动的统一部署和要求,组织售后服务人员对运用产品的状态进行重点排查,及时发现和处理钩缓、空气弹簧、电开水器等产品故障。对广州、西安、上海、沈阳、北京等用户进行走访,了解和掌握用户对产品和服务的意见、建议,融洽与用户的关系。全年共派出售后服务人员3156人次,完成动车组、25T型客车以及25K、25G型车产品的售后服务工作。

【基本建设与技术改造】 构建减振和机械制造生产平台，建成面积2.2万平方米的橡胶生产厂房和办公设施，于9月正式投产。形成年产20万套汽车空气弹簧、1.2万套轨道车辆空气弹簧和20万件橡胶减振件的橡胶生产平台，具备了炼胶、硫化、成型以及金属件处理等全过程橡胶产品制造能力。

【公司产业园开园】 12月26日，公司隆重举行产业园开园仪式。产业园第一阶段工程共建成制动、机械制造和减振三座厂房及配套设施，建筑面积4.5万平方米。经过连续对主业生产能力投资，具备了满足今后一定时期轨道交通以及相关多元化市场需求的生产能力。产业园开园标志着产业园正式投入运营，公司产业平台布局已基本到位。

【党群工作】 公司党委继续深化"四好"班子创建活动，坚持党群办公会、支部书记例会、党政工团联席会议和职工思想动态调研制度。开展"双培"、"强组织、强能力、实践科学发展观"等主题实践活动，充分发挥党支部的战斗堡垒作用和党员的先锋模范作用。在支援汶川抗震救灾中，公司184名党员缴纳"特殊党费"80500元。举行建党87周年庆祝活动，对一批先进党支部和优秀党员进行表彰。进一步加强宣传思想工作，推进企业文化建设。进一步加强党风建设和反腐倡廉工作。进一步加强对工会、共青团等群团组织的领导，充分发挥群团组织的桥梁和纽带作用。

【重要纪事】 1月15日，公司在青岛市高新区新产业团地隆重举行产业园二期工程开工仪式。1月24日，集团公司党委书记王立刚到公司检查指导工作。3月3日，铁道部副总工程师兼运输局局长张曙光到公司检查指导工作。9月25～27日，股份公司总裁奚国华到公司检查指导工作。

【企业领导名单】

董 事 长	任玉君
副董事长	尹桂江
总 经 理	任玉君
副总经理	尹桂江 王 云 刘保明 赵云生 孔 军
党委书记	尹桂江
党委副书记	任玉君 王华光
纪委书记	王华光
工会主席	王华光

（总经理办公室 供稿）

合资合作经营企业

责任编辑　刘玉芬

长春长客-庞巴迪轨道车辆有限公司

北京南口斯凯孚铁路轴承有限公司

大同爱碧玺铸造有限公司

大连东芝机车电气设备有限公司

日立永济电气设备(西安)有限公司

西安阿尔斯通永济电气设备有限公司

大同 ABB 牵引变压器有限公司

大同斯麦肯轨道运输设备有限责任公司

青岛四方法维莱轨道制动有限公司

青岛阿尔斯通铁路设备有限公司

青岛卡玛克斯缓冲装备有限公司

长春长客-庞巴迪轨道车辆有限公司

2008年，长春长客-庞巴迪轨道车辆有限公司有正式员工544人。其中中方员工538人，外籍员工6人；管理人员72人，工程技术人员125人，生产人员315人，辅助人员32人。设有生产制造部、技术部、财务与控制部、人力资源部、项目管理部、采购部、生产协调控制部、工艺技术部、市场部、质量部、调试试验部、信息系统部、车辆系统安全工程部13个职能部门。公司固定资产原值1.75亿元，净值9738万元。占地面积7.8万平方米，厂房建筑面积3.1万平方米。年生产能力为500辆地铁车辆。年内，销售列车23列，实现主营业务收入7.15亿元，主营业务利润8367万元，利润总额5123万元，实现净利润2836万元。

合资公司于10月获得新加坡地铁城市线73列219辆车的分包合同，合同总金额约20亿元。该项目是合资公司获得的首个海外项目。

2008年是合资公司进入SHL9和SHL7地铁车辆生产、调试和交车工作的高峰阶段，SHL9项目共计51列306辆车，SHL7项目共计32列192辆车。与合资公司已有项目相比，这两个项目数量大，车辆结构性能改进项点较多。在项目执行中，技术人员在车辆设计和生产等方面不断积累经验。在保证产品质量的基础上，不断强化材料及零部件的国产化工作。合资公司已经具备独立采购和对供应商全面评估的能力。实现部分材料及零部件的国产化，既缩短了采购周期，又降低了成本。

合资公司积极跟踪的国内地铁项目有上海地铁2号线东延伸、杭州地铁1号线、上海地铁12号线、上海地铁13号线和上海地铁11号线南延伸以及深圳地铁5号线项目。积极组织与客户进行技术交流，力争向国内外所有客户提供安全可靠、质量精良、低运营成本的产品。

（惠　迪　刘玉芬　供稿）

北京南口斯凯孚铁路轴承有限公司

北京南口斯凯孚铁路轴承有限公司由中国北车集团北京南口轨道交通机械有限责任公司与斯凯孚（中国）投资有限公司于1996年合资组建。通过引进瑞典SKF集团公司的先进制造技术和科学管理运营方法，北京南口斯凯孚铁路轴承有限公司已经成为世界级铁路轴承供应商，向国内外用户提供符合SKF质量要求的铁路轴承和维修服务。

公司自成立以来，先后引进SKF197726型铁路货车轴承、轴承塑钢保持器、新型轴承油脂、LL油封及25吨轴重铁路货车紧凑型轴承353130B，推动中国铁路轴承生产向国际先进水平不断迈进。

2008年，南口斯凯孚公司在SKF集团的支持下，对未来产品和设备的投资作出战略性规划。公司业务流程不断改进，对市场的反应速度逐步加快，客户满意度稳步提高。公司在对设备进行计划投资的同时，对员工的发展培训作出了大规模的投资和努力。截至年底，南口斯凯孚轴承公司共向中国铁路提供新造轴承220万套，修理轴承125万套。（南口机械公司　供稿）

大同爱碧玺铸造有限公司

2008年，大同爱碧玺铸造有限公司调整组织机构，成立人力资源部，部门增至8个。截至年底，公司在册员工444人。年内，以产量最大化为目标，制定有效生产管理措施，挖掘内部潜力，提高电炉装载量和成品车轮日产量，超额完成年初制定的各项目标。公司全年共生产销售铁道部招（议）标车轮212721个，占铁道部招（议）标车轮总量的37%，在国内四家车轮生产企业中占最大市场份额；生产销售其他国内货车车轮50000多个，国外货车车轮7000多个，铸钢车轮272059个，约占货车车轮市场30%份额。全年实现销售收入8.5亿元，利税2.7亿元，取得较好的经济效益。

公司加强产品质量过程控制，严格工艺规程，组织设备、质量攻关，成品率达到91.93%。4月7日，公司通过中质协质量保证中心ISO9001复审。5月14日和27日，公司分别通过国际质量咨询组织（IQC）AAR M-1003复审和AAR M-107/208审核。公司重视产品开发工作，积极参与铁道部30吨轴重重载货车车轮研究项目，8月完成多种重载车轮有限元计算和相关配套工装图纸设计，11月通过铁道部装备部30吨轴重重载货车铸钢车轮设计图纸评审。同时，与铁科院联合研究用于大秦线的HEZD840铸钢车轮通过项目评审，并在新造C_{80}型敞车上使用。建立健全环境和职业健康安全管理体系，4月，公司通过环境和职业健康安全管理体系监督审核。强化专业技能和专项业务培训，全年有63人次参加光谱、磁探、海关商检等技能培训；有8200人次参加安全、设备、质量管理等专项培训。

2008年，公司荣获全国外商投资企业履行社会责任优秀奖，被评为山西省优秀外商投资企业，荣获山西省履行社会责任抗震救灾爱心捐助奖，公司工会荣获中华全国总工会“模范职工之家”称号。

（姚　健　供稿）

大连东芝机车电气设备有限公司

大连东芝机车电气设备有限公司是由中国北车集团大连机车车辆有限公司与日本东芝株式会社共同出资设立的中外合资企业。公司位于大连保税区，占地面积2.6万平方米，投资总额1854万美元，注册资本741.65万美元，其中大连机辆公司与日本东芝株式会社分别持有50%股份。2008年，公司员工总数580人，其中，中日双方母公司各派出3名管理人员，其余员工全部招聘录用。2008年销售额是上年的1.27倍，主营收入达11.28亿元，实现净利润9329.6万元。年内，新增的牵引电机和TCMS机车控制系统产品开始批量生产，产品全部供给大连机辆公司。

2008年，企业管理从设计、物资采购、外购厂家认定、质量管理、生产制造销售到售后服务仍沿用日本东芝公司的管理模式，并结合中国的实际，进一步修订、补充和完善，顺利通过CQC的后续年审。

2008年，合资公司生产能力进一步提升，内销产品除供应大连机辆公司外，新增了北京二七装备公司。全年内销收入达8.69亿元，占全部收入的77%。全年共销售主变流装置195台份，出口日本市场各类装置581台，电机线圈256台。公司盈利9329.6万元，超过年初董事会确定目标的3.6倍。 （秦 莹 供稿）

日立永济电气设备（西安）有限公司

日立永济电气设备（西安）有限公司是由中国北车永济新时速电机电器有限责任公司、株式会社日立制作所及日立（中国）有限公司三方共同出资设立的中外合资企业，2003年8月29日获得外商投资企业批准证书和企业营业执照在西安正式成立。合资公司投资总额为1892万美元，注册资金为1046万美元，其中永济新时速电机电器有限责任公司占50%，株式会社日立制作所占40%，日立（中国）有限公司占10%。公司面向城市轨道交通车辆和铁路机车车辆市场，从事交流牵引电传动产品及空调装置、换气装置等电气产品的设计、生产、销售、售后服务及相关业务。公司主要产品为铁路机车车辆和城市轨道交通车辆用主牵引变流器（VVVF逆变器）、辅助逆变器、列车监控装置和网络控制系统、空调、换气装置等5大系列产品。2008年完成铁道部200公里/小时长大编组动车组、300公里/小时高速动车组以及北京地铁13号线扩编产品的制造。实现销售收入1.95亿元，利润1322万元。年末，在册员工141人，其中日方人员4人。 （王永刚 供稿）

西安阿尔斯通永济电气设备有限公司

西安阿尔斯通永济电气设备有限公司于2006年6月12日成立，注册资本为266万欧元，其中法国阿尔斯通公司占51%，永济电机公司占49%。董事会由7人组成，其中阿尔斯通公司4人，永济电机公司3人，董事长为永济电机公司徐印平。合资公司注册地址为西安经济技术开发区出口加工区，厂房租赁出口加工区厂房，面积6364平方米。公司产品范围包括：出口电力动车组用牵引电机；出口客运和货运交流机车牵引电机；出口交流传动电力机车辅助电机、油泵以及销售给国内交流传动电力机车的辅助电机、油泵。2008年，共试制并批量生产两种动车牵引电机，两种辅助电机，两种机车电机线圈，一种电车电机线圈。实现销售收入5300万元，利润67万元。9月，通过法国铁路对公司的审核，取得产品进入法国铁路市场的许可证。12 月，在西安召开公司第四次董事会。年末，公司在册员工74 人，下设生产设备部、采购物流部、质量部、人事部、财务部、工艺部。

（杨晓勇　供稿）

大同 ABB 牵引变压器有限公司

2008 年，大同 ABB 牵引变压器有限公司着力进行吸收消化，推进变压器材料的国产化。公司产品已覆盖CRH_1、CRH_2、CRH_5型动车组和HX_D2 型电力机车等技术引进项目，市场占有率达到 39%。全年生产牵引变压器 337 台，其中，HX_D2 型机车 LOCO 变压器 237 台，CRH_5 型动车组 A250 变压器 44 台，CRH_1 型动车组变压器 36 台；CRH_2 型动车组 ATM9 变压器 20 台。年内，公司实现销售收入 3.6 亿元，实现利税1.01 亿元。

5 月 23 日，公司举办 300 台变压器下线仪式的庆典。8 月，进行了 3 次 IRIS（国际铁路行业标准）质量体系认证培训。年内，公司召开 2 次董事会，对公司发展历程进行总结，规划公司的发展方向并制定应对全球金融危机的对策。公司对产品质量和职业健康十分重视，进行多次专门培训。公司在客户投诉率和安全生产方面一直保持良好记录。

（同车公司　供稿）

大同斯麦肯轨道运输设备有限责任公司

2008 年，大同斯麦肯轨道运输设备有限责任公司克服原材料价格上涨及金融危机等因素的影响，至年底，共组织各关联企业进行 12 个批次的商检，完成商检轮对14834 对，实现销售收入 2.71 亿元，净利润 2516 万元。公司将产品质量控制作为加强技术管理的重要环节，严格质量监督，做好产品实物质量控制和质量记录控制工作。积极开拓国外轮对市场，根据现有生产规模和经营状况，与印度厂商签订 9 份订单，其中有新产品 915 毫米轮对订单 2 份 7128 对轮对，总价值约 1.57 亿元。

公司进一步优化、细化工作流程，规范各项业务操作，编制各部门业务流程，重点理顺市场部和财务部的业务流程，全面推进ERP 项目改进方案，在深入实施过程中，及时发现问题，采取改进措施。建立完善的财务监控体系，坚持执行财务负责人把关制，分管经理审核制，现金流程表备忘登记制，确保费用成本降到最低。组织相关财务人员参加企业所得税知识业务培训，提高工作效率与质量，顺利完成年度决算审计、增值税和个人所得税的申报、所得税汇算清缴、外商投资企业网上联合年检等工作。

（同车公司　供稿）

青岛四方法维莱轨道制动有限公司

2008 年，青岛四方法维莱轨道制动有限公司实现销售收入 2 亿元。DJ-4 项目在成功实施技术引进和国产化基础上，全年实现 116 套制动系统的交货计划，整个项目按期保质交货。3 月 28 日，签订上海地铁 6、8 号线 170 辆车的制动产品合同。6 月 20 日，签订上海地铁 2 号东延线 192 辆的制动产品合同。12 月 4 日，签订南京地铁 1 号线 2 列 6 辆编组车制动产品供货合同。12 月 8 日，与同车公司签订 489 台六轴电力机车的制动系统供应合同。

在内部管理方面，合资公司获得长足进步。1 月 15 日，DJ-4 项目通过铁道部 2 万吨牵引实验，5 月，第 5 次通过法国阿尔斯通公司的首件检验认证。8 月，通过法国 BV 公司 ISO9000 质量管理体系认证复审。ERP 系统深入到财务成本核算、仓库物料管理等多个模块，实现管理的系统化和规范化。技术转移和培训工作有序展开，国产化率进一步提高，产品成本稳步下降。全年实现无安全事故，员工和客户的满意度稳步提高。

（四方所公司　供稿）

青岛阿尔斯通铁路设备有限公司

四方所公司与法国阿尔斯通运输股份有限公司组建的青岛阿尔斯通铁路设备有限公司于 1999 年 3 月 8 日注册成立，注册资金 500 万元，出资比例为四方所占 49%，法国阿尔斯通运输股份有限公司占 51%。公司于 1999 年 10 月正式投产，专门从事适用于中国铁路机车车辆的 DISPEN 油压减振器的生产、维修及服务，以及与铁路机车车辆相关的阿尔斯通产品的生产和服务，是 DISPEN 油压减振器在中国唯一的维修服务商。公司已开发生产 200 余种型号的 DISPEN 油压减振器，具备年生产、维修 3 万个 DISPEN 油压减振器的能力。2008 年，公司有员工 38 人，设备、工装及工具 120 余台（套），厂房建筑面积 2397 平方米。年内实现销售收入 4112 万元，其中出口销售 290 万元。完成 60 列CRH5 型动车组项目、140 台 DJ4 型电力机车项目油压减振器的交付。在城轨车市场方面，获得上海 10 号线、南京 1 号线南延线、南京 2 号线及其延伸线项目的供货合同。

2008 年实施全面预算管理，保证公司各项工作有序开展、资源有效利用、财务状况有效控制。7 月 24 日，公司质量管理体系通过英国国家质量保证有限公司（NQA）的监督审核。同期，通过法国铁路公司（SNCF）的技术审核。实施 EHS 管理，通过确定目标、落实责任、全员参与、定期检查、持续改进，取得良好效果。

（四方所公司　供稿）

青岛卡玛克斯缓冲装备有限公司

四方所与波兰 KAMAX 机械设备股份公司组建的青岛卡玛克斯缓冲装备有限公司于 2000 年 6 月 22 日注册成立，注册资金 221.36 万元，出资比例为四方所 55%，波兰 KAMAX 机械设备股份公司为 45%。公司主要设计、制造、销售和安装弹性胶泥缓冲器、成套缓冲装备及使用波兰 KAMAX 机械设备股份公司技术的机车车辆配件，提供与合同产品有关的服务与技术咨询。

公司拥有先进的缓冲器生产线，掌握 KX-CHP 型客车缓冲器、KX-CHL 型机车缓冲器和 KX-CHT 型货车缓冲器的先进生产方法，年生产能力约 36000 套不同类型的缓冲器。2008 年，实现销售收入 2636 万元，成功开拓城轨车用缓冲器市场和技术引进机车用缓冲器市场。为北京奥运消隐工程提供缓冲器 600 余套，为和谐 D1 型电力机车提供缓冲器 350 余套，为和谐 D3 型电力机车提供缓冲器 500 余套。

（四方所公司　供稿）

人物·荣誉

责任编辑　刘兴国

新闻人物

先进人物

逝世人物

集体荣誉

新　闻　人　物

【政协委员】

全国政协委员

李海滨　男，汉族，52 岁，现任二七装备公司副总经理，2008 年 3 月当选政协全国第十一届委员会委员。

北京市政协委员

魏亦南　男，汉族，44 岁，现任南口机械公司总工程师，2008 年 1 月当选北京市第十一届政协委员。

【辽宁省人大代表】

刁培松　大连机辆公司高级工人技师

【中国工会第十五次全国代表大会代表】

董　宇　中国北车集团公司工会主席

【共青团第十六次全国代表大会代表】

魏　东　中国北车集团公司团委书记

先　进　人　物

【国家级荣誉称号获得者】

全国“五一”劳动奖章获得者

毛正石　大连机辆公司

刘春海　唐山客车公司

常振臣　长客股份公司

李玉璐　唐山客车公司

全国优秀工会工作者

王天福　长客股份公司

侯宝凤　唐山客车公司

张升海　西安装备公司

全国优秀工会积极分子

靳光伟　济南装备公司

全国技术能手

李万君　长客股份公司

全国女职工建功立业标兵

孙　伟　兰州装备公司

2008 年度国家“友谊奖”获得者

迈克尔·威斯特　驻唐山客车公司 CRH3 项目西门子总协调

【中央企业荣誉称号获得者】

中央企业优秀思想政治工作者

苏永安　大连机辆公司

中央企业优秀党务工作者

石　垒　沈车公司

中央企业优秀共产党员

黄凤龙　齐齐哈尔装备公司

常振臣　长客股份公司

中央企业优秀团干部

苏　旭　大连机辆公司

刘佩清　南口机械公司

中央企业优秀共青团员

邱齐宇　齐齐哈尔装备公司

张丽丽　长客股份公司

中央企业（杰出）青年岗位能手

徐世武　兰州装备公司

任　欣　太原装备公司

中央企业抗震救灾优秀共产党员

徐文凯　济南装备公司

中央企业抗震救灾先进个人

张百灵　唐山客车公司

中央企业优秀归国留学人员

张峻巍　大连机辆公司

中央企业“2008 年劳动榜样”

马　君　长客股份公司

【火车头奖章获得者】

朱　森　齐齐哈尔装备公司

李金林　哈尔滨装备公司

姚向东　长客装备公司

谢元立　长客股份公司

龚湘林　沈车公司

张耀华　沈车公司
梁圣童　大连机辆公司
董兆爱　唐山装备公司
余卫平　唐山客车公司
张东义　唐山客车公司
刁　军　天津装备公司
荣海锋　二七装备公司
高方勇　济南装备公司
曹京钢　南口机械公司
南利军　同车公司
王富明　太原装备公司
高向波　永济电机公司
郑继承　西安装备公司
蒋武建　西安装备公司
张永林　兰州装备公司

【第九届詹天佑铁道科学技术奖成就奖获得者】

孙喜运　大连机辆公司

【第九届詹天佑铁道科学技术奖青年奖获得者】

于跃斌　齐齐哈尔装备公司
杨东平　同车公司

【茅以升铁道工程师奖获得者】

常振臣　长客股份公司
王春元　二七装备公司
刘保明　四方所公司
谢步明　中国北车集团公司

【省级劳动模范、劳动奖章获得者】

山东省劳动模范

贾世瑞　济南装备公司

河北省劳动模范

侯宝凤　唐山客车公司
闫志新　唐山客车公司

天津市劳动模范

宗保全　天津装备公司

吉林省“五一”劳动奖章

夏振林　长客股份公司
蔡玉清　长客股份公司

山东省富民兴鲁劳动奖章

贾世瑞　济南装备公司

山西省“五一”劳动奖章

邹　涛　同车公司
肖东升　同车公司
薛金良　永济电机公司

首都劳动奖章

刘喆玲　南口机械公司

甘肃省“五一”劳动奖章

董建德　兰州装备公司

【其他省级荣誉获得者】

山东省第十六届优秀企业家

贾世瑞　济南装备公司

山东省企业管理先进个人

刘　琪　济南装备公司

山东省创建劳动关系和谐企业工作先进个人

郑学军　济南装备公司

山东省优秀工会积极分子

刘宝山　济南装备公司

山西省优秀企业家

杨永林　同车公司

山西省优秀企业思想政治工作者

王正民　永济电机公司

山西省厂务公开民主管理优秀工作者

古长征　永济电机公司

山西省维护女职工权益贡献奖

古长征　永济电机公司

山西省全民健身活动先进个人

马信茂　永济电机公司

山西省个人一等功

马津铁　永济电机公司

山西省知识型职工标兵

薛金良　永济电机公司

甘肃省知识型职工先进个人

王滨利　兰州装备公司

甘肃省“五一巾帼奖”

韩晓燕　兰州装备公司

甘肃省优秀团干部

葛迎春　兰州装备公司

甘肃省优秀共青团员

葛国浏　兰州装备公司

甘肃省青年岗位能手

安世军　兰州装备公司

高小东　兰州装备公司

北京市经济技术创新标兵

陈更强　南口机械公司

张全裕　南口机械公司

北京市青年岗位能手

苏　晰　南口机械公司

艾　飞　南口机械公司

北京市奥运会立功奖章

张德生　南口机械公司

丁冬柱　南口机械公司

王雄峰　南口机械公司

田彦君　南口机械公司

宋占明　南口机械公司

赵守山　南口机械公司

北京奥运会、残奥会志愿者工作先进个人

刘佩靖　南口机械公司

钟　瑶　南口机械公司

奥运先锋——2008 年度北京市优秀团干部

黄　彦　南口机械公司

全路优秀工会工作者

董公民　牡丹江厂

王天福　长客股份公司

毕　毅　大连机辆公司

张升海　西安装备公司

全路优秀工会积极分子

苗广斌　唐山客车公司

丁占胜　哈尔滨装备公司

谭立杰　唐山装备公司

刘金栋　天津装备公司

王虓峰　南口机械公司

张建军　济南装备公司

全路优秀工会之友

王立刚　中国北车集团公司

任玉君　四方所公司

【中国北车首席专家】

专业技术类

杜会谦　刘志平

【集团公司资深专家】

专业技术类

孙丙河　宋玉斌　任　刚　安　超

技能操作类

孙斌斌

逝　世　人　物

王　峰　男，1938 年 5 月参加革命工作，1939 年 6 月加入中国共产党。历任延安卫戍司令部作战股长，第四野战军铁道兵纵队司令部秘书科长，铁道部厂务局办公室主任、秘书科（处）长、人事科（处）长，济南机车工厂代厂长、厂长，铁道部工厂管理局劳资处长、生产处长，北京二七机车车辆工厂厂长，铁道部工业总局副局长、分党组书记兼政治部主任。2008 年 10 月 4 日在北京逝世，享年 83 岁。

喻开林　男，75 岁。曾任太原机车车辆厂厂长。2008 年 12 月 26 日逝世。

集　体　荣　誉

【国家级集体荣誉】

国家第二批创新型试点企业

中国北车集团公司

国家定点扶贫先进集体

中国北车集团公司

全国安全生产月活动优秀单位

中国北车集团公司

全国创新型企业

长客股份公司

唐山客车公司

国家首批高技能人才培养示范基地

长客股份公司

齐齐哈尔装备公司

同车公司

西安装备公司

大连机车技师学院

唐山机车车辆厂高级技工学校

全国模范职工之家

中国北车集团公司工会

四方所公司工会

齐齐哈尔装备公司工会

全国模范职工小家

齐齐哈尔装备公司冲压车间工会

齐齐哈尔装备公司铸钢分厂电炉二组工会小组

全国工人先锋号

同车公司构架车间构架组对组

永济电机公司线圈车间交流三组

长客股份公司机械手班

唐山客车公司铝合金分厂铆钳一班

中国优秀诚信企业

大连机辆公司

永济电机公司

国家高新技术企业

齐齐哈尔装备公司

全国"安康杯"竞赛活动优胜班组

齐齐哈尔装备公司货车分厂型钢接头组

国家技能人才培育突出贡献奖

大连机辆公司

全国档案工作优秀集体

齐齐哈尔装备公司

全国五四红旗团委创建单位

齐齐哈尔轨道装备公司

全国青年文明号

济南装备公司转向架车间技术部

全国企事业知识产权示范创建单位

永济电机公司

中国企业信息化500强

同车公司

中国制造业信息化工程产品创新奖

同车公司

中国机械工业500强

西安装备公司

中国企业数据库优秀企业

西安装备公司

"青藏铁路工程"国家科学技术进步奖特等奖

四方所公司

【中央企业集体荣誉】

中央企业思想政治工作先进单位

齐齐哈尔装备公司

中央企业先进基层党组织

西安装备公司党委

四方所公司党委

中央企业"五四"红旗团委

西安装备公司团委

同车公司团委

中央企业"五四"红旗团支部

唐山客车公司客车厂团总支

二七装备公司机车分厂团支部

中央企业"五四"红旗团委创建单位

永济电机公司团委

长客股份公司团委

中央企业抗震救灾先进基层党组织

唐山客车公司内饰件厂党支部

中央企业青年文明号

天津装备公司机加工分厂数控一组

【省部级集体荣誉】

"火车头奖杯"获得单位

长客股份公司第二装配厂

二七装备公司机械一分厂
太原装备公司台车车间
唐山客车公司制造技术中心

全国铁路“工人先锋号”

齐齐哈尔装备公司机加车间枕架加工班
沈车公司新造分厂侧墙班
大连机辆公司机车车间试运班

全路模范职工之家

中国北车集团公司工会
沈车公司工会
同车公司工会

全路模范职工小家

太原装备公司工业公司工会
齐齐哈尔装备公司货车分厂工会
永济电机公司模具分厂工会
长客装备公司车体检修厂钢结构一班工会小组
兰州装备公司转向架车间轴箱轴承班工会小组
二七装备公司机械三分厂曲轴班工会小组
大连所公司内燃机核心部件事业部支会

黑龙江省五四红旗团委

齐齐哈尔装备公司团委

黑龙江省青年文明号

齐齐哈尔装备公司货车分厂机械手班组

吉林省“模范职工之家”

长客装备公司工会

辽宁省百强企业

沈车公司

辽宁省思想政治工作先进单位

大连机辆公司

辽宁省文明企业标兵

大连机辆公司

辽宁省模范劳动关系和谐企业

大连机辆公司

河北省先进集体

唐山客车公司总装配厂接线五班

首都文明单位

南口机械公司

北京市工人先锋号

二七装备公司

山西省功勋企业

同车公司

山西省“科技奉献奖”先进集体

同车公司

山西省思想政治工作优秀企业

同车公司
永济电机公司

山西省五一劳动奖状

同车公司备料车间数控组

山西省工人先锋号

同车公司构架车间构架组

山西省全民健身活动先进单位

同车公司
永济电机公司

山西省青年文明号争创集体

同车公司机械一车间数控组

山西省高新技术企业

永济电机公司

山西省知识产权工作先进集体

永济电机公司

山西省企业文化建设优秀集体

永济电机公司

山西省质量信誉AAA级企业

永济电机公司

山西省五四青年奖

永济电机公司机加事业部一机车间机一班

山东省“富民兴鲁”劳动奖状

济南装备公司

山东省劳动关系和谐企业

济南装备公司

山东省“安康杯”竞赛优胜单位

济南装备公司

山东省高新技术企业

济南装备公司华腾公司

陕西省社会信用体系建设杰出单位

西安装备公司

陕西省厂务公开民主管理先进单位

西安装备公司

陕西省知识产权优秀培育企业

西安装备公司

陕西省节能减排建设模范单位

西安装备公司

甘肃省工人先锋号

兰州装备公司机车车间

兰州装备公司工矿机车分公司车架二班

甘肃省青年文明号集体

兰州装备公司转向架车间轮对钳工班探伤组

甘肃省职工职业道德建设先进单位

兰州装备公司

甘肃省创建学习型组织、争做知识型职工优秀单位

兰州装备公司

甘肃省五四红旗团支部

兰州装备公司机车车间团支部

【北车劳动奖状获得集体】

长客股份公司转向架厂机加车间

唐山客车公司总装配厂

唐山客车公司钢结构分厂

唐山装备公司调试中心

齐齐哈尔装备公司二货车间

长客股份公司转向架厂

沈车公司车轮分厂

大连机辆公司机械二车间转向架钳工班

唐山装备公司组装车间

唐山客车公司铝合金分厂

二七装备公司技术中心

同车公司机械加工一车间

太原装备公司财务部

永济电机公司机加五分厂数控班

西安装备公司客修事业部钢结构车间

四方所公司电气研发中心

【中国北车“四好”领导班子先进集体】

长客股份公司

大连机辆公司

西安装备公司

四方所公司

【中国北车杰出青年文明号】

大连机辆公司电机电器厂绕线班

天津装备公司精机分厂数控一组

南口机械公司齿轮分厂数控立车班

同车公司资产管理部数控维修室

太原装备公司台车车间探伤组

统计资料

责任编辑　刘玉芬

表 1

2008 年主要指标综合表

名　　称	单位	数　量	名　　称	单位	数　量
年末从业人员人数	人	89161	新造机车	台	649
其中：中国北车股份有限公司	人	75905	其中：内燃机车	台	338
资产总计	万元	4799192	电力机车	台	311
固定资产原价	万元	1665937	新造客车	辆	564
固定资产净额	万元	981459	新造动车组	辆	264
营业收入	万元	3689066	新造城轨车	辆	439
主营业务收入	万元	3312517	新造货车	辆	22607
利润总额	万元	139094	修理机车	台	778
净利润	万元	122568	其中：内燃机车	台	559
工业总产值	万元	3545997	电力机车	台	219
工业销售产值	万元	3574921	修理客车	辆	1717
工业增加值	万元	787712	修理货车	辆	26922
固定资产投资完成额	万元	287508	其中：段修	辆	2425
研究开发费用	万元	68435	钢　　水	吨	166848

表 2

2008 年主要经济指标

单位名称	固定资产原价（万元）	固定资产净额（万元）	主营业务收入（万元）	利润总额（万元）	成本费用利润率（%）	国有资本保值增值率（%）
集团公司	1665937	981459	3312517	139094	3.90	117.30
其中：集团公司总部	47295	47071	35588	25351	98.41	104.05
中国北车股份有限公司	1378468	810919	1884547	98985	4.76	0.00
中国北车股份有限公司总部	1191	664	49	30817	1592.91	0.00
齐齐哈尔装备公司	136053	62221	485447	33455	5.43	-135.70
哈尔滨装备公司	42838	35196	52686	1929	3.44	90.47
长客装备公司	65203	44904	79436	-1248	-1.42	103.26
长客股份公司	232337	140211	570550	22834	4.11	145.02
大连机辆公司	138260	56445	444255	17800	3.96	40.20
唐山装备公司	36589	23887	71621	-125	-0.17	106.46
唐山客车公司	159078	126867	130795	-16829	-11.38	140.93
天津装备公司	25071	10242	51143	3026	5.82	420.32
二七装备公司	84811	47657	82084	3903	4.86	89.48
南口机械公司	38302	23806	28137	2009	7.31	89.09
同车公司	135149	84211	385497	32608	8.83	137.16
太原装备公司	33245	18680	139225	4945	3.36	397.21
永济电机公司	93758	50393	243021	8066	2.98	-100.47
济南装备公司	51190	33933	200814	12383	6.31	-256.60
西安装备公司	50845	23184	170742	9593	5.06	15.15
兰州装备公司	20714	6745	40617	1040	2.29	92.98
大连所公司	15302	8054	20373	1758	8.72	104.39
四方所公司	20891	14921	48426	8221	16.43	120.90
中车进出口公司	338	231	34813	1079	2.99	117.16
北车物流公司	2469	2130	262874	1676	0.64	114.18
北车长客集团	0	0	0	-33	-100.00	0.00

续表 2

单位名称	固定资产原价（万元）	固定资产净额（万元）	主营业务收入（万元）	利润总额（万元）	成本费用利润率(%)	国有资本保值增值率(%)
齐车公司	21952	8500	101584	-924	-0.88	83.84
哈车公司	2929	1414	12245	-77	-0.62	93.84
牡丹江厂	22727	12053	826	-8608	-162.66	141.56
长机辆公司	333	302	0	-73	-74.33	66.53
长客厂	4259	2726	0	-56	-20.02	98.67
沈车公司	105844	62904	234907	8113	3.25	104.91
沈车工贸公司	682	374	238	-504	-165.40	93.96
大力装备公司	13237	6242	7653	-162	-1.98	93.71
唐山厂	3351	1566	4267	-1048	-19.47	90.64
天津厂	5441	1775	6303	-45	-0.62	97.83
二七厂公司	12240	4672	7450	125	1.67	99.78
南口厂	3311	1541	488	-304	-35.80	93.04
大同前进投资公司	0	0	0	923	-312.92	100.63
大同机车社区管理中心	7096	3251	816	21	1.86	100.58
太原厂	3288	1632	0	-93	-102.00	95.71
永济厂	11952	5896	20371	-747	-3.52	93.12
济南厂	1798	1036	33056	-132	-0.40	74.43
西安厂	12698	5474	73969	-411	-0.55	84.60
兰州厂	6219	1593	6367	-21	-0.31	97.61
大同铁工煤炭运销公司	167	52	7904	313	4.06	132.57
大连华铁公司	646	466	1036	-33	-3.05	91.67
北车租赁公司	1	1	689	207	43.02	0.00

表 3

2008 年主要产品产量

单位名称	新造							修理						钢水
	内燃机车（台）	电力机车（台）	客车（辆）	动车组（辆）	城轨车（辆）	货车（辆）	吊车（台）	内燃机车（台）	电力机车（台）	客车（辆）	厂修货车（辆）	段修货车（辆）	吊车（台）	（吨）
合计	338	311	564	264	439	22607	5	559	219	1717	24497	2425	7	166848
齐齐哈尔装备公司						10375	5				2567	131		93616
哈尔滨装备公司						447					5098	157		
长客装备公司										693				
长客股份公司			84	232	415									
沈车公司						3322		16			9409	1207		19553
大连机辆公司	213	193			24	40		97						19507
唐山客车公司			480	32										
唐山装备公司								188	3	628				
天津装备公司														8396
二七装备公司	125							79						
南口机械公司														
同车公司		118							10					
太原装备公司						1202			200		3571	13		
永济电机公司														5367
济南装备公司						4185								
西安装备公司						3036				396	3852	917		16348
兰州装备公司								179	6				7	4061

表 4　　2008 年新造机车、吊车　　单位：台

车　　型	合　计	大连机辆公司	二七装备公司	同车公司	齐齐哈尔装备公司
内燃机车	338	213	125		
其中：和谐$_{N}$3 型	4	4			
东风$_{4B}$各型	8	8			
东风$_{4D}$各型	62	62			
东风$_{5B}$各型	7	7			
东风$_{5D}$各型	6	6			
东风$_{7C}$型	23		23		
东风$_{7G}$型	54		54		
东风$_{8B}$型	2	2			
东风$_{10}$各型	37	37			
GK 车各型	94	63	31		
其他各型	41	24	17		
电力机车	311	193	0	118	
其中：韶山$_{3B}$重联型	2			2	
韶山$_{4G}$型	4			4	
韶山$_{J3}$型	1	1			
和谐$_{D}$2 型	112			112	
和谐$_{D}$3 型	192	192			
吊　　车	5				5
其中：100T 液压伸缩臂吊车	1				1
20T 多功能起重机	1				1
32T 起重机	1				1
60T 起重机	1				1
125T 液压伸缩臂	1				1

表 5　　2008 年新造客车、动车组和城轨车辆　　单位：辆

车　型	合　计	长客股份公司	唐山客车公司	大连机辆公司
新造客车、动车组、城轨车辆	1267	731	512	24
新造客车	564	84	480	0
其中：软卧 25G 型　RW_{25G}	37	3	34	
软卧 25T 型　RW_{25T}	1		1	
硬卧 25G 型　YW_{25G}	13	13		
硬卧 25T 型　YW_{25T}	19		19	
硬座 25G 型　YZ_{25G}	197	13	184	
硬座 25T 型　YZ_{25T}	9		9	
硬座 25G 型　YZ_{25G}	171		171	
行李 25G 型　XL_{25G}	14		14	
行李 25T 型　XL_{25T}	0			
餐车 25G 型　CA_{25G}	31	3	28	
餐车 25T 型　CA_{25T}	1		1	
发电 25G 型　FD_{25G}	1		1	
邮政 25G 型　UZ_{25G}	2		2	
双层硬座客车（出口伊朗）	14	14		
200KM 综合检测车	8	8		
米轨客车（出口孟加拉）	30	30		
特种仪器押运车	6		6	
25T 电务试验车	1		1	
特种铁路运输车	1		1	
25T 远红外检测车	1		1	
25T 接触网牵引试验综合检测车	1		1	
特种地铁回送车	6		6	
新造动车组	264	232	32	0
动车组—200KM 动车	145	145		
动车组—200KM 拖车	87	87		
动车组－300KM 动车	8		8	
动车组－300KM 拖车	24		24	
新造城轨车辆	439	415	0	24
城市轨道车辆	24			24
地铁客车	415	415		

表 6　　2008 年新造货车　　单位：辆

车　　型	合　计	齐齐哈尔装备公司	哈尔滨装备公司	沈车公司	大连机辆公司	太原装备公司	济南装备公司	西安装备公司
新造货车	22607	10375	447	3322	40	1202	4185	3036
其中：敞车 C_{62B} 型	40				40			
敞车 C_{64} 型	44		44					
敞车 C_{70} 型	11279	4019		2818		686	1818	1938
敞车 C_{80} 型	240					240		
敞车 C_{80B} 型	5310	3180		60			2070	
敞车 E_{50} 型(出口坦赞)	50	50						
棚车 P_{70} 型	1000	1000						
集装箱平车 X_{6K} 型	599		300	99			200	
集装箱平车 C_3 型(出口新西兰)	100	100						
集装箱平车 C2MK2 型(出口澳大利亚)	150	150						
集装箱轨枕车 E3XG(出口澳大利亚)	30	30						
罐车 GF_{70} 型	50					50		
罐车 GJ_{70} 型	100							100
罐车 GQ_{70} 型	450							450
罐车 GN_{70} 型	173							173
罐车 GS_{70} 型	170							170
罐车 GHA_{70} 型	70							70
坦赞罐车	50							50
漏斗车 K_{18F} 型	24		24					
漏斗车 KM_{70} 型	154					70		84
漏斗车 KZ_{70} 型	156					156		
漏斗车 EKZ_{70} 型(出口澳大利亚)	60	60						
自翻车 KF-60 型	20		20					
自翻车 KF-80 型	44		44					
DL_1 预制梁运输车	360	360						
JSQ_5 双层运输车	197	100					97	
力拓矿石车(出口澳大利亚)	1320	1320						
长钢轨车 T_{11BK} 型	344			344				
其他各型	23	6	15	1				1

表 7　　2008 年部分机车厂修周期

机车型号	修车单位	计算台数(台)	修理日数(天/台)	在厂日数(天/台)
东风$_{4B}$型	兰州装备公司	151	20	29
	唐山装备公司	94	20	28
东风$_{4C}$型	兰州装备公司	33	23	34
	唐山装备公司	41	20	29
东风$_{4D}$型	唐山装备公司	41	22	31
	大连机辆公司	60	62	65
东风$_5$型	兰州装备公司	3	22	30
东风$_7$型	二七装备公司	75	58	82
东风$_{8B}$型	兰州装备公司	9	38	73
	唐山装备公司	15	30	41
韶山$_3$型	太原装备公司	59	29	31
	唐山装备公司	3	38	53
	兰州装备公司	7	30	39
韶山$_7$型	太原装备公司	41	31	33
	同车公司	8	74	74

表 8　　2008 年部分客车厂修周期

客车型号	修车单位	计算辆数(辆)	修理日数(天/辆)	在厂日数(天/辆)
25K 型	长客装备公司	276	34.6	43.5
	唐山装备公司	115	32.7	42.1
	西安装备公司			
25G 型	长客装备公司	101	33.4	42.2
	唐山装备公司	212	31.2	40.6
	西安装备公司	231	31.8	38.9
25B 型	长客装备公司	175	27.9	37.3
	唐山装备公司	179	26.3	35.6
	西安装备公司	114	30.3	38.7
22(23)型	长客装备公司	96	26.8	36.7
	唐山装备公司	91	25.7	34.8
	西安装备公司	51	25.3	34.5

表 9　　2008 年修理货车在厂在修周期　　单位：天

单位名称	货车		敞车		棚车		平车		罐车		漏斗车	
	在厂日数	在修日数	在厂日数	在修日数	在厂日数	在修日数	在厂日数	在修日数	在厂日数	在修日数	在厂日数	在修日数
齐齐哈尔装备公司	9.3	8.3	9.8	9	8.8	8.1	8.6	7.2	9.9	8.6		
哈尔滨装备公司	6.5	5.4	6.2	5.1			7	6.1	7.3	6		
沈车公司	17.1	10.1	16.2	9.8	18	11.1	16.5	10.1	18.1	10		
太原装备公司	13.8	7	14	7			13.7	7	13.1	7.1	14	7
西安装备公司	17.5	9.3	18.7	10.1			18.7	10.3	17.1	9		

表 10　　2008 年总产值、销售产值、增加值　　单位：万元

单位名称	工业总产值	工业销售产值	增加值
集团公司合计	3545996.9	3574921.2	787711.9
其中：齐齐哈尔装备公司	459472.5	449085.0	115129.6
哈尔滨装备公司	49184.0	48810.0	14194.9
长客装备公司	84206.4	84054.0	19858.2
长客股份公司	567729.2	567729.2	140803.1
大连机辆公司	418437.5	418437.5	60345.4
唐山装备公司	68993.0	69888.0	15730.0
唐山客车公司	137650.2	137650.2	29888.1
天津装备公司	25019.0	49496.0	11445.0
二七装备公司	82655.2	77966.3	22869.5
南口机械公司	22386.1	26011.0	9334.9
同车公司	378093.9	398719.0	93102.6
太原装备公司	137083.3	137083.3	27402.0
永济电机公司	257749.9	227564.0	50142.5
济南装备公司	205307.7	205307.7	44788.0
西安装备公司	175495.1	212964.0	38440.0
兰州装备公司	39171.3	39171.3	8119.0
大连所公司	25540.1	20373.0	8077.7
四方所公司	56607.5	57901.0	20620.5
进出口公司	0.0	0.0	2722.4
物流公司	0.0	0.0	4830.0

续表 10

单位: 万元

单位名称	工业总产值	工业销售产值	增 加 值
齐车公司	1510. 1	1510. 1	2432. 4
哈车公司	3043. 0	3066. 0	783. 2
牡丹江厂	826. 0	822. 0	-1823. 0
长机辆公司	0. 0	0. 0	23. 0
长客厂	0. 0	0. 0	0. 0
沈车公司	245077. 1	236790. 4	50952. 7
沈车工贸公司	0. 0	0. 0	-299. 2
大力装备公司	4646. 1	4646. 1	3549. 4
唐山厂	967. 4	967. 4	60. 1
天津厂	6598. 8	6401. 0	1195. 0
二七厂公司	0. 0	0. 0	-131. 0
南口厂	350. 2	350. 2	208. 0
大同前进投资公司	0. 0	0. 0	1014. 8
大同机车社区管理中心	0. 0	0. 0	176. 5
太原厂	0. 0	0. 0	0. 0
永济厂	12542. 6	12605. 0	3572. 8
济南厂	33179. 7	33179. 7	-78. 4
西安厂	38933. 1	38933. 1	7838. 1
兰州厂	6404. 0	6404. 0	1542. 0
大同铁工煤炭运销结算公司	0. 0	0. 0	394. 9
大连华铁公司	1136. 9	1035. 7	118. 8
北车租赁公司	0. 0	0. 0	0. 0

(刘丽萍 供稿)

表 11　　2008 年所属企业在岗职工岗位分布　　单位：人

单位名称	在岗职工期末人数		工人和生产人员	学　徒	技术人员	管理人员	其中：技术管理人员	服务人员	其他人员
	合　计	政工人员							
齐齐哈尔装备公司	9811	118	7475	125	645	1273	324	189	104
哈尔滨装备公司	1630	38	1046	0	121	305	0	158	0
长客装备公司	3495	42	2526	0	197	561	10	211	0
长客股份公司	9360	80	6696	0	1194	1245	472	225	0
大连机辆公司	7861	98	5465	0	1160	862	177	341	33
唐山装备公司	3072	39	2243	0	207	485	0	137	0
唐山客车公司	6096	75	4311	0	701	738	446	337	9
天津装备公司	1558	23	1094	0	69	308	20	55	32
二七装备公司	3546	53	2374	0	566	419	68	184	3
南口机械公司	1232	17	602	0	195	289	0	146	0
同车公司	5259	55	3453	55	581	948	211	217	5
太原装备公司	3810	52	2519	42	447	494	0	305	3
永济电机公司	4737	53	2842	0	591	900	211	239	165
济南装备公司	2725	41	1993	0	310	343	76	79	0
西安装备公司	4161	58	3083	12	508	332	168	212	14
兰州装备公司	1877	54	1341	0	160	309	33	67	0
大连所公司	519	8	238	0	144	111	28	20	6
四方所公司	578	0	145	0	305	108	0	20	0
进出口公司	12	0	0	0	0	12	0	0	0
物流公司	12	0	0	0	0	12	0	0	0
股份公司总部	93	14	2	0	0	91	11	0	0
合　计	71444	918	49448	234	8101	10145	2255	3142	374

续表 11

单位名称	在岗职工期末人数		工人和生产人员	学　徒	技术人员	管理人员	其中：技术管理人员	服务人员	其他人员
	合　计	政工人员							
齐车公司	1676	13	787	0	67	244	38	547	31
哈车公司	110	1	77	0	4	27	0	2	0
牡丹江厂	100	6	0	0	0	44	0	0	56
长客厂	179	0	0	0	0	0	0	179	0
沈车公司	6359	97	5072	0	435	784	140	68	0
沈车工贸公司	7	0	0	0	0	7	0	0	0
大力装备公司	745	0	135	0	21	40	6	503	46
唐山厂	573	4	72	0	11	46	0	444	0
天津厂	377	1	338	0	8	27	10	0	4
二七厂公司	132	1	6	0	0	9	0	117	0
南口厂	71	2	44	0	14	13	0	0	0
太原厂									
永济厂	622	0	352	0	132	59	13	54	25
济南厂	108	2	9	0	5	6	3	81	7
西安厂	1239	3	930	3	45	94	54	158	9
兰州厂	514	4	380	0	21	38	4	75	0
集团公司总部	4	0	0	0	0	4	0	0	0
合　计	12816	134	8202	3	763	1442	268	2228	178

（王铁瑛　供稿）

附录

责任编辑　程永陆

中长期铁路网规划(2008 年调整)

2008 年铁路主要指标完成情况

中长期铁路网规划(2008年调整)

2004年1月，国务院常务会议讨论通过了《中长期铁路网规划》。《规划》颁布实施以来，铁路进入加快发展的新阶段。以客运专线、区际干线、煤运通道、西部铁路为重点的大规模铁路建设全面展开，装备现代化水平大幅提升，高原铁路、重载铁路，城际铁路开通运营，具有自主知识产权的时速200~350公里动车组大量开行，完成客货运输量大幅度增长，铁路运输骨干作用在南方雨雪冰冻灾害、四川汶川大地震等应急运输中进一步凸显。到2008年底，铁路营业里程将达7.9万公里，预计完成客运量14.5亿人、货运量33.1亿吨，比2003年年均分别增长8.4%和8.2%。但铁路运输对国民经济的“瓶颈”制约依然严重，铁路网整体能力长期紧张，运输能力和质量无法满足运输需求，不能适应未来经济社会发展需要。

根据经济社会发展的需要，在国家批准的综合交通规划的框架下，铁道部围绕区域发展、能源战略、对外贸易、国土开发以及运输需求等情况，统筹考虑其他运输方式和能源等相关行业发展，对原规划的规模和布局进行调整，并邀请路内外专家和国家有关部门、各省区市，多次组织召开规划方案论证会，同时与国家总体规划和综合交通网规划进行衔接，形成了规划调整方案。

一、发展目标

为适应全面建设小康社会的目标要求，铁路网要扩大规模完善结构，提高质量，快速扩充运输能力，迅速提高装备水平。到2020年，全国铁路营业里程达到12万公里以上，复线率和电化率分别达到50%和60%以上，主要繁忙干线实现客货分线，基本形成布局合理、结构清晰、功能完善、衔接顺畅的铁路网络，运输能力满足国民经济和社会发展需要，主要技术装备达到或接近国际先进水平。

二、规划原则

（一）贯彻国家总体发展战略，统筹考虑经济布局、人口和资源分布、国土开发、对外开放、国防建设、经济安全和社会稳定的要求，并体现主体功能区规划明确促进区域协调均衡发展的方向。

（二）根据国家综合交通发展总体要求，线网布局、枢纽建设与其他交通运输方式优化、衔接和协调发展，提高组合效率和整体优势。

（三）增加路网密度，扩大路网覆盖面，繁忙干线实现客货分线，经济发达的人口稠密地区发展城际快速客运系统。

（四）加强各大经济区之间的连接，协调点线能力，使客货流主要通道畅通无阻。

（五）节约和集约利用土地，充分利用既有资源，保护生态环境。

三、规划方案

为实现2020年铁路网发展目标，规划方案要在路网总规模扩大的同时，突出客运专线、区际干线和煤运系统的建设，提高路网质量，扩大运输能力，形成功能完善、点线协调的客货运输网络。

（一）客运专线

为满足快速增长的旅客运输需求，建立省会城市及大中城市间的快速客运通道，规划“四纵四横”等客运专线以及经济发达和人口稠密地区城际客运系统。建设客运专线1.6万公里以上。

1.“四纵”客运专线

(1) 北京—上海客运专线，包括蚌埠—合肥、南京—杭州客运专线，贯通京津至长江三角洲东部沿海经济发达地区；

(2) 北京—武汉—广州—深圳客运专线，连接华北和华南地区；

(3) 北京—沈阳—哈尔滨（大连）客运专线，包括锦州—营口客运专线，连接东北和关内地区；

(4) 上海—杭州—宁波—福州—深圳客运专线，连接长江、珠江三角洲和东南沿海地区。

2.“四横”客运专线

(1) 徐州—郑州—兰州客运专线，连接西北和华东地区；

(2) 杭州—南昌—长沙—贵阳—昆明客运专线，连接西南、华中和华东地区；

(3) 青岛—石家庄—太原客运专线，连接华北和华东地区；

(4) 南京—武汉—重庆—成都客运专线，连接西南和华东地区。

同时，建设南昌—九江、柳州—南宁、绵阳—成都—乐山、哈尔滨—齐齐哈尔、哈尔滨—牡丹江、长春—吉林、沈阳—丹东等客运专线，扩大客运专线的覆盖面。

3. 城际客运系统

在环渤海、长江三角洲、珠江三角洲、长株潭、成渝以及中原城市群、武汉城市圈、关中城镇群、海峡西岸城镇群等经济发达和人口稠密地区建设城际客运系统，覆盖区域内主要城镇。

(二) 完善路网布局和西部开发性新线

以扩大西部路网规模为主，形成西部铁路网骨架，完善中东部铁路网结构，提高对地区经济发展的适应能力。规划建设新线约4.1万公里。

1. 新建中俄通道同江—哈鱼岛段，中吉乌铁路喀什—吐尔尕特段，改建中越通道昆明—河口段，新建中老通道昆明—景洪—磨憨段、中缅通道大理—瑞丽段等，形成东北、西北、西南进出境国际铁路通道；

2. 新建太原—中卫（银川）、临河—哈密线，形成西北至华北新通道；

3. 新建乌鲁木齐—哈密—兰州、库尔勒—格尔木、龙岗—敦煌—格尔木、喀什—和田、日喀则—拉萨线，研究建设和田—狮泉河—日喀则线，形成新疆至甘肃、青海、西藏的便捷通道；

4. 新建兰州—重庆、哈达铺—成都线，研究建设张掖—西宁—成都、格尔木—成都线，形成西北至西南新通道；

5. 新建拉萨—林芝、大理—香格里拉线，研究建设成都—波密—林芝、香格里拉—波密线，形成四川、云南至西藏的便捷通道；

6. 新建太原—侯马—西安—汉中—绵阳线，研究建设郑州—重庆—昆明线，形成华北、中原至西南新通道；

7. 新建重庆—贵阳、乐山—贵阳—广州、南宁—广州线，形成西南至华南新通道；

8. 新建向塘—莆田（福州）、合肥—福州、阜阳—六安—景德镇—瑞金—汕头线，形成内陆腹地至东南沿海地区新通道；

9. 新建北京—张家口—集宁—呼和浩特—包头线，形成北京至内蒙古呼包鄂地区便捷通道；

10. 新建内蒙古中西部、山西中南部煤运铁路，形成“三西”地区煤炭外运新的大能力通道；

11. 新建乌鲁木齐—富蕴—北屯、哈密

—若羌、二连浩特—锡林浩特—乌兰浩特、正蓝旗—虎什哈、昭通—攀枝花—丽江、昆明—百色、柳州—肇庆、南宁—河池等铁路，研究建设安康—恩施—张家界等铁路，完善西部地区铁路网络；

12. 新建哈尔滨—佳木斯、青岛—连云港—盐城、南通—上海—宁波、广州—湛江—海口—三亚、上海—江阴—南京—铜陵—安庆、怀化—衡阳—赣州、九江—景德镇—徽州、浦城—建宁—龙岩等铁路和福州—厦门货运线，完善东中部地区铁路网络。

（三）路网既有线

加强既有路网技术改造和枢纽建设，提高路网既有通道能力。规划既有线增建 M 线 1.9 万公里，既有线电气化 25 万公里。

1. 在建设客运专线、完善路网布局和西部开发性新线的基础上，对既有线进行扩能改造，在大同（含蒙西地区）、神府、太原（含晋南地区）、晋东南、陕西、贵州、河南、兖州、两淮、黑龙江东部等十个煤炭外运基地和新疆地区形成大能力煤运通道。重点强化“三西”地区煤炭下海和铁路直达中南。华东内陆地区通道，以及新疆地区煤炭外运通道等。

2. 结合客运专线、完善路网布局和西部开发性新线的建设，对“五纵五横”综合运输大通道内既有铁路干线进行复线建设和电气化改造。

3. 按照综合交通枢纽布局和城市发展规划，加强主要客货枢纽建设，注重与城市轨道交通等公交系统以及公路，民航和港口等其他交通方式的衔接，实现旅客运输“零距离换乘”、货物换装“无缝衔接”和交通运输一体化。以北京、上海、广州、郑州、武汉、西安、重庆、成都等枢纽为重点。

四、实施意见

总体目标规划从 2003 年开始在 2020 年前逐步建成。阶段目标调整为：

到 2010 年全国铁路营业里程达到 9 万公里以上，其中客运专线约 7000 公里，复线、电化率均达到 45% 以上。

进一步建设客运专线，新建北京—上海、北京—广州—深圳、天津—秦皇岛、哈尔滨—大连、上海—宁波—深圳、徐州—郑州—西安—宝鸡、石家庄—济南、南京—武汉—宜昌、蚌埠—合肥、南京—杭州、柳州—南宁、绵阳—成都—乐山、哈尔滨—齐齐哈尔客运专线。

进一步扩大路网规模，新建兰州—重庆和成都、贵阳—广州、南宁—广州、丽江—香格里拉、蒙自—河口、拉萨—日喀则、重庆—利川、西安—平凉、西小召（包头）—甘其毛道、乌兰浩特—锡林浩特、黄骅—大家洼、前进—抚远、上海—南通、南京—安庆、阜阳—六安、宿州—淮安、衡阳—井冈山、赣州—韶关铁路，内蒙古中西部、山西中南部煤运铁路，东北东部铁路，集包第二双线等。

进一步提高既有线能力，实施西安—合肥、西安—安康、长治—邯郸—济南、石门—长沙、遂宁—重庆等铁路增建第二线，以及大同—秦皇岛、神木—朔州—黄骅、集宁—通辽、衡阳—柳州、金华—温州、广通—大理、赣州—龙岩等铁路扩能改造工程。

（摘自《铁道知识》2008 年第 6 期）

2008 年铁路主要指标完成情况

指　　标	单　位	2007 年	2008 年	±%
一、铁路运输设备				
全国铁路营业里程	公里	77965.9	79687.3	2.2
全国铁路复线里程	公里	27030.9	28855.6	6.8
全国铁路电气化里程	公里	25456.5	27555.0	8.2
全国铁路机车拥有量	台	18306	18437	0.7
其中：内燃机车	台	12111	12021	-0.7
电力机车	台	6071	6298	3.7
全国铁路客车拥有量	辆	44243	45076	1.9
全国铁路货车拥有量	辆	577521	591793	2.5
国家铁路正线 60 公斤钢轨里程	公里	70799.1	74299.0	4.9
国家铁路正线无缝线路里程	公里	56355.1	61053.9	8.3
国家铁路自动化驼峰	处	111	113	1.8
国家铁路半自动化驼峰	处	24	24	0.0
国家铁路营业车站	个	5544	5470	-1.3
国家铁路自动闭塞里程	公里	26525.9	28099.6	5.9
国家铁路半自动闭塞里程	公里	38562.9	37337.4	-3.2
二、铁路运输				
全国铁路旅客发送量	万人	135670	146193	7.8
全国铁路旅客周转量	亿人公里	7216.31	7739.15	7.2
旅客平均运程	公里	532	529	-0.6
全国铁路货运总发送量	万吨	314237	330354	5.1
其中：煤炭（国铁）	万吨	122081	134325	10.0
全国铁路货运总周转量	亿吨公里	23797.00	25106.29	5.5
货物平均运程	公里	757	760	0.4
全国铁路每营运公里换算密度	万换算吨公里/公里	3978	4127	3.7
全国铁路每营运公里客运密度	万人公里/公里	926	976	5.4
全国铁路每营运公里货运密度	万吨公里/公里	3052	3151	3.2
国家铁路平均一日装车数	车	116514	120455	3.4
国家铁路平均一日运用车数	车	565519	575827	1.8
国家铁路货运机车日产量	万吨公里	120.4	123.6	2.7
国家铁路货运机车日车公里	公里	480	483	0.6
货运机车平均牵引总重	吨	3193	3289	3.0
国家铁路旅客列车旅行速度	公里/小时	68.9	69.6	1.0
国家铁路旅客列车技术速度	公里/小时	78.8	80.1	1.6
国家铁路货物列车旅行速度	公里/小时	33.2	32.8	-1.2
国家铁路货物列车技术速度	公里/小时	47.6	47.2	-0.8
国家铁路货车周转时间	天	4.76	4.73	-0.6

续上表

指　　　　标	单　位	2007年	2008年	±%
国家铁路内燃机车万吨公里耗油	公斤	24.6	24.9	1.2
国家铁路电力机车万吨公里耗电	千瓦时	109.5	110.6	1.0
国家铁路运输业劳动生产率	万换算吨公里/人	198.2	207.6	4.7
三、铁路固定资产投资				
总计	亿元	2581.37	4168.47	61.5
（一）铁路基本建设投资	亿元	1789.99	3375.54	88.6
新建铁路投产里程	公里	743.6	1730.1	132.7
复线铁路投产里程	公里	725.7	2083.9	187.2
电气化铁路投产里程	公里	930.6	1959.3	110.5
（二）国家铁路更新改造投资	亿元	220.79	226.58	2.6
（三）国家铁路机车车辆购置	亿元	570.59	566.35	-0.7
四、工业生产				
新造机车	台	802	1011	26.1
其中：内燃机车	台	430	566	31.6
电力机车	台	372	445	19.6
新造客车	辆	1409	1101	-21.9
新造货车	辆	36068	41210	14.3
新造动车和拖车	辆	715	694	-2.9
新造城轨车辆	辆	641	897	39.9

注：除工业生产数字由中国南车集团公司和中国北车集团公司提供外，其余数据由铁道部统计中心提供。

（原载《铁道知识》2009年第3期）

索　　引

使用说明

1. 本索引采用主题条目分析索引法编制。本年鉴列入索引范围的内容为设有类目、条目的相关栏目,“下属企业”栏目中只列特色条目。鉴于“综述”条目重叠出现,故不列入索引范围。
2. 索引款目依据现代汉语拼音音序排列,同音字依声调顺序排列。首字相同则以第二个字排列,以此类推。
3. 索引标目后的数字,表示内容所在的页码,数字后的英文字母 a、b,代表年鉴正文自左至右的栏别区域。

0～9

A

B

C

H

J

K

L

M

R

S

T

X

Z

（韩长城 编）